教育部人文社会科学重点研究基地
南开大学中国社会史研究中心资助
中央高校基本科研业务费专项资金资助
中国社会科学引文索引（CSSCI）来源集刊

中国社会历史评论

Chinese Social History Review

第二十三卷·二〇一九

常建华　主编

天津出版传媒集团
天津古籍出版社

图书在版编目(CIP)数据

中国社会历史评论. 第二十三卷, 二〇一九 / 常建华主编. -- 天津 : 天津古籍出版社, 2019.11
ISBN 978-7-5528-0897-1

Ⅰ. ①中… Ⅱ. ①常… Ⅲ. ①史评—中国 Ⅳ. ①K207

中国版本图书馆CIP数据核字(2019)第268926号

ZHONGGUO SHEHUI LISHI PINGLUN
中国社会历史评论
(第二十三卷)
常建华/主编
出版人/张玮

天津古籍出版社出版
(天津市西康路35号　邮编300051)
http://www.tjabc.net

北京建宏印刷有限公司印刷
全国新华书店发行
开本 787毫米×1092毫米 1/16　印张 16.5　字数 382千字
2019年11月第1版　2019年11月第1次印刷
ISBN 978-7-5528-0897-1　定价：139.00元

编辑委员会
（以汉语拼音为序）

顾问

冯尔康　刘泽华

委员

常建华　杜家骥　江　沛　李金铮　李治安　刘　毅
王利华　王力平　王先明　许　檀　阎爱民　余新忠
张分田　张国刚　张荣明　张　思　朱凤瀚　朱彦民

编辑部

夏　炎　张传勇

主编

常建华

目　录

【制度与实践】

五德服色符号与改易服色制度的日常实践 …………………… 许哲娜(1)

西汉丞相封侯考 ………………………………………………… 师彬彬(19)

送死:清儒许楣的生平与丧葬活动 ……………………………… 张传勇(33)

【物质文化与日常生活】

汉代画像中的夫妻生活图象 …………………………… 闫爱民　臧莎莎(49)

明代官员乘轿风尚论析 ………………………………………… 龚世豪(60)

清前中期玻璃制品在日常生活中的使用与消费
　　——基于同期文学作品的考察 …………………………… 李　坤(71)

从日常到非常:民间武器视角下的洪兵起义 …………………… 林旭鸣(85)

【宗族问题】

北齐政权下房姓士族的命运沉浮 ………………………… 王春红　卢向前(104)

明初士人的修谱睦族热潮再探
　　——基于黄灵庚新编《宋濂全集》的讨论 ……………… 曾龙生(117)

清代东北满洲共同体的构成初探 ……………………………… [韩]金晙永(133)

【地域社会】

关于隋唐并州妒女崇拜现象的探讨 ………………………………… 王力平(146)

区域社会视域下的宋代"童子举"
　　——以饶州为例 …………………………………………………… 邹锦良(159)

明中后期赣南城乡基层治理的空间差异 …………………………… 吴启琳(168)

晚清民国萍乡煤矿产业契约与矿山产权交易 ……………………… 曾　伟(181)

【学术探讨】

唐张忠义墓志考释 …………………………………………………… 刘　昕(193)

万里茶道上的中小晋商家族管窥
　　——以寿阳胡氏为中心 …………………………………… 徐俊嵩　郝晓丽(200)

"考古学视角下的秦汉家庭与日常生活"会议综述 ………… 刘尊志　谢佳芮(209)

【书　评】

"中国传统法医学"近代化的复杂图景
　　——Daniel Asen《Death in Beijing——Murder and Forensic Science in Republican China》
　　评介 …………………………………………………………… 杨晓越(215)

天高皇帝未必远
　　——读《皇权不下县？清代县辖政区与基层社会治理》………… 金　晶　刁培俊(224)

民国城市知识群体的生活场域与阶层建构
　　——读《生活的逻辑：城市日常世界中的民国知识人(1927—1937)》
　　………………………………………………………………… 范玉亮(233)

殖民主义笼罩下的近代东亚体育
　　——评《帝国日本与体育》 …………………………………… 张　雯(241)

编后语 ………………………………………………………………………… (245)

英文摘要 ……………………………………………………………………… (246)

CONTENTS

【Institution and Practice】

The Symbols of Five-virtues Color and Everyday Practice of Changing Color Institution
 ··· Xu Zhena(1)
The research of the Prime Ministers Sealed Marquis in the Western Han Dynasty
 ··· Shi Binbin(19)
Study on the Life and Funeral Activity of Xu Ying, A Confucian Scholar in the Qing Dynasty
 ··· Zhang Chuanyong(23)

【Material Culture and Everyday life】

Images of Couples' Life in Portrail Stone and Mural Tomb of Han Dynasty
 ··· Yan Aimin Zang Shasha(49)
An Analysis of Officials' Sedan Chair Custom in the Ming Dynasty ············ Gong Shihao(60)
The Use and Consumption of Glass Products in China's Daily Life in the Early and Middle of Qing
  Dynasty: A Study Based on the Literary Works of Qing Dynasty ····················· Li Kun(71)
From Daily to Non-daily: The Hongbing Revolt in the Sight of Folk Weapon ······ Lin Xuming(85)

【Patriarchal Clan】

The Fate Ups and Downs of Luxing Hereditary Scholar Class Under the Regime of Beiqi Dynasty
 ··· Wang Chunhong; Lu Xiangqian(104)
Rediscussing the Boom of Compiling Genealogy by Scholars in the Early Ming Dynasty: A Study
  Bases on the *Song Lian Corpora* Which Newly Compiled by Huang Linggeng
 ··· Zeng Longsheng(117)
Study on the Composition of the Northeast "Manchu" Community in Qing dynasty
 ··· KIM, JunYoung(Republic of Korea)(133)

【Regional Societies】

A Probe into the Phenomenon of The Worship of the "Jealous Lady" in Bingzhou During the Sui and Tang Dynasties ……………………………………………… Wang Liping(146)

Study on the Imperial Examination of Childhood during the Song Dynasty From the Perspective of Rao zhou ……………………………………………… Zou Jinliang(159)

Spatial Difference of Urban and Rural Grass-roots Governance in Southern Jiangxi in Middle and Late Ming Dynasty ……………………………………………… Wu Qilin(168)

Pingxiang Coal Mine Industrial Contract and Mine Equity Transaction during the Late Qing Dynasty and The Republic of China ……………………………………………… Zeng Wei(181)

【Academic Researches】

Textual Research of Memorial Inscription of Zhang Zhongyi Tomb in Tang Dynasty
……………………………………………… Liu Xin(193)

Glimpse of Small and Medium-sized Jin Merchant Family on the Tea Road
——According to Hu Family in Shouyang ……………… Xu Junsong Hao Xiaoli(200)

A Summary of "the Academic Conference on Family and Daily Life in Qin and Han Dynasties from Archeology" ……………………………………… Liu Zunzhi Xie Jiarui(209)

【Book Reviews】

A Complicated Picture of the Modernization of "Traditional Chinese Forensic Medicine"——A Review of Daniel Asen's *Death in Beijing*——*Murder and Forensic Science in Republican China* ……………………………………………… Yang Xiaoyue(215)

Is the Emperor Really Far away as the Sky? Reviewing *Imperial power without the reach of Chinese Counties? Administrative Jurisdictions under County Authority and Grass-roots Society Management in Qing Dynasty* ……………………… Jin Jing Diao Peijun(224)

The Living Field and the Imagined Stratum of the Urban Intellectuals in Republican China: Reviewing *Logic of Life: Intellectuals in the Daily Urban World of the Republic of China*
……………………………………………… Fan Yuliang(233)

Modern East Asian Sports under Colonialism——Comments on *Imperial Japan and Sport* by Ko Takashima ……………………………………………… Zhang Wen(241)

【制度与实践】

五德服色符号与改易服色制度的日常实践

许哲娜

【摘　要】 改易服色制度其实质就是对服色符号的诠释和运用。在各种诠释话语中，五德终始说的影响最为广泛和深远，并在此基础上形成了五德服色符号。五德服色符号将改易服色制度所包含的抽象思想内涵转化为具体的物质形象。具体途径包括：附会各种符合德运色彩符号的自然现象和文化现象，作为受命之符，为改易服色提供有力依据，为政权正统性制造舆论，以及强化用色行为与德运的配合，即五德服色符号在政治礼仪以及君主日常生活中的推广运用，赋予君主及其代表的政权以"受于天命"的神秘色彩。这些举措推动了"天命—革命"、五德终始等思想学说对民间政治意识的形塑作用，为民众认同君主政治权威提供了重要的社会心理基础。

【关键词】 五德服色符号；改易服色；制度实践；政治认同

在元代以前，历代王朝在建国之初都会把"改正朔，易服色"列为头等大事。前辈学者已经从政治制度史、思想文化史等视角，对改易服色制度的内涵、功能、实践及影响等问题进行了较为充分的研究。[①] 近年来，政治人类学研究视角的引入给予改易服色制度研究以诸多新的启发，象征、物质文化、日常生活惯习等制度和权力之外的社会文化因素，成为阐释政治制度实践和认同过程的重要切入点。本文尝试以五德服色这一象征符号为切入点，通过其在物质文化、日常生活惯习中的运用以及对大众政治意识的形塑，试析改易服色制度的具体实践过程以及社会认同机制。

一　改易服色制度的思想内涵与五德服色符号的形成

改易服色制度其实质就是对服色符号的诠释和运用。作为当朝"改正朔、易服色"历史依据和理论依据的主要话语资源，三代服色的确立依据是服色符号诠释过程中的焦点。在历史上出现过三种比较重要的说法。第一种说法认为三代是依据所建之月的物候之色来确立服色的。第二种说法认为三代是依据为王朝受命时所降符瑞之色来确立服色的。第三种

---

① 汪高鑫：《论刘歆的新五德终始说》，《中国文化研究》2002 年夏之卷。蒋重跃：《五德终始说与历史正统观》，《南京大学学报》2004 年第 2 期。吴凡明、杨健康：《五德终始与儒术独尊》，《船山学刊》2006 年第 2 期。刘浦江：《五德终始说之终结——兼论宋代以降传统政治文化的嬗变》，《中国社会科学》2006 年第 2 期。陈鹏：《汉初服色"外黑内赤"考》，《史学月刊》2015 年 4 月。

说法为五德终始理论。其中,五德终始说的影响最为广泛和深远,并在此基础上形成了五德服色符号。

这是因为五德终始学说是"天命—革命"思想发展演变的一个重要产物,在传统政治哲学框架中最能够为改易服色制度提供具有终极意义也因此最具备说服力的理论依据。"天命"是传统政治生活的最高依据和准则。"天命—革命"论是传统政治哲学最基本的理论预设。张分田指出,所谓"天命论"核心内容就是以"天命"作为"君权获得与更替的依据",而所谓"革命"就是"符合天命、道义的改朝换代"。[①]古人普遍认为,虽然君主制度具有绝对性、永恒性,一家一姓王朝却是相对的、暂存的。每个朝代的历年都有天定的期限。王朝更替被视为天道必然。因此,通过掌握天道规律来维系王朝天命不坠,也就成为绝大多数统治者孜孜以求的政治理想。五德终始学说的贡献之一就在于对古人眼中幽微难测的"天命"转移规律进行了揭示,为政治变迁的预测提供了理论依据。在改朝换代之际,五德终始学说为"犯上作乱"提供了"革命"的合法性依据。在王朝中期,五德终始学说又为政权的巩固提供"天命"的庇护。

一般认为五德终始说是齐国人、阴阳家著名代表人物邹衍在五行学说的基础上创立的。不过事实上,在《孔子家语》中已经对帝王取法五行更迭而终始更生的思想进行了论述。《孔子家语》曾被认为是伪书,但是近年来随着简帛文书的出土,发现河北定州、安徽阜阳的汉简与《孔子家语》存在着密切关系,确认了《孔子家语》的真实性。因此越来越多的专家学者认为书中的内容可以视为对早期儒家思想的较为可靠的记录,在孔子研究中的价值和地位也在逐步获得重新认识。

据《孔子家语》记载,季康子向孔子请教五帝的实质内涵。孔子就把从老子那里听来的关于五帝的说法告诉了他。如果这种说法可靠的话,那也就是说帝王取法五行更迭的思想实际上是老子提出的,经由孔子得到了进一步传播。按照老子的说法,所谓五帝就是金木水火土五行的神格化,具有"分时化育、以成万物"的能力。而五行是古代帝王易代改号的依据。由于木行代表东方万物之初,因此五行用事是从木行开始的,古代帝王取法于此,首先以木德王天下,此后"则以所生之行相转承接"[②]。

此后,邹衍对这一思想进行了进一步的发挥和完善。不过,与《孔子家语》中五行相生说不同的是,他选取了五行相胜说作为阐释历史的依据,形成了五德终始的历史观:黄帝、夏禹、商汤、周文王按照土、木、金、火相胜相克的关系依次承继正统。因此,周以后的王朝也要按照这样的顺序依次更迭。邹衍的五德相胜说在当时是一门流行于诸侯之间的"显学",曾经被吕不韦编入《吕氏春秋》,得以进一步推广,后来成为"秦汉皇帝制度法定意识形态的重要组成部分"[③]。

到了西汉末年,在统治危机日益深化、禅让之说此起彼伏的历史背景下,刘向、刘歆父

---

① 张分田:《中国帝王观念》,北京:中国人民大学出版社,2004年,第356—357页。
② (魏)王肃:《孔子家语·五帝》,上海:上海古籍出版社,1990年,第65页。
③ 张分田:《秦始皇传》,北京:人民出版社,2003年,第255页。

子①对五德终始说进行了一次比较重要的改造,以"木火土金水"的五行相生代替"土木金火水"五行相胜的次序。与邹衍以土德王天下的黄帝为历史开端不同的是,刘歆以木德王天下的包羲氏(即伏羲太昊氏)为帝系开端,其理论依据是《易传》中"帝出乎《震》"的说法。震在时间上象征万物始发的春天,为木气流行之时,因此刘歆认为"包羲氏始受木德"。他构建了一个全新的五德循环系统——太昊伏羲氏为木德,炎帝神农氏为火德,黄帝轩辕氏为土德,少昊金天氏得金德,颛顼高阳氏为水德;帝喾高辛氏为木德,帝尧陶唐氏为火德,帝舜有虞氏为土德,伯禹夏后氏为金德,成汤为水德;周武王为木德,汉朝为火德。这个古史系统大大扩充了邹衍创造的帝王世系,并为刘歆的新五德终始说提供了历史依据。王莽新朝以后,刘歆的新五德终始说基本取代了邹衍的五德终始说,成为此后历代王朝改易服色的主要依据。

所谓五德服色符号,是在五色与"五德"匹配规则支配下形成的政治文化编码产物,即乘木德的王朝尚青,乘火德的王朝尚赤,乘土德的王朝尚黄,乘金德的王朝尚白,乘水德的王朝尚黑。

> 凡帝王者之将兴也,天必先见祥乎下民。黄帝之时,天先见大螾大蝼,黄帝曰:"土气胜。"土气胜,故其色尚黄,其事则土。及禹之时天先见草木,秋冬不杀。禹曰:"木气胜。"木气胜,故其色尚青,其事则木。及汤之时,天先见金刃生于水。汤曰:"金气胜。"金气胜,故其色尚白,其事则金。及文王之时,天先见火,赤乌衔丹书,集于周社。文王曰:"火气胜。"火气胜,故其色尚赤,其事则火。代火者必将水天且先见水气胜,水气胜,故其色尚黑,其事则水。②

在王朝更替之际,当一种德运即将兴起的时候,上天会降下相应的符瑞,昭示一德已衰,一德将兴。五德的实质是与五行之德相应的五种政治模式。每一王朝都受特定的德支配,这种德的属性决定着最适宜一个王朝的政治模式。其基本规律是"五德转移,治各有宜,而符应若兹"③。因此,人间帝王要设立相应的服色以顺应天意,标榜自己建立的政权为天命所系。《礼纬·斗威仪》称,当君王治理国家卓有成效的时候,自然界还会出现与本朝德运之色相应的治平之征:"人君乘土而王,其政太平,则日五色无主。君乘木而王,其政升平,则日黄中而青晕。君乘火而王,其政颂平,则日黄中而赤晕。君乘金而王,其政象平,则黄中而白晕。君乘水而王,其政和平,则黄中而黑晕。"④由于土行在五行中的特殊地位,土德王朝所获符瑞也比较特别,"日五色无主"指的是太阳呈现出五色均匀的景象,任何一色都不占主导地位。其他四种德运的王朝所获符瑞则是日光以黄色为主,而日晕之色与各自德运相符。符

---

① 蒋重跃认为,东汉以来普遍承认新五德终始说为刘向父子创立,但是从目前见到的文献看来,可以确定"系统地阐述过五行相生的五德终始说,有遗文可稽"的是刘歆。(蒋重跃:《五德终始说与历史正统观》,《南京大学学报》2004年第2期)汪高鑫认为新五德终始说的发明权完全属于刘歆一个人,而他的父亲刘向虽然发表过一些禅让言论,但"作为一位具有强烈的维护刘氏正统的忧患意识的思想家,他当然不希望看到刘氏政权出现禅让这种结局,故而他没有倡导五行相生之五德终始说的思想根基。"(汪高鑫:《论刘歆的新五德终始说》,《中国文化研究》2002年夏之卷)
② 《吕氏春秋·应同》,上海:学林出版社,1984年,第25页。
③ 《史记》卷七四《孟子荀卿列传》,北京:中华书局,1959年,第2344页。
④ (明)孙毂编:《古微书》引《礼纬·斗威仪》,丛书集成本,长沙:商务印书馆,1939年,第363页。

瑞之说被纳入了五德终始说的理论体系,为服色符号蒙上了一层神秘色彩,使之披上了"君权天授"的合法化外衣。

五德终始说原本是论证改朝换代不可避免性的典型学说。"这套理论实际上承认,天人合一、阴阳配合、五行生克等注定君主政治有五种依自然顺序发生的类型。一代政治皆有其优点和缺陷,这种政治模式发展到一定程度就会不可避免地面临改易更革。"①由革命论又引出了"天下为公"思想,即把君位视作天下公器,从而否定了一家一姓永享天命、永居君位的可能性。但是在现实政治生活中,五德终始说往往被统治集团改造和利用,成为巩固君主统治的理论工具。在五德终始说基础上形成的五德服色符号凭借符号所特有的对思维的诱导性和渗透性,在认同机制中发挥了独到的作用。五德被视为标志和论证王朝政权合法性的一种象征符号,而作为五德的色彩表达式,五种服色实际上也可以被视为象征王朝政权的五种符号,是建立在德基础之上的。改易服色制度作为朝廷主导的一种国家行为,在反复操练的过程中强化了五色与五德的固定匹配关系,反过来服色的五德符号化又凭借其特有的对思维的支配性和渗透性,确保了社会大众对改易服色制度的思想内涵的自觉认同。特别是德运色彩符号中包含的神秘寓意有助于强调政权"天授"的合法性,从而起到强化政治权威认同感的作用。

《孔子家语》中还记载了五德服色符号的另一种形式,即"修其母,兼其子",具体而言就是以本朝德运所生之德相应的颜色为服色,比如,木生火,火色为赤,因此木德的王朝尚赤。②不过,这一理论除了用于解说传说时代和三代服色的象征意义,在现实政治生活中并没有得到实践。这可能是这种服色的设定无法激发人们对德运产生直接的联想,这就使得其符号化程度大打折扣,也就无法发挥符号对民众思维的支配作用。这也说明恰当的编码方式才能使得符号得到最广泛的社会认同并发挥支配社会大众思维的作用。

二、五德服色符号的政治功能及其具体实践

宣告旧政权的覆灭、张扬新政权的肇基,是德运服色符号的基本政治功能。《礼记·大传》:"圣人南面而治天下,必自人道始矣。立权、度、量,考文章,改正、朔,易服色,殊徽号,异器械,别衣服,此其所得与民变革者也。"服色、徽号以直接、明快的视觉形象,向天下臣民强烈地表明了新王朝除旧布新的承诺和决心,以此来获得臣民对新政权的信任,从而形成民心稳定、同心协力的新局面。无为并非道家的专利。对尧舜"垂衣裳而治天下"最高政治境界的推崇和追求是儒家无为政治思想的集中体现。作为后世统治者效法尧舜"垂衣裳而治"的实践形式,易服色制度是统治手段中不可或缺的文化策略,具有重要的政治功能。具体表现在以下三个方面。

第一,新的服色符号有助于新王朝向民众展现一个全新的政治面貌。历代学者常常以改服色理论来阐发《周易》"革"卦、"鼎"卦中的革命论思想。"革"卦包含着深厚的革命论思

---

① 张分田:《中国帝王观念》,北京:中国人民大学出版社,2004年,第370页。
② (魏)王肃:《孔子家语》,上海:上海古籍出版社,1990年,第65页。

想。革卦是"离"、"兑"的组合。"离"代表火,"兑"代表水,而水火具有"相息而更用事"的特性。因此,郑玄认为"革"的含义就是"王者受命,改正朔,易服色"。《革卦》中还有一个很重要的概念"虎变"。《周易·革卦》:"九五,大人虎变。"孔颖达疏:"尊以大人之德,为革之主,损益前王,创制立法,有文之美,焕然可观,有似虎变,其文彪炳。"孔颖达认为"虎变"譬喻新建政权在法令制度等方面的改弦更张。唐儒史征认为"虎变"实际上特指改服色。他指出,"虎变者,谓改正、朔,易服色,取其文章炳焕。"①意思是说,新王朝确立了服色之后,礼乐完备,文章炳焕,就好像老虎把干涩枯燥的旧毛换成润泽鲜好的新毛,身上的花纹熠熠生辉。

"鼎"在古汉语中同样有革命的意思。《周易·序卦》:"革物莫若鼎。"鼎在古代政治文化中具有特殊的象征意义,这可能与熟食在人类文明进化过程中具有举足轻重的意义有关,鼎作为一种可以"变生为熟"的炊具,自然也就成为文明的象征。进餐时排列的鼎的数量是等级身份的象征,显贵的家族被称作"钟鸣鼎食"之家。九鼎更是统治天下的最高权力的象征。传说夏禹铸九鼎,象征天下九州。在三代,九鼎被视作传国之宝,鼎之迁移被视为权力的兴替,如商汤革命后将鼎迁往商邑,周武伐纣后将鼎迁往洛邑,因此后人以"鼎祚"、"鼎命"指称国运。胡瑗认为,革故取新是"鼎"卦的核心内涵,圣贤之人要革除天下弊乱,就必须改正朔、易服色、殊徽号,"以新天下之视听"。②

第二,新的服色符号有助于民众忘却旧王朝给他们留下的伤痛,并对新政权产生信任感。傅奕在给唐高祖的上书中充分阐述了这种功能和意义。针对"国制草具,多仍隋旧"的情况,傅奕指出,"乱世之后,当有变更"。他认为,隋朝君主违背天命,残害百姓,专峻刑法,杀戮贤俊,给天下臣民的心灵留下了久久难以愈合的伤痕和挥之不去的阴影,被滚沸的汤羹烫伤过的人即使是冷齑也要吹几口气才敢入口,被弓箭伤害过的鸟儿看到曲木都会受到惊吓,新建的王朝如果不拨乱反正,却继续沿用旧王朝的制度,不利于抚平民众的心理伤痕,取得他们的信任。因此傅奕认为,唐高祖应该立即"改正朔,易服色,变律令,革官名,功极作乐,治终制礼,使民知盛德之隆"③。

宋代经学家在阐释"革"、"鼎"卦内涵的时候,也指出易服色的意义在于消除饱受旧政之苦的人们对新政权怀有的疑虑和猜忌。"蹇难初解,民心尚疑,犹恐未脱于难而又入于蹇。故君子当行其教化,革其残暴之政,易服色、改正朔,以新天下之耳目,使民心无所疑矣。"④在阐释革卦内涵的时候,胡瑗以井经久败坏必须淘治秽滓来譬喻王朝的更迭,认为天下暴乱,人民涂炭的时候必然会有大圣人崛起,拯救天下于水火,革掉旧王朝的命,使天下皆得安宁,可是愚昧的百姓因为久陷于涂炭,无法了解圣人的所作所为,仍然担心会重新陷入灾难,所以圣人不但要"丁宁诰戒,使民审知",还要改正、朔,易服色,殊徽号,制作礼乐,通过"一新民之耳目"的方式"使天下之人皆出孚信于上"⑤。

---

① (唐)史征:《周易口诀义》卷五《下经二》,《景印文渊阁四库全书》第87册,台北:台湾商务印书馆,1986年,第77页。
② (宋)胡瑗:《周易口义》卷八《下经·鼎卦》,《景印文渊阁四库全书》第8册,台北:台湾商务印书馆,1986年,第388页。
③ (宋)欧阳修等撰:《新唐书》卷一〇七《傅奕传》,北京:中华书局,1975年,第4059—4060页。
④ (宋)胡瑗:《周易口义》卷七《下经·解卦》,第349页。
⑤ (宋)胡瑗:《周易口义》卷八《下经·革卦》,第384页。

第三，依据受命之符确立的服色符号能够强化民众对新政权合法性的认同。古人认为，王朝鼎革必须在天命的限定下进行。他们把"天"或者"上帝"视作创造并支配宇宙间一切的主宰者，把天命视作绝对权威。旧王朝暴君的天命是上天剥夺的，新王朝君主的权力同样也是上天赋予的。易代之际，上天往往会降下某些征兆，预示天命的转移。在五德终始说的影响下，人们认为这些征兆所具有的颜色往往是德运之色的象征，包含着一德已衰、一德将兴的政治寓意。这些学说对于论证新王朝的合法性有着重要的意义。新王朝大多是在讨伐旧王朝以及群雄纷争的动荡局面中艰难诞生的，在天下初定的情况下，民众的政治倾向常常是暧昧不明的。有的依附于不同政治势力，伺机而动；有的则依旧沉湎在对旧王朝的缅怀中，对新王朝充满了抵制的情绪；有的对新王朝是否能够带来更多的福利充满了疑虑。在民心涣散、不知所归的情况下，天命作为最绝对的权威，是确立王朝合法性最有效的文化依据。以德运之色或者受命之符的颜色为政权标志，是宣扬天命所在的主要形式之一。因此，古人才会把易服色视作确立政权合法性、取得民众政治认同感的头等大事。董仲舒反复论述，表明王朝顺应天命的合法性是改正朔、易服色的主要政治功能。"改正朔、易服色，所以应天也。""改正朔、易服色，以顺天命而已。"①

此后的儒生和统治者也多持这种观点。汉武帝元封七年，司马迁等人上书建议改正朔。汉武帝召见深明经术的御史大夫儿宽，向他询问改正朔、易服色之事。"宽与博士赐等议，皆曰：'帝王必改正朔，易服色，所以明受命于天也。'"②三国魏明帝即位以后有改正朔之意，经过朝廷激烈讨论之后，终于颁发了改历服色的诏书。明帝在诏书中说，从文帝黄初以来，诸儒一直在讨论是否应该改正朔的事情，我在当太子的时候就听说了，当时我就认为，孔子作《春秋》，通三统，为后世君主所效法，正朔、服色各不相同，都是因袭了五帝的做法，三代以降，虽然政权更迭的方式不同，但是"未有不改正朔，用服色，表明文物，以章受命之符也"，由此可见，何必认为不改才是对的呢。③

即使是在清朝，乾隆皇帝在彻底否定五德终始说的存在价值的情况下，却依然保留了服色制度。他主张"服御所尚自当以黄为正，余非所宜"。他非常赞许"元明制度尚黄，不佞陈五德之王"，认为"其义甚正"，表示本朝因袭这种服色制度，"足破汉魏以后之陋说"④。作为国家政权的象征符号，服色符号有着比五德终始说更加顽强的生命力。五德终始说在清代彻底消亡之后，曾经受其支配的易服色制度却得以留存。清人纳兰性德虽然不再以五德终始说解读三代服色，但仍然承认服色凝聚民心、确立权威的作用："随时损益，以新天下之耳目，一天下之心志。"⑤

历代政权正是认识到服色符号凝聚人心的政治功能，在推行改易服色制度，建构王朝正统性过程中，对五德服色符号进行了充分的运用。

---

① （汉）班固：《汉书》卷五六《董仲舒传》，北京：中华书局，1962年，第2510页，第2518页。
② （汉）班固：《汉书》卷二一上《律历志第一上》，第975页。
③ （梁）沈约：《宋书》卷一四《礼志一》，北京：中华书局，1974年，第328—329页。
④ 《御题〈大金德运图说〉》序言，《景印文渊阁四库全书》第648册，台北：台湾商务印书馆，1986年，第309页。
⑤ （清）纳兰性德：《礼记陈氏集说补正》卷三《檀弓》，影印通志堂经解本，扬州：江苏广陵古籍刻印社，1996年，第278页。

一是附会各种符合德运色彩符号的自然现象和文化现象,作为受命之符,为改易服色提供有力依据,为政权正统性制造舆论。

在历史上,每当即将改朝换代的时候,往往会有人将一些色彩现象与下一个王朝的德运联系起来,以此作为新政权获得天命的依据。根据刘歆的新五德终始说,汉为火德,继承汉统的新政权应受土德,因此西汉末年和东汉末年一而再、再而三出现黄色谶语,都是为乘土德的新政权的确立提供合法性依据。在西汉末年成帝的时候一度流传着预示王莽篡汉的黄雀谣:"邪径败良田,谗口乱善人。桂树华不实,黄雀巢其颠。故为人所羡,今为人所怜。"古人认为,桂为赤色,乃"汉火德之象";"华不实"说的是汉成帝没有继嗣;而黄雀指外家王氏。其后王莽篡位,自称土德,正是应了黄谶。①到了东汉末期,再次出现天降黄色符瑞的谣言。汉灵帝中平二年,洛阳城内广布虎贲寺出现"黄人"的流言,每日前往观瞻的人数以万计,以至于道路断绝。曹丕接受汉帝禅让,燔柴告天时,据说有黄鸟衔丹书集于尚书台,因此改元"黄初"。《宋书》认为这些都是魏国在为自己受土德以代汉之火德制造舆论,"此魏氏依刘向自云土德之符也"②。

晋为金德,色尚白。魏明帝青龙年间出现的白色符瑞被视为晋受金德而代魏土德的征兆。张掖郡柳谷中有一块黑色的巨石,广一丈,高三尺。黑为水行之色,因此传说这块石头是水星之精坠落以后变化而成的。到了东汉末年,这块神奇的石头渐渐显现出文彩,不过还不是很分明。魏明帝青龙年间,忽然发出了雷鸣般的震动声,"闻声百余里",黑色巨石竟然自己立了起来,并且由黑色变成了白色,还出现了牛马、仙人以及玉环、玉玦等图像和文字。这块由黑变白的石头据说是预示司马氏代魏的符瑞。③此外,在晋受禅那一年,北阙下出现了一只白色的燕子。众所周知,燕子一般都是黑色的,白色燕子非常罕见,因此被视为"神物",关在金子打造的笼子里,放在宫中。十来天过后,人们却惊奇地发现白燕子不知道到哪儿去了。这只神秘的白燕子也被当作是晋朝金德之瑞。④

南朝刘宋政权刘宋受水德,因此以黑色事物为符瑞。据说在东晋义熙八年的时候就已经出现了水德将兴的征兆:"太社生熏树于坛侧,熏于文尚黑,宋水德将王之符也。"⑤

为了证明赵氏受火德的合法性,有宋一代,关于赤色符瑞的记载和传说不绝如缕。据说,宋太祖出生时"赤光绕室,异香经宿不散,体有金色,三日不变"⑥。真宗出生时,"赤光照室"⑦。仁宗的母亲梦见羽衣仙人从空中下降,仁宗出生时"宫中火光烛天"⑧。英宗出生时,

---

① (元)刘履:《风雅翼》卷一〇《黄雀童谣》,《景印文渊阁四库全书》第1370册,台北:台湾商务印书馆,1986年,第179页。
② (梁)沈约:《宋书》卷二七《符瑞志上》,第779页。
③ (宋)李昉编:《太平广记》卷一三五引《录异志》,北京:中华书局,1961年,第965页。
④ (晋)王嘉著,(梁)肖绮录:《拾遗记》卷七《魏》,北京:中华书局,1981年,第170页。
⑤ (梁)沈约:《宋书》卷三二《五行志三》,第941页。
⑥ (元)脱脱等撰:《宋史》卷一《太祖本纪》,北京:中华书局,1977年,第2页。
⑦ (元)脱脱等撰:《宋史》卷六《真宗本纪》,第103页。
⑧ (明)徐应秋:《玉芝堂谈荟》卷一《帝王诞生瑞征》,《景印文渊阁四库全书》第883册,台北:台湾商务印书馆,1986年,第4页。

"赤光满室,或见黄龙游光中"①。赤色是宋朝的德运服色,黄色是君权的象征,无不预兆着英宗注定成为九五之尊。孝宗的母亲梦见府君抱着一只赤羊,孝宗在秀州出生的时候,"红光满室,如日正中"②。

在以火德符瑞神化帝王这种观念的影响下,当时的画家武宗元在为西京上清宫绘三十六天帝神像的时候,以宋太宗为赤明和阳天帝的原型,"以宋火德王,故以赤明配焉"。后来,宋真宗巡幸上清宫的时候从天帝神像中辨认出太宗的容貌,大吃一惊说:"此真先帝也。"立刻命人焚香再拜,叹其精妙,伫立良久。③

徽宗政和年间,"天下争言瑞应,廷臣辄笺表贺"④。其中有很多都是论证宋朝火德的赤色符瑞。朱草是典型的祥瑞植物,历来备受珍爱。朱草也被称为"福草",一说为一种可供染绛色的植物;一说为生长在长离山上的仙草。长离山是传说中的"天之南岳",位于南海之中。在这座山上的一切事物都是朱赤色的,有"朱宫绛阙、赤室丹房"等朱赤色建筑,也有"朱草红芝"等朱赤色植物,由赤帝天君赤熛怒镇守。这种想象和建构显然受到了朱赤之色与南方匹配观念的影响。仲长统曾经在《昌言》中说:"今人主不思神芝朱草,而患枇杷荔枝之腐,亦鄙甚矣。"⑤在他看来,君主应该将昭示太平盛世的朱草,而不是那些只能满足口腹之欲的枇杷荔枝,作为政治生活中关注的焦点。由此可见,朱草对于政治生活的意义重大。

而在宋代,朱草更是因为与当朝德运之色相符,而被增添了应验火德符命的含义,得到加倍的重视。通过对宋以前载有朱草的文献,如纬书中对朱草寓意的解说、文学作品中使用朱草意象的语境、史书中对朱草出现情境的记录等进行梳理,可以发现朱草主要蕴含了以下几方面含义。一是"圣人之德无所不至"的征兆。《鹖冠子》对这种普遍性进行了更为详尽的解说:"惟圣人能正其音,调其声,故德上及泰清,下及泰宁,中及万灵,朱草生。"⑥二是上天授意君主进行禅让的征兆。禅让,指的是天子让位于贤者。在传统政治观念中,禅让是一种具有至高道德境界的政治行为,无论是禅让者还是受禅者都是品行至善的圣人。在传统政治思想系谱中逐渐累积形成了尧舜禹禅让的美好传说,成为后世政治生活的最高榜样。在中古以前,有多次政权更迭都是通过禅让完成的。然而,在实际运作过程中往往充满了杀戮、胁迫和政治讹诈,禅让的说法不过是对弱肉强食、尔虞我诈的政治斗争的美化。为了掩盖受禅者实际上是夺权者的事实,往往需要通过美化其政治形象来强化其政治合法性,其中最为常见的一个途径就是搜罗各种奇异的自然事物和自然现象,将受禅者塑造成为受命于天的合法继任者。朱草被视为"受禅"的征兆之一。据史书记载,在魏文帝接受汉朝皇帝禅让之际,就出现了"朱草生于文昌殿侧"的异象。而在颁布的《梁禅陈诏》中也将朱草的出现作为禅让的依据之一。三是上天对君主孝行的嘉许。绛纱袍是中古时期的主要祭服之一,具有重要的政教意义。可以用来染绛的朱草因此备受重视。因此在宗庙这样举行重要祭祀典

---

① (元)脱脱等撰:《宋史》卷一三《英宗本纪》,第253页。
② (元)脱脱等撰:《宋史》卷三三《孝宗本纪》,第615页。
③ 《宣和画谱》卷四《武宗元》,《景印文渊阁四库全书》第813册,台北:台湾商务印书馆,1986年,第93页。
④ (元)脱脱等撰:《宋史》卷三五二《王安中列传》,第11124页。
⑤ (宋)李昉:《太平御览》卷九七一引仲长统:《昌言》,北京:中华书局1960年,第4304页。
⑥ (宋)陆佃解:《鹖冠子》卷中《度万》,《景印文渊阁四库全书》第848册,台北:台湾商务印书馆,1986年,第218页。

礼的场所中长出朱草,被古人看作是"君人孝"的符应。

由此可见,在宋以前,朱草与"火德"并未形成相对固定的匹配关系,根据《礼·斗威仪》的解读,反而是与"木德"存在着较为密切的关系:"君乘木而王,其政升平,则朱草生庙中。"朱草作为"火德"符应的形象是到了宋代才频繁出现的。文彦博在《德号继明颂》中追溯了真宗以前宋朝历代皇帝的功绩。在称颂开国皇帝宋太祖时,为强调宋王朝肇基的政治合法性,文彦博将"朱草"与"丹鱼"并列为印证宋朝政权膺受天命的祥瑞之物,从而赋予了朱草以"协火德之景光,表炎灵之丕运"的文化内涵。①宋徽宗政和五年三月,南安军进献朱草,"正类珊瑚,分枝共干,体柔色朱"。善于逢迎的太师蔡京称其为"火德政平之应",上奏徽宗请求允许他"率百僚拜表称贺"②。王安中的《贺朱草表》可能就是其中的一篇,在文中他也将朱草视为自然界对宋朝乘火德的符应:"火德自然之应,瑞草时生。"③

赤乌也是火德朝代最热衷的符瑞之一。这是因为,赤乌与历史上最富有传奇性、作为政治典范的渊源、对后世政治生活具有垂范功能和价值的朝代——西周有着密切的关系。赤乌被视为西周肇基的预告者。自春秋以来,儒、法、墨、阴阳等诸派经典中,都提到了西周将兴之际的赤乌符瑞。《吕氏春秋》在阐述五德终始思想,详细解释自然界出现的各种异象所预示的德运时,把赤乌与火德联系在了一起,认为这是西周乘火德的征兆:"赤乌衔丹书集于周社上,文王曰:'火气胜。'火气胜,故其色上赤,其事则火。"由此可见这一传说影响力之广泛。

赤乌传说成为塑造圣君形象、宣扬君权天授以印证政权合法性的重要资源。凡是以火德立朝的朝代在讲述本朝渊源时都免不了与赤乌产生千丝万缕的联系。如在汉朝开国太上皇刘太公的出生传说中,赤乌就扮演了重要角色。据说他的母亲"梦赤乌若龙戏,已而生执嘉"④。

此外,赤乌实际上也就是传说中的朱雀。朱雀与青龙、白虎、玄武并称四灵,与五行中的火行相匹配,代表夏季和南方。朱雀还常被用来指代传统文化中非常重要的崇拜对象之一——太阳(日精),因此常常与白兔(玉兔)相连,譬喻太阳和月亮。如白居易的诗中就以"白兔赤乌相趁走"譬喻光阴在日月此升彼落之际不断流逝。

宋朝至道元年,知通利军钱昭序献上的正是赤乌、白兔这样一对祥瑞组合。只不过,他借用阴阳学说、五德终始思想以及五色时空观念对这一符瑞组合的寓意进行了改造。首先,赤乌和白兔分别代表了阳和阴中的符瑞:"乌禀阳精,兔昭阴瑞。"其次,更重要的是,与火德相契合的赤乌是以火德立朝的宋代繁荣昌盛的吉兆:"报火德蕃昌之兆。"最后,同样是非常重要的一点,这对符瑞组合出现的地点也非常具有特殊意义,通利军位于北宋对辽的大名府防线上,战略地位较为重要。白兔之白,与五行中的金、五方中的西方匹配,白兔被狩,在钱昭序看来恰好预示了西方夷狄的降服:"示金方驯服之祥。"

---

① (宋)文彦博:《潞公文集》卷二《德号继明颂》,《景印文渊阁四库全书》第1100册,台北:台湾商务印书馆,1986年,第587—588页。

② (清)徐松辑:《宋会要辑稿》,上海:上海古籍出版社,2014年,第2604页。

③ (宋)王安中:《初寮集》卷五《贺朱草表》,《景印文渊阁四库全书》第1127册,台北:台湾商务印书馆,1986年,第97页。

④ (唐)欧阳询:《艺文类聚》卷九九《祥瑞部下·乌》引《帝王世纪》,北京:中华书局,1965年,第1711页。

不过,宋朝宋太宗或者说史官似乎把注意力都集中在了与宋朝德运相关的颜色——赤色上了。在和侍臣谈论此事时,宋太宗只提到了赤乌,也可能是史官只留意记下了宋太宗对赤乌的评价:"乌赤正如渥丹,信火德之应也。"①

在热衷德运符瑞之风的推动下,除了传统的祥瑞符号朱草、赤乌等之外,还有一些红色事物也被纳入了宋朝火运符应体系。如政和年间山西解州出现了红盐。王安中、赵承之、慕容彦达等人纷纷上表祝贺。由红盐奇观联想到宋朝德运,是这三篇贺表的共同之处。如王安中一再称颂红盐符瑞的出现是上天以"自然之应"的方式来昭示当朝的火德,是"炎运之隆"的表现。②慕容彦达将"方拟凝雪之姿"的盐田"忽示激丹之彩"的意外景观视为徽宗"德协炎灵"的符应。③赵承之盛赞红盐是"赫然之瑞"、"不世之符",体现了"炎精协序",验证了当朝的火德。④

这三篇贺表还从不同角度诠释了红盐奇观所反映的天人关系。王安中强调了天意的客观性,红盐奇观的出现是"天授之,非人力",从而肯定了徽宗"孝奉神明,功昭祖考"的美德毋庸置疑。慕容彦达强调了人事与天命的相关性,认为正是由于徽宗足以"功昭烈祖"的政治作为和德行与宋朝所乘的火运完全契合,因而不但实现了解州盐池这个"宝源"的恢复,保证了国储的丰足,更重要的是保障了宋朝祚命的永远延续。

据史书记载,历史上的红盐主要产于高昌、于阗等西域国家,作为珍稀之物进贡给中原王朝。因此,红盐也称为"戎盐"。政和元年和六年,解池两次出现红盐,实为罕见。再加上,在此之前,解池刚刚解决了"至期而败"的难题,重新恢复了盐课,对于宋朝廷而言具有非同一般的重要意义。解州池盐对于宋朝具有重要的战略意义,据记载,古代中国的南方地区主要仰赖海盐,而北方地区主要仰赖解州的池盐。而海盐的产出主要依靠人力,池盐的产出却必须仰仗天气条件的助力。因为到了宋代,池盐的生产方式是通过在盐池周边挖掘畦垄,引入盐池里含有盐分的水,然后在夏秋之际,利用南风进行干燥,结晶成盐。如果南风没有如期而至,就无法干燥结晶。如果生产场地围护不严,混入其他水流,就会阻断盐脉。徽宗初年,就是因为雨水过多,外水漫入解池,导致盐水变质,无法结晶成盐。朝廷不得不大兴徭役,车出外水,才恢复了解池的盐课。所以有"解池之盐,全资于天"的说法。解州池盐生产的恢复,对于宋朝廷而言,无异于上天对宋朝政权的一种眷顾,继而红盐奇观的出现,又再次肯定了宋乘火运的正统性。这是红盐之瑞引起如此强烈反响的重要原因。

除了利用符瑞现象论证王朝政权合法性,有些统治者还有意识地采取一些措施,以迎合符瑞、谶语。例如,隋唐时期,一度流传与白色有关的符谶。隋文帝开皇初年,太原流行这样一首童谣:"法律存,道德在,白旗天子出东海。"于是,隋朝皇帝"恒服白衣",以表明本朝政权具有符合天命的合法性。⑤

---

① (清)徐松辑:《宋会要辑稿》,第2592页。
② (宋)王安中:《初寮集》卷五《贺红盐表》,第99页。
③ (宋)慕容彦达:《摘文堂集》卷一一《贺红盐表》,《景印文渊阁四库全书》第1123册,台北:台湾商务印书馆,1986年,第425页。
④ (宋)赵承之:《贺红盐表》,(宋)魏齐贤、叶棻编:《五百家播芳大全文粹》卷二上,《景印文渊阁四库全书》第1352册,台北:台湾商务印书馆,1986年,第72页。
⑤ (唐)温大雅:《大唐创业起居注》卷一,上海:上海古籍出版社,1983年,第11页。

五德服色符号还常常成为化解认同危机的策略性工具。闽国的开创者王审知以巩固境内政权为要务,对在中原地区建立的任何政权一贯秉持拥戴奉行的态度。朱温篡唐后,自称以金德继唐朝的土德,崇尚白色。王审知最先向朱温进献了白鹦鹉,以迎合他"引瑞物为受命之符"的心理需求,巧妙地表达了效忠于后梁政权最大程度的诚意。随后,诸多州郡也相继进献了"白乌、白兔、洎白莲之合蒂者",共同促成了天下人对后梁政权"金行应运之兆"的认知。朱温利用这个机会,将内殿定名为金祥殿。朱温一生之中多次变换政治立场,先是参加王仙芝、黄巢的起义军,后来又归附唐朝,与李克用等人联合镇压起义军,立下军功,被唐僖宗赐名"全忠",以旌表其忠心,然而他最终还是背叛了唐朝,凭借曾经拱卫唐朝的武力控制了朝政,逼迫唐昭宗迁往洛阳后又将其杀死,立其子为哀帝后又逼迫唐哀帝禅位。这种接连不断大逆不道的行为势必为天下人所诟病。王审知带头通过进献符瑞之物的方式,证明朱温篡唐行为具有受天之命的合法性,这对于朱温面临的舆论危机起到了一定的缓解作用,同时有力地推动了其他地方首领对朱温政权的认同。王审知因此得到了丰厚的回报,于后梁三年被封为闽王,闽国的存在及地位得以正式确认。

当王朝统治遭遇严重危机的时候,朝廷更加注重利用与服色相符的颜色符瑞,来强化民众对本朝政权的忠诚度。南迁以后的宋室对于赤色符瑞的态度就是一个典型例证。遭受"靖康之变"的奇耻大辱之后,赵氏王朝的政权合法性受到了严峻挑战。正在此时,济州出现了"红光属天如赤乌翔䎝"的符瑞,使朝野上下重新燃起了对宋室的信心和希望,被他们视作火德宋朝再次振兴的吉兆。这次符瑞也为徽宗的第九个儿子赵构登上帝位制造了符命依据。"初济阴夜有红光烛天,如赤乌翔䎝状,识者以为宋火德之符,于是济之父老军民以万计,诣大元帅府乞王即位于济"①。杨惟忠、张俊等人从这次红光事件联想到了周武王时候出现的赤色符瑞,联想到了汉光武帝重振汉室的光辉历史,因此也上书请求赵构尽快即位,成为带领他们重新振兴宋朝的领袖和支柱:"济州之瑞则红光见而火德符天命,彰彰著闻,周之武王,汉之光武,何以过此,大王其可久稽天命乎!其可弗顺人情乎!古人有言曰:'违天不祥。'愿大王亟即帝位,上留天心,下塞人望。"②

耿南仲等臣僚会集在麟嘉堂讨论康王即位之事的时候,诸将及官吏也纷纷议论红光事件。有的说是在济州,有的说是在南京(应天府,即今天河南商丘),"四邻郡邑初夜望济州红光属天如赤乌翔䎝,皆谓是火光达旦。村人入城,乃知非火。识者谓火光乃宋火德之符,亦如周武王赤乌之瑞也。济州父老军人无虑万计,以祥光所发,乃诣麾下,乞王即宝位"③。由此可见,红光事件已经成为当时人关注的焦点,给予他们光复宋室极大的信心,也为他们拥立赵构填补空缺的帝位提供了充分的依据。

二是强化用色行为与德运的配合,最重要的举措莫过于五德服色符号在政治礼仪以及君主日常生活中的推广运用,使其构成君主日常形象的物质元素之一,从而赋予君主及其代表的政权以"天命"的神秘色彩。

所谓服色包含哪些具体内容,历代经学家的解释大同小异。《礼记·大传》以"改正、朔,

---

① (宋)宗泽:《宗泽集·附录·遗事》,杭州:浙江古籍出版社,1984年,第97页。
② (宋)徐梦莘:《三朝北盟会编》卷九〇,上海:上海古籍出版社,1987年,第669页。
③ (宋)徐梦莘:《三朝北盟会编》卷九二,第682页。

易服色"为圣人南面而治天下必须履行的职责。郑玄和孔颖达都认为,服色指的是车马之色,但没有具体指出是何种用途的车马。①也有的学者认为"服"与"色"应该分别解释,"服"指的是服牛乘马之服的颜色,并指出这里所说的车马主要指的是"戎事所乘",比如夏乘骊马,殷乘翰,周乘骝;"色"指的是祭祀所用牲之色,比如夏用玄牡,殷用白牡,周用骍犅②。不过从历代的实践来看,服色并不仅仅限于车马、祭牲的颜色,还涵盖了服饰、旌旗、建筑、事物名号等许多方面。

一是祭祀服饰。在古代社会,祭祀被视为君主与上天沟通的重要方式。因此,君主在一些重要的祭祀活动中有时会选择与德运契合的服色,以表明自己是天命的膺受者。如汉文帝郊见五帝祠时,"衣皆上赤",正是为了顺应汉初"赤帝子之符"③。

二是军队服饰或仪仗旗物。据《汉官仪》记载,秦汉司空骑吏以下的服色就是按照德运服色设计的:"司空骑吏以下皂袴,因秦水德,今汉家火德,宜着绛袴。"④

唐玄宗时期仪仗颜色的改换也是出于符合德运的需要。天宝十年,唐玄宗颁布了一道《诸卫队仗绯色幡改赤黄色诏》,一方面提出了具体的改易方案,一是下令所司做出黄色样品,立即开展生产;二是下令诸军职掌有使用火焰绯幡的地方要送付诸道进行改换,先前的赤色一律停用。另一方面对改换颜色的缘由和必要性加以特别详述。首先是继承了"三王继统质文互于相袭"的传统,有一定的历史依据;其次是遵循"五德承运,服色遵于必正,旗常改制,骍翰异宜"的原则;再次是旗幡的颜色有"表军国之容,合声明之度"的特殊作用和意义,事关重大,不可因循,而应该根据德运之说加以调整;又次,指出改易德运服色是彰显国家"惟新"、发挥政治垂范作用的必要方式;最后指出改易德运服色的根本目的正在于通过顺应天道以获得上天的眷顾:"得天人致和,风雨时若。"⑤这份诏书透露出德运思想在物质文化的发展过程中留下的深刻烙印。

德运服色观念对深受华夏政治文化影响的周边少数民族政权也产生了影响,为其所采用。在魏晋南北朝时期,就有拓跋氏自称土德,服色用黄。到了宋辽金对峙时期,金人则自称水德,因此以黑色作为出征旗帜的主色:"凡用师行征伐,旗帜尚黑,虽五方皆具,必以黑为主。"⑥

"国之大事,在祀与戎"。祭祀与军队是巩固王权的重要基础,因此也是德运服色使用的重点领域。但是随着君主集权进一步强化,出于凸显"君权天授"形象的需要,在设色方面,越来越注重利用和发挥德运服色符号对社会普遍政治意识的渗透影响作用,从而导致了德运服色符号使用范围的不断扩大延伸。

如车驾设色。从宋太祖开始,就对符合宋朝德运之朱色的运用表现出了异乎寻常的重视。在车舆的设计过程中,除了参考前朝的规制,也做了一些调整,其中一个重要的调整就是某些车舆的颜色被下令改为赤色。如"进贤车,古安车也。太祖乾德元年改赤质"。崇德车,

---

① 《礼记·大传》郑玄注、孔颖达疏,《礼记正义》,十三经注疏本,北京:中华书局,1980 年,第 1506 页。
② (清)孙希旦:《礼记集解》卷三四《大传》,北京:中华书局,1989 年,第 907 页。
③ (汉)班固:《汉书》卷二五上《郊祀志上》,第 1213 页。
④ (汉)应劭著,(元)陶宗仪辑:《汉官仪》,北京:中华书局,1990 年,第 116 页。
⑤ 《唐大诏令集》卷九九,北京:中华书局,2008 年,第 502 页。
⑥ (宋)徐梦莘:《三朝北盟会编》卷二四四,第 1752 页。

"太祖乾德元年,改赤质"①。

又如君主的日常服饰。隋唐以来,黄袍已经成为大多数人认同的君主常服。黄袍甚至成为君权的象征符号。②不过,宋代皇帝除了黄袍之外,还用以红袍为常服,应该是与德运服色制度有关。《宋史·舆服志》记载,除了"赭黄、淡黄袍衫"之外,红袍也是宋代皇帝常服之一。此外,宋代舆服制度还规定皇帝参加后殿早讲时应该穿着红袍:"后殿早讲,皇帝服帽子、红袍、玉束带"。据《东京梦华录》讲述,正月十六,万姓齐聚门下瞻仰天表,看到的正是一副"小帽、红袍"的形象。③宋朝遗老方回在《续古今考》中回忆,皇帝常朝时一般穿着常服,即"幞头、红袍、玉带"④。

因此,在描绘宋代宫廷生活的诗词中,"红袍"是皇帝的经典形象之一。宋白的《宫词一百首》其中一首记录了一次宫廷宴会的场景,宴会结束后皇帝更换了一件"赭红袍"⑤。王珪撰写的宫词中,更是多次着墨于皇帝的"红袍"。皇帝在赏牡丹时所穿的一身红色御袍,与"露苞初拆"的牡丹相映成趣:"压晓看花传驾入,露苞初拆御袍红。"⑥轻薄的春罗已经浸染上了鲜妍的红色。在透帘三丈日华高的明媚光线里,宫人正在交替使用金针、玉尺、龙剪等各种制衣工具,将之裁制成崭新的御袍。

再如建筑。宋朝从开国之初,宫中殿宇就都用赤土刷染,饰以桐油,"盖以国家尚火德故也"。后来多用朱红漆。宋室南迁,在杭州重建政权之后,仍然延续了这种设色方式。只不过,高宗认为赤土桐油易于更修,而朱红漆所费不赀,且难以修整,因此决定沿袭祖宗惯例,复用赤土桐油。⑦

此外还有日常生活器物。唐玄宗天宝七年(748)正月二十八日,太常卿韦韬向唐玄宗建议"御案樽床帐,望去紫用赤黄",得到了玄宗的许可。⑧德运服色的使用范围开始从政教活

---

① (元)脱脱等撰:《宋史》卷一四九《舆服志》,第3490、3495页。
② 参见拙文《黄色成为君权符号的文化动因》(与张分田师合作),《天津师范大学学报》2006年第5期。经过历代思想家对其象征意义的层层累加,黄色被抽象为一个以人种肤色、地理环境为自然基础,以原始崇拜(土地崇拜、方位崇拜)为心理基础,吸收了尚中贵和、无为之道等哲学思想和王权圣化的政治思维所形成的政治文化符号。从汉代开始,黄色与王道逐步建立其象征关系。《汉书·律志》:"黄者,中之色,君之服。"(班固:《汉书》卷二一上《律历志》,第959页)从隋朝开始,黄袍与皇权逐渐发生密切联系。隋唐天子"常服赤黄、浅黄袍衫",并为后世君主所认同并继承。黄色在皇室中的大面积使用,必然对天下万民产生强烈的视觉冲击,影响着他们对君主和君权的直观印象和理性认识,使得他们对一切黄色都会条件反射地联想到君主。黄袍作为皇权的象征符号,成为帝王生活记录和帝王故事叙述中的重要道具。黄袍的穿和脱意味着皇权的得与失。从隋王改服纱帽黄袍并受册玺,到唐玄宗被迫把握实权的儿子唐肃宗披上黄袍,再到陈桥兵变中赵匡胤黄袍加身,这些都象征着对皇权的占有。而唐玄宗释黄袍,着紫袍,后晋皇帝在契丹主的逼迫下脱黄袍服素纱,则意味着权力的丧失。
③ (宋)孟元老:《东京梦华录》卷六"正月",北京:中华书局,1982年,第172页。
④ (元)方回:《续古今考》卷二七《天子治朝之位》,《景印文渊阁四库全书》第853册,台北:台湾商务印书馆,1986年,第476页。
⑤ (宋)宋白:《广平别集·宫词一百首》,(宋)陈思编,(元)陈世隆补:《两宋名贤小集》卷五,《景印文渊阁四库全书》第1362册,台北:台湾商务印书馆,1986年,第408页。
⑥ (宋)王珪:《宫词》,(明)毛晋编:《三家宫词》卷下,载《丛书集成初编》,北京:中华书局,1985年,第63页。
⑦ (宋)李心传:《建炎以来系年要录》卷一四八,《景印文渊阁四库全书》第327册,台北:台湾商务印书馆,1986年,第75页。
⑧ (宋)王溥:《唐会要》卷三二《乘车杂记》,北京:中华书局,1955年,第585页。

动和仪仗卫队延伸到了日常生活领域。昭德皇后去世以后,为她建的昭德庙刚开始用的座褥之所以是赤黄色的,就因为是从宫禁中沿用而来的,直到贞元九年九月才下令改用紫色。①

而宋代着力钻研改进朱红器物的制造工艺,也是出于对火德之色的重视。各地进献的贡物,有很多为宫廷提供制造大量朱红器物的原料。蔡京曾在奏议中说:"陛下自即位以来,符瑞之应,靡有虚日。"其中堪造器物的"红色丝文"多达"一百二匦,计三千四百余斤"②。唐代开始发展起来的雕漆在宋代达到了成熟。其中剔红漆器被视为宋代最具有代表性的工艺美术,高濂盛赞"宋人雕红漆器":"如宫中用盒,多以金银为胎,以朱漆厚堆至数十层,始刻人物楼台花草等像,刀法之工,雕镂之巧,俨若画图。"③宋人对红漆工艺的钟爱与精进,应该也是与宋代视朱红为符命之色有着密切的关系的。

这一色彩风尚导致宋代朝廷对朱漆产生了超出常量的巨额需求。因此宋朝从建国伊始就非常重视朱漆的生产,宋太宗太平兴国三年设置了"烧朱所",由僧人德愚、德隆负责,主要职责就是"掌烧变朱红,以供丹漆作绘之用"。

宋徽宗时,蔡京在修复明堂的设计方案中,对明堂的设色提出了诸多建议。这些建议除了吸收常见的五色与五方五时匹配的原则之外,还特别纳入了德运服色元素。他建议"堂、室、柱、门、栏、楯并饰以朱,则远以合三代之制,近以协所尚之色",正是为了服从"国朝以火德王,所尚者赤也,当以赤为本"的原则。④由此可见,对德运服色的迷信有时候甚至可以压倒一切。而这一切显然都是出于对维系王朝"天命"、强化政治认同的强烈心理需求。

三、五德服色符号与改易服色制度思想内涵的社会认同

五德服色符号的运用,使得改易服色制度的思想内涵,包括"天命—革命"、五德终始等,不但对主流意识形态与统治阶层生活风尚产生了深刻影响,也对民间政治意识起到了一定的形塑作用。

(一)从谶纬民谣的五色隐喻看"天命"思想的社会认同

政治异动是古人非常关注的社会话题之一,因此,在古代政治生活中充斥了大量的谶纬之说和民间歌谣,或是预测政治走向,或是解读政治传闻,或是传播政治谣言。在这些谶语和民谣中,常常运用大量的隐喻来对"天命"进行暗示,这可能是为了增加神秘色彩,也可能是出于隐讳的需要。五色符号以其丰富的政治文化内涵,成为最常见的喻体之一。

与本朝服色相符的符瑞被视为国运振兴的一种征兆。例如,在唐朝军队与吐蕃对峙的关头,正是一个与土德黄色有关的梦兆增强了军民的信心。当时,吐蕃进犯便桥,唐朝军队处于不利境地。代宗在巡幸时还看到了一些不祥的征兆,因此忧心忡忡。当天晚上,他梦见穿着黄色衣服的童子在帐前唱了一首歌:"中五之德方峨峨,胡呼胡呼可奈何。"代宗把梦详

---

① (宋)王溥:《唐会要》卷一八《缘庙裁制下》,第361页。
② (清)徐松辑:《宋会要辑稿》,第2605页。
③ (明)高濂:《遵生八笺》卷一四,杭州:浙江古籍出版社,2017年,第568页。
④ (清)徐松辑:《宋会要辑稿》,第1181页。

细地复述了一遍。侍臣以黄色为土德之兆,"咸称土德当王、吐蕃破灭之兆也"①。

与本朝服色发生冲突的色彩现象则往往被视为国运即将出现危机的不祥征兆。例如,干宝认为,"自明帝,终魏世,青龙、黄龙见者,皆其主兴废之应也"。青为木德之色,魏受土德,不胜木,因此青龙出现对于魏而言并非什么好的征兆。更何况青龙出现在井中,刘向曾经说:"龙贵象而困井中,诸侯将有幽执之祸也。"而曹魏时期的龙瑞皆出现于井中,这似乎都是"居上者逼制之应"②。还有一个典型事例是,太兴年间士兵流行以绛囊缠束发髻,被视作对尚白的晋朝政权的严重威胁。发髻在头顶上,属于人的最顶部。有人根据《周易》的说法,认为乾为首,为君道,囊为坤,为臣道。晋主金德,士兵却用象征火行、与金德相克的绛色囊缠束发髻,是臣道上侵皇权之象。③古人把这件事和晋元帝永昌元年(322)的王敦之乱联系起来。当时,王敦、王导兄弟权倾朝野,对君道威严构成了严重挑战。元帝以征讨胡族的名义,重用刘隗、戴渊等人都督司、兖、青、徐等州诸军事,对王敦加以防备。王敦感觉受到威胁,遂于永昌元年起兵,攻陷都城建康,一举清除了与自己敌对的政治势力。谋事不成的元帝在忧愤中死去。

如果出现了与本朝服色相符的眚祥,古人就会认为国运将有不测。例如,晋怀帝永嘉元年二月,"洛阳东北步广里地陷,有苍白二色鹅出,苍者飞翔冲天,白者止焉"④。有人认为,步广乃是周朝时狄泉盟会的地方,白鹅暗指晋朝,苍鹅暗指胡族,白鹅止步、苍鹅冲天的景象,预示着后来发生的匈奴刘渊、羯族石勒等胡族"相继乱华"而西晋怀、愍二帝沦灭非所等一系列政治事件。

一些包含该王朝服色颜色词的图谶、谣言也被视为对国运的预示。例如,汉朝尚赤,因此包含"赤"字的图谶成为预言汉朝国运重振的依据。西汉末年,南阳人延岑据汉中,自称武安王,其护军邓仲况拥兵南阳阴县为寇。刘歆的侄子刘龚(一说为刘向的曾孙)是他的谋士。苏竟善图谶,在写给刘龚的书信中,他以汉为火德说为依据分析了汉室的政治命运:"孔丘秘经,为汉赤制,玄包幽室,文隐事明,且火德承尧,虽昧必亮。"⑤当时人们普遍非常相信图谶之说,因此刘龚和邓仲况接受了苏竟的劝说,最终投降。可见,汉为赤制的说法深得人心,为双方所共同接受。

晋朝自认为乘金德而兴,服色尚白,因此在当时流行的谣言中常以"白"色词汇隐喻晋朝政权。流传于晋愍帝建兴年间的一首包含"白"色词的江南歌谣则预示了西晋灭亡、东晋偏安的政治命运。"訇如白坑破,合集持作甒。扬州破换败,吴兴覆瓿甄。"⑥坑是一种瓦瓮,质地刚硬,属于金类,因此和白色一样都是以金德王天下的晋朝政权的隐喻。"訇如白坑破"暗喻西晋的灭亡。八王之乱后,西晋政权逐渐衰落。趁着各地流民起义、西晋王朝疲于应付之机,内迁少数民族多次起兵,造成永嘉之乱。晋怀帝被俘,洛阳城遭到洗劫。西晋大臣虽然夺回了长安,并拥立司马邺为帝,是为晋愍帝,然而,苦苦支撑不到五年时间,就又遭到匈奴

---

① (唐)苏鹗:《杜阳杂编》卷上,北京:中华书局,1985年,第1页。
② (唐)房玄龄等撰:《晋书》卷二九《五行志下》,北京:中华书局,1974年,第902页。
③ (唐)房玄龄等撰:《晋书》卷二七《五行志上》,第825页。
④ (唐)房玄龄等撰:《晋书》卷二八《五行志中》,第864页。
⑤ (南朝宋)范晔:《后汉书》卷三〇上《苏竟列传》,北京:中华书局,1965年,第1043页。
⑥ (唐)房玄龄等撰:《晋书》卷二八《五行志中》,第845页。

侵袭,长安陷落,西晋最终难逃灭亡的命运。

又如晋惠帝元康年间,京城洛阳地区流传着这样一首童谣:"南风起兮吹白沙,遥望鲁国郁嵯峨,千岁骷髅生齿牙。"这首童谣预言了贾后与外戚贾谧合谋陷害太子之事。童谣中提到的"南风"是贾后的名讳。"白沙"暗指太子,因为白色是晋朝服色,愍怀太子小名叫作沙门。"南风起兮吹白沙"暗示了太子的命运。鲁国是外戚贾谧的封地。①据《晋书》记载,惠帝司马衷是个白痴。他的皇后贾氏凶狠暴戾、嫉妒成性,司马衷"畏而惑之"。外戚贾谧仗着贾后的尊贵地位,恃宠骄纵,甚至连太子也不放在眼里。他屡次与太子发生矛盾,并向贾后报告太子"广买田业,多畜私财以结小人"等不端行为。贾后本来就因为太子并非己出而怀有戒心,在贾谧等人的煽动下更是担心将来太子继位会有废后之忧。他们设计以谋逆的罪名废掉太子,并将他迫害致死。②

流传于晋海西公太和年间的民间歌谣"青青御路杨,白马紫游缰;汝非皇太子,那得甘露浆"中的白马暗喻司马奕和他的三个儿子,因为白色是晋朝的服色,而马象征皇族。紫色暗示司马奕的即位不符合正统,"游缰"预言了他和三个儿子被马缰缢死的下场。东晋建立以后,由于统治集团内部争权夺利,同样是内乱频繁。哀帝驾崩后,没有后嗣,司马奕以母弟身份继承大统,后被桓温所废。在他们死后第二天,南方进献甘露,可是他们已经享受不到了,古人认为这是应验了"汝非皇太子,那得甘露浆"的预言。据《宋书·五行志》记载,在司马奕被废前夕,还曾经流传过另外一首歌谣:"犁牛耕御路,白门种小麦。"白门指的是司马奕的住宅。据说,司马奕被废以后,吴地的农人在他家门前耕种小麦,和歌谣预言的一模一样。③

(二)从五德服色的号召力看"天命"思想对社会舆情的导向作用

作为王朝政权获得天命的重要依据,与服色相关的事件、传言具有双重的政治功能。对于当政者而言,与本朝服色相关的符瑞有助于政权合法性的确立。而对于在野者而言,与新服色符号相关的符瑞常常为他们伺机而动、揭竿而起提供舆论铺垫。

在古代社会,起事者之所以常常将服色符号作为号召民众的重要标志,是因为服色符号并不是单纯的号召和动员标志,往往还是起事者政治纲领的集中概括和形象表达,因此才会对民众产生巨大的凝聚力和向心力。例如,汉高祖九世孙刘秀就是通过恢复汉的国号,沿用西汉服色,来重新唤起人们对刘姓王朝昔日荣光的记忆。"建社稷于洛阳,立郊兆于城南,始正火德,色尚赤"④。后来,在西晋时期的一次起义中,领袖张昌的做法如出一辙。他"以汉祚复兴,有凤凰之瑞,圣人当世"煽动百姓,"从军者皆绛抹头,以彰火德之祥。百姓波荡,从乱如归"⑤。

宋朝尚赤,因此宋室南迁之后,红巾成为号召勤王的标志。在金朝统治下的河东之民"心怀本朝","所在结为红巾,出攻城邑,皆用建炎年号"。史称红巾军"略无所惧,是年于泽潞之间,劫左副元帅尼雅满寨几复之",因此,金朝"捕红巾甚急",可是主管此事的官吏总是

---

① (唐)房玄龄等撰:《晋书》卷二八《五行志中》,第844页。
② (唐)房玄龄等撰:《晋书》卷五三《愍怀太子传》,第1457—1463页。
③ (梁)沈约:《宋书》卷三一《五行志二》,第917页。
④ (南朝宋)范晔:《后汉书》卷一上《光武帝纪上》,第27页。
⑤ (晋)干宝:《搜神记》卷七,北京:中华书局,1979年,第101页。

抓不到真的红巾军，就捉拿平民来搪塞朝廷，有的甚至将全村杀害，这就导致了更多壮丁投奔红巾军，"而红巾愈盛矣"①。

服色在政治变乱中扮演的重要角色，使得人们对于那些与服色有关的事件和传言总是表现出异乎寻常的敏感。尤其是在政局暧昧不明的时候，舆服、徽号的变动往往会引起民情骚动。宋朝靖康年间，天气非常严寒。钦宗听信王俊民"借春以召和气"的建议，下令城中张挂青色旗帜以顺应木德，首先从辛永宗管辖的东壁开始。当时辛永宗正在整顿军纪，有些苦不堪言的士兵趁机传出了"永宗反矣，不然何以易旗帜"的谣言。在金兵进逼、民心狐疑的混乱局势下，民众对旗帜颜色的更改本来就非常敏感，再加上谣言煽动，不免群情激奋，聚集到宣德门，引起了一场骚乱。结果无辜的辛永宗及其数十名部将被不明真相的群众杀死。②由此可见，服色符号化观念对民众心态、社会舆论的影响之大。

正是由于服色符号对于社会舆情有着如此重要的影响，以至于有些君主对于与五色相关的传闻和谣言的反应几乎到了神经过敏的地步。声势浩大、后果严重的周武灭佛运动起因之一就是周武帝对"有黑相当得天下"这一谶语的忌讳。南北朝时，僧人多穿黑色的缁衣。缁衣、缁流成为沙门的别称。"识真者咸共叹息，白黑送者数千人"③。"白黑门徒，万有余众"④。"缁素"、"白黑"喻指僧人与俗众。周叔迦认为僧人服缁可能来自于道家，释道皆服缁衣，以冠、巾区分，黄冠成为道士专称，缁衣则为沙门别号⑤。沙门净土，不曾想因为黑衣惹来了麻烦。北齐时流传"有黑人次膺天位"的谣言⑥，又有人称稠禅师"黑衣天子也"⑦。文宣皇帝高洋"惶怖"，想要杀死稠禅师。稠禅师问明原因以后，予以驳斥："斯浪言也。黑无过，漆漆可作邪。"⑧这才免除一死。但是这一谶语的影响并未消除，北周太祖宇文泰在关中建立西魏政权的时候，"衣物旗帜并变为黑，用期讹谶之言"。周武帝也很忌讳黑衣僧人，因此下令沙门并着黄衣，"未禁黑故"。后来更因为道士张宾"以黑释为国忌，以黄老为国祥"的进言，周武帝从此"信道轻佛，亲受符录，躬服衣冠"⑨。当然，周武灭佛根本的还是由于经济原因，当时的北朝寺院占有了太多了田产和劳动力，对政府财政收入和兵源产生了严重影响，势必引起周武帝的极度不满。经过前后两次灭佛之后，寺庙成为王公宅第，僧人复为编户，一度"民役稍希，租调年增，兵师日盛"⑩。只不过，"黑衣人得天下"的谶语为周武灭佛提供了更加强有力的依据。

总而言之，五德终始学说对社会大众认识和解读五色产生了举足轻重的影响。甚至在

---

① (宋)熊克：《中兴小纪》卷二，福州：福建人民出版社，1983年，第28页。
② (宋)徐梦莘：《三朝北盟会编》卷六四，第483—484页。
③ (唐)释智升：《开元释教录》卷三，《景印文渊阁四库全书》第1051册，台北：台湾商务印书馆，1986年，第77页。
④ (唐)释智升：《开元释教录》卷六，第155页。
⑤ 周叔迦：《佛教基本知识》，北京：中华书局，2005年，第137页。
⑥ (唐)释道宣：《广弘明集》卷六《叙列代王臣滞惑解》，《景印文渊阁四库全书》第1048册，台北：台湾商务印书馆，1986年，第295页。
⑦ (唐)释道宣：《广弘明集》卷八《叙周灭佛法集道俗议事》，第320页。
⑧ (唐)释道宣：《广弘明集》卷六《叙列代王臣滞惑解》，第295页。
⑨ (唐)释道宣：《广弘明集》卷八《叙周灭佛法集道俗议事》，第320页。
⑩ (唐)释道宣：《广弘明集》卷一〇《叙任道林辨周武帝除佛法诏》，第361页。

统治者自身都放弃了五德终始学说之后,五德终始思想仍在民间有着某种残余。南宋以后,改服色制度发生了重大变化,不复以五德终始说作为理论依据。元朝是少数民族建立的王朝,对汉人的五德终始说没有什么好感。然而,元末的红巾军起义仍是利用服色的号召作用。反元势力纷纷打出复宋旗帜号召天下百姓,因此以宋所尚的火德之色——赤色为标识。韩山童自称宋徽宗八世孙,当主中国。邹普胜、刘福通等人起义时都"以红巾为号"[①]。朱元璋曾经以"巾衣皆绛,赤帜蔽野"形容红巾军气势之盛。[②]《皇明启运录》记载的一个传说,也依稀还能够看到五德终始说的残余影响。据说,明太祖朱元璋的母亲陈太后曾经梦见一个穿红色衣服的神仙送给她一个"奕奕有光的药丸"。陈太后吞下药丸,醒来后,"异香袭体,遂娠焉"。当朱元璋在盱眙红庙出生的时候,"远近见火光烛天,邻近二郎庙夜徙一百二十步水次,红苔如线,泛水如练,丹彩可挹,异香经宿不散"[③]。这显然是在"太祖以火德王"谶言影响下编造出来的一个神话。由此可见五德终始说在民间影响之深远,从而为民众认同君主政治权威奠定了坚实的社会心理基础。

四、小 结

五德服色符号在改易服色制度推行过程中的独到贡献,有力地印证了日常性与形象性在政治制度实践过程中具有举足轻重的作用和意义。日常性的反复实践能够对政治制度的社会认同广度和深度起到重要的助推作用,为一种政治制度的有效实施提供了基本条件。形象性的内容转化能够对政治制度的思想内涵起到有效的阐释和传递作用,是一项政治制度是否能够达成设计目的的重要保障。改易服色制度以"天命"为理论内核,根本目的是为巩固君主统治服务。在实施过程中,抽象的"天命"借助五德服色符号的直观性和形象性得到了体现和落实,并通过服色符号的日常性反复实践,帮助建构了完美无缺的君主形象,特别是建构君主"受命于天"的非凡形象,不断强化民众对君主的崇拜,从而确保了民众对君主"正统性"地位的认同。

作者简介:许哲娜,苏州科技大学社会发展与公共管理学院副研究员。

---

① (明)宋濂等撰:《元史》卷四二《顺帝本纪五》,北京:中华书局,1976年,第891页。
② (明)朱元璋:《明太祖文集》卷一四《纪梦》,《景印文渊阁四库全书》第1223册,台北:台湾商务印书馆,1986年,第144页。
③ 转引自(明)徐应秋:《玉芝堂谈荟》卷一《帝王诞生瑞征》,第5页。

西汉丞相封侯考*

师彬彬

【摘　要】西汉丞相封侯始于高祖时期,并集中于西汉中后期。西汉皇帝对丞相封侯拥有裁决权,以皇帝颁布的制书为依据。西汉丞相封侯不仅反映了丞相和列侯存在等级对应关系,而且成为皇权加强君臣关系的一项措施。西汉丞相从因功劳封侯向因恩泽封侯转变,呈现阶段性、功绩化、身份性和鲜明时代性的特征。西汉丞相封侯经历了从皇权主导到权臣支配的过程,并在各个阶段产生了不同的社会功能。西汉中前期,丞相封侯产生了加强中央集权、巩固政权基础、调整社会等级秩序、推动社会阶层流动、维护各种政治势力平衡的功能。而西汉后期,丞相封侯存在增加国家财政负担、激化统治集团内部矛盾斗争的弊端。但就整体发展而言,西汉丞相封侯产生的社会功能居于主导地位。

【关键词】西汉；丞相；列侯

西汉丞相封侯者规模较大,继承了周文王"颁其爵列等级田畴以赏群臣"[1]和秦代"尊大臣,盛其爵位,以固其亲"[2]的历史传统。西汉皇帝派遣高官作为皇帝使者主持丞相封侯仪式,并颁发金印紫绶作为政治身份、社会地位的象征和享有权益的凭证。[3]这一政治现象既反映了西汉丞相群体拥有较高的政治身份、社会等级地位和比较丰厚的经济权益,又体现了皇权重视对高爵阶层实施政治控制与身份管理。

迄今为止,学术界对西汉丞相封侯问题的考察较少[4],这一课题有待深入探讨。本文拟在梳理史料与总结已有研究成果的基础上,将政局演变、礼制发展、统治集团变动、二十等爵制演进、社会等级秩序调整与西汉丞相封侯问题紧密结合。笔者运用"品位——职位"视

---

* 基金项目:本文系作者主持的 2018 年度河南省哲学社会科学规划基金青年项目"'爵—秩体制'视角下的西汉列侯问题研究"(项目号:2018CLS020)的阶段性成果。

[1] 许维遹撰,梁运华整理:《吕氏春秋集释》卷六《制乐》,北京:中华书局,2016 年,第 123 页。
[2] (汉)司马迁:《史记》卷五六《陈丞相世家》北京:中华书局,2014 年,第 2497 页。
[3] 参见郑宗贤:《试析西汉封侯诏书》,《早期中国史研究》2013 年第 1 期;秦铁柱:《帝国中坚——汉代列侯研究》,济南:齐鲁书社,2018 年,第 161—163 页。
[4] 参见白云光:《西汉丞相封侯刍议》,《陕西学前师范学院学报》2016 年第 6 期,第 78—84 页;阎步克:《从爵本位到官本位:秦汉官僚品位结构研究》(增补本),北京:生活·读书·新知三联书店,2017 年,第 69 页;秦铁柱:《帝国中坚——汉代列侯研究》,第 116—119 页。

角①,在"爵—秩体制"②下注重动态地考察西汉丞相封侯制度、西汉丞相封侯的社会功能和弊端。探讨西汉丞相封侯问题不仅可以深化学术界对丞相群体经济权益、政治职能与社会等级地位变迁的认识③,而且成为我们全面理解西汉官僚体制演变、君臣关系变化、统治集团变动、二十等爵制发展与政治等级结构调整的一个切入点。

西汉丞相封侯始于高祖时期,集中于西汉中后期。西汉丞相封侯不仅反映了丞相和列侯存在一定的社会等级对应关系,而且加速了高官群体贵族化的过程。西汉丞相封侯主要取决于皇权支配,并和政局变动、二十等爵制发展、社会等级秩序调整密切相关。西汉丞相封侯有助于发挥丞相群体的政治职能,并确定了丞相群体在爵位等级序列中的政治地位和社会身份。西汉丞相封侯体现了丞相群体经济权益的增加与政治地位、社会身份的提高,并成为皇权分配权益、奖励高官、维持统治秩序、加强君臣关系、调整社会等级制度的一项措施。

一、西汉丞相封侯制度

西汉丞相封侯制度趋于规范化,主要涉及丞相侯的出身、食邑、分封时间和程序等内容。本文主要从丞相侯的出身和食邑两个方面探讨西汉丞相封侯制度,有助于全面理解政局演变、官僚体制演变与社会等级秩序调整。

西汉丞相封侯制度以"以德诏爵,以功诏禄,以能诏事"④、"行爵出禄,必当其位"⑤和"有大功德者受大爵土,功德小者受小爵土"⑥作为理论依据,不仅体现了"(西汉丞相)掌丞天子助理万机"⑦汉成帝诏书中"盖丞相以德辅翼国家,典领百寮,协和万国,为职任莫重焉"⑧和

---

① 参见阎步克:《品位与职位——传统官僚等级制研究的一个新视角》,《史学月刊》2001年第1期;阎步克:《品位与职位:秦汉魏晋南北朝官阶制度研究》,北京:中华书局,2009年,第2—18页。
② 学术界关于汉代"爵—秩体制"的概念及其形成演变问题的研究,参见阎步克:《从爵本位到官本位:秦汉官僚品位结构研究》(修补本),北京:生活·读书·新知三联书店,2017年,第33—87页。
③ 参见安作璋、熊铁基:《秦汉的丞相制度》,《山东师大学报(人文社会科学版)》1982年第5期;许树安:《西汉中枢职官的设置和演变》,《北京大学学报(哲学社会科学版)》1986年第5期;郑宝凤《秦汉时期宰辅制度变化蠡测》,《中国青年政治学院学报》1987年第2期;李新城:《论秦汉相权之变迁》,《华东师范大学学报(哲学社会科学版)》2001年第4期;王连旗:《试论西汉丞相制度的演变》,《开封大学学报》2010年第4期,第23—26页;杜丙辰:《汉代皇权与相权分配制度研究》,《兰台世界》2014年第6期;王刚:《秦汉间的政治转折与相权问题探微》,《人文杂志》2015年第2期,收入中国秦汉史研究会编:《秦汉史论丛(第十四辑)》,成都:四川人民出版社,2017年,第198—217页;李玉福:《西汉前期丞相职权的强化》、《西汉中期内朝的兴起与丞相职权的衰落》,收入《秦汉制度史论》,济南:山东大学出版社,2002年,第114—178页;卜宪群:《秦汉官僚制度》,北京:社会科学文献出版社,2002年,第111—118页;安作璋、熊铁基:《秦汉官制史稿》,济南:齐鲁书社,2007年,第41—47页;祝总斌:《两汉魏晋南北朝宰相制度研究论》,北京:北京大学出版社,2017年,第4—36页。
④ (汉)郑玄注,(唐)贾公彦疏,彭林整理:《周礼注疏》卷三六《夏官·司士》,上海:上海古籍出版社,2010年,第1186页。
⑤ (汉)郑玄注,(唐)孔颖达正义,吕友仁整理:《礼记正义》卷二三《月令》,上海:上海古籍出版社,2008年,第659页。
⑥ (清)苏舆撰,钟哲点校:《春秋繁露义证》卷八《爵国》,北京:中华书局,1992年,第237页。
⑦ (汉)班固:《汉书》卷十九上《百官公卿表上》,北京:中华书局,1962年,第724页。
⑧ (汉)班固:《汉书》卷八二《王商传》,第3374页。

汉哀帝诏书中"丞相者，朕之股肱，所与共承庙宇，统理海内，辅朕之不逮以治天下也"①的政治职能，而且和"古之制爵禄也，爵以居有德，禄以养有功。功大者禄厚，德远者爵尊"②的历史传统与"盛德之士亦封之，所以尊有德也"③的政治理念相关。

西汉皇帝对丞相封侯拥有裁决权，并以皇帝颁布的制书④作为封侯依据。这一政治现象既反映了"唯器与名，不可以假人"⑤和"爵者，上之所擅，出于口而亡穷"⑥的统治思想，又体现了西汉皇帝重视调整二十等爵制和社会等级结构。如《汉书》卷五八《公孙弘传》载："(武帝)元朔中，(公孙弘)代薛泽为丞相。先是，汉常以列侯为丞相，唯弘无爵，上于是下诏曰：'朕嘉先圣之道，开广门路，宣招四方之士，盖古者任贤而序位，量能以授官，劳大者厥禄厚，德盛者获爵尊，故武功以显重，而文德以行褒。其以高成之平津乡户六百五十封丞相弘为平津侯。'"⑦另如，"(武帝)征和二年春，制诏御史：'……其以涿郡太守(刘)屈氂为左丞相，分丞相长史为两府，以待天下远方之选。夫亲亲任贤，周、唐之道也。以澎户二千二百封左丞相为澎侯。'"⑧西汉丞相封侯以皇帝颁布的制书为依据并派遣使者代表皇帝主持分封仪式，以政权强制力保障丞相封侯制度顺利实施。

西汉丞相封侯既反映了丞相和列侯存在等级对应关系，又加速了高官群体贵族化的过程。例如，"至乎孝武，元功宿将略尽。会上亦兴文学，进拔幽隐，公孙弘自海濒而登宰相，于是宠以列侯之爵。……自是之后，宰相毕侯矣"⑨。

西汉部分丞相致仕或免官后，可保留列侯爵位以维持较高的政治身份与社会等级地位。例如，"(安昌侯张禹)为相六岁，(成帝)鸿嘉元年以老病乞骸骨，上加优再三，乃听许。赐安车驷马，黄金百斤，罢就第，以列侯朝朔望，位特进，见礼如丞相，置从事史五人，益封四百户。天子数加赏赐，前后数千万"⑩。

西汉丞相封侯制度具有阶段性、制度化、身份性、严格等级化和鲜明时代性的特征，并对两汉曹魏的三公封侯制度产生了深远影响。如《汉书》卷十一《哀帝纪》载成帝绥和元年(前8年)，"上赐曲阳侯(王)根大司马印绶，置官属、罢骠骑将军官，以御史大夫何武为大司空，封列侯，皆增奉如丞相，以备三公官焉。"⑪另如，"(哀帝元寿元年)五月，正三公官公职。大司马卫将军董贤为大司马，丞相孔光为大司徒，御史大夫彭宣为大司空，封长平侯。"⑫《后

---

① (汉)班固：《汉书》卷八一《孔光传》，第3357页。
② (汉)徐干撰，孙启治整理：《中论解诂·爵禄》，北京：中华书局，2014年，第166页。
③ (汉)班固：《汉书》卷二四上《食货志上》，第1134页。
④ "帝之下书有四：一曰策书，二曰制书，三曰诏书，四曰诫敕。……制书者，帝者制度之命，其文曰制诏三公，皆玺封，尚书令印重封，露布州郡也。"((南朝·宋)范晔：《后汉书》卷一上《光武帝纪上》李贤注引《汉制度》，北京：中华书局，1965年，第24页。)
⑤ 杨伯峻编著：《春秋左传注(修订本)·成公二年》，北京：中华书局，2009年，第788页。
⑥ (汉)班固：《汉书》卷二四上《食货志上》，第1134页。
⑦ (汉)班固：《汉书》卷五八《公孙弘传》，第2620—2621页。
⑧ (汉)班固：《汉书》卷六六《刘屈氂传》，第2879页。
⑨ (汉)班固：《汉书》卷十八《外戚恩泽侯表》，第677页。
⑩ (汉)班固：《汉书》卷八一《张禹传》，第3349页。
⑪ (汉)班固：《汉书》卷十一《哀帝纪》，第344页。
⑫ (汉)班固：《汉书》卷八三《朱博传》，第3405页。

汉书》卷二六《伏湛传》亦载:"(东汉光武帝)建武三年,(伏湛)遂代邓禹为大司徒,封阳都侯。"①又如,"汉初,丞相选用列侯。至武帝用公孙弘,起自疏远,未有爵邑,于是封平津侯。丞相封侯自此始。光武中兴,尚仍前制。伏湛代邓禹为大司徒,封阳都侯。湛免,以侯霸代之,止封关内侯,凡历九年而薨。帝使下诏曰:'汉家旧制,丞相拜日,封为列侯……'因追封霸为则乡侯,其比西京之制。"②此外,曹魏明帝景初二年(238 年),"(崔林)为司空,封安阳亭侯,邑六百户。三公封列侯,自林始也"。裴松之注曰:"臣(裴)松之以为汉封丞相邑,为荀悦所讥。魏封三公,其失同也。"③

西汉皇帝利用丞相封侯制度调整统治集团内部的权益分配格局,对高爵群体构成、二十等爵制演变和社会等级结构调整均产生了较大影响。西汉丞相封侯制度协调了皇权和丞相群体的关系,不仅反映了权力格局演变和社会等级秩序变迁,而且与统治政策变动、二十等爵制发展、政治等级结构调整密切相关。

(一)西汉丞相侯的出身④

西汉丞相侯的出身经历了由列侯集团及其后代垄断到以儒生为主导的进程,体现了不同政治集团兴衰的权力格局。西汉丞相侯的出身和政局演变、统治集团变动、社会等级结构调整密切相关,既体现了皇权重视调整丞相群体构成,又产生了维护统治秩序、巩固政权基础和增强统治集团活力的社会功能。

西汉丞相因功劳封侯者始于高祖六年(前 201 年)正月丙午分封丞相萧何为酂侯,"(丞相萧何)以客初起从,入汉,为丞相,备守蜀及关中,给军食,佐上定诸侯,为法令,立宗庙,侯,八千户"⑤。西汉前期,丞相一职由列侯集团及其后代所垄断。例如,"自汉兴至孝文二十余年,会天下初定,将相公卿皆军吏"⑥。另如《汉书》卷五八《公孙弘传》载:"(武帝)元朔中,公孙弘代薛泽为丞相。先是,汉常以列侯为丞相。"⑦再如,"自申屠嘉死之后,景帝时开封侯陶青、桃侯刘舍为丞相。及今上时,柏至侯许昌、平棘侯薛泽、武强侯庄青翟、高陵侯赵周等为丞相。皆以列侯继嗣,娖娖廉谨,为丞相备员而已,无所能发明功名有著于当世者"⑧。又如,"降自秦、汉,世资战力,至于翼扶王运,皆武人屈起。亦有鬻缯屠狗轻猾之徒,或崇以连城之赏,或任以阿衡之地,故执疑则隙生,力侔则乱起。萧、樊且犹缧绁,信、越终见菹戮,不其然乎!自兹以降,迄于孝武,宰辅五世,莫非公侯。遂使缙绅道塞,贤能蔽壅,朝有世及之私,下多抱关之怨。其怀道无闻,委身草莽者,亦何可胜言。"⑨西汉中前期,列侯集团及其后

---

① (南朝宋)范晔:《后汉书》卷二六《伏湛传》,第 894 页。
② (清)徐天麟:《东汉会要》卷十七《封建上·宰相考》,上海:上海古籍出版社,2012 年,第 244 页。
③ (晋)陈寿:《三国志》卷二四《魏书·崔林传》,北京:中华书局,1982 年,第 681 页。
④ 参见许倬云:《西汉政权与政治势力的交互作用》,《"中研院"历史语言研究所集刊》第 35 本,1964 年,第 261—281 页,收入《求古编》,北京:商务印书馆,2014 年,第 336—358 页;陈满光:《西汉丞相选任述论》,《贵州师范大学学报(社会科学版)》1995 年第 2 期。
⑤ (汉)司马迁:《史记》卷十八《高祖功臣侯者年表》,第 1064 页。
⑥ (汉)司马迁:《史记》卷九六《张丞相列传》,第 3249 页。
⑦ (汉)班固:卷五八《公孙弘传》,第 2620 页。
⑧ (汉)司马迁:《史记》卷九六《张丞相列传》,第 3253 页。
⑨ (南朝宋)范晔:《后汉书》卷二二《马武传》,第 787 页。

代垄断丞相群体。这一权力格局已不适应充分发挥丞相群体政治职能、加强中央集权与调整统治秩序的政治需要,并产生了削弱高爵群体活力、阻碍社会阶层流动和激化统治集团内部矛盾斗争的弊端。

西汉丞相封侯始于文帝时期的申屠嘉,但尚未形成制度。[①]《史记》卷九六《张丞相列传》载文帝后元二年(前162年),"(窦)广国贤有行,故(文帝)欲相之,念久之不可,而高帝时大臣又皆多死,余见无可者,乃以御史大夫(关内侯申屠)嘉为丞相,因故邑封为故安侯"[②]。

西汉丞相因恩泽封侯始于武帝元朔五年(前124年),并成为西汉中后期的政治传统。如《汉书》卷五八《公孙弘传》载:"元朔中,(公孙弘)代薛泽为丞相。先是,汉常以列侯为丞相,唯弘无爵,上于是下诏曰:'朕嘉先圣之道,开广门路,宜招四方之士,盖古者任贤而序位,量能以授官,劳大者厥禄厚,德盛者获爵尊,故武功以显重,而文德以行褒。其以高成之平津乡户六百五十封丞相弘为平津侯。'其后以为故事,至丞相封,自弘始也。"[③]另如,"孝武皇帝封爵丞相,以褒有德,后亦承之,建武乃绝"[④]。

自丞相公孙弘封侯以来,西汉中后期因任职丞相而封侯者合计十九人,即武帝时期的牧丘侯石庆、葛绎侯公孙贺、澎侯刘屈氂、富民侯田千秋(车千秋),昭帝时期的宜春侯王䜣、安平侯杨敞、阳平侯蔡义,宣帝时期的扶阳侯韦贤、高平侯魏相、建成侯黄霸、西平侯于定国,元帝时期的扶阳侯韦玄成、乐安侯匡衡,成帝时期的安昌侯张禹、高阳侯薛宣、高陵侯翟方进、博山侯孔光,哀帝时期的杨乡侯朱博、新甫侯王嘉。[⑤]自丞相公孙弘封侯以来,西汉中后期以列侯身份任职丞相[⑥]者有五人,即武帝时期的乐安侯李蔡(功臣侯)、武强侯严青翟(嗣爵功臣侯)、高陵侯赵周(因父亲功劳而封侯),宣帝时期的博阳侯丙吉(有旧恩于宣帝而封侯),成帝时期的乐昌侯王商(嗣爵外戚侯)。上述史料既反映了西汉中后期丞相和列侯存在等级对应关系,又加速了高官群体贵族化的过程。

西汉中后期,任职丞相但未封侯者只有哀帝时期病逝较早的平当。哀帝建平二年(前5年),"以冬月,赐(丞相平当)爵丞相。明年春,上使使者召,欲封当。当病笃,不应召。……后月余,卒。"颜师古注引如淳曰:"《汉仪注》御史大夫为丞相,更春乃封,故先丞相封侯。"颜师

---

① 杨树达先生认为:"文帝时申屠嘉为相曾封侯,但不为故事,为故事实自(丞相平津侯公孙)弘始。"(杨树达:《汉书窥管》卷六《公孙弘卜式儿宽传》,上海:上海古籍出版社,2013年,第456页。)
② (汉)司马迁:《史记》卷九六《张丞相列传》,第3251页。
③ (汉)班固:《汉书》卷五八《公孙弘传》,第2620—2621页。
④ (汉)王符著,(清)汪继培笺,彭铎校正:《潜夫论笺校正》卷4《三式》,北京:中华书局,1985年,第198页。
⑤ 参见《史记》卷二十《建元以来侯者年表》,第1247—1248页;《史记》卷二十《建元以来侯者年表》,第1230页;《汉书》卷六六《刘屈氂传》,第2879页;《史记》卷二十《建元以来侯者年表》,第1256页;《史记》卷二十《建元以来侯者年表》,第1260页;《史记》卷二十《建元以来侯者年表》,第1260页;《史记》卷二十《建元以来侯者年表》,第1260页;《史记》卷二十《建元以来侯者年表》,第1260页;《史记》卷二十《建元以来侯者年表》,第1263页;《史记》卷二十《建元以来侯者年表》,第1266页;《史记》卷二十《建元以来侯者年表》,第1266页;《汉书》卷十八《外戚恩泽侯表》,第696页;《汉书》卷十八《外戚恩泽侯表》,第706页;《汉书》卷十八《外戚恩泽侯表》,第706页;《汉书》卷十八《外戚恩泽侯表》,第706页;《汉书》卷十八《外戚恩泽侯表》,第708页;《汉书》卷十八《外戚恩泽侯表》,第710页;《汉书》卷十八《外戚恩泽侯表》,第712页;《汉书》卷十八《外戚恩泽侯表》,第712页。
⑥ 参见《史记》卷二十《建元以来侯者年表》,第1232页;《汉书》卷十八《外戚恩泽侯表》,第1080页;《史记》卷十八《惠景间侯者年表》,第1209页;《汉书》卷七四《丙吉传》,第3144—3145页;《汉书》卷八二《王商传》,第3369—3370页。

古注引李奇曰:"以冬月非封侯时,故且先丞相封侯也。"①

本文笔者统计西汉担任丞相并于当日封侯者合计七人②:即武帝元朔五年(前124年)十一月乙丑分封平津侯的公孙弘、征和四年(前89年)六月丁巳分封富民侯的田千秋,宣帝本始三年(前71年)六月甲辰分封扶阳侯的韦贤、地节三年(前67年)六月壬辰分封高平侯的魏相、五凤三年(前55年)二月壬申分封建成侯的黄霸,成帝永始二年(前15年)十一月壬子分封高陵侯的翟方进、绥和二年(前7年)三月丙戌分封博山侯的孔光。③从以上事例来看,东汉光武帝建武十三年(37年)诏书中"汉家旧制,丞相拜日,封为列侯"④的规定在西汉中后期并未严格执行。西汉丞相侯的出身构成经历了功臣集团及其后代垄断到以儒生官员为主导的过程,体现了功臣集团趋于衰落和儒生官僚集团逐渐兴起的权力格局。这一政治现象体现了西汉皇帝重视调整高爵群体构成与社会等级结构,并产生了调整统治秩序、推动社会阶层流动、加强中央集权、巩固政权基础和增强统治集团凝聚力的社会功能。

西汉中后期丞相侯的出身以儒生为主导,并以功臣及其后代、宗室、外戚和文吏作为补充。西汉不同出身丞相侯的政治作用和社会等级身份呈现差异性的特征,不仅反映了丞相侯政治势力兴衰状况,而且体现了高爵群体的流动。西汉不同出身的丞相封侯状况既体现了各种政治集团依附和制衡并存的权力格局,又成为政府巩固政权基础、增强统治集团凝聚力和维护不同政治势力平衡的一项措施。

(二)西汉丞相侯的食邑

食邑是西汉政府赐予高爵群体的经济权益与政治荣誉,反映了列侯和关内侯的经济收入、政治身份和社会等级地位的差别。⑤西汉丞相侯的食邑呈现阶段性、身份化和严格等级性的特点,本文从始封食邑与食邑变动两个方面考察这一问题。

西汉丞相封侯者的始封食邑规模较小,大多在六百户至一千户之间。如《汉书》卷七三《韦贤传》载:"(宣帝)本始三年,(长信少府韦贤)代蔡义为丞相,封扶阳侯,食邑七百户。"⑥

---

① (汉)班固:《汉书》卷七一《平当传》,第3051页。
② 白云光统计西汉担任丞相并于当日封侯者合计四人:即武帝征和四年(前89年)六月丁巳拜相封侯的田千秋、宣帝本始三年(前71年)六月甲辰拜相封侯的韦贤、地节三年(前67年)六月壬辰拜相封侯的魏相、五凤三年(前55年)二月壬申拜相封侯的黄霸。白云光的统计遗漏了三人,参见白云光:《西汉丞相封侯刍议》,《陕西学前师范学院学报》,2016年第6期,第80页。
③ 参见(汉)班固:《汉书》卷十八《外戚恩泽侯表》,第687—712页;《汉书》卷十九下《百官公卿表下》,第759—852页。
④ (南朝宋)范晔:《后汉书》卷二六《侯霸传》,第902—903页。
⑤ 学术界对西汉关内侯与列侯经济权益、政治身份与社会等级地位区别问题的研究,参见沈巨尘、陶希圣:《秦汉政治制度》,上海:商务印书馆,1936年;罗庆康:《西汉财政官制史稿》,开封:河南大学出版社,1989年;李治安、孙立群:《中华文化通志》第四典《制度文化典·社会阶层制度志》,上海:上海人民出版社,1998年;〔日〕西嶋定生著,武尚清译:《中国古代帝国的形成与结构——二十等爵制研究》,北京:中华书局,2004年;杨光辉:《汉唐封爵制度》,北京:学苑出版社,2004年第3版;董平均:《出土秦律汉律所见封君食邑制度研究》,哈尔滨:黑龙江人民出版社,2007年;朱绍侯:《西汉初期刘邦吕后时的军功爵制》,收入《军功爵制考论(增订版)》,北京:商务印书馆,2017年;黄惠贤、陈锋:《中国俸禄制度史(修订版)》,武汉:武汉大学出版社,2012年;廖伯源:《汉代爵位制度试释(下编)》,《新亚学报》第12卷,1977年;柳春藩:《西汉的食邑制度》;朱绍侯:《西汉初年军功爵制的等级划分——〈二年律令〉与军功爵制研究之一》,《河南大学学报(社会科学版)》2002年第5期,收入《军功爵制考论(增订版)》。
⑥ (汉)班固:《汉书》卷七三《韦贤传》,第3107页。

另如宣帝地节三年(前67年),"于是韦贤以老病免,(御史大夫魏)相遂代为丞相,封高平侯,食邑八百户"①。再如《汉书》卷八九《循吏传·黄霸传》载:"(宣帝)五凤三年,(御史大夫黄霸)代丙吉为丞相,封建成侯,食邑六百户。"②又如元帝建昭三年(前36年)七月癸亥,"(乐安侯匡衡)以丞相侯,六百四十七户"③。《汉书》卷十八《外戚恩泽侯表》亦载成帝河平四年(前25年)六月丙午,"(安昌侯张禹)以丞相侯,六百一十七户"④。另外成帝绥和二年(前7年)三月丙戌,"(博山侯孔光)以丞相侯,千户"⑤。此外《汉书》卷八三《朱博传》载哀帝建平二年(前5年),"以(朱)博代(孔)光为丞相,封阳乡侯,食邑二千户。博上书让曰:'故事封丞相不满千户,而独臣过制,诚惭惧,愿还千户。'上许焉。"⑥白云光认为:"(西汉丞相侯的)封邑户数多控制在千户之内,一般以六(百户)、七百户为常。除个别如因外戚、旧恩等原因成为丞相者,武、昭、宣、元时丞相封户皆在七百户上下,成哀时则维持在一千户左右。……即便丞相食邑户数在汉律中没有明确规定以千户为限,但这一现象也必然成为了传统共识而得到尊重。"⑦

西汉少数丞相封侯者,始封食邑规模在千户以上。例如,"(萧何)为丞相,备守蜀及关中,给军食,佐上定诸侯,为法令,立宗庙,侯,八千户。"⑧另如文帝后元二年(前162年),"(故安侯申屠嘉)用丞相侯,一千七百一十二户"⑨。再如,"(武帝)征和二年春,制诏御史:'……其以涿郡太守(刘)屈氂为左丞相,分丞相长史为两府,以待天下远方之选。夫亲亲任贤,周、唐之道也。以澎户二千二百封左丞相为澎侯'"⑩。《汉书》卷十八《外戚恩泽侯表》亦载成帝鸿嘉元年(前20年)四月庚辰,"(高阳侯薛宣)以丞相侯,千九十户"⑪。再如,"哀帝建平三年四月丁酉,(新甫侯王嘉)以丞相侯,千六十八户"⑫。

西汉丞相侯的始封食邑一般少于功臣侯和外戚侯,不仅反映了皇权限制丞相侯的经济权益,而且体现了列侯群体的分化。西汉丞相侯的始封食邑规模较大,与丞相侯的政治身份及其与皇帝的关系密切相关。西汉丞相侯的食邑成为皇权赋予丞相群体的一项经济权益,有助于加强君臣关系、巩固政权基础和增强统治集团凝聚力。

西汉少数丞相侯的食邑户数有所变动,并通过皇帝颁布的形式实施。如武帝时期,"(富民侯车千秋)以丞相侯,八百户,以遗诏益封,凡千六百户"⑬。另如昭帝时期,"(宜春侯王䜣)

---

① (汉)班固:《汉书》卷七四《魏相传》,第3135页。
② (汉)班固:《汉书》卷八九《循吏传·黄霸传》,第3632页。
③ (汉)班固:《汉书》卷十八《外戚恩泽侯表》,第706页。
④ (汉)班固:《汉书》卷十八《外戚恩泽侯表》,第706页。
⑤ (汉)班固:《汉书》卷十八《外戚恩泽侯表》,第710页。
⑥ (汉)班固:《汉书》卷八三《朱博传》,第3407页。
⑦ 白云光:《西汉丞相封侯刍议》,《陕西学前师范学院学报》,2016年第6期,第80页。
⑧ (汉)司马迁:《史记》卷十八《高祖功臣侯者年表》,第1064页。
⑨ (汉)司马迁:《史记》卷十九《惠景间侯者年表》,第1198页。
⑩ (汉)班固:《汉书》卷六六《刘屈氂传》,第2879页。
⑪ (汉)班固:《汉书》卷十八《外戚恩泽侯表》,第706页。
⑫ (汉)班固:《汉书》卷十八《外戚恩泽侯表》,第712页。
⑬ (汉)班固:《汉书》卷十八《外戚恩泽侯表》,第690页。

以丞相侯,子谭与大将军光定策,益封,坐法削户五百,定六百八户。"①西汉丞相侯食邑户数的增减具有明确有爵者经济权益变动的政治意义,反映了皇权重视调整高爵群体政治身份与社会等级地位,并成为政府对统治集团成员实施奖惩、政治管理和身份控制的一项措施。西汉丞相侯食邑户数的增减既增强了皇权对高爵群体的政治支配性和身份控制力,又调整了二十等爵制与社会等级秩序。

二、西汉丞相封侯的社会功能与弊端

西汉丞相封侯产生了深远影响并呈现阶段性的特点,本文从社会功能与弊端两个方面探讨这一问题。西汉前期,丞相封侯的社会功绩激励功能比较明显。伴随大规模战争趋于减少、功臣集团趋于衰落和其他政治势力逐步兴起,西汉中后期丞相封侯发挥的政治管理和身份控制的社会功能趋于加强,也产生了一定弊端。但就整体发展而言,西汉丞相封侯的功绩性特征趋于弱化,而身份性的特点逐渐加强。

西汉丞相封侯不仅继承了西周"序爵,所以辨贵贱也"②的历史传统,而且反映了"爵所具有的本质的机能,就是身份形成"③。西汉丞相封侯成为皇权维护丞相群体经济权益、社会地位与政治影响的一项措施,既严重削弱了西汉封侯的社会功绩激励功能,并与西汉中后期军功集团趋于衰落、儒生官僚集团势力逐步兴起、儒家思想的政治影响力日益扩大密切相关。西汉丞相封侯具有一定的公正性、公平性和政治权益分配功能,既调整了二十等爵制、社会等级秩序与统治集团构成,又确定了丞相侯在爵位等级序列中的政治身份和社会地位。

西汉丞相封侯不仅增加了丞相群体的经济权益,而且提高了丞相群体在社会等级结构中的政治地位和社会身份。例如,"秦汉以来,所谓列侯者,非但食其邑人而已,可以臣吏民,可以布政令。"④西汉丞相封侯不仅成为皇权重视发挥丞相群体政治职能与维护丞相群体社会等级地位⑤的一项措施,并为统治集团成员所重视。如《汉书》卷七三《韦贤传》载:"(元帝)永光中,(韦玄成)代于定国为丞相。贬黜十年,遂继父相位,封侯故国,荣当世焉。玄成复作诗,自著复玷缺之艰难,因以戒示子孙。"⑥西汉丞相封侯既扩大了丞相群体与其他高级官员的经济权益和身份等级差距,又调整了统治集团内部的权力分配格局。

---

① (汉)班固:《汉书》卷十八《外戚恩泽侯表》,第690页。
② (汉)郑玄注,(唐)孔颖达正义,吕友仁整理:《礼记正义》卷60《中庸》,第2010页。
③ [日]西嶋定生著,武尚清译:《中国古代帝国的形成与结构——二十等爵制研究》,北京:中华书局,2004年,第58—59页。
④ (宋)马端临著,上海师范大学古籍研究所、华东师范大学古籍研究所点校:《文献通考》卷269《封建考十·王侯号》,北京:中华书局,2011年,第7364页。
⑤ 如《史记》卷五六《陈丞相世家》载文帝时期,丞相陈平曰:"宰相者,上佐天子理阴阳,顺四时,下育万物之宜,外镇抚四夷诸侯,内亲附百姓,使卿大夫各得任其职焉。"(第2504页)另如西汉时期,"丞相有疾,皇帝法驾亲至问疾,从西门入。即薨,移居第中,车驾往吊,赐棺、敛具、赠钱、葬地。葬日,公卿以下会送。"((汉)卫宏撰,(清)纪昀等辑:《汉官旧仪》卷上,收入(清)孙星衍等辑,周天游点校:《汉官六种》,北京:中华书局,1990年,第39页。)《后汉书》卷四六《陈忠列传》亦载东汉安帝时期,尚书仆射陈忠上疏曰:"汉典旧事,丞相所请,靡有不听。"(第1565页)
⑥ (汉)班固:《汉书》卷七三《韦贤传》,第3113页。

西汉丞相封侯经历了从皇权主导到权臣支配的过程,不仅反映了皇帝和权臣对丞相群体封侯权的激烈争夺,而且体现了统治集团内部的政治矛盾与权力斗争趋于激化。这一政治现象反映了西汉皇权和权臣的势力对比变动,并在各个阶段产生了不同的社会功能。

西汉前期的丞相因功劳封侯在社会内部形成了人才竞争机制,既调整了统治集团构成与社会等级秩序,又产生了鼓舞军队士气、维持军队战斗力、巩固政权基础、形成皇权效忠机制、增强统治集团凝聚力和维护军功集团政治支柱地位的社会功能。例如,"(萧何)为丞相,备守蜀及关中,给军食,佐上定诸侯,为法令,立宗庙,侯,八千户"①。另如《史记》卷九六《张丞相列传》载文帝后元二年(前162年),"(窦)广国贤有行,故(文帝)欲相之,念久之不可,而高帝时大臣又皆多死,余见无可者,乃以御史大夫(关内侯申屠)嘉为丞相,因故邑封为故安侯"②。

"汉制,凡人君特所宠念,皆赐之封邑。及丞相初拜,亦锡茅土,号曰恩泽。出自私情,非至公之封也,中兴以来无有封者"③。西汉中后期丞相因恩泽封侯者规模较大,并以儒生丞相为主要对象。这一政治现象与"公卿大夫士吏彬彬多文学之士矣"④的权力格局密切相关,反映了儒生集团势力的逐步兴起和儒家思想对现实政治的影响趋于扩大。西汉中后期丞相因恩泽封侯者规模较大不仅有助于发挥西汉丞相群体的政治职能和社会影响,而且成为褒奖高官群体、加强君臣关系、实施社会教化、维护社会稳定、加强中央集权、维持二十等爵制、调整社会等级秩序、吸纳整合政治势力、推动社会阶层流动、维持多种政治集团势力平衡的一项措施。如《汉书》卷五八《公孙弘传》载武帝元狩元年(前122年),"淮南、衡山谋反,治党与方急,(公孙)弘病甚,自以为无功封侯,居宰相位,宜佐明主填抚国家,使人由臣子之道。今诸侯有畔逆之计,此大臣奉职不称也"⑤。另如成帝时期,"(丞相高陵侯翟)方进知能有余,兼通文法吏事,以儒雅缘饬法律,号为通明相,天子甚器重之,奏事亡不当意,内求人主微指以固其位"⑥。

西汉丞相封侯集中于西汉中后期,并成为外戚恩泽侯的重要组成部分。徐复观先生认为:"(西汉)外戚恩泽侯之出现,皆原于与皇室关系之特殊身份;于是以封侯显示与皇室关系之特殊身份之意义,日益昭著。"⑦西汉丞相封侯突破了高帝十二年(前195年)三月⑧所订立的白马之盟"非刘氏而王者,若无功上所不置而侯者,天下共诛之"⑨的限制,并打破了功臣集团及其后代垄断列侯群体的权力格局。这一政治现象不仅破坏了西汉初期"行赏而授位也,爵以功为先后"⑩和"非有功不得侯"⑪的政治原则,而且扩大了封侯对象的选择范围并

---

① (汉)司马迁:《史记》卷十八《高祖功臣侯者年表》,第1064页。
② (汉)司马迁:《史记》卷九六《张丞相列传》,第3251页。
③ (宋)李昉等:《太平御览》卷二〇〇《封建部三·以公相封》引《魏志》,北京:中华书局,1960年,第963页。
④ (汉)班固:《汉书》卷八八《儒林传》,第3596页。
⑤ (汉)班固:《汉书》卷五八《公孙弘传》,第2621页。
⑥ (汉)班固:《汉书》卷八四《翟方进传》,第3421页。
⑦ 徐复观:《两汉思想史》第一卷《周秦汉政治社会结构之研究》,上海:华东师范大学出版社,2001年,第118页。
⑧ 对白马之盟时间的考证,参见秦进才:《汉代白马之盟初探》,《河北师院学报》1984年第3期,第101—106页。
⑨ (汉)司马迁:《史记》卷十七《汉兴以来诸侯年表》,第967—968页。
⑩ (汉)班固:《汉书》卷十八《外戚恩泽侯表》,第677页。
⑪ (汉)司马迁:《史记》卷五七《绛侯周勃世家》,第2523页。

调整了统治集团构成。如《汉书》卷十八《外戚恩泽侯表》载："至乎孝武,元功宿将略尽。会上亦兴文学,进拔幽隐,公孙弘自海濒而登宰相,于是宠以列侯之爵。……自是之后,宰相毕侯矣。"①西汉丞相封侯以皇权对功臣集团拥有政治控制力与身份支配性作为前提,并成为皇权维护多种政治势力基本平衡的一项措施。

另外,西汉中后期的儒生丞相封侯既助长了社会上崇尚经学与重视文化教育风气的盛行,又推动了社会阶层流动和巩固政权基础。如《史记》卷一二一《儒林列传》载武帝元朔五年(前124年)十一月乙丑,"公孙弘以《春秋》白衣为天子三公,封以平津侯。天下之学士靡然乡风矣"②。另如元帝时期,"(丞相扶阳侯韦贤)少子玄成,复以明经历位至丞相。故邹鲁谚曰:'遗子黄金满籯,不如一经。'"③再如,"元帝尤好儒生,韦(玄成)、匡(衡)、贡(禹)、薛(宣),并致辅相。自后公卿之位,未有不从经术进者"④。

西汉中后期虽以儒生丞相作为封侯的重要对象,但大多数丞相侯发挥的政治职能比较有限。⑤例如,"自孝武兴学,公孙弘以儒相,其后蔡义、韦贤、(韦)玄成、匡衡、张禹、翟方进、孔光、平当、马宫及(平)当子晏咸以儒宗居宰相位,服儒衣冠,传先王语,其酝藉可也,然皆持禄保位,被阿谀之讥。彼以古人之迹见绳,乌能胜其任乎!"⑥另如《汉书》卷八三《薛宣传》载成帝时期,"(薛)宣为相,府辞讼例不满万钱不为移书,后皆遵用薛侯故事。然官属讥其烦碎无大体,不称贤也。时天子好儒雅,宣经术又浅,上亦轻焉"⑦。

西汉中后期丞相封侯发挥的社会功能呈现阶段性的特征,和政局演变、统治集团演变和社会等级秩序调整密切相关。武帝时期,丞相封侯发挥的社会功能受皇权限制、丞相频繁更换影响较大。⑧如《史记》卷八一《万石君石奋传》载武帝时期,"公家用少,桑弘羊等致利,王温舒之属峻法,儿宽等推文学,九卿更进用事,事不关决于(丞相牧丘侯石)庆,庆醇谨而已。在位九岁,无能有所匡言。尝欲请治上近臣所忠、九卿咸宣,不能服,反受其过,赎罪"⑨。另如《汉书》卷六六《车千秋传》载元封六年(前103年),"(公孙贺)代石庆为丞相,封葛绎侯。时朝廷多事,督责大臣。自公孙弘后,丞相李蔡、严青翟、赵周三人比坐事死。石庆虽以谨得终,然数被谴"⑩。

昭宣时期,丞相封侯发挥的社会功能受大将军霍光干涉较大。⑪如《汉书》卷六六《车千秋传》载:"昭帝初即位,未任听政,政事壹决大将军(霍)光。(富民侯车)千秋居丞相位,谨厚有重德。……终不肯有所言,光以此重之。"⑫另如昭帝元凤元年(前80年),"恐(大将军霍)

---

① (汉)班固:《汉书》卷十八《外戚恩泽侯表》,第677页。
② (汉)司马迁:《史记》卷一二一《儒林列传》,第3788页。
③ (汉)班固:《汉书》卷七三《韦贤传》,第3107页。
④ (清)皮锡瑞:《经学历史》,北京:中华书局,2004年,第65页。
⑤ 参见丁毅华:《西汉中后期的儒宗宰相》,《河南科技大学学报(社会科学版)》2005年第2期,第5—9页。
⑥ (汉)班固:《汉书》卷八一《马宫传》,第3366页。
⑦ (汉)班固:《汉书》卷八三《薛宣传》,第3393页。
⑧ 参见王鸣春:《汉武帝时期丞相频更因由之分析》,《中国矿业大学学报(社会科学版)》2004年第2期,第105—110页。
⑨ (汉)司马迁:《史记》卷八一《万石君石奋传》,第2197页。
⑩ (汉)班固:《汉书》卷六六《车千秋传》,第2884页。
⑪ 如《汉书》卷七《昭帝纪》载武帝末年至昭帝时期,"大将军(霍)光秉政,领尚书事"。(第217页)
⑫ (汉)班固:《汉书》卷六六《车千秋传》,第2886页。

光不听,(丞相富民侯车)千秋即召中二千石、博士会公车门,议问吴法。议者知大将军指,皆执(侯史)吴为不道。明日,千秋封上众议,光于是以千秋擅召中二千石以下,外内异言,遂下延尉平、少府仁狱。"①再如昭帝元平元年(前74年),"昌邑王(刘贺)征即位,淫乱,大将军(霍)光与车骑将军张安世谋欲废王更立。议既定,使大司农田延年报(丞相安平侯杨)敞。敞惊惧,不知所言,汗出洽背,徒唯唯而已。……延年从更衣还,敞、夫人与延年参语许诺,请奉大将军教令,遂共废昌邑王,立宣帝"②。又如昭宣时期,"(蔡)义为丞相时年八十余,短小无须眉,貌似老妪,行步俛偻,常两吏扶夹乃能行。时大将军(霍)光秉政,议者或言光置宰相不选贤,苟用可颛制者"③。

西汉中后期的少数丞相封侯并成为皇帝亲信,发挥了较大的政治作用和社会影响。例如,"孝宣中兴,(丞相博阳侯)丙(吉)、(丞相高平侯)魏(相)有声。是时黜陟有序,众职修理,公卿多称其位,海内兴于礼让。览其行事,岂虚乎哉!"④另如,"元帝立,以(丞相西平侯于)定国任职旧臣,敬重之。时陈万年为御史大夫,与定国并位八年,论议无所拂。后贡禹代为御史大夫,数处驳议,定国明习政事,率常丞相议可"⑤。《汉书》卷八一《匡衡传》亦载成帝时期,"(丞相乐安侯匡)衡位三公,辅国政,领计簿,知郡实,正国界"⑥。再如成帝时期,"(丞相高陵侯翟)方进知能有余,兼通文法吏事,以儒雅缘饬法律,号为通明相,天子甚器重之,奏事亡不当意,内求人主微指以固其位"⑦。又如哀帝时期,"(丞相新甫侯王)嘉因荐儒者公孙光、满昌及能吏萧咸、薛修等,皆故二千石有名称。天子纳而用之"⑧。

伴随丞相政治职能和列侯社会等级地位逐渐下降,西汉丞相封侯产生的社会功能趋于弱化。如《汉书》卷五八《公孙弘传》载:"(公孙弘)凡为丞相御史六岁,年八十,终丞相位。其后李蔡、严青翟、赵周、石庆、公孙贺、刘屈氂继踵为丞相。自蔡至庆,丞相府客馆丘虚而已,至贺、屈氂时坏以为马厩车库奴婢室矣。唯庆以惇谨,复终相位,其余尽伏诛云。"⑨但就整体发展而言,西汉丞相封侯发挥的社会功能居于主导地位,在西汉中前期尤为明显。

徐复观先生认为:"(西汉)宰相制度,一方面为大一统的专制政治所必需;另一方面,却又为一人专制下所不容。"⑩西汉皇帝对丞相封侯采取了利用与限制并存的政策。由于皇权与丞相群体存在一定的政治矛盾和经济权益冲突(如分割国家财政收入)⑪,西汉后期的丞

---

① (汉)班固:《汉书》卷六十《杜周传》,第2662—2663页。
② (汉)班固:《汉书》卷六六《杨敞传》,第2889页。
③ (汉)班固:《汉书》卷六六《蔡义传》,第2899页。
④ (汉)班固:《汉书》卷七四《魏相传》,第3151页。
⑤ (汉)班固:《汉书》卷七一《于定国传》,第3043页。
⑥ (汉)班固:《汉书》卷八一《匡衡传》,第3346页。
⑦ (汉)班固:《汉书》卷八四《翟方进传》,第3421页。
⑧ (汉)班固:《汉书》卷八六《王嘉传》,第3492页。
⑨ (汉)班固:《汉书》卷五八《公孙弘传》,第2623页。
⑩ 徐复观:《两汉思想史》第一卷《周秦汉政治社会结构之研究》,第118页。
⑪ 如《史记》卷一〇七《魏其武安侯列传》载武帝时期,"(丞相武安侯田)蚡荐人或起家至二千石,权移主上。上乃曰:'君除吏已尽未?吾亦欲除吏。'尝请考工地益宅,上怒曰:'君何不遂取武库!'是后乃退。"(第3440页)另如《汉书》卷八六《王嘉传》载:"(哀帝)令成帝母王太后下丞相御史,益封(高安侯董)贤二千户,及赐孔乡侯,汝昌侯,阳新侯国。(丞相新甫侯王)嘉封还诏书,因奏封事谏上及太后。"(第3498页)

相封侯存在增加国家财政负担、导致列侯群体规模急剧膨胀、削弱高爵阶层活力及二十等爵制生命力、激化统治集团内部的政治矛盾与权力斗争等弊端。西汉后期以丞相群体作为因恩泽封侯的重要对象，既削弱了封侯的社会功绩激励功能，又影响了"尊崇爵位，以劝有功"[1]政治理念的贯彻执行。西汉后期丞相封侯产生的弊端比较突出，既反映了皇权与权臣对丞相封侯权的激烈争夺，又体现了统治集团内部的政治矛盾和权力斗争趋于激化。

西汉丞相封侯虽存在一定弊端，但产生的社会功能占据主导地位。为了加强对丞相封侯的政治管理和身份控制，西汉皇帝在不同时期灵活运用了频繁更换丞相[2]、规范丞相任用[3]及封侯制度、削弱丞相权力、丞相致仕、丞相侯赐谥、后代嗣爵、控制食邑规模、免为庶人、除国、赐死[4]、下狱死等措施。如《史记》卷九六《张丞相列传》载景帝前元二年（前155年），"（丞相故安侯申屠嘉）至舍，因欧血而死。谥为节侯。子共侯蔑代，三年卒。子侯去病代，三十一年卒。子侯臾代，六岁，坐为九江太守受故官送有罪，国除"[5]。另如，"（宣帝）地节三年（丞相扶阳侯韦贤）以老病乞骸骨，赐黄金百斤，罢归，加赐第一区。丞相致仕自贤始"[6]。再如成帝建始三年（前30年），"有司奏（丞相乐安侯匡）衡地盗土，衡竟坐免"[7]。《汉书》卷八四《翟方进传》亦载成帝永始二年（前15年），"丞相（高阳侯）薛宣坐广汉盗贼群起及太皇太后丧时三辅吏并征发为奸，免为庶人"[8]。又如哀帝建平二年（前5年），"（哀帝）假谒者节召丞相（杨乡侯朱博）诣廷尉诏狱。博自杀，国除"[9]。此外哀帝元寿元年（前2年），"廷尉收（王）嘉丞相新甫侯印绶，缚嘉载致都船诏狱。上闻嘉生自诣吏，大怒，使将军以下与五二千石杂治。……嘉系狱二十余日，不食欧血而死"[10]。上述政治现象反映了西汉皇帝与丞相群体存在一定的政治矛盾和权力斗争，皇权重视对丞相封侯实施政治管理和身份控制。

西汉皇帝通过实施上述政治管理措施不仅减少了丞相封侯产生的弊端，而且产生了维持法律秩序、确定君臣关系、加强中央集权、推动社会阶层流动、调整高爵群体构成、维护社会等级制度、增强统治集团凝聚力的社会功能。西汉皇帝重视调整丞相封侯制度既反映了丞相群体拥有较高的政治身份和社会等级地位，又体现了皇权重视充分发挥丞相群体的政治职能以巩固政权基础与维持统治秩序。这一政治现象反映了皇权对西汉丞相群体利用和限制并存的政策，并加强了皇权对官僚集团的政治支配性与身份控制力。

---

[1] （汉）班固：《汉书》卷七十《陈汤传》，第3018页。
[2] 如汉武帝频繁更换丞相，参见王鸣春：《汉武帝时期丞相频更因由之分析》，第105—110页。
[3] 如《汉书》卷八三《朱博传》载哀帝建平年间，大司空朱博奏言："故事，选郡国守相高第为中二千石，选中二千石为御史大夫，任职者为丞相，位次有序，所以尊圣德，重国相也。"（第3405页）
[4] 如《汉书》卷八四《翟方进传》载成帝绥和二年（前7年），"（丞相高陵侯翟）方进即日自杀。上秘之，遣九卿册赠以丞相高陵侯印绶，赐乘舆秘器，少府供张，柱槛皆衣素。天子亲临吊者数至，礼赐异于它相故事。谥曰恭侯。长子宣嗣。"（第3424页）
[5] （汉）司马迁：《史记》卷九六《张丞相列传》，第3253页。
[6] （汉）班固：《汉书》卷七三《韦贤传》，第3107页。
[7] （汉）班固：《汉书》卷八一《匡衡传》，第3345页。
[8] （汉）班固：《汉书》卷八四《翟方进传》，第3416页。
[9] （汉）班固：《汉书》卷八三《朱博传》，第3408页。
[10] （汉）班固：《汉书》卷八六《王嘉传》，第3502页。

三、结　语

综上所述，西汉丞相封侯始于高祖时期，集中于西汉中后期。西汉丞相封侯不仅反映了丞相和列侯存在一定的社会等级对应关系，而且加速了高官群体贵族化的过程。西汉丞相封侯主要取决于皇权支配，并和政局变动、二十等爵制发展、社会等级秩序调整密切相关。西汉丞相封侯有助于发挥丞相群体的政治职能，并确定了丞相群体在爵位等级序列中的政治地位和社会身份。西汉丞相免职或致仕时，身居列侯者可维持较高的政治身份和社会等级地位。

西汉丞相封侯体现了丞相群体经济权益的增加与政治地位、社会身份的提高，并成为皇权分配权益、奖励高官、维持统治秩序、加强君臣关系、调整社会等级制度的一项措施。西汉丞相封侯制度对两汉曹魏的三公封侯制度产生了深远影响，并呈现阶段性、制度化、身份性、严格等级化和鲜明时代性的特征。

西汉丞相封侯制度趋于规范化，主要涉及丞相侯的出身、食邑、分封时间和程序等内容。西汉丞相封侯以皇帝颁布的制书为依据并派遣使者代表皇帝主持分封仪式，以政权强制力保障丞相封侯制度实施。西汉丞相侯的出身既经历了由列侯集团及其后代垄断到以儒生为主导的进程，又反映了不同政治集团兴衰的权力格局。西汉中后期丞相封侯者的始封食邑规模较小，大多在六百户至一千户之间。西汉少数丞相封侯者，始封食邑规模在千户以上。西汉丞相侯食邑户数的增减具有明确丞相侯群体经济权益变动的政治意义，反映了皇权重视调整高爵阶层的政治身份与社会等级地位，并成为政府对统治集团成员实施奖惩、政治管理和身份控制的一项措施。西汉丞相封侯已经形成一套严密程序和比较规范的管理制度，反映了法律与礼制的结合。

西汉皇帝通过颁布制书的形式对丞相封侯拥有裁决权，反映了西汉皇权至上的政治原则。西汉丞相封侯具有一定的公正性、公平性和权益分配功能，既成为加强君臣关系、巩固政权基础与增强统治集团凝聚力的一项措施，又表明丞相群体具有较高的政治身份、社会等级地位和比较丰厚的经济权益。

西汉丞相封侯产生的社会功能主要取决于权力运行机制，并和丞相侯个人的功劳、政治能力、政治身份及其与皇帝的关系演变密切相关。西汉丞相封侯经历了从皇权主导到权臣支配的过程，反映了皇权和权臣的势力对比。这一政治现象体现了西汉统治集团内部的政治矛盾与权力斗争趋于激化，并在各个阶段产生了不同的社会功能。

西汉前期的丞相因功封侯具有社会功绩激励功能，不仅在社会上形成了一定的人才竞争机制，而且具有鼓舞军队士气、维持军队战斗力、巩固政权基础、形成皇权效忠机制、增强统治集团凝聚力和维护军功集团政治支柱地位的社会功能。西汉中后期丞相因官职封侯发挥的政治管理和身份控制功能趋于加强，表现为褒奖高官群体、加强君臣关系、实施社会教化、维护社会稳定、加强中央集权、维持二十等爵制、调整社会等级秩序、吸纳整合政治势力、推动社会阶层流动、维持多种政治集团势力平衡，并助长了社会上崇尚经学与重视文化教育风气的盛行。

由于皇权与高爵群体存在一定的政治矛盾和经济权益冲突（如分割国家财政收入），西汉丞相封侯也产生了增加国家财政负担、削弱皇权政治经济基础、导致列侯群体规模急剧膨胀、削弱高爵阶层活力及二十等爵制生命力、助长等级观念与特权思想盛行、激化统治集团的政治矛盾与权力斗争等弊端，在西汉后期尤为明显。以上弊端的存在既削弱了西汉皇帝对高爵群体的政治支配性与身份控制力，又严重削弱了统治集团生命力和二十等爵制活力。

西汉丞相封侯虽存在一定弊端，但产生的社会功能占据主导地位。西汉皇帝重视对丞相封侯的政治管理，并在不同时期灵活运用了频繁更换丞相、规范丞相任用及封侯制度、削弱丞相权力、丞相致仕、丞相侯赐谥、后代嗣爵、控制食邑规模、免为庶人、除国、赐死、下狱死等措施。西汉皇帝通过实施以上措施不仅减少了丞相封侯产生的弊端，而且调整了统治集团构成、二十等爵制和社会等级秩序。这一政治现象反映了皇权对西汉丞相群体利用和限制并存的政策，并加强了皇权对官僚集团的政治支配性与身份控制力。西汉皇帝重视调整丞相封侯制度既反映了丞相群体拥有较高的政治身份和社会等级地位，又体现了皇权重视充分发挥丞相群体的政治职能以巩固政权基础与维持统治秩序。

作者简介：师彬彬，许昌学院魏晋文化研究所讲师。

送死：清儒许楒的生平与丧葬活动

张传勇

【摘　要】 本文初步考察了清康熙年间丧葬礼仪专家许楒的生平与志业。许楒矢志钻研葬法，并将其付诸实践的行为，在清前期的浙西地区具有一定代表性。从他的身上，我们看到了礼学的师承与实践，也看到了明遗民的政治因素，同时看到学术对其志业的深刻影响，体现出思想与社会的关联与互动。通过许楒，清前期浙西地区社会文化的某些侧面亦得以呈现。

【关键词】 清前期；浙西；许楒；丧葬

引　言

清前期的浙西地区生活着一群儒士，他们热衷于丧葬礼的探讨与实践，写成了一批专门探讨丧葬礼的专书——"葬书"。笔者曾撰文逐一介绍，强调其作为礼书的属性。还对其中最为重要的许楒《罔极录》，就其版本与流传作了一些探讨。①主要着眼于明清礼学发展的内在理路。对于"葬书"集中形成期的社会变动，以及"葬书"作者的个人生活，缺少必要的考察。对"葬书"形成过程中的个人与地域社会因素，也未作过多的揭示。由于不同"葬书"及其作者的相关资料差异较大，本文将以许楒为中心，对上述问题作一考察。

许楒之名，对我们而言既熟悉又陌生。《清史稿》"孝子传"收有许季觉传，《清稗类钞》"侠义类"有"许季觉活饥民"，"狱讼类"之"查许坟地案"也讲到许季觉与巨族查氏的争讼。② 在今天，志在弘扬中华传统美德的通俗读物作家，依据《清稗类钞》，以诸如"平民许季觉倡议救灾民"之类为题，将许季觉塑造成有胆有识的仁义之士，成为中华民族救危济困的典范。③季觉正是许楒之字。我们看到这些熟悉的文字时，一定将许季觉同于无数的仅因孝行或侠义而留名史志，除此无甚可道的普通人。对地理风水感兴趣的人士，对许楒之名也不陌

---

* 本文系南开大学中央高校基本科研业务费专项资金项目"明清浙西丧葬研究"（63182005）的阶段性成果。

① 张传勇：《明清"葬书"及其性质刍议》，载韩国《亚洲研究》第 3 卷，2008 年 11 月；《许楒〈罔极录〉的版本与流传》，收入《传统中国社会与明清时代：冯尔康先生八十华诞纪念论文集》，天津：天津人民出版社，2013 年，第 492—501 页。

② 《清史稿》卷四九七《孝义列传》，北京：中华书局 1977 年点校本，第 13735—13736 页；徐珂编撰：《清稗类钞》，北京：中华书局，1984—1986 年，第 2615、992 页。

③ 比如贾煜虎主编：《中华民族传统美德事典》"救助类"之"平民许季觉倡议救灾民"，沈阳：辽宁教育出版社，1992 年，第 350—351 页；徐潜、栾传大主编：《济困扶危》"许季觉倡议救饥民"，长春：吉林文史出版社，2008 年，第 57—60 页。

生。许楹及其《罔极录》,频繁出现于各种风水书籍,分别被称为"相地师"与"堪舆文献"。①有关许楹同乡陈确的研究中,"许楹"与"罔极录"也时有所见。《罔极录》有几处对陈确的记述,后人迻录于陈确著述卷首,作"许季觉楹罔极录"云云。今人于此引述颇多,但不知许季觉为何许人,也不清楚《罔极录》为书名,有将其断为"许季觉《楹罔极录》"者,也有径书"《许季觉楹罔极录》"者②,学界对许楹之生疏,可见一斑。

许楹究竟何许人也?其人乃康熙年间著名丧葬礼仪专家,所著《罔极录》达到传统时代营葬研究的最高峰。今人对许楹如此陌生,即其家乡海宁近年所修志书也未提及,并非毫无缘故。许楹的著述,除《罔极录》与《观化杂咏》外,都已散佚。③仅存的这两种著述,记录了许楹人生历程中的重要片段。遗憾的是,《罔极录》长期被误解为堪舆之书,而堪舆与葬礼研究,都未给以应有关注。虽然很多人并不清楚书的内容。

许楹的结局也许影响了后人对他的记述。康熙五十四年(1715),许楹自毙于杭州大狱,据说,罪名与极度敏感的逆案有关。其远房族兄许谨恐其生平湮没不传,写成《季子传》一文,于乾隆末年收入许氏宗谱。④许谨与许楹同为何商隐及门弟子,以这样的关系,不应出现记述上的错漏,但文中似乎对令许楹死于非命的查许恩怨刻意隐而不书,对一些事件的记忆,也不甚准确。程廷祚(1691—1767)作有《许孝子传》,写作年代不详。程氏自称,寓居杭州时,据王带存所言写成。⑤以此,该文传奇色彩较为浓厚。黄宗羲玄孙黄璋也有《许四先生传》,该文写作时间及资料来源不详,黄氏生活的时代距许楹去世已多年,但此文在所有许楹传记中,影响最广。相继收入《国朝古文汇钞》与《国朝耆献类征初编》,也成为徐珂《清稗类钞》许楹事迹与官修《清史稿》许楹传的直接资料来源。光绪年间,许楹族孙许克勤编纂家谱时,收入《许四先生传》,并附按语,置于《季子传》之前,示"盖棺论定,身可害名不可灭"之

---

① 即使带有学术意味的论著,也是如此。例见于希贤、于涌:《中国古代风水的理论与实践——对中国古代风水的再认识》,北京:光明日报出版社,2005年,第586—587页;王玉德:《神秘的风水——传统相地术研究》,南宁:广西人民出版社,2004年,第80、67页。

② 分见王俊义:《论陈确的学术思想和学术风格》,《史学集刊》1988年第2期;汤建荣:《陈乾初哲学研究:以工夫时间为视阈》,昆明:云南大学出版社,2010年,第271页。

③ 据民国《海宁州志稿》卷十三《典籍六》,许楹著有《罔极录》四卷、《谒孔林记》、《兖游集》、《观化杂咏》一卷(原注:拜经楼钞附《罔极录》后)、《东海鲜民狱中诗》一卷(原注:仅诗十三首,并记《越中情事》一篇。许氏传钞本附《罔极录》后)等(1922年排印本,第9—10页),后多散佚。今《兖游集》不可得见,《观化杂咏》与《东海鲜民狱中诗》实为一种,吴骞拜经楼抄附海宁杨氏抄本《罔极录》后。按,《罔极录》现存两个版本系统,一为四卷本,一为二卷本。本文所引《罔极录》,皆出海宁杨氏抄四卷本,又称《罔极录前后编》。个别明显错误据咸丰四年(1854)刊《葬书五种》所收二卷本《罔极录》校改,不注出。又按:许楹《罔极录》提到多篇文字,今皆不传。光绪年间,许氏后人许克勤说,他在吴越友人处见到黄璋《许四先生传》,"录冠《高阳文录外集》"矣。此《高阳文录》,内容不详,今亦不传。

④ 许克勤等纂:《灵泉许氏重纂宗谱》卷九《列传》,光绪十六年(1890)刻本,第59—60页;该卷篇目按语,无页码。

⑤ 程廷祚:《青溪文集续编》卷三,《青溪集》,合肥:黄山书社,2004年,第325—326页。按,程氏在文末提到,有嘉兴诸生杨某,入狱探视许楹。许楹死后,又经纪其丧,结果遭到迫害,"巡抚闻之,令穷诘,褫其衣巾,谪城旦,今在成所教授云。"结合其他记载,可知在许楹死后的几年中,与其有关的事象,仍是敏感的话题。以此可以理解许谨《季子传》何以没有记载许楹与查氏的争讼了。又,光绪五年(1879),章钰跋《罔极录》,提到该书曾为吴骞珍藏但未见鉴藏记,《两浙轺轩续录补遗》将《观化杂咏》改作《观花杂咏》,遂推测这是有所避忌造成的。

意。①可见,在许氏后人看来,黄璋的记述是可信的。因许楫死于非命,墓志不备,光绪间,族人许仁杰补撰墓志铭,一并收入族谱。②文中以大半篇幅转录《罔极录序》,有价值的信息并不太多。

总体而言,传记资料宏观勾勒了许楫的生平,《罔极录》记述了许楫有关送死的丧葬生活,其他的则是散见于后人著述中的只言片语,如果不能综合使用这些资料,很难建立起对许楫较为全面的认识,从而影响到人们对他的评价。其人不被重视,在所难免。当然,对于上述资料,还是应该注意辨析。本文有关许楫及其丧葬活动的考察,主要据此展开。

一、许楫的丧葬活动

许楫之字,又作季楒。以其行四,人称许四先生。又有称其高阳先生者。既失怙恃,自号东海鲜民。生于康熙元年(1662),卒于康熙五十四年。

许氏世居海宁袁花,至许楫为十六世。其九世祖许相卿、曾祖许令典,均为地方先贤。至许楫之世,家族已无仕途显赫之人,或称中落。

有关许楫早年的行迹,除了一段印证其"早负奇气"的传闻之外,我们知之甚少。在他洗去侠气,师从何商隐之后,相关资料集中在对其丧葬活动的记述上。

许楫生平以孝义著称,以娴于葬法闻名远近。他研习殡殓营葬之法,实与乃师何商隐有关。何商隐,名汝霖,人称紫云先生,前世改姓钱,至商隐始复何姓,是明末清初蕺山学派有代表性的学者。入清后,隐居海盐秦溪。从其游者,据说以许楫与陶日襄最为出众。③何商隐对丧礼尤为重视,着意讲求。写有《阐注灰隔葬法》,对《朱子家礼》所述灰隔法作了阐释,虽短短数纸,却是朱子以来最为重要的论述之一。许楫不时提及,自己的营葬方法实受教于何氏。④但让许楫倍感遗憾的是,作为何商隐的及门弟子,在何氏生前,未忍请问葬法。

许楫早年对古丧礼的热衷,给人留下的印象似乎尤为深刻。黄璋《许四先生传》记述许楫遭亲丧的情形:

> 水浆不入口者七日,杖而后能起。自呼复、含殓,以及殡葬、虞祔、卒哭、祥禫,皆依古礼。世俗不知丧礼,有非笑之者不顾。卜茔兆于某原,躬自畚锸,负土成坟。庐舍朝夕号哭不辍。何商隐、姚蛰庵两先生往吊,相谓曰:吾辈当尽礼,慎毋仓卒,为其所陋也。约日至墓所,至使介通命,先生固辞,不获,始受吊。号哭降自墓门东阶,拜其辱,然后升、

---

① 该文收入《灵泉许氏重纂宗谱》卷九《列传》,篇名改为《季觉公传》。本文仍依旧称。下文所引,皆出于此。个别字词据李桓《国朝耆献类征初稿》卷三八二《孝友八·许季觉》校改,不复注出。
② 许仁杰:《季觉公墓碣》,《灵泉许氏重纂宗谱》卷十一《墓志》,第53—54页。
③ 钱聚仁辑:《紫云先生年谱》,康熙二十年(1681)条,《北京图书馆藏珍本年谱丛刊》第73册,北京:北京图书馆出版社,1999年,第615页。
④ 许楫:《罔极录》后编卷三《论灰葬法》。有关灰隔墓的形制与方法,参见张传勇:《因土成俗:明清江南地区的地理环境与葬俗》第四部分"灰隔葬法",《中国社会历史评论》第9卷,天津:天津古籍出版社,2008年,第271—279页。

哭,拾踊者三。两先生出,先生送于墓门外,拜而稽颡。姚、何两先生叹息而返,曰近世以来所未见也。

叙事中许楣与何商隐、姚蛰庵(名珊)的交接之礼,与《礼记·杂礼》所载上客吊慰之礼极为相似,好像许楣就是严格照此施行的。①但同时留给我们这样的想象:后人为证明许楣讲求古礼,就以《礼记》为其"安排"情节。但其破绽随之露出:数十年后,人们竟然这样清楚地说出其中的细节!同样,叙事中何、姚两位名士的出场,虽然很好地衬托了许楣,但时间上似乎出现错位。许谨《季子传》记许楣孝亲,祖母丧,哀毁逾礼。丁母艰,"勺饮不入口者七日"。居父丧,"一如乎母"而哀毁尤笃。可知叙事中许楣的身份是孝子,但直到康熙二十八年(1689)何商隐故去,许楣双亲尚在人世!所有这一切,都反映出后人心目中许楣形象的重要一面:讲求古礼,出于俗世之外。当然,许楣本人的确娴于古礼,《罔极录》前编即对礼经详加考辨。只不过,他着意讲求丧礼是在遭遇亲丧之后。许楣自述:

> 予畏言丧礼,读礼至言丧处,辄怃然掩卷,是以懵焉无知。其得闻有灰葬之说者,则何先生之教也。而先生亦不细剖。先生没,其甥朱稷出先生葬法三纸示余,余即遵行其法,以葬先生。但觉贴棺筑灰不无震动,心甚不安,而和灰、拌土等法,亦觉草草未尽。后遭先慈之变,始考核古礼。又购沂阳《葬度》、陈氏《葬法》、应氏《家礼》等书,乃知其说各有异同,短长互见,莫知适从。于是早夜思索,哀痛剧而神虑殚,始悟木椁制度及择灰、化灰、筛灰、取砂、取土、和灰、筑灰等法,皆出心裁。自后愈阐愈精,愈行愈美。②

朱稷交给许楣的,正是何汝霖《阐注灰隔葬法》,中有葬法六条,问答三条。明后期以来,浙西地区出现专门探讨敛袭、营葬的著述,先有海盐王文禄(字沂阳,嘉靖时名孝廉)《葬度》,后有嘉兴陈龙正《家矩葬法》,与何商隐同时代的陈确也撰有《葬书》二卷。从内容看,《阐注灰隔葬法》与上述著述没有明显的承接关系。当许楣居母丧,要钻研丧礼时,这些书就成了他重要的参考文献。

许楣主持营葬的第一个人,大概即乃师何商隐。何氏后人所编《紫云先生年谱》记何氏身后事:"先生之殁,门人海宁许季觉楣视疾、执丧,尽礼尽敬,师弟之情可谓无遗憾矣。"又云,"许氏考核古人良法,用灰隔、沥青、深藏、实筑。隆冬监视工作,昼夜罔懈"③。

时在康熙二十八年。三年后,许楣遭母丧,开始以己意安排葬事。因有孝在身,不能亲自践行,遂托付友人范鲲与族兄许仲方董理灰葬之事。范鲲(字蜀山)也是海宁人,热衷营葬之法,有"葬书"行世。④其葬法,多遵何商隐、许楣二人。早在营葬何商隐时,范鲲即往求葬法,

---

① 郑玄注,孔颖达疏:《礼记正义》卷四一《杂记上》:客以宗人通命,孤子固辞不获,接受吊慰。其礼:"客立于门西,介立于其左,东上。孤降自阼阶,拜之。升,哭,与客拾踊三。客出,送于门外,拜稽颡。"《十三经注疏》整理本,北京:北京大学出版社,1999年,第1389页。
② 许楣:《罔极录》后编卷三《论灰葬法》。
③ 钱聚仁辑:《紫云先生年谱》,康熙二十八年,《北京图书馆藏珍本年谱丛刊》第73册,第618页。
④ 范鲲生平,见陈梓:《范蜀山先生小传》,《陈一斋先生文集》卷一,宣统三年(1911)铅印本,第3页。乾隆《海宁州志》卷十一《儒林》亦有传。

"细观四五日夜,得其梗概"①。许楹亦尝与之"细细言之"。至此,与许仲方董理葬事。但诸事均咨询许楹而后行。迨至许楹丧父,董理工役与监视和灰、拌土之事,又托付姚心在、依让兄弟及范鲲。协助经理,则有卜人木等十人。②

许楹一生,倾心于为人襄助葬事,成为他日常生活的重要部分。吴奇行(字勉彝)与许楹同出何门,交为莫逆,族孙吴骞作诗记其交谊,注云:

> 许先辈楹,从祖勉彝公执友也。生有孝行,亲丧庐墓三年。著《罔极录》数卷。其论葬法,多与世俗异,惟勉彝公意与之合。凡闾党有事于此者,必偕公往为之指画,人称曰许孝子。后以事卒于狱。公独传葬法。《全履堂葬法》一篇,公遗教也。予家至今犹世守之。③

吴骞所撰家谱吴勉彝本传,可作补充:"其交游如许楹、查枢、范鲲诸人,并志行敦实之士。楹于送终礼首重葬法,惟公论与之合。凡姻戚交旧有丧者,辄为之经纪。或贫乏不克举事,则倾囊助之无吝色。"④上述记述,是许楹有关丧葬的日常生活的实录。许楹一生,做的最多的事情便是营造墓冢,帮助他人办理丧葬事务。

据《罔极录》所载,许楹襄助之丧有:

(1)襄助舅氏营葬两世八椁。

(2)襄助范鲲举葬事。范鲲从许楹处习得葬法,发愤营葬曾祖、嗣祖、本生祖六丧,邀许楹襄事。许楹感其德,"遂操畚锸,率工人衰绖以往,终事而返。"康熙三十七年(1698)冬,范鲲营葬二亲,仍邀许楹襄事。

(3)营葬吴玉章两世五棺。吴玉章生前对许楹葬法之美赞叹不已,但父丧未举,赍志以殁。两弟勉彝、德求择地营葬两世五棺,许楹前往送葬。"二弟虚心谘访,凡取土、择灰、及一切葬具,皆请予裁决而行。予因得毕诚襄事。"

(4)营葬外舅、外姑。许楹以外舅丧久未葬,于康熙三十八年(1699)春与长兄兑换一亩山地,扶柩安葬,并营造外姑寿域,以长子许恒之柩祔于右。⑤康熙四十四年(1705)春,外姑殁于许家,丧毕,扶柩合葬。

(5)康熙丙戌冬,协助外甥朱协亮(字惠畴)营葬伯姊,祔葬次甥于穆位。⑥

(6)营葬查枢。康熙四十五年(1706)冬,买山三亩,营葬查枢及三配。当时已近年终,吴勉彝、范鲲、马仲安各助葬费,"勉彝同予守岁山中,以终葬事"⑦。

---

① 范鲲:《居丧质疑录》,《蜀山葬书》卷下,咸丰四年刊《葬书五种》本,第2页。
② 许楹:《罔极录》后编卷四《论择贤相丧》附记、《论吁恳襄事》附记。
③ 吴骞:《蠹塘渔乃》,《丛书集成初编》第2318册,北京:中华书局,1985年,第6页。
④ 吴骞编:《休宁厚田吴氏宗谱》卷四《世传》,乾隆五十一年(1786)刻本,第15页。
⑤ 许楹:《罔极录》《罔极录》后编卷三《论灰葬法》附记。原文作"以恒儿之柩祔于右焉"。按许楹长子死于康熙三十二年(1693),以年幼殀亡,其名未入家谱。许楹营葬外舅在康熙三十八年(1699)。则恒儿当为长子之名。
⑥ 以上见许楹《罔极录》后编卷三《论灰葬法》附记。
⑦ 许楹:《罔极录》后编卷四《论开圹见旧椁》附记。

《罔极录》在"论灰葬法"附记各姓葬事后的一段话,可作补充:

> 此外予所营葬故旧尚多,不能悉记。两邑之葬亲者,有祝任庵名增,沈子勉名敏,查夏重名慎行,查德尹名嗣琜,查增山名□(引者按:原文空出),皆谘访予葬法以行。虽其所为不能尽合,然意则咸归于厚。①

除帮助他人造坟之外,许楹用了极大的精力培修祖茔。许氏祖茔靠近村市,屡被豪右侵轶,祭产遭占夺。祖辈多人力争破产,仅恢复一条墓道。"迩来门祚益衰,攻伐无已,兼灵泉、妙果、长生冈各墓,倾圮日甚,岌岌难保"②。其父许全可(字欲尔)痛下决心,整修祖茔,但因事未果。遂为终生遗憾。他时常叮嘱许楹,当以此为念。临殁,"申命尤切"。于是,许楹以五年之工营造乃父之墓,又用五年时间遍修祖茔。

许氏祖茔主要分布于灵泉山、妙果山(即洞孔山)、长生冈诸处,长生、灵泉各有三墓,分别花费一年光景。洞孔山地颇广,族人多祔葬于此。按,海宁灵泉许氏已传至十九世,家族墓冢不可计数。修培期间,半路桥、甘蔗园两支族人,各自负土培修先茔,工程量因之稍减。修墓需先培土,极费时费力。许楹主张,"凡培墓者,欲于平地积土成山,必非期年之力所能成就。""必须大集工人,岁岁加工,久而不辍,方克有济"③。几年间,"遍培祖茔,大清疆界。浚湮没之浜溇,砌侵占之衢路。立桥梁,树墙垣,砌帮岸"。茔域面目一新。而后"仍于墙垣、帮岸、衢路各交界处,掘地丈余,各立灰桩,埋界石,上镌石碑,以垂永远"④。

姚瑚批评许楹说,"一布衣而厚葬其亲,费千余金,垒冢如小山,墓道石子铺龙凤文,岂非大僭!"⑤这番言论,侧面反映出许楹为先人不吝钱财,又可见修培工程之大。

洞孔山之役,始于康熙四十四年仲秋,在四十七年(1708)正月的一次宗族祭仪上,族长向列祖禀明数年来族人修培祖墓、修葺宗祠之事,对许楹赞赏有加:"四阅寒暑,积工二万有余,计费逾二千金。而始终尽瘁,则惟楹一人,不辞暑雨祁寒,规画经理,以迄于有成。厥惟艰哉!"⑥许楹对十年间修培祖茔的情形,也有如下总结:

> 予于先茔,十年负土,凿石间山,决河浚渠。日纠一二百人,奋力大举,凡诸工人,予皆同其甘苦,恤其饥荒。有外患者,出死力以救之。有非为者,焦唇敝舌以劝戒之。于是争相淬砺,务本守法,不蹈非僻。……劳苦之余,每半月一宴,给以白镪。每墓工竣,鼓吹宴犒,纵饮达旦,俾之尽欢。故其寒暑尽力,有死无二。观者见其效力,有决江河之勇,争相骇叹。⑦

---

① 许楹:《罔极录》后编卷三《论灰葬法》附记。其他事例,见钱聚仁辑:《紫云先生年谱》,康熙二十八年(1689)条,《北京图书馆藏珍本年谱丛刊》第73册,第618页;徐豫贞:《悼张秋吟》,《逃荅诗草》卷六,《四库未收书辑刊》第8辑第29册,北京:北京出版社,2000年,第167页。
② 许楹:《罔极录》后编卷四《论保墓永图》附记。
③ 许楹:《罔极录》后编卷三《论培土宜岁岁从事》。
④ 见许楹:《罔极录》后编卷四《论保墓永图》附记。
⑤ 陈梓:《陈一斋先生文集》卷五,第4页。
⑥ 《戊子正月既望修洞孔山宗祠奉安神主祭告列祖文》,《灵泉许氏重纂宗谱》卷八《祠墓》,第13页。
⑦ 许楹:《罔极录》后编卷四《论固护祖茔以培土为第一义》附记。

许楫日率百人,同甘共苦,集众力修培祖墓,正是十年间日复一日的工作。对修培过的墓冢,许楫请于浙省督抚以下官员,将始祖以下分布于海宁及邻邑海盐的先茔,凡祠宇、墓域、祭产、荫木、疆界,以及先人世守之规,饬取造册,送宪存案。以防后患。又让守墓僧道等人确保世代相守。

除本族茔墓外,他还修培洞孔山北卞氏各墓,该墓地各冢坍颓,自康熙四十四年冬至次年五月,依次培土,"冢兆巍峨,俨然一旧墓"。北邻某著姓新阡,也为其浚长浜,清理湮没之界,树墙、立墓门、植荫树。许楫解释道,他姓先墓与我祖先相邻而居,其墓安则祖先心安,况且,"庸讵知吾今日行此,他日不亦有怜予者,而加一篑之土于吾先人之墓也乎!"①许楫还着力修培三党族戚坟墓。有族中九人,亲属周氏等十五人。师友则丘维正、何商隐、张履祥等十一人。先贤则张方洲等三墓。②

这些墓地,上宪悉数给示显扬,饬有司加意保护,严禁侵轶。根据许楫的记述,加意于此事的官员,有浙省总督、巡抚、布政使、按察使、学使,嘉兴、杭州二府知府,海宁令,海盐令及儒学等。③此事轰动一时。"当是时,东南千里无不知许孝子者"④。

二、查许坟地案

许楫修培祖茔接近尾声之时,康熙四十六年(1707)十二月,深得康熙皇帝宠信的少詹事查昇卒官,皇帝赐祭归葬,在葬地选择上与许氏产生矛盾。许楫被迫中断修墓,与之周旋,最终招来杀身之祸。

查氏为海宁望族,与灵泉许氏世代交好,两族三代三次联姻。查昇之祖母,即出许氏。⑤查昇长许楫十余岁,与许楫为表兄弟。据说,在他跻身贵仕之前,许楫与之"投契最密"。后来就断了联系。⑥以许楫的品性看,这是极有可能的。

对于查许二姓纠纷,许楫仅在临终诗句中,提到"不敢谈人过,惟知省己非"。自注:"查氏搆祸于今六年,百计陷我于死地。予惟反躬自咎,终不愿明言其过也。"⑦许谨所作传记,对此讳莫如深。若干年后,程廷祚《许孝子传》透露了这样的细节:两姓冲突起于查氏为查昇选择茔兆,其地"不利许氏茔"。许氏族人找许楫商议,许楫先发制人,悉数买下查氏所卜地之

---

① 许楫:《罔极录》后编卷四《论保墓永图》附记。
② 同上。
③ 同上。
④ 乾隆《海宁县志》卷九《孝友》,乾隆三十年(1765)刊本,第11页。
⑤ 查昇为其曾外祖许令宸所作传记有言,"查许历有世谊,予先人又许之自出。"见《维新公传》,《宫詹公存稿》不分卷,《清代诗文集汇编》第177册,上海:上海古籍出版社2010年,第103页。有关查许两家族联姻的研究,参看丁辉、陈心蓉:《明清嘉兴科举家族姻亲谱系整理与研究》,北京:中国社会科学出版社2016年,第167—168、389—390、475页。距查许纠纷最近的一次联姻,为查昇堂叔查嗣庭[1664—1727,康熙四十五年(1706)进士]娶许楫堂兄弟之女。
⑥ 黄璋:《许四先生传》。
⑦ 许楫:《观化杂咏·狱中偶成》。

外围,埋入本族未葬之柩。这一举动,直接导致查氏先前的努力付诸东流。①查氏起初希望凭借家族影响力挽回局面,一面讼诸官,一面暗里邀请头面人物规劝许楣让步。许楣何许人也,其人极有主见,且口才极佳,许谨说他"吐欬作洪钟响,稠人广坐中议论蜂起,即遇甚口者,无不折其角而去"。查许的诉讼,结局可以想见。对于此事,姚瑚评价许楣为"武断乡曲一讼师"②。虽然带有门户之见,但也透露出,许楣在这场官司中似乎像讼师一般难以对付。

这场官司一拖就是数年,直接影响到查昇的入土下葬。徐倬为查昇所作墓志铭中写到,查昇深受皇恩,殁之次年蒙皇上垂问归榇行程。"越明年,诸孤将卜葬于某阡,先期以行状来请铭"③。推算起来,计划为查昇举葬的时间,已到康熙四十九年(1710)。停丧三年,在浙西一带虽不足为奇,④但于查昇后人,却可能情非得已。查昇并未在墓志铭所说的时间下葬。又过了十余年,直到康熙六十年(1721),方葬于海宁篁墩里。⑤篁墩里,邑志又作黄墩庙。⑥从许氏家谱所绘坟图看,大概是一块与许氏祖茔无涉的葬地。

黄璋《许四先生传》对于查许恩怨,则是这样记载的:

> 查没,赐祭归葬,势烜赫。葬地侵许氏祖坟,而两家子弟交构。先生曰:吾终不以死友卖祖父也。挺身讼之官。连年不决。查许本通家姻戚,居间者以十数。先生攘袂奋髯誓曰:头可断,而地不可让。闻者乃止。后查以通海客诬先生,大吏锻炼周内,置先生于狱。会有知其诬者营护得解。仇者百计必欲杀先生,乃走之山阴,辟之数年。

许楣希望通过讼官解决争议,查氏则寻求以姻亲关系打动许楣,但许楣不为所动,而且态度坚决。这让查氏起了杀心,百般罗织罪名。据说,其中一项是追查康熙四十六年以来许楣主持赈灾的账目。但最终没有找出任何纰漏。查氏又以"通海"死罪诬告许楣。许楣计无所出,只好躲到外地。这一年已是康熙四十九年。

许楣六年间的徙转路线,我们不是很清楚。只知道他在江浙一带辗转,一说寓居南京某僧舍,以为终老之所;又一说到山阴讲学。流亡期间,许楣完成了《罔极录》这部重要著述,将自己从事丧葬活动的心得,一一记下,还把论述敛袭、营葬的古礼,以及前贤时彦的著述,一一著录,并加以评论。这部书何时开始写作不详,在康熙五十一年(1712)前后,已基本完稿。

漫漫逃亡生活,许楣不时处于悲伤之中。出走的当年,次子许益殁于嘉兴旅次,在许楣的有生之年未能将其归葬祖茔。这是他唯一长成的儿子。许楣本有二子,丧妻之时,年龄尚幼,许楣要求他们居母忧要像自己一样尽礼尽诚。长子稍未专心即遭杖责,"会遘疾而殇"⑦。虽

---

① 同当时的东南地区一样,海宁盛行风水择葬。从陈确《葬书》对这一风俗的批评可见一斑。(《陈确集》卷六至卷七,北京:中华书局,1979年)许楣的举动,很显然是有意破坏查氏葬地风水,起到釜底抽薪的效果。
② 陈梓:《陈一斋先生文集》卷五《诸先生遗言》,第4页。
③ 徐倬:《詹事府少詹事查公墓志铭》,查燕绪编:《海宁查氏族谱》卷十《志状》,宣统元年(1909)刻本,第1页。
④ 明清时代,江浙地区盛行停丧之风,陈确《葬论》已有详论,见陈确:《葬书上》,《陈确集》,第476—477页。乾隆《海宁县志》卷一《方域·风俗》也引邑人许勉燉(雍正丙午举人)《晚愉轩集》述及此风(第45页)。
⑤ 陈元龙:《查宫詹墓表》,《海宁查氏族谱》卷十《志状》,第9页。
⑥ 乾隆《海宁县志》卷三《建置》,第24页。
⑦ 许谨:《季子传》。

在逃亡,消息并不蔽塞。在《罔极录》篇末,许楒记述好友故旧沈岸先、姚瑚、邢志南、钱柱臣、范鲲等人离世,每次得讣,"予皆为位哭之,设奠遥祭于山中。各为服缌,以伸其痛。"这是他的交友之道,所谓"与人交,一以古处为期"。老师何商隐去世,服心丧三年。为之葬。朋友去世,则绝食一天,服丧三月(白衣蔬食三月)。① 范鲲的病逝,尤其让许楒悲伤。许楒写道:范鲲两次襄助先人之丧,感铭五内。临终却不及诀别。"闻讣,予痛塞,勺水不入口者一昼夜,至今悲哀未释"②。

流亡生活进入第六年,发生了一件事,直接导致其行踪被仇家察觉,最终死于牢狱。康熙五十四年春,位于绍兴城南的王阳明墓残破不堪,知府俞卿饬官民修葺,当事者闻听许楒娴于葬法,延请而至。③ 当然,也可能是许楒听闻此事,主动请缨。许楒学宗阳明,能有机会为阳明夫子修缮墓地,岂能袖手?对于此事,许楒狱中记其事云:"阳明夫子茔墓残毁荒圮,惨不忍言,幸贤刺史采听刍荛,允某修葺。某于春间捐产价二十金缴府,请以十五金修洪溪赐茔,五金培郑太夫人墓。"④ 三年后,俞知府为保护王氏墓所立谳语,中有"许文捐修墓银二十两,饬府学协同后裔修葺三处坟茔"之语,疑即此事。⑤ "许文"者,可能是许楒的化名。他一直处于浙省、杭郡的追捕之中,在此情况下,参与修葺王阳明墓,应该不是以真实身份。尽管如此,当年秋间,工程尚未告竣,许楒不幸"为蜚语所中",为人告发,投入杭州大狱。⑥

关于这段历史,程廷祚记载的传闻说,许楒为躲避仇杀来到绍兴,讲学为业。以修复王阳明祠墓,深得郡守礼遇。却不想由此暴露行踪:

> 至绍兴,复讲学,且力复王文成公祠宇见侵者。郡守贤之,为加礼。时楚中制府疏荐关西王丰川,被征。郡守见巡抚,从容言季觉亦可荐。巡抚闻之,密逮季觉。且入于大岚山逆案。

这段记载富于戏剧性:郡守本想做伯乐,不料做了"帮凶"。其间的细节,当然可能经不住推敲。俞知府的谳语中,"许楒"何以变成"许文",也留给我们足够的想象空间。照理说,许楒本该隐姓埋名,比如称名"许文",但何以会在郡守举荐时,让巡抚有所察觉?如果许楒正大光明在绍兴讲学,或许可以理解谳语中的"许楒"如何成了"许文"——俞知府作谳语时,许楒业已"畏罪"自裁,这样一个"罪囚",怎么可能与捐修阳明夫子墓联系起来!——但他被人发觉,何以要等到郡守举荐之时?

许楒是否以"大岚山逆案"入狱,已不可知。许楒入越前,余姚大岚山一带有张念一等人的反清活动。⑦ 与"通海客"一样,这是一项极为敏感的罪责。一旦牵连,死罪难逃。许楒狱中

---

① 许谨:《季子传》。
② 许楒:《罔极录》后编卷四《论安固》附记。
③ 许谨:《季子传》。
④ 许楒:《观化杂咏·遥谢绍守俞公泊教授诸先生兼别越中诸友》附记《越中情事》。
⑤ 康熙《绍兴府志》卷二二《祠祀志》,康熙五十八年(1719)刻本,第21—22页。
⑥ 许谨:《季子传》。
⑦ 有关史实,参见谢国桢编:《清初农民起义资料辑录》,上海:上海人民出版社,1957年,第366—376页。

诗隐约透露出这样的信息:山阴被逮时,侄子送碑资入越,不幸遭受牵连;还有一位好友,曾为许楙先人写作铭传,亦受连累。为不使亲友无辜受过,许楙坚称事出一人,"由是罪归一身,案乃得定"①。

许楙早年丧妻,晚年丧子,尝言"鳏寡孤独备集一身,极人伦之茶苦"。已将生死置之度外。自六月入狱,多方觅死,皆未遂意。他自述道:

  予山阴被逮,潜吞钱四枚,不死。下狱,潜吞磁片甚多,不死。嗣后防守愈严,多方觅死,勿得如愿。八月初四夜,伺间以首搏石,脑骨尽开,血流满头。守者惊觉力救,延医疗治,又未即殒。兹已绝粒九日,虽精神困极,而一息尚存。甚哉!祈死之难也。②

许楙希望能在十余日("旬余")后的亡母忌辰(十月初三),见母于黄泉,但未如愿。据许氏家谱,许楙于十月十五日丑时自毙。至于其方式,程廷祚根据传闻,称"绝食半月,不死,服毒然后死"。黄璋则说,许楙被逮时已知不得复生,"义不辱,因于狱中碎瓷器作屑,吞之而毙"。

身陷囹圄四个半月,许楙留下《观化杂咏》诗十余首,并《越中情事》一篇。观化者,死之谓也。他以诗文一一道别亲友,遥叩阳明夫子与先师何商隐墓,内心极度哀戚,充满自责。但对自己的所为,绝无悔意。在《绝命辞》中,充分表达了这种复杂情感。其文云:

  父亡八月九,有孙实相随。(原注:益儿客死,与先子同讳日)母亡十月三,有儿亦永辞。独怜负罪人,无颜见我亲。少小志圣贤,老大作戮民。积謦负先训,反躬悲何极。万口矜冤诬,争詈查氏孽。吾意殊不然,死生良有命。恶我亦我师,自修惟诚敬。丈夫怀远大,浩气塞天地。吾心如太虚,仇怨何足计。生前愿未竟,死后还自奋。努力无他求,惟誓明心性。

三、生前身后

就上文所述,许楙一生的主要事业,即在丧葬之事。在今人看来,可能以为其人有些特立独行。要理解许楙有关丧葬的活动,对其思想与志业作一番考察,大有必要。

许楙从小即表现非凡。许谨《季子传》记少年许楙:"天资英迈,践履笃实,幼倜傥有大志,就塾即俨然如成人。受书必叩大义至明彻始已。闻见既扩,志趣益端。"又说,其父许全可游于刘宗周之门,往来皆当时名宿,"见季子咸器重之"。其后,他的人生轨迹因一次朝圣之旅有所改变。《季子传》又载,许楙十三岁那年,欲往阙里朝圣,请于祖母朱氏。朱氏不以为意,随口应允,却不想许楙信以为真。"夜竟束装潜出,渡江淮"。家人追之不及。许楙归途,

---

① 许楙:《观化杂咏·寄别某先生》。
② 许楙:《观化杂咏·预叩母忌辰》。

在逆旅看到家人所留书信,悲恸不已,"不孝乃贻亲忧至此乎!"赶忙返回家中。"自是薄功名,志道德。受业于商隐何先生之门,一洗豪迈,而范以中正。"黄璋与程廷祚也对许楹早年的这次转变有所记述,只是侧重点有所不同。黄璋《许四先生传》记为:"少以侠闻,日往来江湖间。既而折节读书,慨然以圣贤自任,不屑俗儒鬼琐之学。""既而"二字,暗示了其间的变化。而"少以侠闻"也与许谨所说"豪迈"一致。程廷祚则记少年许楹勤奋好学,至于痴狂;又记许楹朝圣之奇:依靠行乞来到阙里,拜圣殿,痛哭三日夜,而后遍谒齐鲁耆旧。

乾隆三十年(1765)刊《海宁县志》有许楹传,开首注明出自许谨《季子传》,但与许氏宗谱相较,此本有增有减,出入较大。对于许楹出游一事,邑志记为:许楹很小就对排兵布阵感兴趣,十三岁那年,值三藩起事,"欲上削平策",担心父亲不允,就骗祖母说自己思慕圣贤,希望到阙里朝圣。到金陵欲渡江淮之时,"道闻王师方略,曰:已足办贼。"遂拜谒孔林而返。① 这一记述颇耐人寻味。这里展现的许楹的形象是:忠君报国,为朝廷分忧。虽然不能确定邑志所据是否为许谨《季子传》的另一版本,但若联系到许楹的不幸结局,则这样的记述可能与事实有所出入。

根据许氏家谱,祖母朱氏卒于康熙八年(1669),许楹时年八岁。②而拜谒孔林之事,据许楹自述,是在二十一岁那年。③他是否还有一次阙里之行而未提及,尚不得而知。江西易堂九子之一的魏礼在答复许楹的信函中,开首对他所耳闻的许楹有这样的记述:"仆十余年来闻东海之滨有季觉许君者,负奇气,髫龀时有志天下人物,尝欲亡至吾翠微峰,观易堂诸子,以信其所闻。及江宁,父友止之而返。仆心焉尚之。"④此信写作时间不详,其"髫龀"之语,表明许楹出走时年龄不大。魏礼之子魏世效的复函,则明白地说,"足下十四五岁辄欲亡至易堂以信其志,盖所谓奇气非趻弛也。"⑤揭示出许楹少年时确有出走之事,原因在于希望到深具明遗民象征的江西翠微峰一游,但在父友拦阻下未能成行。由此可知,虽然许楹确曾去过阙里,但并非这一次。很显然,两件事被有意无意搞混了。即便魏氏父子所说只是传闻,但许楹与他们书信往来,至少说明许楹与明遗民的政治倾向有交集之处。

许楹成年后,可能仍然具有这种政治意识。康熙四十六年,青年胡具庆(直隶容城人)南下浙江上虞,假道海宁拜访许楹,许楹给他留下极为深刻的印象。在这位直隶地区有名的理学家的年谱中,对许楹的形象做了这样的刻画:"冠白布巾,衣白布深衣,气象伟然,言辞侃侃。"⑥许楹的衣冠服饰颇耐人寻味。布巾即四方巾,为明儒士所冠,深衣则深具汉文化象征。在清初严令"割辫易服"的年代,这样的服饰,往往具有深重的政治意涵,成为一种政治认同

---

① 乾隆《海宁县志》卷九《孝友》,第10页。
② 《灵泉许氏重纂宗谱》卷二《谱录》,第28页。
③ 他在《罔极录》后编卷三《论族葬》附记中,举孔林之例,提到"予年二十一,瞻谒孔林"。《国朝杭郡诗三辑》与《两浙𬨎轩续录补遗》收录许楹《谒孔林归》诗各一首。见《国朝杭郡诗三辑》卷二,光绪十九年(1893)刻本,第1页;《两浙𬨎轩续录补遗》卷一,《续修四库全书》第1687册,第274页。
④ 魏礼:《答许季觉书》,《魏季子文集》卷八,康熙间刊《四魏全集》本,第113页。
⑤ 魏世效:《答许季觉书》,《魏昭士文集》卷二,康熙间刊《四魏全集》本,第52页。
⑥ 胡性亭编:《胡俟斋先生年谱》,《求志山房文集》附,1920年排印本,第4页。按,《年谱》编于道光中,在康熙四十年(1701)条,记胡氏"始立日记"。则《年谱》中康熙四十六年(1707)拜访许楹之事,当出自日记。国家图书馆所藏抄本胡氏《甲初日记》,起于康熙五十三年(1714),当有散佚。其他版本待查。

的符号。① 至于冠服以白，可能同样另具深意。

从许楣身后有关他的一些传闻，也能感受到这样的意味。程廷祚记述说，许楣被捕后，皇帝听闻案件，派按察使杨某审讯，当然没有审出与被诬罪名相关的事实，便问了一句看似与案件无关的话：为何不应试？许楣对以"不晓时文"。在官方看来，不参加科举考试，不为朝廷所用，就含有与朝廷不两立的意涵。杨某的问话实在意味深刻，他其实借以告诉许楣，虽然逆案并无状验，但难逃嫌疑。这位看似颇有正义感的按察使提醒道："以子之聪明，尚不早自为计，岂欲求活耶！"许楣于是自毙于狱。这段记述，极有可能出于后人的一种想象。但却真实地反映出人们的一种意识：许楣的思想意识一定是有问题的，而这种问题足以让他断命。

许楣所在的海宁及其周边府县，历史上称为浙西地区。明末清初，这里聚集了一大批遗民，最有名气的即桐乡张履祥、海宁陈确、海盐何商隐，以及诸多志同道合者。他们与许楣有着或远或近的关系。其父许全可，即师从陈确修刘宗周证人社。许楣的这些前辈们大都弃去青衿，隐居不仕，政治倾向极为明显。到许楣一辈人，像查枢、姚瑚、范鲲、张朝晋（字莘皋）、吴玉章兄弟，也大都不应举子业，并且和经历王朝更替之痛的先辈们交往甚密。

与前辈的隐居不出有所不同，许楣结交甚广，黄璋《许四先生传》说他"出而交游四方，公卿大夫闻先生名，争致之"。魏世效《答许季觉书》也谦虚地表示，"足下自弱冠时已有奇气，闻于远近，有志之士孰不欲交足下，足下抑何所采听而有取于仆耶？"这些记载，我们不能判断是否为许楣早年之事，在其成年后，仍有很多人以与之结交为幸。② 许楣在乡间以维风纪、济困弱自任。参与地方慈善事业，包括办理义冢、禁焚尸柩等事。③ 有时则是与官府合作。康熙四十六年起，海宁三年连荒，许楣受委赈济灵泉一乡，募集钱粮，活人无数。当事者颁给许楣"泽沛菜榆"匾额等奖。④ 浙省官员后来能够配合许楣的保墓行动，大概与此不无关系。

就其行为所表现出来的思想意识，许楣应该可以被称为遗民二代。就目前有关明遗民研究的情形，遗民二代的事例并不多见。事实上，遗民生活多元而丰富，其思想与行为具有许多复杂的面向。有关研究表明，经历了三藩之乱等一系列事件后，随着清王朝的统治逐步稳固，明遗民的态度逐步发生变化，已经不像以前那样与新朝势不两立，包括遗民的子女，虽然还保留遗民倾向，但已和以前大有不同。⑤ 许楣的情况，应是这种社会变动下的反映。

在后人的评论中，许楣的生平志业似乎深受学术取向的影响。许谨评价许楣在学问上

---

① 林丽月：《故国衣冠：鼎革易服与明清之际的遗民心态》，《台湾师大历史学报》第30期，2002年6月。林氏《万发俱齐：网巾与明代社会文化的几个面向》一文，对明遗民的网巾情结也做了深入探讨。载《台湾师大历史学报》第33期，2004年6月。

② 诸锦（秀水人）曾见到许楣，在《九日小宛堂逢海宁许布衣》一诗中，有"孝子知名久，交先倾盖深"之句。载诸锦：《绛跗阁诗稿》卷一，《四库全书存目丛书》集部274册，济南：齐鲁书社1997年，第556页。按，该诗写于康熙四十三年甲申（1704）至五十三年甲午（1714）之间。

③ 见黄璋《许四先生传》许克勤案语："公居乡仿吕氏乡约，劝导首重养生送死，诫止烧棺，宁盐两邑数十里内，此风顿除。"又见《罔极录》后编卷四《论义冢广孝》附记。

④ 据乾隆《海宁县志》卷九《孝友列传》许楣传载，给予许楣匾额的有抚军、郡侯及邑令。（第11页）

⑤ 参看李胜华：《查慎行与明遗民社会——关于"明遗民二代"文化心态的典型解析》，《浙江社会科学》2012年第10期。按，查慎行也是海宁人，曾向许楣请教葬法。

"以实悟真修为务,故言动规为皆严有法度"。胡具庆年谱则在记述了许楹的形象后,对其学说及"为学之要"做了记述:

> 其学以阳明先生为宗,然谨守礼法,动中规矩。非寻常虚悟者比。问以为学之要,曰:要在立志坚定。志不坚定,则或作或辍,功夫不成片段。立志既坚,由是立体致用,夹持而交修;居敬穷理,相兼而并进。总要拿着这一段坚定之志,做将去再不放手,便可到成德地位。

从这些简单的记载,难以窥探许楹学问全貌。不过,可以约略知道,许楹学宗阳明"明心性"之学,强调道德修养中的修持功夫,将立志作为成圣、成德的根本,同时强调实践。大约以此救正阳明后学忽视道德贱履之流弊。

许楹很早即立成圣成贤之志。据说,当年到阙里,"独登杏坛,默坐静摄,仰圣德之穹窿,感圣恩之高厚,怀两庑诸儒从游配享之盛,私自矢曰:'予小子邀天之灵,得自努力启绝学,千秋万世,附坐庙隅,吾事毕矣。'"①后来为查氏所陷,走到生命尽头,也毫不怨艾,仍然表示不论生死,都要努力"明心性"。《绝命辞》"少小志圣贤,老大作戮民"之句,可以理解其内心之反差。其以孝义著称于世,也是对阳明学所提倡的孝悌之道的实践。

许楹以圣贤作则,并努力践行,使他很早便名重一时。康熙三十六年(1697),海盐徐豫贞(1642—?)赠许楹诗云:

> 人伦道丧今何剧,名义乾坤子独扛。立俗行堪追汝水,传家学本自姚江。出身犯难羊肠九,收产营师马鬣双。(原注:谓钱商隐先生夫妇也)老眼饱看当世士,每逢黄宪辄心降。②

徐豫贞与许全可交好,其外甥查枢则是许楹的至交。徐氏的学术思想不详,但他对后生许楹非常欣赏。诗中的"姚江"指王阳明,点明许楹学有所本。"汝水"则指晚明阳明学派代表人物罗汝芳(1515—1588),罗氏师事颜钧,颜钧坐法当死,罗鬻产营救,又事之如父。③以此比于许楹对老师何商隐之情谊。透过几句诗文,徐豫贞的赞赏之情溢于言表。最关键的是最后一句,徐氏将许楹比于东汉名士黄宪④,表示平生佩服的唯此一人。

许楹为人,一如为学,有胆复有识。程廷祚概括道:"季觉为人多权略,有刚断之才。见事风生,尤好济人缓急,能得众心,然终以此败。讲学于海宁,生徒甚盛。家无担石储,而一旦或费千金,人不知所自来。讼久不定者,得其一言,无不立解。"尽管程氏所述出自传闻,但以许楹生平所为印证,评价还是中肯的。在许楹成年后,身上依稀带有早年的"侠义"之气。性慷慨,有谋略,应变能力强。这与许谨说的"宗党有难,处事就商之,数语立决"是一致的。当家

---

① 黄璋:《许四先生传》许克勤案语。
② 徐豫贞:《赠黄山许子季觉》,《逃荟诗草》卷二,第125页。写作年代据编年。
③ 见张廷玉等撰:《明史》卷二八三,北京:中华书局,1974年,第7276页。罗汝芳,江西南城人,汝水流经其地。
④ 黄宪,东汉人,字叔度。以学行见重于时。少时即表现非凡。范晔《后汉书》有传。

族墓地受到望族侵轶之时，他才会挺身而出，即使遭受陷害，有生命之虞，也义无反顾。后来带头修培祖墓，即使犯惹众怒也在所不惜。而且，许楹做事能力极强，有号召力。修培祖墓这样浩大的过程，他竟可以不为费用发愁，也能让数百工人甘心卖力。①

当然，程氏也指出，许楹之不同凡响，成在斯，败亦在斯。这应该是人们在许楹身后的一种流行的看法。正如许氏家谱对许楹一生的概括："孝义兼隆，卓为人杰。名重忤生，不能免祸。"②虽寥寥数语，却极为允当。在他人看来，许楹名气太大，但为人不太懂得隐忍退让，太爱"出风头"，是他最终死于非命的根源。许谨也指出，许楹为人为学堪称楷模，但不能像他们老师何商隐一样，隐居秦溪，自号无名氏，自颜其居曰贻安；只知进取，不知隐忍，所以才会惹上杀身之祸。云村砭夫（姓氏不详）跋《观化杂咏》，更是感叹道："迹其平居，尚气节，矜名誉，敢为人所不为，以故人亦多畏之怨之。一旦罹祸，谁为援手？岂孤芳莫与赏，抑大道之未闻也！及读其诗，死而不悔，绝无俯首乞生之意。亦铁中之铮铮者矣。设令阳明先生而在，其将何以教之耶！"无奈与惋惜，溢于言表。

在程朱与陆王不同学术论争的时代，许楹的遭遇，不免也被置于其中。陈梓寓居濮院（分隶桐乡、秀水二县），与海宁诸儒联系密切，他在学问上"躬行实践，私淑杨园而上溯洛闽"③。对于阳明学，心怀厌憎。他之于许楹，乃是晚辈。两人可能没有多少交往，但对许楹似格外关注。许楹罹难的第五年，康熙五十八年（1719）秋八月，陈梓与好友张朝晋等人会葬范鲲，遇到许楹族人许子猷，询问许楹死难始末，表示出了震惊（"为发指"）。④但他又在与朋友的通信中，激烈批评许楹虚伪：许楹确为阳明一派，但其与人争讼，却为阳明所不屑。许楹所为，只是假借阳明以欺人。"其以孝子自命，亦此意也"⑤。在写给许楹外甥朱惠畴的信中，陈梓更是评论说："令母舅之变，只是意中事。阳明毒发，原属不治之症，但其才可惜耳！以此知卫生之要，专在平日谨慎。自恃精力，无所不为，灭身之道也。"⑥认为许楹死于非命，乃咎由自取。

显然，这样的评价很大程度上出于门户之见，而不在事情本身的是非曲直。我们对查许坟地案的考察，主要资料来源于对许楹一方的记述，撰者对于许楹无不抱有同情，许楹的举动，正诠释了其孝子之称。人们的赞赏，也许来自许氏事实上的占理，也许来自许氏相较于查氏为弱势。但对我们而言，单靠现有资料，不可能弄清楚事情原委。若许氏对于查氏所选墓地太过敏感，本未有影响而称有影响，则许楹的举动，的确有如姚瑚所言，为"武断乡曲一讼师"了。不过，我们没有见到这样的证据。

---

① 许楹生性慷慨，勇于为义，经手财货无算，也许人们就会生发好奇：钱是哪来的？许楹从未提及家境，仅有很少的几次提到与此相关的话题，如捐"产价"二十金修缮王阳明墓；为偿还王守仁墓镌碑之资，嘱托兄侄卖掉他的二亩五分地，取价十五金，等等。故而，程廷祚据传闻称许楹"家无担石储"，未必属实，很有可能只是为了衬托许楹其人之奇。

② 许克勤编：《灵泉许氏重纂宗谱》卷五上《述世小传三》，第64页。

③ 张悚然：《〈删后文集〉序》，陈梓：《删后文集》，《四库未收书辑刊》第9辑第28册，第220页。

④ 陈梓：《蜀山会葬记》，《删后文集》卷三，《四库未收书辑刊》第9辑第28册，第245—246页。

⑤ 陈梓：《与范北溟先生》、《与张伦表》，《删后文集》卷十五，《四库未收书辑刊》第9辑第28册，第415、419页。

⑥ 陈梓：《与朱惠畴》，《删后文集》卷十五，《四库未收书辑刊》第9辑第28册，第422页。按，陈梓的这一意见，很可能受乃侄姚瑚的影响。陈梓《陈一斋先生文集》卷五辑录姚瑚之语，有云："许子季觉，初疑是英雄，由今观之，不过武断乡曲一讼师耳！而假借阳明以欺人。若由也不得其死。"（第4页）

余论:清前期浙西儒士与丧葬礼

丧祭一直是儒家重视的问题。在儒家的经典论述中,"养生"与"送死"均是为人子者尽孝的重要方面,但后者被做了进一步的强调。①对许楣的生平,很难用几句话简单概括,但其丧葬活动,正可以"送死"称之。从许楣的生平及其思想来看,以"送死"为志业,并不是难以理解的行为选择。再则,将许楣及其"送死"行为置于清前期的浙西地区,则会看到,这绝非孤立的个案,而是一种尚未被充分关注的社会文化现象。

明清之际,浙西儒士十分关注营葬礼仪问题,在交往中相与探讨,形成风气。张履祥、陈确、陈梓等人,均与友人函件往来,探讨丧葬礼。张履祥在给张佩蒽的信中,比较了吴击千、何商隐、吴汝典、邵君衡等人的营葬之法,从中可以看到清初浙西地区营葬方法的多样性。②不仅如此,他们还亲自实践,为人襄葬。张佩蒽曾向张履祥请教丧葬之礼,张履祥向他推荐了何商隐,"盖商兄之于葬事,讲之素详,而行之复尽其诚,所周旋于亲友间者已多。"③这种风气在清前期亦十分显著。许楣是其中最为突出的一位,他身上所带有的特点,在同时期其他人身上,或多或少都有体现。张朝晋、吴玉章、范鲲等人亦以孝闻,其行孝的方式,也多在送死之事。他们的交往,则多为襄助丧葬并相与探讨营葬之事。即如范鲲为了营葬先人,四处寻求葬法,除许楣外,他还请教于吴玉章、查枢、许仲方,又通过许楣,向杭郡沈昭文、姚敬恒(字思诚)、阚声三、沈志可求教。④再如,张朝晋年谱记述说,张氏改葬考妣,找范鲲帮助,"因偕蜀山卜兆于伏狮山之阳,悉遵《家礼》灰隔,用乌樟法益精焉。"⑤陈梓《蜀山会葬记》则记述了康熙五十八年秋八月营葬范鲲的情形。张朝晋指挥湖工筑圹,"而莘皋董役极严,每一版毕,必以指甲验坚否。"⑥这是一个知识与实践相互促进的过程。由此不难理解,何以会出现一批代表传统营葬礼俗研究最高成就的著述了。而且,结合笔者对明清"葬书"的研究,可以认为,浙西诸儒的丧葬实践,本质上表现了宋以来儒家礼仪(在此处是营葬礼)"在地化"的努力。

上述现象,在不同的研究主题下已被或多或少提及。学者注意到,明中叶以来,儒者极力矫正各种与儒家所倡礼仪不相符合的丧葬习俗,更有学者将清前期儒者丧葬礼上有关礼的实践称为"丧礼改革运动"。着意改革的有火葬、停丧不葬、笃信风水以及释道丧仪。⑦另

---

① 《孟子·离娄下》即说:"养生者不足以当大事,惟送死可以当大事。"朱子注亦云:"事生固当爱敬,然亦人道之常耳。至于送死,则人道之大变,孝子之事亲,舍是无以用其力矣。"
② 张履祥:《杨园先生全集》卷十一《答张佩蒽》(康熙五年),北京:中华书局,2002年,第303页。
③ 张履祥:《杨园先生全集》卷十一《答张佩蒽》(康熙五年),第302页。
④ 范鲲:《居丧质疑录》,《蜀山葬书》卷下,第2页。
⑤ 张京颜编:《先府君北湖公年谱》,《北京图书馆藏珍本年谱丛刊》第90册,第352页。
⑥ 陈梓:《删后文集》卷三,第245—246页。
⑦ 相关研究,参见张寿安:《十七世纪中国儒学思想与大众文化间的冲突:以丧葬礼俗为例的探讨》,台北《汉学研究》第11卷第2期,1993年12月;何淑宜:《明代士绅与通俗文化:以丧葬礼俗为例的考察》,台北:台湾师范大学史研所,2000年;王汎森:《清初"礼治社会"思想的形成》,陈弱水主编:《中国史新论·思想史分册》,台北:联经出版事业股份有限公司,2012年,第353—389页。

外,有关明遗民的研究中,学者也注意到遗民对于葬制的讲求,他们往往预为设计,多出于"时制"之外。借此保留汉文化,表现其遗民身份。①上述研究中,浙西儒士张履祥、陈确等人的言行不断被引述,但是,由于没有关注到"葬书",尤其不清楚许楹式人物的存在,使得明清之际乃至清前期浙西儒者对丧葬礼尤其营葬方法的探讨与实践,未得到应有关注。

此处可对明遗民与营葬方法之间的关联,稍作申说。清前期的浙西地区,明遗民较为集中,虽然并非所有的明遗民都会关注丧葬礼,但那些探究丧葬礼的儒者,大多具有遗民身份,或者具有这种倾向而与遗民关系密切。明遗民的重要行为——助人襄葬,亦多见于浙西儒者之间。在许楹的记述中,何商隐所葬故人甚多,有张履祥、丘维正、潘去病等人,许全可也襄助其事。但要指出的是,襄助的不仅是葬费以及简单的参与,指导营葬也是其中非常重要的一个方面。明遗民的后人们也大多如此。所以,葬制与明遗民之间有可能存在某种联系。但随着时代的迁移,当以灰隔法营葬渐成风气之后,从事这种葬法的探究与实践的人,其身份可能就会多元化了。

综上,本文对许楹生平与志业的粗线条勾勒,揭示了清初浙西地区一位有个性的丧葬礼仪专家,如何矢志钻研葬法,又如何将其付诸实践,将精力放在营造坟墓上面。本文之作,乃是希望透过许楹,尽可能折射清前期浙西地区社会文化的某些侧面。许楹是从事探讨与实践丧葬礼的诸多儒者中的代表人物,从他的身上,我们看到了礼学的师承与实践,也看到了明遗民的政治因素,同时看到学术对其志业的深刻影响,体现出思想与社会的关联与互动。

作者简介:张传勇,南开大学中国社会史研究中心、历史学院副教授。

---

① 赵园:《明清之际士大夫研究》,北京:北京大学出版社,1999年,第291—298页。

【物质文化与日常生活】

汉代画像中的夫妻生活图像*

闫爱民　臧莎莎

【摘　要】汉代画像中有着大量夫妇生活的图像。婚礼的古义基于夫妻的同牢而食,这在汉代画像中得到了充分的表现。汉代画像中的夫妻,常常作为对等的个体出现在宴饮、闲居和仙界,同时又作为共同的一体刻画在待客和闺阁之中。画像中的夫妇既为"有别",又为"一体"。东汉以来夫妇对坐画像日趋增多,也与当时夫妇的由异穴合葬到同穴合葬的墓葬趋势一致。

【关键词】画像石;墓壁画;夫妇生活图像;"共牢而食";汉代

画像石和墓壁画,是汉代人们日常生活留下的最为生动和形象的影像。正如翦伯赞先生所指出的那样:在中国历史上,"也再没有一个时代比汉代更好在石板上刻出当时现实生活的形式和流行的故事来";"不仅可以令人看见古人的形象,而且几乎可以令人听到古人的声音。这当然是一种最具体最真切的史料"①。汉代夫妇的生活形式和他们的故事,又是人们日常生活最基本的内容。在画像石的内容分类上,表现墓主生活的宅院、仓廪、庖厨、宴饮、乐舞、百戏等活动,是画像中的重要一类。自东汉始,无论是祠堂或墓葬,画像石中大都有主人夫妇的图像。在石祠中的后壁有一两层楼阁的图像,一般主人夫妇坐于楼阁上下层的中央。在墓葬画像石中这种图像大抵在后室,墓主夫妇往往坐于帷帐之中。②对于画像石的内容解释方面,日本学者林巳奈夫有开创之功,氏所著《刻在石头上的世界——画像石述说的古代中国的生活和思想》,有"坟墓中的夫妇"一章,对画像石中夫妇生活内容有了基本的描述。③古人视死如生,墓祠和墓壁画像中的世界,除了表现出被祭祀者死后想象中的"仙界"外,也是对现实社会中夫妇日常生活的折射,画像资料与文献史料的相互补充,对于汉代夫妻关系和日常生活研究的进一步深入非常有意义。

汉代画像石、墓壁画中的夫妇形象,大体上出现在宴饮娱乐、招待宾客、闲居对坐、私室空间和神灵仙界五种场合之中。

---

* 基金项目:本文系国家社科基金重大项目(项目号:14ZDB023)成果之一。
① 翦伯赞:《秦汉史》,北京:北京大学出版社,1983年,第5页。
② 参见俞伟超:《中国画像石概论》,见《中国画像石全集》(1),济南:山东美术出版社,2000年,第14页。
③ [日]林巳奈夫著,唐利国译:《刻在石头上的世界——画像石述说的古代中国的生活和思想》,北京:商务印书馆,2010年,第15—26页。

一、宴饮之中的酒食男女

汉代家人的酒食宴饮很常见。《汉书·疏广传》谓疏广既归乡里,"日令家共具设酒食,请族人故旧宾客,与相娱乐。"这是族人、宾客、故旧间的宴饮。《汉书·孙宝传》说孙宝"日设酒食,妻子相对"。《后汉书·方术传》:任文公"自是常会聚子孙,设酒食"。汉人的"日设酒食,妻子相对",反映在画像中往往是"夫妻相对"。汉代普通人一般是日进两餐,朝食和暮飧。《汉书·食货志》载晁错之言:"人情,一日不再食则饥。"贵族上层及一些特定人员则三餐。张家山汉简《二年律令》"传食律"中就有关于使者"参(叁)食"或"再食"的规定。① 淮南厉王刘长因罪废徙蜀地,文帝仍给他和家属"皆日三食"的待遇。② 然而不论是三餐还是再食,是食糟糠还是吃稻粱,都是夫妇同堂对坐的享用,这是贵贱通有的用餐习惯。如果不再同堂共食,那就不再是夫妻了,宋弘所谓"糟糠之妻不下堂"即言此。

图1为山东嘉祥旬子村画像石的夫妇进食图。图像分三层,第一层图像,上方列卷云纹,下方正中为主人夫妇跪坐进食,左男右女;夫妇之间放置一案,案上有盛食物的杯盘,女主人正将一盘食物递给男主人,男主人伸手来接。男女主人的两边有侍奉的仆人及左边求见的客人。③

图1 夫妇进食图

图2为洛阳朱村东汉晚期墓壁画。画中墓主夫妇端坐于帷帐中的榻上,二人之间的食案上摆放各种食品。男主人旁有两男性侍者,女主人旁有两女性侍者恭候。④

---

① 张家山二四七号汉墓整理小组:《张家山汉墓竹简·二年律令·传食律》,北京:文物出版社,2001年。
② (汉)班固:《汉书》卷四四《淮南厉王刘长传》,北京:中华书局,1962年,第2142页。
③ 朱锡禄:《嘉祥汉画像石》,图100,济南:山东美术出版社,1992年,第75、132页。
④ 贺西林、郑岩主编:《中国墓室壁画全集·汉魏晋南北朝》(1),图66,石家庄:河北教育出版社,2011年,第56页。

图2 墓主夫妇侍从图

林巳奈夫注意到汉代画像石中夫妇二人宴饮的场面,普遍有盛酒器和饮酒用的耳杯出现。①汉人善饮,夫妇更不例外。《后汉书·刘玄传》载更始帝韩夫人,"尤嗜酒,每侍饮,见常侍奏事,辄怒曰:'帝方对我饮,正用此时持事来乎!'起,抵破书案"。韩夫人说"帝方对我饮",在宴饮的画面中,夫妇对饮也是常见的场景。

图3为东汉徐州九女墩汉画石有"人物宴饮"图,画像中有一重檐房屋,左右廊庑及屋外有侍者和进食者。正室内帷幔下的榻上有一几案,上摆放食具,案旁有一酒罍,罍上有一舀酒的斗,男女主人相对而饮。②既是在同一帷幔之下,室中的男女就是夫妻。图4为徐州十里铺汉墓后室东支柱画像,画面分上下二层。此图上层刻宴饮场面,房宇角柱作一斗二升斗拱,屋面角脊立一对凤鸟,檐下垂幛,屋内二人,左男右女,拱手对坐在榻上,中置酒樽、耳杯,二人做饮酒状。徐州铜山县汉王乡发现的另一块东汉"宴饮画像"石,也是类似夫妻饮酒的画面。画像中屋顶有一凤鸟展翅欲升,屋外有连理树枝叶错覆,栖鸟飞翔,二侍者立于门侧。屋里坐男女二人,右边男子头上着冠,左边女子首上以布条包着发髻,中间置樽、耳杯,正在饮宴和交谈。③

图3 人物宴饮

---

① [日]林巳奈夫著,唐利国译:《刻在石头上的世界——画像石述说的古代中国的生活和思想》,第15—16页。
② 武利华主编:《徐州汉画像石》,图38,北京:线装书局,2004年,第38页。
③ 中国画像石全集编辑委员会、汤池主编:《中国画像石全集·江苏、安徽、浙江汉画像石》(4),图35、图19,济南:山东美术出版社,2000年,第27、16页。

图 4 双阙宴饮图

夫妇同堂对坐饮食,是汉代画像中最为常见的画面,这种夫妇饮宴场面的频出,一是与其日常饮食生活分不开,二是也合于《仪礼·昏义》所言"共牢而食,合卺而酳"的婚姻古义。

二、招待宾朋的男女主人

画像石中的宴饮场面除了夫妇二人外,还有很多是夫妇待客中的宴饮。汉代的宴会上,主人和客人的座位有一定的排列顺序。如果是男性来宾,一般是男主人出面招待客人,主宾对坐。如果男主人不在家时,则由女主人出面待客。《汉乐府·陇西行》对女主人待客的情况做过细致的描述。当贵客临门时,主妇要备好坐席和杯酒,主宾席地而坐,"请客北堂上,坐客毡氍毹。清白各异樽,酒上正华疏。"客人较多又比较郑重的宴会,主人夫妇二人要同时出面,这种情况下通常是主人夫妇居中,宾客分两列就座。①宴会前的准备也是夫妇共同操持,宴会上饮酒和舞蹈是常见的。《汉书·窦婴传》载魏其侯窦婴宴请丞相田蚡、大臣灌夫等人,"婴与夫人益市牛酒,夜洒扫张具至旦"。及至酒酣耳热之时,灌夫起舞,舞毕,请田蚡续舞。

图 5 为徐州洪楼东汉墓祠后壁上的画像。画像分两层,下层一官吏手执笏板躬身出迎贵客。上层为宴饮图,两屋并列,屋内左为男主宾,头戴进贤冠;右为女主宾,头梳高笄,旁有家人、奴仆捧食进馔。②

---

① 参见彭卫、杨振红:《中国风俗史·秦汉卷》第一章"饮食风俗",上海:上海文艺出版社,2002年,第94页。
② 中国画像石全集编辑委员会、汤池主编:《中国画像石全集·江苏、安徽、浙江汉画像石》(4)图47,济南:山东美术出版社,2000年,第33页。

图 5　迎宾宴饮图

成都市昭觉寺出土汉墓"宴乐画像砖"(图6),画面右上方似墓主人的一男一女,席地而坐,宴罢酒酣,客人翩翩起舞。四川彭州市太平乡出土的东汉宴饮画像砖(图7),画面上席前置二案二酒罇,右边二人著冠相同,坐着与右边立者相呼应,立者执杖似击地上一鼓。而左边坐一男一女,以手作势,相对而饮,这应是应约参加酒宴的一对夫妇来宾。①

图 6　宴乐画像

图 7　宴饮画像

女性不但在家作为主人来招待宾客,也常常作为客人去参加别人家的宴会。《史记·黥布列传》记载黥布的一个宠妃因就医的关系,常在医家饮宴,对门的贲赫也"乃厚馈遗,从姬

---

① 魏学峰主编:《中国画像砖全集·四川汉画像砖》,图90、81,成都:四川美术出版社2006年,第64、58页。

饮医家"。山东临沂金雀山九号汉墓第四组帛画(摹本),描绘了医生向女主人问诊的画面(图8)。画的左侧绘有一男一女,鹊首的男子为医生,正向女主人施礼问候。①

图8　金雀山九号汉墓第四组帛画(摹本)

汉末陈留太守夏侯惇,推举卫臻为计吏,"命妇出宴",卫臻以为这是"末世之俗"的做法,很不喜欢。②妇女与男人一样常常参加酒宴,常有醉酒甚至酗酒者,这也反映在汉画像中。河南偃师高龙乡辛村新莽时墓壁画,描绘了一群女性喝酒的场面(图9)。壁画右下角放置两个折腹大口酒瓮,右下角酒瓮上有一老妪欲接一侍女双手递上的耳杯,上部有四位中年妇女分两组在对饮,左下角一年轻女子似已喝醉,被两侍女扶出。③

图9　宴饮图

---

① 临沂金雀山汉墓发掘组:《山东临沂金雀山九号汉墓发掘简报》,《文物》1977年第11期。
② (晋)陈寿:《三国志》卷二二《魏书·卫臻传》,北京:中华书局:1959年,第647页。
③ 孙新民、蔡全法主编:《中国出土壁画全集·河南》(5),图38,北京:科学出版社,2012年,第41页。

三、闲居交谈的互敬宾客

秦代除律法学习外是禁学禁言的,"入则心非,出则巷议",在始皇时是被严厉禁止的。[①] 但汉代言论氛围要宽松得多,汉人喜欢议事。王充《论衡·物势》说:"一堂之上,必有论者;一乡之中,必有讼者。"坐而论道侃侃而谈是汉人生活中常见的事情,而"一堂之上"的论者,不是夫妻就是主宾。汉画像中多有夫妇交谈这样的场面。

图10为陕西定边新莽前后的夫妇墓壁画,男主人身着红衣右衽,女主人穿绿衣而左衽,二人并排而坐,相视而谈。[②]

图10 墓主夫妇像

汉代的夫妇在宴饮、交谈时都是平起平坐,没有主次之分,夫妇如宾,亦为友。汉代的夫妇之道,是"有义则合,无义则离",而朋友之道也是如此。[③]辽阳市三道壕出土汉魏之际墓壁画,有夫妇对坐图和主客对坐图。图11中的夫妇二人对坐方榻之上,左边男子著青巾淡青袍白领缘,拱手端坐。右边女子穿橙色花衣,下系白裙,头戴发帻,后有花饰。两人榻间有一三足食器,食器所盛,显然不是供二人饱餐的,而应是聊天的零食。图12中的主客,一人黑帻,一人黄角巾,宽衣博袖,对坐拱手,榻间物品已不清楚。[④]对比左右二图,除了夫妇间有食具外,妻与客的位置、距离都对等,所谓夫妇"相待如宾"确实如此。

---

① (汉)司马迁:《史记》卷六《秦始皇本纪》,北京:中华书局,2014年,第325页。
② 贺西林、郑岩主编:《中国墓室壁画全集·汉魏晋南北朝》(1),图50,第42页。
③ 《汉书·孔光传》:"夫妇之道,有义则合,无义则离"(班固:《汉书》卷八一《孔光传》,第3355页);《后汉书·朱穆传》注引蔡邕《论略》曰:"盖朋友之道,有义则合,无义则离"。(范晔:《后汉书》卷四三《朱穆传》,北京:中华书局,1965年,第1475页)
④ 徐光冀主编:《中国出土壁画全集·辽宁、吉林、黑龙江》(8),图13、图12,北京:科学出版社,2012年,第15、14页。

图 11 "夫妇对坐图"(摹本)

图 12 "对坐饮食图"(摹本)

四、闺房内的亲昵伉俪

汉画像中的夫妇在宴饮和交谈时往往都有一定的距离,如同宾客一样,而在私室中却又表现出亲密状。《汉书·张敞传》载给夫人画眉的张敞曾对皇帝说:"臣闻闺房之内,夫妇之私,有过于画眉者。"这种夫妇之私,汉人并不避讳,汉代画像石中也有相应的表现。

四川德阳和彭州搜集的两幅东汉"燕居画像砖",是内室夫妻生活图像(图 13)。左图画面里左男右女相偎而坐,男者头戴冠,身著长袍;女者头上多彩饰,身著长裙。男者以手抚女子面颊。右边一仆人执便面以侍。左边一仆人一手执便面,一手横棒。右图中间者亦是夫妇,紧紧相拥而坐,两边男女仆人膝地侍奉。①

图 13 宴居图

由上面的图像来看,夫妇间的亲密举动并不避讳他人,男女有别观念的影响在当时并不深入。汉代社会去古未远,两性风气原始开放,生殖崇拜、性能力崇拜也常常反映在人们的生活中,甚至有些放荡。《汉书·景十三王传》记载广川王刘海阳曾"画屋为男女裸交接",在汉画像中也有类似的画面,大家熟知的成都新都区文管所收藏的东汉"社日野合"的男女交媾画像砖即是。②此外汉代画像中还有一些豪族大家中的艳舞表演场面。

---

① 魏学峰主编:《中国画像砖全集·四川汉画像砖》,图 87、88,第 62 页。
② 魏学峰主编:《中国画像砖全集·四川汉画像砖》,图 211、212,第 149—151 页。

山东微山出土的一块东汉画像石"建鼓裸舞画像"(图14),画面分成两层,上层刻一堂二阙,端坐主人和拜谒的宾客;下层正表演百戏斗兽之舞,其右上角有三个女人裸身而舞,三人胸部、臀部女性特征明显。①

图14 建鼓裸舞图

这样的艳舞在墓室壁画中也有出现。河南新密后土郭村西1号东汉墓《室内燕居图》中有裸舞图像(图15)。画面为一方形菱格窗,右边一人露半身,着白袍戴巾帻,面向左正凝视中间的斗鸡艳舞,这应该是户内主人。在窗内左边,有一散发人,似女性,其人上着绿衣,而下身却完全赤裸。举右手,伸左手,两腿卷曲,赤足,似正随着斗鸡而艳舞。②

图15 窗棂人物斗鸡

汉代画像石和墓室壁画中这种夫妇相拥、裸舞以及野合的画面并不多见,但借用龙蛇、凤鸟等动物交颈的画像,带有暗示性的动物交颈图画,如龙蛇凤鸟等,却常常出现在夫妇的

---

① 马汉国编:《微山汉画像石选集》,图7,北京:文物出版社,2003年,第43页。
② 贺西林、郑岩主编:《中国墓室壁画全集·汉魏晋南北朝》(1),图72,第62页。

画像之中。

五、神灵仙界的凡夫俗妇

神灵信仰是人们生活的日常内容之一，到了汉代，人们将许多神灵配对，搞成了人间的夫妇，最有名的是女娲和伏羲、西王母与东王公。女娲和伏羲，本来是不同体系中的神灵，在秦汉以前的古籍中他们之间没有什么联系。女娲的炼五彩石补天、化生人类等贡献，都是她一个人完成的。但在汉代的画像中，人们将女娲和伏羲结合在一起，他们的主要作用多与生育有关了，伏羲、女娲结为夫妇孕育人类是最为流行的传说。①

西王母的记载较早，而东王公的文献记载较晚，二神相对而坐的画像在汉代颇为流行。学界原来认为大约在东汉章、和之间，与西王母对应的男神仙东王公才被创造出来②，但对海昏侯刘贺墓中东王公和西王母画像的最新研究，表明"以东王公作为男性的'阳仙'与女性的'阴仙'相对应的图像组合模式，在西汉宣帝时期已经成型"③。西王母和东王公形象一般被安置在画像石墓、祠堂壁画或立柱的最高位置上，东西或左右对称。汉人认为，西王母为女神，就应有一男神相配，东王公形象的塑造就出自这样的考虑，在汉代的神话和画像中已把他俩视为一对夫妇。④比较一下女娲伏羲、西王母、东王公与夫妇的画像，他们在对坐的形式、神态上都与画像中描绘的普通夫妇非常相近。

图13为三幅不同的画像石图像，左图为山东嘉祥武梁祠西壁第二层右侧带有题记的"浮戏"（伏羲）、女娲画像，画像上有人首蛇身而交尾的二神，二人之间还有一个牵着二人衣袖的小孩。⑤中图为徐州汉画像石馆藏"家居安乐图"，画中一对夫妇坐在榻上逗引孩子。⑥左图为南阳熊营东汉画像石中的西王母与东王公像，阴阳二神戴冠着袍跽坐于豆形高台上。⑦

---

① 参见汪小洋：《汉画像石中的女娲》，《文史知识》2007年第4期。
② 参见蒋英炬、杨爱国：《汉代的画像石与画像砖》，北京：文物出版社，2001年，第63页。
③ 刘子亮、杨军、徐长青：《汉代东王公传说与图像新探》，《文物》2018年第11期。
④ 见巫鸿：《"阴阳理论"与汉代西王母东王公形象的塑造——山东武梁祠山墙画像研究》（孙妮译），《西北美术》1997年第3期。
⑤ 中国画像石全集编辑委员会、蒋英炬主编：《中国画像石全集·山东汉画像石》（1），图49，济南：山东美术出版社、郑州：河南美术出版社，2000年，第29页。
⑥ 武利华主编：《徐州汉画像石》，图134，第134页。
⑦ 中国画像石全集编辑委员会、王建中主编：《中国画像石全集·河南汉画像石》（6），图162，济南：山东美术出版社、郑州：河南美术出版社，2000年，第133页。

图16 伏羲女娲、家居安乐图、东王公与西王母

余 论

汉代画像中反映出的夫妇生活景象,出现在宴饮、待客、闲居、私室以及神灵仙界等场合。在宴饮、闲居和仙界,他们是等对与敌体的个体,"相待如宾",是"夫妇有别";在待客和闺室,他们又是一个合体,表现为"夫妇一体"。自两汉之际,无论是祠堂或墓葬的画像,祠主或墓主夫妇的图像开始多了起来;女娲、西王母等单身女神,汉人也给她们配上伏羲、东王公的男神,并使他们结合在一起。值得注意的是,同时期汉代夫妻合葬的形式,也经历了由异穴合葬到同穴合葬的变化①,二者的变化有着相同的特点。

《礼记·礼运》:"饮食男女,人之大欲存焉。"如果说夫妇是男女结合的规范,那么共同饮食又成为夫妇在一起的基本形象。"飨",《说文》谓:"乡人饮酒也。从食,从乡,乡亦声。"罗振玉《增订殷墟书契考释》"皆象飨宴时宾主相飨享之状,即飨字也。古公卿之卿,乡党之乡,飨食之飨,皆为一字,后世析而为三。"飨,甲骨、金文为会意字,、象宾主二人相对宴饮之状。容庚《金文编》也谓:"卿,象两人相向就食之形。"古代夫妻之礼为"相待如宾",又以"卿我"互称,"飨""卿"所会意的画面,就是最早的"饮食男女"形象,此与婚礼的古义夫妻"共牢而食,合卺而酳"一致,这也是汉代画像中夫妻形象所要表现出的主旨。

作者简介:闫爱民,南开大学中国社会史研究中心教授;臧莎莎,南开大学历史学院博士研究生。

---

① 参见阎爱民:《汉代夫妇合葬习俗与"夫妇有别"观念》,《天津师范大学学报》(社会科学版)2011年第2期。

明代官员乘轿风尚论析

龚世豪

【摘　要】 明代对官员乘轿定有严格的等级规制,但随着乘轿风尚逐渐盛行,明廷曾一度通过惩罚违制与申明禁令的方式来抑制乘轿之风,却收效甚微,始终没有控制住乘轿之风的蔓延。明廷三番五次的乘轿禁令正是风尚与违制的映射,到明中后期,由乘轿而引起的僭越礼制愈演愈烈,明廷并无有效的应对措施。于制度之外发展出一种破例恩赐乘轿的灵活处理方式,终究未形成正式制度。此外,乘轿风尚的发展还带来许多负面影响。

【关键词】 明代;乘轿风尚;乘轿制度;官员

唐宋以降,轿子成为一种新式交通工具,乘轿风尚随之而起,到明代发展成一种主要的交通工具。清代便有许多学者对轿子做了札记式的考据,比如方以智、俞正燮、赵翼、陈元龙、周广业等人[①],他们主要侧重于梳理流变和考订名物。近代学者则做了一些史料汇编的工作,将专题史料分类整理,有尚秉和、陈登原、瞿宣颖等人。[②] 瞿同祖以法律社会史的角度考察古代车舆制度,从各时期重大的制度、禁令入手,梳理了制度流变,将乘轿制度与社会的礼和法联系起来。[③] 巫仁恕从消费史的角度分析了明代的乘轿风气,探讨轿子作为交通工具背后的文化内涵,将落脚点放在轿子的象征意义上。[④] 此外,学者们还考辨轿子的起源和

---

① 具体参见方以智:《通雅》卷三五《器用·车类戏具》,《中华再造善本》,清代编,经部,北京:国家图书馆出版社,2009 年。俞正燮:《癸巳类稿》卷十四《轿释名》,上海:商务印书馆,1957 年。赵翼:《陔余丛考》卷二七《官府乘轿》,北京:中华书局,1963 年。陈元龙:《格致镜原》卷二九《舆》,《景印文渊阁四库全书》第 1031 册,台北:台湾商务印书馆,1983 年。周广业:《循陔纂闻》卷一,《续修四库全书》第 1138 册,上海:上海古籍出版社,1996 年。

② 尚秉和:《历代社会风俗事务考》,北京:中国书店,2001 年,第 149—150 页。陈登原:《国史旧闻》第三分册,北京:中华书局,1980 年,第 141—143 页。瞿宣颖:《中国社会史料丛钞》,上海:上海书店,1985 年,第 763—765 页。

③ 瞿同祖认为历代乘轿禁令大体经历了一个由严到松的过程,乘轿的群体也由少到多,并且乘轿制度越来越详细规范。参见瞿同祖:《中国法律与中国社会》,北京:中华书局,2007 年,第 165—181 页。

④ 巫仁恕认为晚明的乘轿风气和西欧的"消费社会"特质有相似之处,在讨论轿子普及和流行的问题后,阐发了轿子在政治权力、社会身份及政治文化三方面的象征意义,认为乘轿行为分别代表了炫耀性消费、政治斗争的媒介、文武之争与文人的优越感。参见巫仁恕:《明代士大夫与轿子文化》,《"中研院"近代史研究所集刊》2002 年第 38 期。

相关名称①，研究了明代百官车制②，以乘舆制度来分析晚明世风变化③，甚至从公车反腐角度探讨明代公车禁令为何沦为一纸空文。④本文以社会风尚为视角，同时加以制度史的考察，以期对明代官员乘轿风尚有一个更为全面而深刻的认识。

一、官员乘轿制度

早在唐宋时期就可见官员乘肩舆，刘增贵指出，在车驾盛行的同时，两种新的交通工具——肩舆和马——开始出现，并逐渐取代车。骑马的影响较大，直接冲击了车的地位，肩舆影响较小，继骑马风气之后才渐趋兴盛。⑤逮至南宋，出台了明确的官员乘轿政策，轿子由此在官员群体中流行。⑥然而，在明朝正式建立之前至明初，朱元璋曾一度禁止官员乘轿⑦，轿子迎来了在中国传统社会的车舆体系中一个新的发展时期。翻检明代史籍可知，明代的官员乘轿制度经历了一个较长的制定和完善过程，明廷在出台相关政策时有以下几次关键性举措：洪武元年（1368）首次颁布官员车舆规制，轿子参照车制而行；洪武六年（1373）只允许妇女和官民老疾者乘轿；景泰四年（1453）允许在京三品以上官员乘轿，其余及在外各衙门具不许；弘治七年（1494）限定四人抬轿，武职勋贵不许乘轿；隆庆二年（1568）告诫武职不许擅自乘轿，文官四品以下不得私用帷轿。这些在不同时代背景下颁布的政策，勾勒出乘轿制度的演变历程，以下简要概述之。

洪武元年（1368），定车舆规制：一品至三品用间金装饰银螭绣带，青幔。四品至五品用素狮头绣带，青幔。六品至九品用素云头素带，青幔。轿子则参照车制。庶民车用黑油，齐头

---

① 黄正建：《走进日常：唐代社会生活考论》，上海：中西书局，2016年，第201—203页。
② 林金树认为百官乘车之制是封建等级制度的体现，从制度的建立、变化及其内在价值等方面做了简要探讨。参见林金树：《明代百官车制初探》，《明史研究》2007年。
③ 于宝航认为晚明奢靡僭越之风盛行，乘舆制度"崇节俭、辨等威"的制度精神遭到消解，而占有大量资源的权贵集团及其衍生群体是这一变化的根源和主体。参见于宝航：《晚明世风变迁的观察角度与解释模式——以乘舆制度为研究中心》，《大连大学学报》2007年第1期。
④ 何孝荣：《明代公车禁令为何沦为一纸空文》，《人民论坛》2017年第2期。
⑤ 刘增贵：《汉隋之间的车驾制度》，《"中研院"历史语言研究所集刊》1993年第63本第2份。
⑥ "故事，百官出入皆乘马。建炎初，上以维扬砖滑，谓大臣曰：'君臣一体，朕不忍使群臣奔走危地，可特许乘轿。'盖东都旧制，惟妇人得乘车，其它耆德大臣或宗室近属行尊者，特旨许乘肩舆，已为异礼。靖康末，高宗奉使至磁，磁守宗汝霖以所乘轿进，黑漆紫褥而已。上犹却之。盖在京百官不用肩舆，所以避至尊也。今行在百官，非入朝无乘马者。"见李心传撰，徐规点校：《建炎以来朝野杂记》甲集卷三《百官肩舆盖》，北京：中华书局，2000年，第100页。又"肩舆。神宗优待宗室老疾不能骑者，出入听肩舆。熙宁五年，大宗正司请宗室以病肩舆者，踏引、笼烛不得过两对。中兴后，人臣无乘车之制，从祀则以马，常朝则以轿。旧制，舆檐有禁。中兴东征西伐，以道路阻险，诏许百官乘轿，王公以下通乘之。其制：方正，饰有黄、黑二等，凸盖无梁，以篾帘为障，左右设庸，前施簾，异以长竿二，名曰竹轿子，亦曰竹舆。"见脱脱等：《宋史》卷一五〇《舆服二》，北京：中华书局，1977年，第3510页。
⑦ 宋濂以当事人的身份记载道："昔在乙巳（1365）之春，臣濂待罪右史。……时方严肩舆之禁，自相国以下至百执事皆弗之许。特命中书造安车，给健丁六人以载，此尤异数也。"见宋濂：《宋学士文集》卷一《恭题御赐书后》，《四部丛刊》初编第246册，上海：上海书店，1989年。

平顶,皂幔。轿子比同车制,不许用云头。①洪武六年(1373),限定乘轿者的身份,规定坐轿只允许妇女及官民年老疾病者乘坐。②这是明代官员乘轿制度的草创阶段,各项具体规格都参照车制执行,但又严格限制乘轿者的身份。

景泰四年(1453),颁发新令允许在京三品以上官员乘轿,其余官员不许违例,在外各衙门官亦皆不许乘轿。③这是根据现实情况做出的调整,三品成为乘轿资格的界线,由此奠定了明代官员乘轿制度的基调。成化十三年(1477),因太监汪直进言,严申文武官员乘轿之禁,要求文官三品年六十以上方可乘轿,禁止一切武职乘轿。④针对众多官员乘轿的现状,收紧了对官员乘轿的限制。

弘治七年(1494),"申明两京及在外文武官员除奉有旨及文武例应乘轿者,止许四人扛抬。其两京五府管事,并内外镇守、守备等项,公、侯、伯、都督等官,不分老少,皆不许乘轿。违例乘轿及擅用八人者,指实奏闻"⑤。相较之前的规定就稍为宽松,允许"奉有旨"及"例应乘轿"的官员乘轿,但限制了抬轿人数,并再次禁止武职乘轿。至此,明代官员乘轿制度基本定型,此后并无根本性变化。

嘉靖五年(1526),再次申明武职不许乘轿,同时还要求在京四品以下文官,在外三司以下官不许乘轿。⑥此时明确允许地方三司官员乘轿。隆庆二年(1568),告谕两京武职,非奉特恩不许擅自乘轿,文官四品以下不得私自用帷轿,如有违反由部院科道官参奏。⑦言外之意,默许武职在获得特恩允许的情况下乘轿,进一步放松了乘轿限制。

综上,明前期是官员乘轿制度的形成与完善时期,中后期做了适当调整,其政策原则大体可看作是三品以上文官乘轿,允许部分武职在特殊情况下乘轿。总体而论,明廷对官员乘轿资格的限制呈越来越宽松的态势,虽然期间亦有反复。这些仅是制度层面的理想状态,实则未能严格照此执行,伴随着政策的出台,官僚群体中逐渐兴起一股乘轿风尚,冲击了既有规制也影响到政策的制定。此外,明廷还通过颁发禁令与惩罚违制等手段来规训官员僭越乘轿的行为。

二、乘轿风尚实态

经过制度层面的梳理,不难看出官员乘轿政策的变化情况,同时还需结合各时期的实际情况加以考察,方能对此有一个更为直观而真实的认识。下文便从各时期的乘轿风尚实例展开论述,先按时间线索描述演变的脉络。

孙承泽概括了宋至明初官员乘轿情况,"宋南渡以前,士大夫皆不用轿。如荆公、伊川皆

---

① 万历《大明会典》卷六二《礼部二十》,北京:中华书局,1989年,第395页。
② 同上。
③ 同上。
④ 《明宪宗实录》卷一七二,成化十三年十一月丙寅,台北:"中研院"历史语言研究所,1962年,第3103页。
⑤ 万历《大明会典》卷六二《礼部二十》,第395—396页。
⑥ 《明世宗实录》卷六六,嘉靖五年七月乙巳,台北:"中研院"历史语言研究所,1962年,第1528—1529页。
⑦ 《明穆宗实录》卷二七,隆庆二年十二月癸未,台北:"中研院"历史语言研究所,1962年,第718页。

云:不以人代畜。朝士皆乘马,或有老疾,朝廷特赐,犹力辞。南渡后则通行轿矣。明初,虽公侯不得乘轿,兼不设马凳;文职四品京堂无棍乘马用凳;五品光禄、太仆寺丞,翰林院五品、六品官、宫坊官亦用凳,其余皆用交床。"①宋明间官员乘轿之演变于此了然。由于明代开国之初禁止乘轿,很难找出洪武时期官员乘轿的具体事例,到永乐之后便零星可见官员乘轿。比如,永乐元年(1403)驸马都尉胡观从山西归来时僭乘晋王所赐朱漆棕轿,言官弹劾他逾礼僭分,要求惩戒。②

宣德年间开始出现官员在地方乘轿,侵扰百姓,还惊动了皇帝。宣德四年(1429),宣宗命令兵部出示榜文约束派出在各地的差遣官,有官员在福建等地不乘照例配给的舡马,都想坐轿出行,甚至还强行索取。③宣德八年(1433),贵州按察使应履平上奏指出,方面官因公事出行,水行乘舟,陆行坐轿,皆出自民力。甚至有人为逢迎上级而私自准备船轿,守候迎送。④可见在洪永时期只是少数个别官员乘轿,宣德年间便有一定数量的官员在地方上乘轿,其身份主要是中央派出官。

正统、景泰年间,在京官员也开始公然乘轿出行。正统四年(1439),行在鸿胪寺右少卿焦循因在朝天宫排演万寿节礼仪坐肩舆直抵中门,而被官吏拒之门外。⑤景泰元年(1450),有三品以上武职勋臣赴朝天宫行香祈祷时,乘坐高轿,用人扛抬,遭到太仆寺卿李宾弹劾。礼部尚书胡濙等人辩解说,只有官员因年老疾病而乘轿。⑥面对已有不少在京、在外官员乘轿的事实,明廷只得于景泰四年(1453)出台政策规范官员的乘轿行为,这也从一个侧面表露出官员中的乘轿风尚。

成化二年(1466),南京给事中王让进言,守备南京的都督等官多不骑马,反而私自役使京操军士为其抬肩舆。宪宗大怒,勒令武职衰病不便鞍马者退任闲住。⑦成化十三年(1477),太监汪直建议申明文武官员乘轿之禁,他认为:"洪武、永乐间人臣无敢乘轿者。正统时文年老或乘肩舆。景泰以来,师保既多,延至于今,两京五品以上无不乘轿者。"⑧恐怕汪直对洪永时期的追述不甚确切,彼时并非绝无官员乘轿,只是比较少见。正统、景泰时期官员乘轿渐多,以至于成化中期两京五品以上官皆乘轿。

弘治以降,武职乘轿的现象愈显突出,违制情形愈发普遍。虽然在弘治七年(1494)颁布了较为宽松的乘轿规定,但现实状况并未因此改观。弘治九年(1496),兵科都给事中杨溥等人指陈军中弊病,特别言明将官乘轿现象,"今京营将官多有久离鞍马,以坐轿为常者,非惟不能制御急变,恐亦无以表率六军"⑨。弘治十一年(1498),礼科给事中吴仕伟也说:"京营武

---

① 孙承泽著,王剑英点校:《春明梦余录》卷四十《肩舆》,北京:北京古籍出版社,1992年,第784页。
② 《明太宗实录》卷十九,永乐元年四月癸酉,台北:"中研院"历史语言研究所,1962年,第350—351页。
③ 《明宣宗实录》卷五四,宣德四年五月癸酉,台北:"中研院"历史语言研究所,1962年,第1303页。
④ 《明宣宗实录》卷一百,宣德八年三月壬戌,第2239—2240页。
⑤ 《明英宗实录》卷六一,正统四年十一月癸酉,台北:"中研院"历史语言研究所,1962年,第1171页。
⑥ 《明英宗实录》卷一九一,景泰元年四月丁酉,第3971—3972页。
⑦ 《明宪宗实录》卷二七,成化二年三月己酉,第531页。
⑧ 《明宪宗实录》卷一七二,成化十三年十一月丙寅,第3103页。
⑨ 《明孝宗实录》卷一一九,弘治九年十一月甲辰,台北:"中研院"历史语言研究所,1962年,第2139—2141页。

职役使军伴,具有定额。比来任意占役,包纳月钱,乘轿燕乐,不习武事,乞命官究处"①。正德二年(1507),太监刘瑾通过打压官员的方式来给自己立威,一次处罚了三名违制乘轿官员。《明武宗实录》记载:"前此奉使远行者多乘轿,从者亦得乘驿马,因袭之弊久矣。"②积弊已久,文武官员都对乘轿习以为常。

嘉隆万三朝是官员乘轿风尚集中爆发的时期,僭越行为更加严重,对既有规制产生了巨大冲击。嘉靖五年(1526),兵科给事中黎良对当时的风气大为不满,"迩年以来,勋臣厌马弗乘,以轿相竞。是果出于朝廷之赐与,抑知其不可而为之者与"③?嘉靖十五年(1536),南京礼部尚书霍韬专门针对南京官员的违制现象上奏,"近日南京文官不论职秩崇卑,皆乘轿焉。或乘女轿,阖城丈夫混同妇人,非美兆也。或施帐幔仪饰,几于上僭矣"④。万历时期,地方主政官员也普遍乘轿,礼科给事中李盛春建议:"三司首领、州县佐贰官,不许擅自抬轿,违者据法重处。"⑤守备南京的武职勋臣更为糟糕,"出则明坐大轿,入则拥列歌舞,心志骄惰,气体柔脆"⑥。京城的情况则有过之而无不及,据左副都御史陈于陛观察:"臣入京来,切窥缙绅失礼有甚于醉。如远行乘坐围轿,可也。无上事而两人肩舆,交错都城"⑦。

明末礼制混乱,各级官员普遍僭越乘轿,但天启、崇祯两朝还不断有禁止武职乘轿的呼声,折射出乘轿风尚之盛。天启四年(1624),南京巡营吏科给事中姜习孔进言:"冗员当裁,选锋当增,比练当周,马匹当减,营官乘轿当改,名色把总当疏通。"⑧崇祯五年(1632),抚宁侯朱国弼条陈六事,"修葺城垣,操练营军,防御盗贼,禁戢刁悍,修造战船,停武职乘轿"⑨。有意思的是,竟有勋臣主动提出禁止武职乘轿,他们向来都是违制乘轿的主要群体之一。看来此时国事危急,因战备需要不得不如此。

有明一代官员乘轿风尚大致可概括为,洪永时期只见个别官员乘轿,宣德年间开始出现官员在地方乘轿,成化以后就有不少军营武职乘轿为常,嘉靖至明末整个官僚群体皆以乘轿为时尚。下面再看一些具体的乘轿实况,以丰富对此问题的认识和了解。

何良俊回忆嘉靖二十年(1541)之后初到南京时的情形,五城兵马司的官员还不敢乘帷轿,只是乘女轿上路。不到三四年的功夫,"凡道上见轿子之帷幔鲜整仪从赫奕者,问之必兵马也。遂与各衙门官分路扬镳矣"⑩。可见嘉靖十五年(1536)霍韬提议整顿官员僭越乘轿的效力有限,"顾南京去君门既远,人习玩愒,令行未久即同儿戏。闻今时尤甚"⑪。杨慎毫不客气地批评了这时期官员的乘轿之风,"今之官府自厅事送客至中门,多乘轿而回,数十步之

---

① 《明孝宗实录》卷一四四,弘治十一年闰十一月丁丑,第2514页。
② 《明武宗实录》卷二二,正德二年闰正月乙丑,台北:"中研院"历史语言研究所,1962年,第622—623页。
③ 《明世宗实录》卷六六,嘉靖五年七月乙巳,第1528—1529页。
④ 霍韬:《渭厓文集》卷四《申明礼制疏》,《四库全书存目丛书》集部第69册,济南:齐鲁书社,1997年,第1—2页。
⑤ 《明神宗实录》卷三八,万历三年五月丁巳,台北:"中研院"历史语言研究所,1962年,第895—896页。
⑥ 《明神宗实录》卷八七,万历七年五月壬申,第1818页。
⑦ 《万历邸钞》万历十八年庚寅卷《三月》,扬州:江苏广陵古籍刻印社,1991年,第495—497页。
⑧ 《明熹宗实录》卷四一,天启四年四月戊子,台北:"中研院"历史语言研究所,1962年,第2325页。
⑨ 《崇祯长编》卷五七,崇祯五年三月辛丑,台北:"中研院"历史语言研究所,1962年,第3320页。
⑩ 何良俊:《四友斋丛说》卷十二《史八》,北京:中华书局,1959年,第103页。
⑪ 徐学谟:《世庙识余录》卷八,《四库全书存目丛书》史部第49册,济南:齐鲁书社,1996年,第251页。

间,何必乃尔。况皆起自徒步寒儒乎"①。此亦可见明代士大夫之骄惰。②

王世贞记载了嘉靖至万历之情况,更能说明乘轿风尚之流行,"余于嘉靖中见在都一二翰林有乘两人肩舆出城饮宴者,以为怪事。至万历甲戌(1574),郎署往往有之,不复为异矣。同僚二三少卿至乘四人肩舆开路,出西北郭门,无有问之者矣"③。顾起元则经历了万历中后期的变化,"忆戊戌、己亥(1598、1599)间,余在京师犹骑马,后壬寅(1602)入都,则人人皆小舆,无一骑马者矣"④。明末更甚之,天启四年(1624)赵南星罢官还乡,因不敢私乘驿传,而"雇轿夫一百余名以行"。这些都反映了明中后期官员乘轿风尚的风行。

此外,还需注意一些主客观因素的影响。比如,南北环境的差异,"人谓南京俱青石砌,马善倒,每每告苦者,又无马可觅,买马又值甚高,人称自备银觅两人小轿出入颇便云"⑤。陆容也道出了乘轿的便利之处,"然南中亦有无驴马雇觅处,纵有之,山岭陡峻局促处,非马驴所能行。两人肩一轿,便捷之甚"。⑥骑马的成本高于乘轿也是不争的事实,"盖乘马不惟雇马,且雇控马持机者,反费于肩舆"。⑦甚至在时人的观念里,认为骑马乘轿还有尊卑之分,"今达官肩舆行,谓马卑也"⑧。

通过对乘轿风尚的观察再来反观政策的出台过程,可以发现,明廷的反应往往滞后于社会风尚。在已有较多官员乘轿和僭越行为逐渐严重的情况下,明廷才制定出相关政策,制度与现实的脱节显而易见。

三、朝廷应对措施

虽然明廷定有制度来规范官员的乘轿行为,但透过现实情况可以看出制度的约束效果有限,明中后期更是对乘轿风尚逐渐失控。除了出台官方层面的制度条文,明廷为应对官员的乘轿风尚还有三大措施:申明禁令、惩罚违制及恩赐乘轿。其中,禁令是对制度的补充,惩罚违制是执行制度的一个方面,也在一定程度上维护了制度的权威,恩赐乘轿则是制度之外的一种灵活操作。

在官员乘轿制度基本定型之后,乘轿风尚并没有得到有效控制,明廷又不断申明禁令来抑制官员的僭越行为。从明中期开始,乘轿禁令便频繁出现。正德二年(1507),由礼部申

---

① 杨慎:《升庵集》卷四八《宋之人君勤身》,《景印文渊阁四库全书》第1270册,台北:台湾商务印书馆,1983年,第393—394页。
② 俞樾:《茶香室丛钞》续钞卷九《明代官府送客乘轿还内》,《续修四库全书》第1198册,上海:上海古籍出版社,1996年,第461页。
③ 王世贞:《觚不觚录》,《景印文渊阁四库全书》第1041册,台北:台湾商务印书馆,1983年,第436页。
④ 顾起元:《客座赘语》卷七《舆马》,北京:中华书局,1987年,第231页。
⑤ 邓球:《皇明泳化类编》别集卷一三四《两京轿伞》,《四库禁毁书丛刊补编》第29册,北京:北京出版社,2005年,第219页。
⑥ 陆容撰,佚之点校:《菽园杂记》卷十四,北京:中华书局,1985年,第132页。
⑦ 谢肇淛:《五杂组》卷十四《事部二》,北京:中华书局,1959年,第409页。
⑧ 李梦阳:《空同集》卷六五,《景印文渊阁四库全书》第1262册,台北:台湾商务印书馆,1983年,第596页。

明礼制榜例,其中轿扇各项都依照旧例行事。①嘉靖五年(1526),因兵科给事中黎良的建议,再次申明旧制,主要禁止两京五府及在外镇守公、侯、伯、都督等官,皇亲驸马乘轿。同时还要求在京四品以下文职,在外三司以下官不得乘轿。②嘉靖十五年(1536),霍韬针对南京官员的僭越行为,提议申明礼制。礼部会同都察院讨论后认为,"两京文职四品以下不许乘轿,已有定例。其用蔽帷女轿出入,皆违犯典章,所宜禁止。请敕南京诸臣,四品以下遵制乘马,毋得辄用肩舆"③。隆庆二年(1568),再次申明禁令,告谕两京武职,非奉特恩不许擅自乘轿,文官四品以下不得私自用帷轿,有违反者听从部院科道官参奏。④万历三年(1575),因礼部条奏诸项礼仪等级禁忌,"奏准武职衙门及勋戚等官,俱不许僭用四人帷轿与肩舆,及擅用交床上马。违者听科道官及巡视衙门参奏重处"⑤。万历二十一年(1593),神宗下令:"近来士庶奢靡成风,僭分违制,依拟严行,内外衙门访拿究治。法之不行,自上犯之。近闻在京庶官概住大房,肩舆出入,昼夜会饮,辇谷之下奢纵无忌如此,厂卫部院一并访缉参究。"⑥天启四年(1624),礼科给事中霍守典弹劾都督李如恩乞恩乘轿之违例,当日即申明会典舆服之禁。⑦崇祯元年(1628),出于御史张善政的请求,下令禁止援例劄委遥授诸员不得著锦绣补服,乘四人肩舆,及天蓝销金盖。⑧

由历次禁令可知,其内容都只是在重申既有定制,并没有对制度进行适时调整。然而收效甚微,各级官员僭越如故,乘轿风尚反而愈演愈烈。乘轿禁令可以看作是对乘轿制度的一个补充,既然两者都无法有效制止官员的僭礼越制,就只能通过实质惩罚来进行打压。明廷对官员违制乘轿的惩罚较为复杂多样,据相关实例进行归纳分类(详见表1)。

表1 明代处置官员违制乘轿情况⑨

	时间	人物	事由	处置结果
宽宥	永乐元年	驸马都尉胡观	僭乘晋王所赐朱漆棕轿	宽宥
	成化十三年	驸马都尉黄镛、顺天府尹胡睿	乘轿马在习仪处所出入	宽宥
	弘治八年	成国公朱仪、魏国公徐俌、武靖伯赵承庆、南京锦衣卫带俸指挥使王锐	乘轿出入	传谕不得再犯,反而以朱仪年老任重,赐四人轿

---

① 《明武宗实录》卷二三,正德二年二月壬午,第635页。
② 《明世宗实录》卷六六,嘉靖五年七月乙巳,第1528—1529页。
③ 《明世宗实录》卷一九四,嘉靖十五年十二月辛卯,第4092—4095页。
④ 《明穆宗实录》卷二七,隆庆二年十二月癸未,第718页。
⑤ 万历《大明会典》卷六二《礼部二十》,第396页。
⑥ 《明神宗实录》卷二六三,万历二十一年八月庚戌,第4892—4893页。
⑦ 《明熹宗实录》卷四五,天启四年八月戊戌,第2430页。
⑧ 《崇祯长编》卷八,崇祯元年四月丁未,第429页。
⑨ 备注:1.资料来源:《明太宗实录》卷19,永乐元年四月癸酉;《明宪宗实录》卷172,成化十三年十一月己巳;《明孝宗实录》卷101,弘治八年六月庚午;《明武宗实录》卷166,正德十三年九月丁巳;《明世宗实录》卷134,嘉靖十一年正月乙亥;《明世宗实录》卷196,嘉靖十六年正月丁未;《明穆宗实录》卷27,隆庆二年十二月癸未;《明神宗实录》卷34,万历三年正月乙丑;《明神宗实录》卷92,万历七年十月癸未;《明英宗实录》卷343,天顺六年八月己丑;《明宪宗实录》卷45,成化三年八月戊戌;《明武宗实录》卷142,正德十一年十月甲戌;《明穆宗实录》卷27,隆庆二年十二月癸未。2.在降职处罚这一栏中,李杰、刘俊、韩邦奇、曹炳文并不只是违制乘轿一事,还有其他罪责,当作数罪并罚看待。

续表

	时间	人物	事由	处置结果
罚俸	正德十三年	陕西右布政使李承勋、按察使杨惟康	违例乘轿	夺俸四月
	嘉靖十一年	都督同知杨宏	擅乘肩舆	夺俸三月
	嘉靖十六年	南京守备镇远侯顾寰	违例请乘轿	罚禄米一月
	隆庆二年	南京协同守备应城伯孙文栋、掌右府永康侯徐乔松	用轿出入	夺禄米二月
	万历三年	都察院右佥都御史陈省	僭乘围轿	罚俸三月
	万历七年	诚意伯刘世延	乘坐肩舆被言弹劾	命闲住并罚禄米一年
降职	天顺六年	监察御史李杰	乘八人轿、擅操歇班、官舍违法等事	降为四川南溪县典史
	成化三年	祭酒刘俊	醉酒坐肩舆过君门不下等事	改任南京通政司左通政
	正德十一年	浙江按察司佥事韩邦奇	僭用轿乘等违法事	罢黜为民
	隆庆二年	掌左府兼管操江巡江丰润伯曹炳文	用轿出入,轿僭无状,且贪黩财货	革职闲住

明廷对违制乘轿官员的处置大致有宽宥、罚俸、降职三类,而勒令致仕则是因为还有其他罪责而数罪并罚的结果。总体而言,明廷对违制乘轿的惩罚都相对较轻,同时还表现出惩罚轻重不一,没有统一的标准,无明确章法可循。这就直接削弱了制度与禁令的威信,无法有效遏制僭越行为,反倒助长了乘轿之风。既然官员的违制行为屡禁不止,明廷又无意于对乘轿制度改弦更张,为满足部分官员的乘轿追求,就只能灵活运用破例恩赐这个办法。

嘉靖十八年(1539),世宗南幸承天府时大将军郭勋等人扈从,期间特命郭勋乘肩舆,回京之后遂赐常乘。①同年,都护副将军朱希忠以扈从时也曾奉特旨乘肩舆以行,因而援引大将军郭勋之例,请求乘肩舆以为常,也得到批准。②嘉靖三十三年(1554),英国公张溶、安平伯方承裕、左都督陆炳等人上疏请求赐乘肩舆,都获得世宗准许,但同时也强调今后不许以此为常例。③隆庆六年(1572),赐武清伯李伟乘肩舆朝参。④万历四十六年(1618),中府带俸武清侯李诚铭母太夫人吴氏为其子奏讨肩舆,神宗同意其请,依然申明以后不许援引此例奏请。⑤这些还只是赐予单个官员乘轿的例子,随着时间的推进,乘轿风尚的蔓延,皇帝便开始大规模赐予武职群体乘轿。

泰昌元年(1620),以新帝即位下诏加恩天下,其中一条针对勋臣的恩典就是:勋臣袭封见爵者,俱给与应得诰命,未领者准补给。其五府并宗人戎政掌印官,著有勤劳,俱加官衔一级,已加者准给肩舆。⑥天启元年(1621),还是以新帝登基下加恩诏:五府并宗人戎政掌印官,著有勤劳,俱加官衔一级,已加者准给肩舆。⑦天启三年(1623),以皇子诞生下诏加恩天下,其中一条便有:勋臣袭封,见爵者俱给与应得诰命,未领者准补给。其五府及宗人戎政掌印官,兵部查有勤劳年深者,酌量题给肩舆。⑧天启七年(1627),赐予惠安伯等五府宗人戎政

---

① 张廷玉等撰:《明史》卷六五,《舆服一》,中华书局,1974年,第1612页。
② 《明世宗实录》卷二二三,嘉靖十八年四月庚戌,第4630页。
③ 《明世宗实录》卷四一七,嘉靖三十三年十二月甲午,第7248页。
④ 《明神宗实录》卷八,隆庆六年十二月丙寅,第285—286页。
⑤ 《明神宗实录》卷五七六,万历四十六年十一月丁酉,第10902页。
⑥ 《明熹宗实录》卷一,泰昌元年九月庚辰,第23页。
⑦ 《明熹宗实录》卷六,天启元年二月辛未,第318页。
⑧ 《明熹宗实录》卷四十,天启三年闰十月壬寅,第2076页。

掌印官肩舆。①

为应对明中后期日渐盛行的乘轿之风，明廷在不更改既有规制的前提下，通过破例恩赐这种特殊形式来满足部分官员的乘轿渴求，但始终都是制度之外的权宜之计，并没有形成正式的制度。

四、乘轿风尚之影响

乘轿风尚的兴起与社会的变化密不可分，受制于制度、观念、礼仪、习俗等因素，这种流行于官僚群体中的乘轿之风又对政治、社会各方面产生了诸多影响，主要有如下几点：

第一，僭越礼制，奢靡成风。嘉靖九年（1531），时任兵部尚书兼右都御史汪鋐就曾针对巡按御史在地方僭越现象上疏，其中重要一条就是"戒奢侈"，矛头直指巡按御史。他认为御史是"奉皇上之命巡按一方"，唯有做到"令必行，禁必止"，才是掌控风俗转移变化之关键，要求御史躬行节俭，严格按照制度规章行事。就御史出行一项而言，陆路配给驿马，水路乘坐站船。而监生等人奉差，陆路一律骑驴，水路乘坐递运船。他们都不得乘坐四人轿和座船，能减省节约的要一律从简。如此一来，各级官员、军民都将跟随效仿俭约。如若御史仍旧不能以身率下，喜好奢僭，不乘坐站船而乘坐船，不骑驿马而乘四轿，故意违反法律纲纪，致使地方官民等人无从效法，应在事情查实后治罪。②从汪鋐的建议中可以看出他对御史这类官员作用的重视，这既说明御史对改易风俗的重要性，也反映出当时御史僭礼逾制的严重性。各地巡按御史纷纷在地方上僭越乘轿，打破了原有的等级名分秩序，使得奢僭之风在地方蔓延。他们在破坏礼制的同时又产生了恶劣的社会影响，对乘轿风尚的流行有着重要的引领作用。

第二，滥用驿递，耗费民力。隆庆元年（1567），盐山县丞王邦直在《陈愚衷以恤民穷以隆圣治事》中提出恤民十事，其中一条"清驿递以革冒滥"。他指出驿递的设置在于"递送使客，飞报军情"，开国之初法制甚严，近年以来却是"冒滥太甚"。官员们都违制滥用驿递，却又互相包庇，给地方百姓带来沉重负担，其中就过度役使轿、杠之事，造成民疲财竭的情况。③官员因公出行僭越乘轿，其所乘之轿与所役之夫很多都来自各地驿站，这些违制官员在带坏社会风气的同时又极大地耗费民力。在汪、王二人要求整顿社会风气的奏疏中都涉及官员出巡的问题，其僭越乘轿行为破坏了既有规制，问题日益严重，已引起从中央官到地方官的共鸣。御史等官员僭越乘轿的负面影响主要集中在社会风气、礼仪秩序和地方财政等方面，而武职官员僭越乘轿又在其他方面造成了破坏。

第三，将骄卒惰，武备废弛。戚继光在《练兵实纪》中提出军中应该"戢滥差"，他认为国

---

① 《崇祯长编》卷四，天启七年十二月甲辰，第178页。
② 孙旬：《皇明疏钞》卷六七《钦遵敕谕申明宪纲疏》，《续修四库全书》第464册，上海：上海古籍出版社，1996年，第766—767页。
③ 王邦直：《陈愚衷以恤民穷以隆圣治事》，陈子龙等选辑：《明经世文编》卷二五一，北京：中华书局，1962年，第2635—2639页。

家培养军士、战士是为了让他们在疆场上出力,保国卫民,职责不轻,但当时军中的官员却私自占用他们充当轿夫厮役。若是以轿夫厮役的态度来对待军士,又希望他们在战场上能舍身御寇,岂有这样的道理呢?①这里不只是僭越乘轿的问题,还涉及役使军士为私人抬轿,国家征召军士本是上阵杀敌、保家卫国之用,而高级军官却役使他们为自己抬轿,既不利于处理军官与士兵的关系,也会造成将骄卒惰。武职乘轿更糟糕的影响是武备废弛,战斗力下降,这种情况一遇到真正的战事就暴露无遗。万历年间总督李化龙在平定播州叛乱时就有切肤之痛,所以他强烈要求总兵以下将领务必骑马。"为军务事,照得将领乘马,例也。但北方副、参、游皆乘马,南方则皆乘轿,此亦旧习相沿,无足为异。惟进剿播贼在即,将领当身先士卒,须演习鞍马,方便征进。若此时尚拘旧套,日坐肩舆,直待进兵方乘马。彼时人马不相得,何以克敌制胜。……自今以后,各宜乘马习战,不得复拥肩舆。直至贼平事定,方复其旧。若以乘马劳不如坐轿逸,则当早平逆贼,不亦可乎?其总兵体统原重,轿马随便,俱毋违错。"②

第四,群起效仿,竞相攀比。流行于官员中的乘轿之风引得一些其他相关群体跟风模仿,比如:太监僭越乘轿时有发生。正德十三年(1518),南京工科给事中王纪弹劾尚膳监太监任宣在南京西上北门乘轿张盖,骄纵无上。③乡宦乘轿也是常事,胡宗宪罢官归乡后,"入邑必用鼓吹旗帜前导,谒邑令肩舆至堂皇始下"④。嘉靖以后,监生、秀才也纷纷乘轿,据何良俊观察,"今监生无不乘轿矣。大率秀才以十分言之,有三分乘轿者矣"⑤。甚至还有地方义民乘轿之事,景泰六年(1455),巡按直隶监察御史杨言奏报各府州县因纳米而被旌表的义民中有人为害乡里,更有甚者在地方残暴蛮横,竟敢乘轿并用引道,请求朝廷整治。⑥就连受到旌表的义民都敢在乡里僭越乘轿,可见僭越礼制之严重与乘轿风尚之盛行。

五、小　结

经过对明代官员乘轿制度、官员乘轿风尚、朝廷应对措施及乘轿风尚之影响四个方面的分析,可以对明代官员乘轿风尚得出以下认识:乘轿风尚总是先与官方的乘轿制度,明廷出台相关规制与禁令的反应体现出一定的滞后性。明前期是制度的制定阶段,在中期经过调整定型之后,便开始不断重申禁令,而晚明则表现出了制度的僵化。因为不随着实际情况的变化而更改既有规制,所以导致法令虽著却屡禁不止,明廷最终对官员的乘轿风尚彻底失控。

乘轿政策的制定和禁令的颁布是对官员乘轿风尚的一个被动回应,而制度规范又在一

---

① 戚继光:《练兵实纪》卷二《练胆气第二》,《景印文渊阁四库全书》第728册,台北:台湾商务印书馆,1983年,第724页。
② 李化龙:《平播全书》卷九《总兵以下将领各乘马》,《四库全书存目丛书》史部第50册,济南:齐鲁书社,1996年,第504—505页。
③ 《明武宗实录》卷一六五,正德十三年八月庚辰,第3199页。
④ 王世贞:《觚不觚录》,《景印文渊阁四库全书》第1041册,第429页。
⑤ 何良俊:《四友斋丛说》卷十二《正俗二》,第320页。
⑥ 《明英宗实录》卷二五七,景泰六年八月辛未,第5539—5540页。

定限度内影响和制约着乘轿风尚,两者是相互作用的关系。但由于制度的执行不力,惩罚措施不够健全,恩赐乘轿亦不成体系,所以乘轿风尚给明代政治与社会各方面都造成了不少负面影响。本文通过探析官员的乘轿风尚,亦可以丰富对明代社会变化的认识。

作者简介:龚世豪,武汉大学历史学院博士研究生。

清前中期玻璃制品在日常生活中的使用与消费

——基于同期文学作品的考察

李 坤

【摘 要】利用清代文学作品研究清前中期中国社会日常生活中的玻璃制品,发现主要有玩具、陈设、日用、玻璃窗和饰品五大类,出现在上层社会食、住、行、乐、饰等日常生活的多个领域。从消费社会学的视角来看,上层社会消费玻璃制品的动机是多样化的,既包括个人导向的动机,如消费玻璃制品蕴含的实用价值和娱乐价值,也包括社会导向的动机,如社会形象需要,赠与需要,时尚需要,收藏需要。在全球背景下考察玻璃使用与消费背后反映的社会经济面目。18世纪时,尽管中国上层社会日常生活中存在愈来愈明显的使用欧洲玻璃制品的情况,但消费并未有效引领生产,中国的玻璃生产水平始终滞后于消费水平,欧洲玻璃制品是满足中国市场的重要力量。与英国在回应东方消费品涌入的过程中成功发展进口替代工业的亮眼表现相比,玻璃的例子表明,在生产领域18世纪的中国对欧洲消费品的回应并不成功。

【关键词】清代文学作品;清前中期;玻璃制品;日常生活;消费

一、问题的提出

有一个流行观点认为清代中国社会对欧洲商品不感兴趣,但翻阅清代文学作品,发现频繁出现来自欧洲的玻璃制品。18世纪时中欧贸易和联系达到新的高度,欧洲商人和传教士带来大量玻璃制品。清初至18世纪中国社会日常生活中玻璃制品的使用和消费究竟如何?

相比17—18世纪欧洲社会的中国商品消费之研究[①],关于该时期中国社会的欧洲商品消费,则基本被忽视。关于玻璃制品,现有文献较多关注玻璃制品在明清中国社会的传播状

---

① 相关代表性文献,参见 John E. Wills, European Consumption and Asian Production in the Seventeenth and Eighteenth Century, In John Brower and Roy Porter ed. *Consumption and the World of Goods*, Routledge(1994), pp.133-147; Maxine Berg, In Pursuit of Luxury: Global History and British Consumer Goods in the Eighteenth Century, *Past & Present*, No.182(Feb., 2004), pp.85-142;[英]艾伦·麦克法兰、爱丽丝·麦克法兰著,扈喜林译,《绿色黄金:茶叶帝国》,北京:社会科学文献出版社,2016年;[美]罗伯特·芬雷著,郑明萱译,《青花瓷的故事》,海口:海南出版社,2015年。

况。谢贵安在"西器东渐"的背景下探讨了玻璃制镜在明代的传播。①李慎探讨了明清之际西洋眼镜在中国的传播。②李晓丹研究了康乾时期玻璃窗的使用以及玻璃制品的广泛应用,但对清宫着墨较多。③石云里研究了欧洲光学玩具在清朝的流传与影响。④相关研究重点考察的是玻璃制品的传播,缺乏从日常消费的视角看待玻璃制品,没有全面深入考察与使用和消费玻璃制品有关的日常生活内容,同时存在日常生活史学家指出的"见物不见人"的问题,对物的使用者的消费体验关注不够。⑤当从日常生活层面考察玻璃制品的使用与消费时,不只是要简单罗列日常消费领域出现的玻璃制品,而且要做到"由物论人",考察个人在日常生活中使用玻璃制品时的经历和体验,揭示附着于物之上的人的所思所感。⑥

研究历史上的日常生活,文学作品是非常有价值的资料,清代文学作品中有大量关于日常生活中出现玻璃制品的记载,有助于回到历史上人们的日常生活之中并构建出鲜活的在场感。本文在清代小说、日记、诗词等文学作品中寻找玻璃制品,分析其中对玻璃制品的描写和出现玻璃制品的场景,并结合两个视角研究玻璃制品在清前中期⑦中国社会日常生活中的使用与消费。第一,从日常生活史的视角考察玻璃制品的日常使用;第二,从消费社会学的视角研究推动玻璃制品消费的需要类型。通过多视角和多学科的分析,进而对清前中期中国社会日常生活中玻璃制品的使用和消费得出全面清晰的认识。

二、从清代文学作品看清前中期日常生活中使用与消费的玻璃制品类型

古代中国也有玻璃,但自从16世纪中欧发生直接接触,中国文学作品中关于玻璃制品的记载明显增多。这是由于欧洲玻璃制品输入中国后,在日常生活中的使用日益普遍,作者将来自真实生活的细节以文学的形式记录了下来。从清代文学作品看,清前中期中国社会日常生活中使用和消费的玻璃制品类型广泛,主要有玩具、陈设、日用、饰品、玻璃窗五大类。

(一)玩具

在北京任官的士人,常一起观赏各式西洋光学玩具,并赋诗相互唱和,体现了文人特有的生活情趣。如康熙二十七年(1688),徐乾学(1631—1694)作诗《西洋镜箱六首》,分别咏菱

---

① 谢贵安:《明代西器东传探研》,《兰州大学学报(社会科学版)》2006年第1期。
② 李慎:《明清之际西洋眼镜在中国的传播》,暨南大学硕士学位论文,2007年。
③ 李晓丹:《康乾时期玻璃窗和玻璃制品探究》,《清史研究》2007年第3期。
④ 石云里:《从玩器到科学:欧洲光学玩具在清朝的流传与影响》,《科学文化评论》2013年第2期。
⑤ 邱仲麟从社会生活史的视角探讨了晚明以降欧洲光学玩具传入中国后,中国人经历的视觉感官的变幻历程。但该研究仅针对光学玩具,没有考察其他类型的玻璃制品。参见邱仲麟:《晚明以来的西洋镜与视觉感官的开发》,载邱仲麟主编:《中国史新论:生活与文化分册》,台北:联经出版事业公司,2013年,第377~447页。
⑥ 余新忠、赫晓丽:《在具象而个性的日常生活中发现历史——清代日常生活史研究评述》,《中国社会科学评价》2017年第2期。
⑦ 本文研究的清前中期指清初至18世纪。

花镜、火镜、眼镜、千里镜、多目镜、显微镜,后来陈鹏年(1663—1723)亦赋诗六首与徐乾学相唱和。①袁佑(1633—1699)的《六镜诗和蒋静山》②与蒋静山相唱和。陶煊(主要活动于康熙年间)的《六镜诗为红兰主人赋》③与岳端(红兰主人)相唱和。欧洲光学玩具增添了士人的生活乐趣,当时士人的日常休闲娱乐生活受中欧贸易影响,已有了全球背景。

在光学玩具中,千里镜较为流行。有人使用千里镜追求女孩。李渔(1611—1680)在小说《夏宜楼》中称西洋千里镜"好奇访异的人家都收藏得有",常用它来登高眺远,小说主人公吉人在古玩铺被千里镜的望远效果震惊,买来偷窥女孩,他在高山寺租了一间僧房,以读书登眺为名,用千里镜偷窥大户人家的女儿,机缘巧合看上了詹家大小姐,最终如愿以偿喜结连理。④《小豆棚》里的褚小楼没这么幸运,他寄人篱下,看中主人家一个叫微云的丫鬟,于是"独检新奇可喜之物贮斋中,如……西洋画、自走人、百步灯、千里镜,莫不列满几壁",他试图用千里镜等欧洲奇巧玩物吸引微云注意,结果却被微云戏弄了一番。⑤

在18世纪,千里镜进入江南女性闺阁,成为消遣玩具。乾隆年间浙江湖州女诗人沈彩有一首题为《千里镜》的诗,她用千里镜眺远,试图识别归舟:"萧萧云树远分秋,千里江山入倚楼。却把离情托明镜,欲凭天际识归舟。"⑥沈彩用千里镜这种西方器物表达思念和等待之意,打发闺阁光阴。

中国古代文人雅士爱好游览和歌咏山河风景,这一爱好在明清时期与千里镜结合。江苏常熟女诗人归懋仪(1762—1833)也有题为《千里镜》的诗,描写用千里镜欣赏美景:"明镜夸千里,洋西巧制传。三峰悬华雪,九点列齐烟。望极浑河曲,光超骏足先。不烦楼更上,缩地自天然。"⑦可见,携千里镜登高欣赏风景,归懋仪发现别有一番天地。大概是知道千里镜是欣赏风景的绝好器物,汪后来(1678—1752)在一首澳门竹枝词中写道,自己借来千里镜观看大海和帆船:"南环一派浪声喧,锁钥惟凭十字门。借得西洋千里镜,直看帆影到天根。"⑧千里镜也为旅行增添妙趣,是旅行一大良伴,刘献廷(1648—1695)曾由吴江出发前往湖广,沿途用千里镜欣赏风景。⑨

(二)陈设

18世纪的文学作品多次提到,富贵人家陈设玻璃制品。曹雪芹(约1715—约1763)在《红楼梦》第3回写道,林黛玉在荣国府堂屋,看见玻璃盒与金蜼彝一齐陈列在御笔书写的九龙青地大匾之下。《红楼梦大辞典》指出,康乾时期宫廷和富贵之家往往将玻璃盒当作高

---

① 邱仲麟:《晚明以来的西洋镜与视觉感官的开发》,邱仲麟编:《中国史新论:生活与文化分册》,第380页。
② (清)袁佑:《六镜诗和蒋静山》,邓之诚:《清诗纪事初编》,上海:上海古籍出版社,2013年,第625页。
③ (清)陶煊:《石溪诗钞》,《四库禁毁书丛刊》集部第183册,北京:北京出版社,2000年,第367页。
④ (清)李渔:《十二楼》,杭州:浙江古籍出版社,2012年,第43—59页。
⑤ (清)曾七如:《小豆棚》卷十四《淫昵类》,济南:齐鲁书社,2004年,第241页。《小豆棚》成书于乾隆六十年(1795)。
⑥ (清)沈彩:《千里镜》,胡晓明、彭国忠主编:《江南女性别集》(三编上册),合肥:黄山书社,2011年,第32页。
⑦ (清)归懋仪:《千里镜》,胡晓明、彭国忠主编:《江南女性别集》(初编上册),合肥:黄山书社,2008年,第773页。
⑧ (清)汪后来:《澳门即事诗》,丘良任等编:《中华竹枝词全编》(七),北京:北京出版社,2007年,第407页。
⑨ (清)刘献廷:《广阳杂记》卷四,北京:中华书局,1957年,第173—174页。

级陈设品。① 在堂屋陈设玻璃盒,可见玻璃盒被上层社会赋予了富贵、身份等象征意义。

有经济实力的女性在家里陈设玻璃屏风。《扬州画舫录》记载,扬州名妓苏高三购置的豪宅内陈设有玻璃屏风——"门内正楼三间,左右皆为厢楼,中有空地十弓,临河戾版,中开水门。楼上七间,两厢楼各二间,别为子舍,一间作客座,一间作卧室,皆通中楼。楼下三间,两间待客,一间以绿玻璃屏风隔之,为高三宴息之所"②。客房与闺房被玻璃屏风隔开,一方面,苏高三用玻璃屏风增添闺阁生活的私密性,另一方面,明清时期高级妓女是高消费群体,陈设玻璃屏风也是苏高三在客人面前的一种炫耀性消费行为。

(三)日用

《红楼梦》贾府多次出现日常用的玻璃器皿。第 5 回写道:"琼浆满泛玻璃盏,玉液浓斟琥珀杯。"③ 贾府在日常生活中使用玻璃瓶装一些较为昂贵的液体。第 34 回,宝玉挨打后,王夫人让袭人给宝玉带去两个玻璃瓶装的香露让宝玉喝——"袭人看时,只见两个玻璃小瓶,却有三寸大小,上面螺丝银盖,鹅黄笺上写着木樨清露,那一个写着玫瑰清露"④。第 60 回写道,芳官替好朋友柳五儿向宝玉讨要玫瑰露,因所剩不多,宝玉连瓶带露给了芳官,这个盛玫瑰露的玻璃小瓶是"五寸来高的",柳五儿见"里面小半瓶胭脂一般的汁子,还道是宝玉吃的西洋葡萄酒"⑤。从贾府反映的情况来看,18 世纪中国上层社会家庭日用器皿的一个变化是,玻璃器皿的使用出现了。查嗣瑮(1652—1733)有一首广州竹枝词提到玻璃碗:"玻璃碗泻蔷薇露,金匕初揩白氎巾。"⑥ 余怀(1616—1696)在《板桥杂记》中称"秦淮灯船之盛,天下所无",其中有一首秦淮灯船曲写道:"神弦仙管玻璃杯,火龙蜿蜒波崔嵬"⑦,表明南京秦淮灯船上已经使用玻璃杯。

贾府使用的玻璃日用品还有玻璃穿衣镜。宝玉每天用玻璃穿衣镜打扮。清前中期的竹枝词多次提到玻璃镜。郭士璟(1621—1699)有一首北京竹枝词写道:"为郎久役楚江深,天主堂前肯惜金。节节玻璃三尺镜,照人千里一般心",并称"长路漫漫,顿令西洋价重"⑧,玻璃镜从遥远欧洲运来,运输途中易碎,因此价格很贵,但中国上层社会仍有人愿意重金购买。主要活动于乾隆年间的鲁忠有一首浙江竹枝词描写玻璃镜正好映出了踏青姊妹的"靓装":"踏青姊妹正年芳,一片玻璃映靓妆。翠袖茜裙穿柳陌,轻风吹拂绮罗香。"⑨ 另外,清前中期的笔记小说频繁提到西洋眼镜⑩,该时期眼镜在中国上层社会的传播较为广泛。

---

① 冯其庸、李希凡主编:《红楼梦大辞典》,北京:文化艺术出版社,1990 年,第 138 页。
② (清)李斗:《扬州画舫录》卷九《小秦淮录》,扬州:广陵书社,2010 年,第 105 页。《扬州画舫录》成书于乾隆末年。
③ (清)曹雪芹:《红楼梦》,北京:人民文学出版社,1996 年,第 50 页。
④ (清)曹雪芹:《红楼梦》,第 278 页。
⑤ (清)曹雪芹:《红楼梦》,第 502 页。
⑥ (清)查嗣瑮:《广州竹枝词》,丘良任等编:《中华竹枝词全编》(六),北京:北京出版社,2007 年,第 16 页。
⑦ (清)余怀:《板桥杂记(外一种)》,上海:上海古籍出版社,2000 年,第 10 页。
⑧ (清)郭士璟:《燕山竹枝》,丘良任等编:《中华竹枝词全编》(一),北京:北京出版社,2007 年,第 257 页。
⑨ (清)鲁忠:《鉴湖竹枝词》,丘良任等编:《中华竹枝词全编》(四),北京:北京出版社,2007 年,第 844 页。
⑩ 如叶梦珠的《阅世编》(卷七)、屈大均的《广东新语》(卷十五)、刘廷玑的《在园杂志》(卷四)、曹庭栋的《养生随笔》(卷三)、顾张思的《土风录》(卷五)、曾七如的《小豆棚》(卷六)。

(四)玻璃窗

18世纪在上层人物的府第中，首次大量地应用平板透明玻璃窗取代传统带窗花的纸面窗。①贾宝玉居住的怡红院装有玻璃窗，他在一个冬天的早上醒来后发现窗上光辉夺目，以为是日光，但透过玻璃窗发现"原来不是日光，竟是一夜大雪，下将有一尺多厚，天上仍是搓绵扯絮一般"②。

浙江钱塘人袁枚（1716—1797），其四妹袁杼有诗写到闺房的玻璃窗："荆树枝头花渐老，玻璃窗下榻犹陈"③，当她在榻上休息时，可以透过玻璃窗欣赏窗外景色，但窗外逐渐老去的荆树花又勾起女诗人伤感情绪。袁枚三妹袁机（1720—1759）的《随园杂诗》提到随园的玻璃窗："采蘋亭上烟波暖，需雅轩前竹石清。水榭云廊三十六，玻璃窗外月先明。"④夜晚可以透过玻璃窗欣赏月景。袁枚女弟子、松江人（今上海）张玉珍（1757—1802）有诗《新居杂兴》提到新居安装有玻璃窗："撰日移居接旧街，经旬修葺费安排。竹床石几寻常物，只要心灵位置佳。穿花原不限银墙，依旧连朝聚燕行。一带玻璃窗向北，今年消受暑天凉。"⑤使用玻璃窗装饰新屋，可见女诗人一家对玻璃窗的认可和追捧。

在18世纪的扬州，轿子上流行安装玻璃窗。林苏门（约1748—1809）描写扬州城轿子的竹枝词《网顶飞轿》曰："花纹细网结须肥，人隐玻璃露彩辉。不羡宫袍驰马疾，满城争看去如飞。"⑥他的另一首竹枝词《算折饭轿班》也提到扬州轿子安装了玻璃窗："网顶垂须风轻飐，玻璃映出少年狂。"⑦看来，玻璃轿内坐着一位意气风发的少年，将玻璃轿与"少年狂"联系在一起，也从侧面反映了玻璃轿在18世纪的扬州不是普通之物，有提升身份的象征意义。

18世纪江南画舫和游船上流行安装玻璃窗。《扬州画舫录》记载，画舫"以玻璃嵌窗者谓之玻璃船"⑧。江南商业化水平较高，妇女可以租玻璃船去游玩，乾隆举人徐鏐庆有一首江苏竹枝词写道，女郎争定玻璃船："江头女郎唱采莲，家家侵早整花钿。争先持取千钱去，定个玻璃小快船。"⑨乘坐玻璃船游玩这一娱乐项目受到江南女性追捧。清代江南女诗人的诗词提到见过或乘坐过苏州游船，如朱静闲（乾嘉年间在世）的《山塘步月》⑩、归懋仪的《游虎丘》⑪、席佩兰（1760—？）的《虎邱看月图为李松云太守作》⑫，这说明18世纪江南女性有很多外出游玩的机会接触玻璃船。

---

① 李晓丹：《康乾时期玻璃窗和玻璃制品探究》。
② （清）曹雪芹：《红楼梦》，第404页。
③ （清）袁杼：《香亭弟到园喜赋》，胡晓明、彭国忠主编：《江南女性别集》（四编上册），合肥：黄山书社，2014年，第143页。
④ （清）袁机：《随园杂诗》，胡晓明、彭国忠主编：《江南女性别集》（四编上册），第199页。
⑤ （清）张玉珍：《新居杂兴》，胡晓明、彭国忠主编：《江南女性别集》（四编上册），第454页。
⑥ （清）林苏门：《邗江三百吟》卷三《俗尚通行门·网顶飞轿》，扬州：广陵书社，2005年，第43页。
⑦ （清）林苏门：《邗江三百吟》卷五《同挚情文·算折饭轿班》，第75页。
⑧ （清）李斗：《扬州画舫录》卷十八《舫扁录》第226页。
⑨ （清）徐鏐庆：《竹枝词》，丘良任等编：《中华竹枝词全编》（三），北京：北京出版社，2007年，第220页。
⑩ 胡晓明、彭国忠主编：《江南女性别集》（四编上册），第266页。
⑪ 胡晓明、彭国忠主编：《江南女性别集》（初编上册），第652页。
⑫ 胡晓明、彭国忠主编：《江南女性别集》（初编上册），第500页。

(五)饰品

清代有身份的人流行佩戴玻璃饰品。马戛尔尼使团副使斯当东在访华日记中记载,他在中国时发现有地位的人身上带有"各种颜色和形状的玻璃珠和玻璃纽扣"①。雍正时期,在多种工艺品上以玻璃替代宝石为装饰,如品官服饰,玻璃帽顶即为典型,雍正朝开创了清代以玻璃替代宝石作为官员冠饰的先河。②玻璃制品成为清政府展现等级制度和观念的器具,可作为权力和身份象征。有一首北京竹枝词便是描写头戴玻璃帽顶的官绅:"帽上玻璃豁远眸,皂靴一样着方头。问君何处当差使,银号还兼首饰楼。"③

玻璃制品也可作为房屋装饰品。《扬州画舫录》反映的是乾隆全盛时期扬州的物质文化,书中讲述房间装饰时,提到"四抹玻璃门,高五尺三寸三分",书中还介绍了装饰房间可供选择的各种玻璃灯:"玻璃灯有方架、滚子、大洋、小洋、五色、吹片之属。"④可见当时已有类型丰富的玻璃灯,对玻璃灯的使用非常成熟和讲究。船上也流行装饰玻璃灯,乐钧(1766—1814)称广东疍船"多以潮绒布绣花为幕,挂小玻璃灯,縶流黄席"⑤,表明在广东疍船上装饰玻璃灯并不是个别现象。

三、清前中期上层社会玻璃制品的使用与消费具有日常性特点

常建华提出日常生活史研究的其中一个特点是生活的日常性,即重视重复进行的、综合性的日常活动。⑥通过考察清前中期中国社会出现的玻璃制品类型,发现清前中期中国上层社会玻璃制品的使用和消费具有日常性特征。首先,在清前中期,玻璃制品不仅仅作为收藏品,偶尔拿出来观赏或炫耀,玻璃窗、光学玩具、日用器皿等玻璃制品在上层社会日常生活中的使用和消费并不是一次性的或偶尔的,而是经常的、重复的、日常的。《红楼梦》反映的是18世纪中国上层社会的日常生活,贾府频繁出现的玻璃日用品,并不是被偶尔使用,晴雯透露宝玉平日里"玻璃缸、玛瑙碗不知弄坏了多少"⑦,说明贾府在日常生活中经常使用玻璃日用品,清前中期中国社会存在追捧和使用玻璃制品的家庭。其次,通过前述对玻璃制品类型的考察,发现清前中期中国上层社会日常器用、居住、交通、休闲娱乐、陈设装饰(即食、住、行、乐、饰)等生活内容的多个方面都出现了玻璃制品,玻璃制品对上层社会日常生活的影响是全方位的。

相比明末,玻璃制品在清代社会的传播范围更广。17世纪下半叶,在中国传教的比利时传教士鲁日满在日记中记录了一些小玻璃制品的价格,如1674年11月12日,他在苏州购买三个取火镜,加上一个多棱镜,共花费银0.350两。1675年1月16日,他在苏州购买了

---

① [英]斯当东著,叶笃义译:《英使谒见乾隆纪实》,北京:群言出版社,2014年,第576页。
② 林姝:《雍正时期玻璃制品与朝政的关系》,《故宫博物院院刊》2008年第5期。
③ (清)佚名:《都门竹枝词》,雷梦水等编:《中华竹枝词》,北京:北京古籍出版社,1997年,第40页。
④ (清)李斗:《扬州画舫录》卷十七《工段营造录》第224页。
⑤ (清)乐钧:《韩江棹歌》,丘良任等编:《中华竹枝词全编》(六),第390页。
⑥ 常建华:《从社会生活到日常生活》,《人民日报》,2011年3月31日,第007版。
⑦ (清)曹雪芹:《红楼梦》,第259页。

一只放大镜和一只焚香镜,共花费银0.480两。1674年10月底,他在常熟买了一幅精致的小望远镜,花费银1两。①这些小玻璃制品的价格并非高不可攀,有一定经济实力的家庭能够负担得起。

对于较大的玻璃制品,18世纪时并不便宜。乾隆四十六年(1781)浙江巡抚王亶望被抄家,有"王亶望留浙什物估变价值清单"一份,其中记载了一些玻璃制品的估计价格(见表一),一座旧的且有损坏的玻璃镜估银高达8两,旧红木玻璃灯每盏(对)在银2两及以上。旧的尚且较贵,新的只会更贵。

表1 王亶望留浙玻璃制品估变价值清单②

类型与数量	估银	单价
旧玻璃镜1座(损)	8两	8两
红木破损不全玻璃灯17对	57两8钱	每对3.4两
红木破损不全玻璃灯7对	23两8钱	每对3.4两
旧红木镶玻璃灯4盏	8两	每盏2两
大小红木破损玻璃桌灯6对	12两	每对2两
旧红木破玻璃壁灯5对	11两5钱	每对2.3两
旧红木破玻璃壁灯1对	2两2钱	每对2.2两

玻璃窗在18世纪时也较为昂贵③,不过,18世纪时玻璃窗作为奢侈品,在上层社会的使用较广。《清俗纪闻》记载,清代乾隆时期江、浙、闽一带,"窗户上使用明瓦、云母、玻璃,而不使用两面贴纸之纸扉"④。清前中期江、浙、闽一带与海外联系较多,这里的上层社会更容易获得欧洲玻璃制品。袁枚三妹袁机的诗便提到随园安装有玻璃窗,袁枚在江宁任县令时,在江宁小苍山下以三百金购得随园,随园四面无墙,每逢佳日,游人如织,袁枚任其往来,不加管制,这使得普通人有机会接触玻璃窗。袁枚的妹妹和女弟子张玉珍的诗中提到家里安装有玻璃窗,袁枚的另一个女弟子常熟人归懋仪则使用过千里镜,袁枚还有一个常熟女弟子席佩兰提到过玻璃屏:"最高楼阁最玲珑,齐撤玻璃面面屏。"⑤他们组成一个由熟人构成的社会网络,这个网络的一个特点是网络中的人都接触或使用玻璃制品,可以推断他们日常交流时会分享关于玻璃制品的信息,促进玻璃制品在熟人圈中的流行。

玻璃制品还常常出现在重要的节庆场合,为中国传统社会习俗所接纳。清初文人叶梦珠在《阅世编》中称结婚用的迎亲彩轿的舆上流行装缀西洋圆镜。⑥孔尚任(1648—1718)的

---

① [比利时]高华士著,赵殿红译:《清初耶稣会士鲁日满常熟账本及灵修笔记研究》,郑州:大象出版社,2007年,第106、108、104页。
② 资料来源:中国第一历史档案馆编《乾隆朝惩办贪污档案选编》第2册,北京:中华书局,1994年,第1925页。
③ 斯当东在访华日记中写道,清政府为马戛尔尼特使安排的游艇"较其他游艇的区别在于,前者的门窗主要是玻璃镶嵌的,后者主要是用纸糊的",只有特使乘坐的游艇安装了玻璃窗,足见玻璃窗的昂贵。参见[英]斯当东著:叶笃义译:《英使谒见乾隆纪实》,第286页。
④ [日]中川忠英著,方克译:《清俗纪闻》,北京:中华书局,2006年,第43页。《清俗纪闻》是二百年前日本出版的关于清代乾隆时期中国江、浙、闽一带民间传统习俗及社会情况的一部调查记录,是18世纪90年代日本官府从清朝普通商人口中得到的材料,被调查者为到长崎进行贸易的清朝商人。
⑤ (清)席佩兰:《十四夜月》,胡晓明、彭国忠主编:《江南女性别集》(初编上册),第484页。
⑥ (清)叶梦珠:《阅世编》卷二《礼乐》,上海:上海古籍出版社,1981年,第37页。

《节序同风录》以描写中国传统年节风俗为主,其中不少与镜子有关,如"八月十五:磨镜,看玻璃宝镜,有面镜、眼镜、深镜、远镜、多镜、显镜、火镜、染镜";"九月初九:登高山、城楼、台观……持千里镜以视远";"除夕:房中设穿衣大镜,照邪"①。

清前中期上层社会玻璃制品的使用与消费具有日常性特点的证据还来自玻璃制品的实用性能,即一些玻璃制品在日常生活中具有突出的实用价值,能为日常生活提供便利,实用价值是日常使用的一个重要基础。玻璃制品中眼镜尤为实用。刘廷玑(约1654-?)称西洋制造中"最妙通行适用者,莫如眼镜","上古未闻眼昏而能治者,杜陵'老年花似雾中看',唯听之而已。自有眼镜,令昏者视之明,小者视之大,远者视之近,虽老年之人,尚可灯下蝇头。"②

在18世纪的清代文学作品中,还有涉及中西产品比较的描写,承认欧洲玻璃制品的实用性能,拥有中国产品没有的优点,反映消费者在日常生活中对欧洲玻璃制品的认可。林苏门指出,玻璃窗虽然"不隔人目",但"风寒不透",相比窗纸和窗纱,还能增加室内采光效果:"碧纱隐约护窗棂,中嵌玻璃望更明。冰玉一方秋月炯,相看内外总澄清。"③而轿子、游船等交通工具上安装的玻璃窗,便于行旅时欣赏风景,在天冷时还能起到较好的保温效果。《红楼梦》第45回,曹雪芹借黛玉之言比较了欧洲的玻璃绣球灯和中国的明瓦灯,都能在雨里点,但玻璃绣球灯更亮。宝玉使用玻璃穿衣镜的一个原因,显然是因为它比铜镜效果更好。屈大均(1630—1696)有《玻璃镜诗》写道:"谁将七宝月,击碎作玻璃。绝胜菱花镜,来从洋以西。"④屈大均认为欧洲玻璃镜绝对胜过菱花铜镜。对玻璃制品实用价值的认可有助于推动玻璃制品的日常使用。

四、消费社会学视角下清前中期玻璃制品消费者的需要类型

奢侈品拥有与众不同的消费特性,它与强调使用价值的必需品不同在于,它的消费还蕴含符号性,因此更涉及社会属性。⑤对于玻璃制品,上层社会消费的不仅仅是其使用价值,也消费它们的形象,从形象中获取各种各样的符号价值和社会意义,如时尚、地位、身份等等。因此,玻璃制品蕴含的符号价值和社会功能是中国上层社会追捧和消费它的重要原因。从消费社会学的视角来看,清前中期中国玻璃制品消费者的需要类型主要有以下四种。

(一)社会形象需要

一个人或家庭的社会形象取决于其拥有和消费的产品,清前中期欧洲产品常作为贡品进献宫廷,因为欧洲商品具有"贡品"的高贵形象,在民间,欧洲商品有助于提升拥有者的社会形象。《红楼梦》第6回,宁国府因要请一个要紧的客而向凤姐借玻璃炕屏——"贾蓉笑道:'我父亲打发我来求婶子,说上回老舅太太给婶子的那架玻璃炕屏,明日请一个要紧的

---

① (清)孔尚任:《节序同风录》,杭州:浙江人民美术出版社,2016年,第98、104、129页。
② (清)刘廷玑:《在园杂志》卷四《西洋制造》,上海:上海古籍出版社,2012年,第169页。
③ (清)林苏门:《邗江三百吟》卷三《俗尚通行门·玻璃窗洞》第36页。
④ 徐晓鸿:《屈大均诗歌与西洋事物(二)》,《天风》2011年第9期。
⑤ 卢长宝,秦琪霞,林颖莹:《奢侈品消费特性构成维度的理论模型》,《管理评论》2013年第5期。

客,借了略摆一摆就送过来。'"①在这里,玻璃炕屏参与了清代上层社会的消费竞赛,与现代社会的家庭一样,18世纪的家庭也很关心能否获得表明其社会地位的产品,如果得不到,就意味着有可能处在该阶层之下,也就意味着在同阶层人面前阶级地位降低了。"要紧的客"来头必定不一般,宁国府想在要紧的客人面前展示和炫耀玻璃炕屏,拥有和使用玻璃炕屏是一种身份诠释方式和提高家庭社会地位的行为。另外,消费经常是一种社会交流的过程,是以他人的期待和评价为行为导向的,可以推断,宁国府必定认为,客人也认可玻璃炕屏的炫耀功能。可见,为提升社会形象、展示社会地位,上层社会会使用玻璃制品。

住宅能突出反映家庭的财富和地位,清代上层社会舍得花重金在房屋上,而玻璃制品是他们装饰房屋的重要选择。《红楼梦》第17回至18回元妃省亲,贾府认真装饰了一番以迎接元妃,其中玻璃灯格外耀眼:"只见清流一带,势若游龙,两边石栏上,皆系水晶玻璃各色风灯,点的如银花雪浪;上面柳杏诸树虽无花叶,然皆用通草绸绫纸绢依势作成,粘于枝上的,每一株悬灯数盏;更兼池中荷荇凫鹭之属,亦皆系螺蚌羽毛之类作就的。诸灯上下争辉,真系玻璃世界,珠宝乾坤。"②元妃看贾府内外如此豪华,默默叹息奢华过费。中国家庭在办喜事时往往会奢侈一番,这在一定程度上也是面子问题。元妃回来省亲是一件光耀门楣的事,贾府破费认真准备,并用大量昂贵的玻璃灯装饰房屋也就不足为奇了。

(二)赠与需要

16世纪欧洲传教士带来诸多新奇的欧洲器物,他们适应了中国的人情礼节文化,通过赠送欧洲器物给中国官员和士大夫,博取好感以利于在中国传教,这在上层社会推动了将欧洲器物作为礼物送人的时尚,玻璃制品是送礼时的热门选择。雍正曾赏赐玻璃制品给功臣的母亲,乾隆时期清宫造办处生产的玻璃也常供赏用。上行下效,皇帝的做法进一步助长了上层社会中将玻璃制品作为礼物送人的时尚,欧洲产品在日常生活中的社交功能越来越彰显。

清初顾文渊以墨竹画著名,有番客赠送玻璃器以求墨竹画,顾文渊有诗记载此事:"番客慕我墨竹名,捧送两篚玻璃罍。"③《红楼梦》第71回贾母生日,粤将军邬家送来一架玻璃围屏。顾景星(1621—1687)有诗《玻璃方镜》提到有人赠送自己一面玻璃方镜:"披香侍臣金玉姿,赠我四寸方玻璃。"④《蜃楼志全传》第2回,广州行商苏万魁为感谢申公搭救之恩,为他造了一张玻璃暖床。⑤因存在赠与需要以维护社会关系,上层社会会购置玻璃制品。

(三)时尚需要

清代文学作品表明,鼻烟和玻璃鼻烟壶在清前中期格外流行,甚至有人愿意溢价购买用来炫耀,刘廷玑(约1654-?)在《在园杂志》中写道:"迩来更尚鼻烟,其装鼻烟者名曰鼻烟

---

① (清)曹雪芹:《红楼梦》,第61页。
② (清)曹雪芹:《红楼梦》,第148页。
③ (清)顾文渊:《玻璃花罍歌》,邓之诚:《清诗纪事初编》,第82页。
④ (清)顾景星:《玻璃方镜》,陈红彦等主编:《清代诗文集珍本丛刊》,第84册,北京:国家图书馆出版社,2017年,第236—237页。
⑤ (清)庾岭老人:《蜃楼志全传》,南昌:二十一世纪出版社集团,2016年,第20页。《蜃楼志全传》以18世纪的广东为背景,描写广州十三行商苏万魁之子苏吉士的读书、经商和爱情生涯。

壶,有用玉玛瑙、水晶、珊瑚、玻璃、缕金、珐琅、象牙、伽楠各种,雕镂纤奇,款式各别,千奇百怪,价不一等。物虽极小,而好事者愿倍其价购之以自炫。然转眼间所好变更,又不知何如矣。"①屈复(1668—1745)有诗记载了由鼻烟引起的时尚更替:"玉壶细雕镂,雕镂重于钱。天厌相思草,新情爱鼻烟。"相比相思草,最近人们爱好鼻烟,屈复称赞鼻烟壶"金玉洋瓷、玻璃宝石,刻镂精妙"②。可见鼻烟和玻璃鼻烟壶具备改造中国社会时尚的能力,以至于不善吃鼻烟的人也跟随时尚携带鼻烟,林苏门记载,在扬州"近有一班趋时之辈,本不善吃鼻烟,往往酬应时携一玉壶,以为时尚"③。

清前中期,眼镜也是流行时尚产品。乾隆年间杨米人有一首北京竹枝词写道:"车从热闹道中行,斜作观书不出声。眼镜戴来装近视,学他名士老先生。"④这首竹枝词表明,为了追求社会时尚,原本不近视的年轻人也学文人戴眼镜。新郎结婚时也会戴上眼镜,乾隆时人李行南的《申江竹枝词》写道:"少年不尽风流态,暧曃斜窥红粉妆",说的是新郎官戴着眼镜瞧新媳妇的娇颜⑤。清代男子身上平时的佩戴挂件,清初还只两三种,往后越来越多,常是一大串分列腰际,包括香荷包、扇套、眼镜盒、烟袋、火镰及割肉吃的刀叉等。⑥眼镜盒成为佩戴挂件,也表明戴眼镜越来越流行。追求时尚的行为推动了眼镜消费。

(四)收藏需要

古代中国精英阶层热衷收藏奢侈品。私人的收藏过程,也凸显着收藏者在社会中的地位,上层阶级通过寻找和收藏新的奢侈品,抬高阶层地位的门槛,凸显自身的阶层优势,并反衬出其他阶层的地位劣势,这是收藏者的收藏动机之一。明清奢靡之风导致僭用现象较为普遍,这鼓励上层社会寻找和收藏新的奢侈品,进而重新建立起原来的社会距离,精英阶层除了收藏传统奢侈品之外,玻璃制品是收藏对象中的新宠。这可以从一些官员被抄家后搜出的大量玻璃制品中看出来。

《蜃楼志全传》中赫老爷被抄家,搜出大量玻璃制品,包括洋玻璃屏廿四架、洋玻璃床十六张、洋玻璃灯一百二十对、各色玻璃灯一百八十对、洋玻璃挂屏一百零四件⑦,赫老爷身为粤海关监督,可以推断这些玻璃制品中不少为欧洲产品。1799年和珅被抄家,其玻璃器皿库一间,藏器多达八百余件。⑧乾隆四十六年(1781)浙江巡抚王亶望被抄家,搜出灯108盏,其中各类玻璃灯45盏,此外还搜出种类丰富的玻璃镜和玻璃屏,如红木玻璃挂镜四扇、红木玻璃镜屏三扇、红木玻璃镜二块、红木玻璃挂屏一对、红木玻璃屏八扇、红木玻璃小炕屏十二扇、红木玻璃炕屏十扇、红木玻璃小桌屏一座,等等。⑨即使是中下级官吏,也收藏了不少玻璃制品。刘山久原来是内务府的匠艺之人,乾隆十五年(1750)被抄家,搜出玛瑙玉玻璃

---

① (清)刘廷玑:《在园杂志》卷四《服饰器用》,第164页。
② (清)屈复:《变竹枝词》,丘良任等编:《中华竹枝词全编》(一),第121页。
③ (清)林苏门:《邗江三百吟》卷七《趋时清赏·玉鼻烟壶》第92页。
④ (清)杨米人:《都门竹枝词》;路工:《清代北京竹枝词(十三种)》,北京:北京古籍出版社,1982年,第20页。
⑤ 转引自瞿鸿彬:《古代眼镜诗赏析》,《中国眼镜科技杂志》2000年第3期。
⑥ 沈从文:《中国古代服饰研究》,北京:商务印书馆,2011年,第730页。
⑦ (清)庾岭老人:《蜃楼志全传》,第213页。
⑧ 《和珅犯罪全案档》,中国第一历史档案馆藏。
⑨ 中国第一历史档案馆编:《乾隆朝惩办贪污档案选编》,第1822—1827页。

戒指十三个、玻璃镜二面、玻璃小璎珞一对、大小玻璃片八十六块、玻璃盒一个、小玻璃瓶七个、小千里眼三个、玻璃挂镜三个①,足见当时官员对玻璃制品的喜爱。

五、清前中期玻璃制品消费的影响

(一)对日常生活和消费内容的影响

玻璃制品给清前中期中国上层社会的日常生活和消费内容带来较大变化。在影响日常生活方面,以眼镜、玻璃镜为代表的实用制品便利了日常生活。以千里镜为代表的光学玩具丰富了休闲娱乐生活。以玻璃屏、玻璃灯、玻璃窗为代表的玻璃制品改变了日常居住的室内陈设和装饰风格。以玻璃瓶、玻璃杯、玻璃碗为代表的玻璃制品丰富了中国家庭的日用器皿。以鼻烟壶为代表的玻璃制品在日常生活中掀起一股流行时尚,并带来"见人先递鼻烟壶"的新的社交礼仪。欧洲玻璃制品还在改善交通工具、庆祝节日庆典、炫耀身份地位、提高生活品位、维护人际关系等日常生活的重要领域得到应用。

在影响消费内容方面,首先,丰富了市场上的消费品。16—18世纪随着全球贸易的发展,欧洲(特别地,英国)出现了大量舶来新奇商品,刺激了英国人的购买和消费欲望,事实上,同时期中国也出现了大量舶来新奇商品,欧洲玻璃制品即其中的重要一类,种类繁多的欧洲玻璃制品极大地丰富了可选择的消费产品,在一些日常生活领域欧洲玻璃器物开始替代中国器物,如玻璃窗替代纸面窗,玻璃灯替代明瓦灯,玻璃镜替代铜镜。从玻璃制品获得方式来看,玻璃制品并不是家庭能自给自足的产品,市场购买是重要的获得手段,欧洲玻璃制品刺激了市场消费行为。17—18世纪,中国有店铺售卖欧洲玻璃制品。17世纪下半叶比利时传教士鲁日满的日记表明,他在苏州、常熟等地能购买到放大镜、望远镜、多棱镜、焚香镜、取火镜等玻璃制品。茂苑居士在《茂苑日记》中提到,他曾在张泰兴店内观赏玻璃器制造。②广州人是最早在生活方式上受西方影响的,18世纪欧洲使臣、商人和水手可以在广州的商店买到许多西式物品。③乾隆末、嘉庆初,广州太平门外出现了眼镜街,其产品行销全国。④雍乾时北京人潘荣陛的《帝京岁时纪胜》记载,北京有玻璃镜售卖⑤。

其次,欧洲玻璃制品影响了消费风气,助长了生活消费奢侈化。明清时期中国城市和商业获得很大发展,导致和以往朝代相比奢侈消费现象格外突出,在刺激奢侈消费行为与风气方面,以玻璃制品为代表的欧洲产品所起的作用不应被忽视。欧洲重商主义者常常抱怨进口中国产品导致白银外流并助长奢靡之风,中国统治阶级有类似的抱怨,认为进口钟表、

---

① 转引自鞠德源:《清代耶稣会士与西洋奇器》,《故宫博物院院刊》1989年第1期。
② (清)茂苑居士:《茂苑日记》,国家图书馆:《历代日记丛钞》,第33册,第543页。茂苑居士的《茂苑日记》中提到紫阳书院、竹汀师可以推断,此人与钱大昕(1728—1804)同时。转引自巫仁恕:《优游坊厢——明清江南城市的休闲消费与空间变迁》,台北:"中研院"近代史研究所,2013年,第314页。
③ [美]韩书瑞,罗友枝著,陈仲丹译:《十八世纪中国社会》,南京:江苏人民出版社,2008年,第180页。
④ 董树岩:《眼镜入华考》,《物理通报》1994年第2期。
⑤ (清)潘荣陛:《帝京岁时纪胜》,北京:北京古籍出版社,1981年,第38页。

玻璃等物导致国内白银外流,"未免稍损元气",而且有"渐希淳朴之俗"的危害。①

从消费主体来看,即便常被囿于闺阁的女性,在日常生活中也能接触到并使用欧洲玻璃制品。常被贴上保守标签、视欧洲器物为奇技淫巧的文人,在日常生活中也使用欧洲玻璃制品,把玩欧洲光学玩具。从玻璃制品使用反映的消费文化来看,它并不纯粹只是身份地位和流行时尚的象征,玻璃制品在一些使用场合也反映了文人独特的生活品位。《蜃楼志全传》第3回写道,盐商老温家园亭的"折桂轩"安装有玻璃窗,陈设了自鸣钟,该园亭颇具欧洲风格,庚岭老人在书中以"雅驯"称赞该园亭②,在他看来,装饰陈设有玻璃窗、自鸣钟等欧洲产品的园亭也符合"雅"。古代文人审美趣味的一个重要特征即崇尚"雅",曹廷栋(1700—1785)在《老老恒言》中称,在文人书房,书几用"洋玻璃作几面,檀木镶其边,锡作方池承其下,养金鱼及荇藻于其中,静对可以忘暑"③。天热时,文人在书房"静对"鱼缸式玻璃几,体现出文人追求的一种闲适雅致的生活。在宁国府找凤姐借玻璃炕屏的例子中,玻璃炕屏被用来展示经济资本,在曹庭栋笔下,玻璃几被用来展示文化资本,表现文人士大夫独特的生活品位。事实上,在日常生活日益受商品化影响的清代社会,文人群体倾向于使用特殊的物品来展示自身独特的生活品位,从而与商业影响下的世俗生活区分。曹庭栋是著名士大夫,他在其书中认可玻璃制品,其实也是玻璃消费品位的创造者和推崇者,代表了部分文人群体对玻璃制品的正面态度。

(二)对传统文化的冲击

玻璃制品是代表近代欧洲物质文明和工业发展水平的典型产品,清前中期,它的使用反映传统中国的物质文化和日常消费正经历时代变迁,但这种变迁也与封建保守文化产生了冲突。六对山人记载,在成都"少年妇女坐轿,家人必将纱窗外轿帷或玻璃窗内轿帷垂下,防路人看也。老年妇女则不"④。在轿子上安装玻璃窗,体现了富贵人家时尚的一面,但年轻女子乘坐轿子时遮住玻璃窗以防人偷看,又体现出保守的一面。这种矛盾反映了玻璃制品对中国传统文化的冲击。

玻璃使用上体现的传统和变迁的冲突还反映在日常用的玻璃镜上。《红楼梦》第56回,贾宝玉做梦遇到了一个与自己一模一样的甄宝玉。对于这个梦,麝月解释说:"怪道老太太常嘱咐说,小人屋里不可多有镜子,小人魂不全,有镜子,照多了,睡觉惊恐作胡梦"⑤,从麝月口中可知,贾母将玻璃镜与"摄人魂魄"联系在一起。贾母作为贾府的权威,她对待玻璃镜的看法表明,欧洲先进产品遭遇到封建迷信的诋毁。

但是,宝玉对欧洲物质文明具有较为开明的态度,他使用玻璃鼻烟盒,每天用玻璃镜穿

---

① 1799年嘉庆帝向两广总督吉庆查询广州纹银外流情况,吉庆在复奏中称:"西洋夷商来粤贸易……贩来钟表玻璃等物,以无用易有用,未免稍损元气。若内地不以此等为要物,夷商自无从取巧。"嘉庆帝回复:"朕从来不贵珍奇,不爱玩好,乃天性所禀,非骄情虚饰,粟米布帛,乃天地养人之物,家所必需。至于钟表,不过为考察时辰之用,小民无此物者甚多,又何曾废其晓起晚息之恒业乎?尚有自鸣鸟等物,更如粪土矣。当知此意,勿令外夷巧取,渐希淳朴之俗。"参见《清仁宗实录》卷五五,嘉庆四年十一月癸未,北京:中华书局,2008年,第29818页。
② (清)庚岭老人:《蜃楼志全传》,第27—28页。
③ (清)曹庭栋:《老老恒言》卷三《书室》,北京:中华书局,2013年,第162页。
④ (清)六对山人:《锦城竹枝词百首》;林孔翼辑录:《成都竹枝词》,成都:四川人民出版社,1982年,第40页。
⑤ (清)曹雪芹:《红楼梦》,第471页。

衣打扮,用玻璃瓶盛西洋葡萄酒,雨里夜行时点玻璃绣球灯,房间安装玻璃窗便于观看屋外景色,宝玉还给丫头芳官取了一个别名"温都里纳",乃"金星玻璃"的法文音译,可见宝玉听说过法国的玻璃制品。宝玉"食、住、行、饰、言"等日常生活的诸多方面都出现了玻璃制品。宝玉的例子从个体和微观视角反映了18世纪中国上层社会的年轻人在日常生活中对欧洲玻璃制品的认可和消费。宝玉居住的怡红院,有来自欧洲的穿衣镜、玻璃窗、自鸣钟、油画、自行船等陈设装饰,弥漫着浓厚的欧洲情调,这些欧洲产品构建的日常生活空间是宝玉展现自身独特消费品位的手段。宝玉身上的西化色彩表明,他是一个日常生活和消费受欧洲物质文明影响的人,正是贾宝玉这样的消费者,推动着中国传统生活方式的西化。

(三)对玻璃生产的影响

由于欧洲玻璃制品在中国有市场需求,这推动了中国玻璃仿制业的兴起。清初广东就已在尝试仿制欧洲玻璃,屈大均在《广东新语》中疑问欧洲玻璃到底由何材料制成,并称广东仿制的玻璃不及欧洲正品:"玻璃来自海舶,西洋人以为眼镜。儿生十岁,即戴一眼镜以养目光,至老不复昏曚。又以玻璃为方圆镜,为屏风,昔汉武帝使人入海市琉璃者此也。《南州异物志》云:琉璃本质是石,欲作器,以自然灰治之。自然灰状如黄灰,生南海滨,今西洋人不知亦用此灰否。每裁锯为大小物,或以镶嵌壁障。潘尼所谓灼爚旁烛,表里相形,凝霜不足方其洁,澄水不能喻其清者。广人或铸石为之,然殊不及。"①

清代玻璃生产始终以传统技术为主,引进的欧洲先进技术并不占主要地位②,玻璃生产水平的落后与日常生活中玻璃消费水平的增长背道而驰。乾隆时期清宫玻璃生产达到极盛,但主要依靠欧洲传教士,始终没有生产平板玻璃的技术能力。18世纪末,斯当东发现广州生产的玻璃系由欧洲运来的玻璃碎片熔化做出的。③可见,尽管18世纪中国社会日常生活中存在愈来愈明显的追捧和使用欧洲玻璃制品的情况,但消费并未有效引领生产,中国的玻璃生产水平始终滞后于消费水平,政府也没有面向中国市场扶植发展玻璃制造业的意识,欧洲玻璃制品是满足中国市场的重要力量。以眼镜为例,明末眼镜进入中国后逐渐受到大众欢迎,推动我国眼镜作坊的兴起,国产眼镜甚至实现了大众化④,然而,国产眼镜只能"一般用也","眼镜"制自西洋者最佳","以玻璃为质","能使近视者秋毫皆晰"⑤,但质量和效果更好的玻璃眼镜主要依赖进口。

商业革命时代英国社会存在明显的追捧和消费瓷器、棉布等东方高端消费品的现象,东方商品推动了18世纪英国的消费革命,英国国内消费增长成为民族产业崛起的强大市场牵引力,同时,英国政府和商人合力大力发展民族制瓷业和棉纺织业,棉布甚至引爆工业革命。18世纪下半叶,英国民族产业供给能力和水平成功跟上了民族市场消费需求增长的步伐,并将相关东方商品排挤出了民族市场。英国供需平衡的实现反映了民族产业的壮大和全球竞争力的提升。

---

① (清)屈大均:《广东新语》卷十五《货语·玻璃》,北京:中华书局,1985年,第419页。
② 杨伯达:《清代玻璃概述》,《故宫博物院院刊》1983年第4期。
③ [英]斯当东著,叶笃义译:《英使谒见乾隆纪实》,第576页。
④ 李慎:《明清之际西洋眼镜在中国的传播》,暨南大学硕士学位论文,2007年。
⑤ (清)叶梦珠:《阅世编》卷七《食货六》,第163页。

六、总结与探讨

李渔在小说《夏宜楼》中评价显微镜:"以极微极细之物置于二足之中,从上视之,即变为极宏极巨……以其能显至微之物而使之光明较着也。"①个体经验能反映宏观历史,历史必须回到老百姓的日常生活中,在看似平凡无奇的生活事件中能找到历史的真正意义。②清代文学作品是值得利用的"显微镜",透过清代文学作品观察当时的日常生活,能对清前中期中国社会玻璃制品的使用和消费获得更为清晰的认识。

认为清代社会对欧洲商品不感兴趣,是一种整体的、宏观的看法,缺乏微观和日常生活的视角。布罗代尔提出,把日常生活纳入历史的范围,能显露社会的面目。③判断对欧洲商品是否感兴趣,归根结底要深入到大众琐细、真实的日常生活和日常消费中去,在大众的日常生活和消费情境中寻找欧洲商品,进而判断他们对欧洲商品的态度和消费。④利用清代文学资料,本文从微观层面寻找到了清前中期中国上层社会日常生活中追捧和消费欧洲玻璃制品的大量例子。上层社会需求玻璃制品的动机是多样化的,既包括个人导向的动机,如消费玻璃制品蕴含的实用价值和娱乐价值,也包括社会导向的动机,如社会形象需要,赠与需要,时尚需要,收藏需要。这说明,日常生活中的消费实践存在"反文化"现象,即并不在意或并不认同欧洲商品为奇技淫巧,在现实需要面前,对欧洲商品的文化拒绝显得微不足道。玻璃的例子至少可以说明,认为清代社会对欧洲商品不感兴趣的看法是片面的。和以往时代相比,欧洲玻璃制品在清前中期中国上层社会日益广泛的使用赋予他们的日常生活和消费鲜明的时代特色,该时期中国上层社会的日常生活受中欧贸易影响,有了明显的世界史维度。

不断发展的中欧贸易为中国上层社会带来大量欧洲产品,中国人日常生活中玻璃制品的使用和消费也是中欧贸易发展的推动力。从消费视角来看,欧洲玻璃制品作为先进产品,其使用和消费范围的扩大代表着中国社会的进步;但从生产视角来看,与18世纪英国成功实现针对东方高端消费品的进口替代相比,玻璃制品的例子说明,同时期中国对欧洲高端消费品的回应并不成功。

作者简介:李坤,北京航空航天大学人文社会科学学院博士研究生。

---

① (清)李渔:《十二楼》,第50页。
② 胡悦晗、谢永栋:《中国日常生活史研究评述》,《史林》2010年第5期。
③ [法]费尔南·布罗代尔著:顾良、施康强译:《15至18世纪的物质文明、经济和资本主义》(第一卷),上海:三联书店,2002年,第27页。
④ 李坤:《明清中国社会对欧洲商品不感兴趣吗?》,《浙江学刊》2018年第1期。

从日常到非常：民间武器视角下的洪兵起义

林旭鸣

【摘　要】 洪兵起义是一场广泛应用火器的农民起义。在起义爆发前，民人对火器的掌控程度已有相当高度。战争期间，火器在官、民、洪之间频繁流转。人们利用了民间固有的路径，也将一些习惯带入战场成为助力或隐患。民人通过日常实践或家庭教育等途径学习火器技术，又通过战争检验各种学说。洪兵起义所需的军事资源来自民间的日常生活，而经过战争检验以后，这些军事资源又回流至民间，深刻影响了历史进程。

【关键词】 洪兵起义；民间武器；日常生活；家庭教育；火器

前　言

洪兵起义是清咸丰、同治年间由天地会发动的一场武装起义，波及广东、广西、湖南、江西、贵州数省。学界对洪兵起义早有关注[①]，但早期的研究都是以陈述事实及批判农民阶级局限性为主，并不深入。至20世纪80年代，骆宝善等学者将社会经济因素纳入研究范畴[②]，较以往取得了较大进步，但整体而言，洪兵起义仍然被置于太平天国研究之下，被视为受太平天国影响深刻的一场起义[③]，其自身可能有的特性并未得到充分的注意。

而在步入新世纪以后，王一娜等学者从社会史的角度研究洪兵起义，将关注点放在该起义与晚清士绅自治组织成立间的关系上。[④]这种有别于过往农民战争史思路的研究，与李文良关于南台湾客家群体形成过程中林爽文起义的研究[⑤]，以及罗威廉关于湖北麻城暴力问题的研究有异曲同工之妙。[⑥]然而在这些研究中，武装起义并不是主要研究对象，起义自

---

① 《东莞县响应太平天国革命的何六起义(1850—1855)》，《中山大学学报》1954年第1、2期合刊；梁任葆：《石达开回师广西的斗争及其及大成国的关系》，《历史研究》1957年第9期；钟珍维：《陈开、李文茂领导的红巾军起义》，《中学历史教学》1958年9月；郑佩鑫：《大成国的反清起义》，《史学月刊》1958年第12期；黄廷桂：《十九世纪中叶的广东天地会》，《学术研究》1963年第1期。
② 骆宝善：《太平天国时期的广东天地会起义述略》，《中山大学学报》1981年第4期、1982年第1期。
③ 雷冬文：《太平天国对广东洪兵起义的影响》，《船山学刊》2001年第1期。
④ 王一娜：《晚清珠三角地区公约、公局的缘起及初期演变》，《广东社会科学》2011年第6期；王一娜：《晚清广府六大县士绅权力组织》，中山大学博士学位论文，2012年。
⑤ 李文良：《清代南台湾的移垦与"客家"社会》，台北：台湾大学出版中心，2011年。
⑥ [美]罗威廉著，李里峰等译：《红雨——一个中国县域七个世纪的暴力史》，北京：中国人民大学出版社，2014年。

身的运行机理未被充分讨论。刘平关于咸丰年间土客械斗的著作虽然因为洪兵起义对土客械斗有影响而部分涉及了起义的一些前提,但仍然没有完全摆脱前述问题。①

本文试图从民间火器的角度出发,重新审视这场主要发生在两广地区的武装起义。必须承认,这个想法是受到邱捷关于近代中国民间武器问题的研究的启发。②然而邱捷以及后来的李贝贝等③,虽然都有论述民间武器与社会动乱之间的关系,但对洪兵起义这一事件,仍未有较深入的讨论,这给了笔者以讨论空间。

另外,在资料上,得益于前人的努力,尤其是《广东洪兵起义》④与《叶名琛档案:清代两广总督衙门残牍》⑤的编纂出版,使得本文具备了一定的可操作性。

一、洪兵起义以前广东民间火器情况概览

在洪兵起义爆发以前的道光、咸丰年间,诚如邱捷先生所言,民间拥有火器的情况十分普遍。⑥而据笔者综合《刑案汇览》及《清嘉庆朝刑科题本社会史料辑刊》统计,在清中期全国91宗涉枪案件中,洪兵主要活动的广东、广西、贵州,共15件,占全国的16%,其中广东有7件,占全国的7%,由此可以推论,广东民间在火器的使用方面已经有了相当的经验。

笔者以为,这种经验可以分为三部分,一是民人对火器的熟悉,二是多人大规模火器使用事例的出现,三是天地会等反抗政府行动中火器的运用。以下将加以说明。

其一是民人对火器的熟悉。从现存的刑科题本中可见,广东民间关于火器的犯罪常有如下场景:

> 适刘阿含携挑赴田看见斥骂索赔,小的不依,两相争闹。刘阿含举挑向殴,小的跑走,刘阿含追赶,小的就跑入附近田寮携取装就防夜竹铳香火赶出抵御。刘阿含仍举挑扑打,小的闪侧,点放竹铳,希冀吓退。⑦

尽管各涉及火器事件起因和动作细节多有差异,但通过这个具有代表性的案例可以看到,这些档案的共同之处是开枪者到附近的田寮拿出装好弹药的防夜竹铳和香火来射击。

据笔者统计,在《刑案汇览》及《清嘉庆朝刑科题本社会史料辑刊》中的7件广东涉火器案件中,有6件所使用的武器明确说明是竹铳,可见正如这代表性案例所示,竹铳是当时民

---

① 刘平:《被遗忘的战争——咸丰同治年间广东土客大械斗研究》,北京:商务印书馆,2003年。
② 邱捷:《近代中国民间武器》,北京:社会科学文献出版社,2012年。
③ 李贝贝:《清代一口通商时期广东沿海民间火器利用与管理研究》,第二届"岭南历史文化研究年会"会议论文,2017年12月。
④ 广东省文史研究馆、中山大学历史系编:《广东洪兵起义史料》,广州:广东人民出版社,1996年。
⑤ 刘志伟、陈玉环主编:《叶名琛档案:清代两广总督衙门残牍》,广州:广东人民出版社,2012年。
⑥ 邱捷:《近代中国民间武器》,第9页。
⑦ 《题为会审广东揭阳县客民张阿稚因踏坏禾稻起衅铳伤刘阿含身死案依律拟斩监候请旨事》,第一历史档案馆藏清代题本,刑科,02-01-07-10257-002。

间主要使用的火器。大量使用竹铳除了价格低廉以外,还有生产技术不复杂的原因,不只一名射击者提到,他们的竹铳是自己制造的。①当然,除此以外,也有其他的火器获取途径,如打捞沉船或从军营中流出等。

而从竹铳被放置于田寮以备防夜,嘉庆二十五年参与谢、刘两族械斗的谢耕火、谢五复原准备携竹铳赴山打雀②以及嘉庆二十二年七月十八日张阿稚铳伤刘阿含案件中张阿稚试图以放铳捕鸟误伤为由翻供等事实可知③,火器被充分应用于生产中,与普通农民的距离非常近。由此看来,屈大均言"粤人善鸟枪"大致是不错的,而且在他以后近百年的时间里,火器的普及程度还在进一步提高。④

至于所使用的火药,由于硝石、硫黄对一般民众而言并不容易获得,因此获取途径也是多种多样的。最常见的一种方法是从爆竹中剥取。⑤另外也有如道光二十一年生员叶煌那样从官方处支领火药,但官方拨给的火药质量低劣,而且有诸多限制,相比于从爆竹中剥取,恐怕难以成为发射用火药流入民间的主要途径。⑥

被剥取火药的烟花,除了在内地制造外,也会经由外洋输入。例如道光二十九年,南海县抓获一名私贩外洋火药的商人黄亚保,他原本是贩卖洋货的商人,因见外洋火药便宜起意贩卖,预定卖给在南海县属开花炮店的阿胜二十斤⑦。虽然此次交易并未达成,但也可以看到存在这样一种路径。

甚至我们可以推测,相比少量地从爆竹中剥取,可能有人会以制作花炮的名义或直接购入相对大量的火药。在洪兵起义期间被陈洸澼部下林敬联打单的职员高九如,一开始拿出了火药九埕,后来又再拿出三埕。⑧总共十二埕的火药量,如果光从爆竹中剥取,显然不切实际,因此只能认为是高九如通过渠道购买了火药贮存。

更值得注意的是,在这段时间内,出现了专业的枪手。如在道光年间发生在普宁县的横山乡陈姓与大坝乡各小姓互斗发展成的杀人肢解案中,被捕的人犯中就有"素习鸟枪手"⑨。这种现象不是个例,若按洪兵起义时期对抵抗官府的海阳县枫洋乡的访闻,该乡因自身力量不足而暗中雇佣"各乡枪手",则专业枪手当时相当普遍。⑩笔者以为,从史料上可以看出,各乡养有自己的专业枪手,这些枪手在本乡有事时出力,也有一定自主权,外乡有急需时也

---

① 试举数例:《题为审理广东普宁县民杨潮文等因引水灌田争闹伤毙叶仁道叶阿果一案依律分别定拟请旨事》,第一历史档案馆藏清代题本,刑科,02—01—07—10236—010;《题为审理广东揭阳县民罗阿徒铳伤窃贼黄阿到身死案依律拟绞监候并援免请旨事》,第一历史档案馆藏清代题本,刑科,02—01—07—10269—013;《题为会审广东揭阳县民林慎良等因误割田麦起衅铳毙陈馨财等三命案依律拟斩监候等请旨事》,第一历史档案馆藏清代题本,刑科,02—01—07—10269—015。
② 杜家骥主编:《清嘉庆朝刑科题本社会史料辑刊》第1册,天津古籍出版社,2008年,第413页。
③ 《题为会审广东揭阳县客民张阿稚因踏坏禾稻起衅铳伤刘阿含身死案依律拟斩监候请旨事》,第一历史档案馆藏清代题本,刑科,02—01—07—10257—002。
④ 屈大均:《广东新语》下册,北京:中华书局,1985年,第441页。
⑤ 如前举杨潮文、罗阿徒、林慎良等例。
⑥ 《叶名琛档案:清代两广总督衙门残牍》第1册,第66页下—67页下。
⑦ 《叶名琛档案:清代两广总督衙门残牍》第2册,第264页上—266页下。
⑧ 《叶名琛档案:清代两广总督衙门残牍》第7册,第213页上—216页上。
⑨ 《叶名琛档案:清代两广总督衙门残牍》第2册,第44页下—47页上。
⑩ 《谕各乡严行稽束示》,陈坤编:《潮乘备采录》,《广东洪兵起义史料》中册,第1078页。

可以雇佣,这也说明了民间火器使用水平提高到了出现职业分化的程度。

其二是多人大规模火器使用。此时期还有一个现象,即多人大规模使用火器的场景在民间出现,并不断发展,如道光年间普宁县涂洋乡方姓拒捕的案件①,及前面提到的嘉庆二十五年龙门县谢、刘两族械斗。嘉庆二十五年的那场械斗仍处于相对比较低的水平,并未组织多人射击,开枪的谢五复在射伤对手以后也没有持续利用火器输出火力,而是弃枪拾刀进行肉搏。而到了道光年的涂洋乡方姓,则已经学会利用寨墙作为工事,并先于官兵开展射击,并杀伤九人。

道光中后期任福建汀漳龙道的张集馨所谓的"其俗专以械斗为强"②,不仅仅适用于漳州、泉州,也适用于广东,尤其是涂洋乡方姓的策略,更是可能如他所说的那样"呼噪一声,则枪声齐放"。但当我们对比这两个事例时,可以发现,民间的多人大规模火器使用水平是在提升的,嘉庆二十五年的水平不如道光年间。在没有明确说明他们的知识来源的情况下,笔者倾向于认为他们是在生活中甚至是在械斗中不断演练而提升,至张集馨赴任闽南的时候已经到了一个较高的水准。

需要留意的是,这种发展不是线性的,也存在地区差异。如福建永春州在嘉庆十九年十一月的大姓与小姓械斗,至少有10人持有竹铳,听喝令点放,其组织和战术远胜于龙门县嘉庆二十五年的械斗,而与道光年间普宁县的案例相近。③我们甚至可以作出一个猜测,即多人大规模使用火器的战术会通过民间渠道传播开来并为人们所学习,但证据不足,聊备一说。

其三则是天地会等反抗行动中火器的运用。将火器应用于反政府行为,也是这个时代的一个特色。有预谋的案件自不必说,偶然获得的武器也会造成不一样的效果。如嘉庆朝两广总督那彦成在汇报天地会成员李崇玉案件时,就提到"七年六月内潜回,适有吕宋夷船在七娘澳洋面遭风沉溺,李崇玉捞获番银一万余两,并大小铁炮二十七位"④。李崇玉本是因诓骗钱财被捕逃脱之人,其走上结会之路最开始的生活来源就是捞到的这些沉船物品。⑤又如道光二十八年十二月广东阳江的陆连桂,则是在出海捕鱼时,驶至不识土名的海岸边拾获的一位铁炮,该铁炮应该也是沉船遗物。⑥无论李崇玉和陆连桂获得火器的方式有多不同,他们在获得以后都选择了结会或行劫的更加暴力的手段,可见民人获得火炮有可能推动暴力行为升级。

---

① 《叶名琛档案:清代两广总督衙门残牍》第2册,第44页下—47页上。
② 张集馨:《道咸宦海见闻录》,北京,中华书局,1981年,第61—62页。
③ 杜家骥主编:《清嘉庆朝刑科题本社会史料辑刊》第3册,第1216页。
④ 那彦成:《那文毅公奏议》,台北,文海出版社,1966年,第1856页。
⑤ 秦宝琦:《清前期天地会研究》,北京:中国人民大学出版社,1988年,第228页。
⑥ 《叶名琛档案:清代两广总督衙门残牍》第5册,第168页上下。

二、战争中的火器与火药

(一)战争时期火器获得与流转

洪兵起义规模宏大,涉及地域广阔,虽然因为洪兵之间组织较为分散,没有像太平天国那样掀起全国性的波澜,但也正是因为这种散乱,使得火器在官、民、洪之间频繁流转,留下不少相对详细的记载,笔者以为,我们后人可以据此管窥清中叶广东民间火器的一些状况。

1. 洪兵火器的数量

起义的洪兵手上到底有多少火器,因为文献记载的散乱和真假难辨,难以真正得到统计,然而我们可以通过一个案例侧面了解这个问题。

起义初期,据一份官方探报显示,在西江上游大黄江口屯聚的头领大头羊(张钊)和大鲤鱼(田芳)所部有数百尊大炮,其中最大的火炮有三千斤。①该探报形成最晚不超过咸丰二年(1852),因此后这支队伍已经被招安,只是仍然保持较强独立性。②而后来在同年六月十二日(1852年7月28日)官军击溃该队伍的战斗后,据称缴获二、三千斤至一、二百斤大炮共一百七十一尊,数字大体对得上。③可见初起之义军有不少火炮,而且其中还不乏重炮。

但是这些火炮极度依赖船只,能运用于陆地的部分十分稀少。大头羊和大鲤鱼有三十余艘古劳、波山艇,用类似连环船的方法构成了炮台,相信大部分火炮,尤其是二、三千斤重炮都集中在这些地方。关于这点也有旁证,咸丰二年六月初一(1852年7月16日)该部攻击岭头铺大营失败后,清方统计仅夺获属于轻型炮的子母炮十九位④,直到前述六月十二日水上战事结束后,清方才见到包括重炮在内的该部的大部分火炮。可能在此之后的任成章在梧州的探报里,虽然仍有如梁大口疮之类可能是残余部分的"匪",但这些部分不仅人数较少,火炮最多者也不过数十,最重者亦不过千斤。⑤

纵观整个洪兵起义过程,与此相似的例子并不少见。参照前述李崇玉等的案例,笔者认为,洪兵在火炮上对船的依赖,正是因为于民间所能获得的火炮大部分与船有关,不论是打捞沉船还是渔船自身配备的防御火力。甚至于大鲤鱼试图复出准备袭击封川炮台,也需要在纠集旧伙的同时建造大船。⑥

综上所述,我们可以判断,在火器的数量上,充分准备的起事者会利用民间资源获得数量较为庞大的火器,然而一旦经过作战消耗尤其是战术失败以后,补充相当困难,在数量上会急剧减少。当然,也有些有想法的起事者如曾占领东莞县城的何六等,会携带枪械逃走,但这样的事例毕竟是少数,多数情况下义军的火器数量仍遵循这一规律。⑦

---

① 《江口探报》,《广东洪兵起义史料》上册,第181页。
② 《广西巡抚咨会》,1852年,《广东洪兵起义史料》上册,第184页。
③ 《两广总督徐广缙奏稿》,1852年7月31日,《广东洪兵起义史料》上册,第190页。
④ 《两广总督徐广缙奏稿》,1852年7月26日,《广东洪兵起义史料》上册,第186页。
⑤ 《任成章梧州探报》,《广东洪兵起义史料》上册,第196页。
⑥ 《叶名琛档案:清代两广总督衙门残牍》第8册,第186页。
⑦ [美]斯卡恩:《在华十二年》,《广东洪兵起义史料》下册,第1856页。

2. 各方得到火器的方法

(1) 缴获与收取

在战争中,缴获和收取是十分常见的火器获得手段。这种手段官军会用,但民人和起义军用得更多。咸丰四年七月洪兵进占江门时,未被撤走的原北街、厓门两炮台上的重炮就被洪兵夺走。① 同一时期,惠州在防御翟火姑所部进攻时,原有乡勇驻守城外飞鹅岭防御,但乡勇一触即溃,不仅为洪兵提供了城外的制高点,还把军械拱手让人,使得洪兵得以用炮与城内巨炮互击。② 这种将缴获火器用于作战的行为给敌对方造成了较大的打击,无论是防守事业或是士气均如此,参与四会守城的张作彦就因为"取我之炮火而炮之",而感慨"守四会者真难矣哉"③。

士绅自然也会采用这种手段。比如前面提到的江门北街炮台,其火炮因炮台失修而存于江门北极殿,但当新会方面试图搬回用作新会城的守备时,江门士绅有意阻拦,这些炮在事实上成为了江门士绅所有物。④ 又例如番禺沙湾的何姓,据称有族人何博份参与洪兵起义,投在首领何六之下,何六失败后他将剩下的大炮带回沙湾,即使是官军扣押了族中的何壮猷与何湛,也未能使何氏族人交出何博份与火炮,最后官军只得寄希望于其自行投降,并不再过问火炮,此事不了了之。⑤

有时官府也会通过强力手段来向民间征集火器。在新会守城期间,据称曾任守备的李仕龙多藏炮,知县便前往借用,李家人拒绝,于是知县下令搜其家,试图强行征收。但效果并不好,只找到两个炮架。后来是因民愤极大,李仕龙不得已通过其亲戚余书升借出数件炮械。⑥

(2) 制造

虽然受战争冲击,战时民间自行制造火器可能并不多见,但由于火器对战争有着重要的影响,只要有机会、有必要,人们都会进行尝试。

各地士绅因为防御的需要,积极捐资铸造火炮。如咸丰四年六月三水县防守期间,各乡见县城"有足恃",便捐资铸炮,向城内提供物资。⑦ 而到了咸丰八年罗廷桂防守英德黄寨金造时,竟然可以铸造出"巨炮",并趁敌人饮食时用巨炮轰击。⑧

而洪兵方面自然也不逊色。咸丰四年,当洪兵占领了高要县城以后,因炮少而在县学泮池侧由佛山工匠开炉铸炮,并打算融神像为原料,后因神像用铜不适合而未成。⑨ 义军中的翟火姑一部的事迹则更丰富,先是在咸丰六年守和平县城时用县城内北楼的古松加工为炮⑩,咸丰七年春转移至江西信丰围城时,据投向清军的两名起义者称,因攻城受挫,为求报复,

---

① 同治《新会县志续》,《中国地方志集成·广东府县志辑》第33册,上海书店出版社,2003年,第595页下。
② 光绪《惠州府志》,《中国地方志集成·广东府县志辑》第15册,第276页上。
③ 张作彦:《四会守城纪略》,《广东洪兵起义史料》中册,第1035页。
④ 同治《新会县志续》,第595页下。
⑤ 《叶名琛档案:清代两广总督衙门残牍》第7册,第114页上下;《饬令何博份投诚札》,《广东洪兵起义史料》上册,第239页。
⑥ 陈殿兰:《冈城枕戈记》,《广东洪兵起义史料》中册,第925页。
⑦ 光绪《广州府志》,《中国地方志集成·广东府县志辑》第2册,第818页下。
⑧ 《英德县志续》,《中国地方志集成·广东府县志辑》第12册,第624页上。
⑨ 宣统《高要县志》,《中国地方志集成·广东府县志辑》第47册,第405页上。
⑩ 民国《和平县志》,《中国地方志集成·广东府县志辑》第18册,第241页上。

制造了三门千斤大炮及吕公车等以备攻城。①

然而我们也可以从中看到,相比士绅,洪兵铸炮的质量相当不稳定,物资相对充足时可以挑选材料,一旦物资紧缺,则树木亦可能用于造炮。当然,如果联系前面提到的,战前广东民间出现的火器中最多的是竹铳,那么洪兵此举除了是不得已的无奈外,恐怕也是沿袭先前的经验,而在这个角度,我们可以说,他们正在充分发掘民间资源。

(3)购买与捐赠

购置和捐赠也是获得火器的一条重要途径,如果考虑到铸造并不是每个人都掌握的技能,那该途径的重要性愈发明显。例如还在战争期间的咸丰三年五月,湖南蓝山县城绅陈太虚在敌兵退却后仍忧虑卷土重来,倡捐铺户钱二百余千来购买武器,但可能是因为钱略少,也可能是为了尽量武装同时招来的二百丁壮,这笔经费只能购置次一等的抬炮旗枪,不能购置重炮,这些武器也在同年十一月派上了用场。②洪兵一方也有这样的情况,新会的洪兵据记载有"澳门渡接济药码,咸鱼船、江门各省渡资以炮械"③。但比起地方士绅来说,义军这方面的事迹还是较少的。

洪兵起义高潮过后,民间购置和捐赠火器的热度没有丝毫退却,但用途逐渐扩展。先是咸丰十一年鹤山土客械斗时,土民暗中购置火器准备攻打客民,客民虽知危险而要求火器归公,但终无法阻止械斗发生。④

如果说鹤山发生的事还有一丝"保境安民"的动机,那有些地方甚至连这个遮羞布都抛弃了,获得的火器成为某些人实行犯罪的工具。同治元年,两广总督劳崇光被检举称包庇"沙棍"马逢亨,该人购置了多艘炮船并霸占沙田,后续调查也证实了他多置炮船这一结论。⑤而到了同治四年,郭嵩焘更称广东东莞、新安的富乡大族"广置炮火,以劫掠为事"⑥。

3. 洪兵无法有效控制外洋渠道

在咸丰四年十二月初二日(1855年1月19日)英国领事发给义军领袖陈显良的信函中提到:

> 札内又云:新立禁例,不准英国人民在中国官员及尊处受雇,并搭载驳运军器火药等项,免致干预内地军务等因。⑦

由此可见,洪兵为防止外国势力向被围困的广州城输送物资,拟定了一套章程。这套章程最初只是面向英国人,后来又扩展到英、美、法三国,但明确了禁运项为火炮、火药、粮米,少了不准外国人在清、洪双方受雇的内容。⑧并且该禁令还曾实行过,抓到试图运送物资的

---

① 吴秉衡:《信丰守城记事略》,《广东洪兵起义史料》中册,第1128页。
② 民国《蓝山县图志》,《中国地方志集成·湖南府县志辑》第47册,第102页上下。
③ 陈殿兰:《冈城枕戈记》,《广东洪兵起义史料》中册,第915页。
④ 麦秉钧:《鹤山麦氏族谱》,《广东洪兵起义史料》中册,第1022页。
⑤ 《清穆宗实录》卷二二,同治元年三月丙申,北京:中华书局,1987年,第596页下;《清穆宗实录》卷七五,同治二年八月癸未,第530页上。
⑥ 郭嵩焘:《东江一带兼资镇压片(同治四年1865年)》,《郭嵩焘奏稿》,长沙:岳麓书社,1983年,第281—282页。
⑦ 《英国领事致陈显良书》,1855年1月19日,《广东洪兵起义史料》上册,第90页。
⑧ 《统领水陆兵马众大元帅陈显良致英美法三国公使照会》,1855年2月10日,《广东洪兵起义史料》上册,第92页。

两名葡萄牙人和一名英国人。①

实际上,英国人很早就开始询问制定章程的可能,而洪兵也在咸丰四年八月初十日(1854年10月1日)答复愿意就此展开磋商。②但相关谈判很不顺利,直至三个多月后才大致定出条款。③而此时英国公使包令已经同意清方叶名琛的请求,准备出兵设立中立区进行干预。④于是英方的回复不提遵守禁运,只说"倘尊处雇有英国民人,谅亦令其别往"之类无关紧要的话。⑤如此,则洪兵的武器禁运令事实上已经破产。诚然,实际进行走私贸易的是"唯利是图的商人",但若没有英方的默许,这种走私的效果将要大打折扣。⑥

我们回头从物品种类的角度再看这份章程,可以看到,在陈显良等人的眼中,军器火药的优先级要大于粮米,至少在1855年2月以前,外国商人仍可以通过用大米盖住等方法将军器火药运送到广州城出卖。⑦然而由于各种因素制约,洪兵并未能通过此途径补充军器火药,此消彼长之间,在武器层面上来说,围攻广州失败几成定局。而这一条走私线路,又与前面提到的黄亚保案中的手法相似,都是洋商在贩卖洋货时"顺带"出售的,从中亦可看到民间力量和习惯对洪兵起义的制约。⑧

(二)弹药的收入、支出及安全问题

1. 弹药的收入

据咸丰四年围攻广州失败以后被捕的钟彬供述,义军的石井、桥头、官窑三处大营所用的火药都是从三水芦苞厂不断运来的,到官军打败洪兵军后,仍有约一万二千余斤未及撤走,足见芦苞的火药生产厂有相当的生产能力。⑨在咸丰八年的广西灵山,官军也截获了千余斤试图突破封锁运入义军营内的火药。⑩灵山、芦苞都在西江流域,西江又会在三水汇入流向广州的珠江,由此我们可以看到,西江航道是义军可以用来较为高效地获得火药的途径。甚至在新会离队前往补充置办火药的一名首领陈亚吉,也被发现出现在同是西江流域的广西贺县。⑪

同样的,其他水路也是洪兵获取火药的重要途径。如前面提到的江门洪兵就从澳门获得火药。而同样在围攻广州期间,石井大营的洪兵也有制造大船前往北江流域的英德、清远之举。⑫然而和芦苞的成品相比,试图从英德运回的只是硫黄山采出的原料,仍需加工。⑬

---

① 《陈显良致英国领事书》,1855年2月17日,《广东洪兵起义史料》上册,第94页。
② 《陈显良致英国领事书》,1854年10月1日,《广东洪兵起义史料》上册,第86页。
③ 《陈显良致英国领事书》,1855年1月11日,《广东洪兵起义史料》上册,第94页。
④ 骆宝善:《广东洪兵起义略论》,《岭南文史》,1983年第1期,第84页。
⑤ 《英国领事致陈显良书》,1855年1月19日,《广东洪兵起义史料》上册,第91页。
⑥ 林志杰:《1854年广东洪兵围攻广州之役考辨》,《学术研究》,2000年第6期,第21页。
⑦ 《统领水陆兵马众大元帅陈显良致英法美三国公使照会》,1855年2月10日,《广东洪兵起义史料》上册,第92页。
⑧ 《叶名琛档案:清代两广总督衙门残牍》第2册,第264页上—266页下。
⑨ 《叶名琛档案:清代两广总督衙门残牍》第8册,第167页。
⑩ 陈坤:《粤东剿匪纪略》,《广东洪兵起义史料》中册,第699页。
⑪ 《顺德县起事缘由》,《广东洪兵起义史料》上册,第243页;《探得陈大春吉踪迹禀》,1855年6月27日,《广东洪兵起义史料》上册,第245页。陈大春吉即陈亚吉。
⑫ 《叶名琛档案:清代两广总督衙门残牍》第7册,第72页上下。
⑬ 英德的猫耳峡是广东主要的硫黄产出地,见方志钦、蒋祖缘主编:《广东通史》古代下册,广州:广东高等教育出版社,2007年,第941页。

除此以外,洪兵也尝试用其他方法获取弹药,如围攻新会的洪兵会通过城内内应收买铅码。①又或者前面提到的高九如案例中通过打单地方来获得。更有甚者,同样是新会洪兵,试图复制"草船借箭"之策,用草人赚取箭码,结果以失败告终。②

与之相对,士绅、民团方面的途径的记载比较简略,除如前述叶煌等从官府支领的方法会出现外,在战时也只有潜运弹药入广州、三水协助守城的记录。③然而在同治二年,参与土客械斗的开平人谭三才,可能仍然是沿水路,从香港购买洋火药运回,准备约族人杀客人。④这条记录显示了水路获得弹药已经成为各方都会利用的途径。笔者认为,甚至可以推论,水路,尤其是西江航道,在洪兵起义前后,已经成为了广东民间火器流通网络的基本途径,也形成了如三水芦苞、英德、澳门等重要的火药生产地。

2. 弹药的支出

在战争期间,弹药尤其是火药的支出非常庞大。从前面提到的陈亚吉的例子可以看出,巨大的消耗量使得义军后勤极为紧张,不得不在战时分出人手前去采购,而且,弹药不足也使得这部分洪兵被击溃。据笔者观察,除了被用作发射药消耗外,火药还有如下数种消耗方式。

其一是爆破用药。在面对城池等大型工事的时候,洪兵会选择用火药进行爆破。爆破分两种,其中一种是通过爆破造成绕开工事的通道,据一份署名"玉芝堂"的《攻羊城策》描述,洪兵采用与开采煤矿相同的方法开掘地道到城内东门地下,然后用火药炸开地面,在地道里的人就通过该缺口登入街道。⑤该策略得到了执行,只是没能攻破广州。⑥

另一种则较为常见,是用火药直接炸毁工事。该方法也可细分为清除工事外部障碍和攻击工事本身两种。咸丰四年邱柳部洪兵进攻普宁县城时,即属于前者,该部用火药炸开城墙附件房屋以接近城墙。⑦后者则有咸丰四年洪阿元围攻龙川⑧、咸丰八年郑大口金围攻广宁⑨和咸丰十年练四虎等围攻四会⑩等例。然而成功率不高,龙川方面因为工人扎短引线未能准时爆发,四会方面更是三发地雷与一发地龙皆未奏效。不仅如此,这些行动还耗费大量的火药,即以咸丰八年广宁围城为例,其时洪兵据称埋了数万斤火药准备爆破。

还有并非针对工事的爆破。如咸丰四年被捕获的洪兵王钧部梁湛联手下的萧亚实,他受命携带火药煲四个回本乡做内应。⑪这些火药可能会做成火药包,抛掷使用,炸开或引燃有价值的目标,如官军方陈龙书在茂名命令兵士所做的那样。⑫

---

① 陈殿兰:《冈城枕戈记》,《广东洪兵起义史料》中册,第 925 页。
② 谭祖恩:《新会靖变识略》,《广东洪兵起义史料》中册,第972 页。
③ 光绪《广州府志》,第 421 页上;同书,第 818 页下。
④ 陈坤:《粤东剿匪纪略》,《广东洪兵起义史料》中册,第 731 页。
⑤ 《叶名琛档案:清代两广总督衙门残牍》第 7 册,第 124 页上至125 页下。
⑥ 《叶名琛档案:清代两广总督衙门残牍》第 7 册,第 126 页。
⑦ 光绪《普宁县志》,《中国地方志集成·广东府县志辑》第 29 册,第 209 页。
⑧ 张镇江编:《雷乡野乘》,《广东洪兵起义史料》下册,第 1497 页。
⑨ 光绪《广宁乡土志》,《广东省立中山图书馆藏稀见方志丛刊》第 40 册,北京:国家图书馆出版社,2011 年,第 186 页。
⑩ 光绪《四会县志》,《中国地方志集成·广东府县志辑》第 49 册,第 131 页下。
⑪ 《叶名琛档案:清代两广总督衙门残牍》第 7 册,第 356 页上下。
⑫ 光绪《茂名县志》,《中国地方志集成·广东府县志辑》第37 册,第 345 页下。

其二是主动毁坏。出于军事角度考虑,洪兵有时会主动毁坏火药。例如咸丰四年洪兵攻击新会外海乡时,该乡人陈协槐做内应,他的一个重要行动就是毁坏火药。① 又例如在同年新会围城期间,有一不知姓名之壮勇秘密加入天地会私通洪兵,他用水弄湿火药角。② 这种行为确实是在打击敌人,但是考虑到洪兵脆弱的后勤,他们对缴获也有一定依赖的情况下,这种使得缴获将会变少的行为也可以看成是他们在火药方面的支出。

其三是被缴获及支援其他势力。火药被缴获也是一项较大的支出,如前面提到的被钟彬供出的一万二千余斤火药及在灵山被官军截住的千余斤火药即是如此。这个问题在相对官军而言没有稳定火药来源的洪兵中更加明显。而雪上加霜的是,洪兵可能还要抽出部分火药来支援其他友军,如咸丰四年闰七月二十日,守备大埔坪的太平天国部队,先是从李文茂处收到红粉(火药)十二坛,进而要求要更多火药。③

3. 弹药的安全问题

除去常规的收支问题,在各种记载中我们也可以发现一个特别的现象,那就是火药常被意外地引燃而发生爆炸。

较为多见的情况是储存的火药被引爆,小到船上的药柜,大到固定设置的弹药局,都曾被引爆过。如咸丰四年八月守备新会县城的新会营把总黄龙彪,由他投掷的火罐引燃了头船窖帐中的火药器,烧毁洪兵架设于船上的昌公车。④ 又如咸丰初年普宁的乡团长邱元魁,他在大田寨"剿匪"的时候击中敌方药桶,引起敌人溃散。⑤ 一般而言,引爆储存火药并不是刻意而为的,如咸丰七年张远昌所部义勇防御洪兵进攻,只是恰好击中洪兵船上的药柜。⑥ 但也有是主动朝火药存储地点射击的,如咸丰四年洪兵李黄保部进攻翁源县城,官军在发现洪兵的火药库在附郭的梨园后,立即向该处炮击,虽然可能受限于当时炮击的精度,却刚好击中。⑦

与之相对,因为失火或不明原因而导致的储存火药被引燃,虽不如前面这种常见,但也可以找到。如咸丰四年十二月洪兵廖瑶光等进攻河源,药桶失火,再加上风势,导致被烧伤数十人。⑧ 而咸丰四年十月洪兵进攻江西宜章时,所存火药不火自焚。⑨ 火药失火本是正常的现象,但河源的记载强调洪兵当时屯在因围剿洪兵而死的游击塔明阿墓前,宜章的记载强调洪兵在昭德侯庙内存放火药,试图将自然现象和忠臣显灵联系在一起。

还有一种较为罕见的情况是,射击或进行火攻时导致装填完成的火器走火,钦州的洪兵头领张六即是如此。他进攻林姓闸时采用火攻,几乎攻破,未料点燃闸内已经装填完成的铜炮,结果被击退。⑩

---

① 陈殿兰:《冈城枕戈记》,《广东洪兵起义史料》中册,第939页。
② 谭祖恩:《新会靖变识略》,《广东洪兵起义史料》中册,第957页。
③ 《太平天国春官正丞相卓等致佛岭市统兵大元帅李等牒文》,1854年9月12日,《广东洪兵起义史料》上册,第62页。
④ 同治《新会县志续》,第535页下;同书,第595页下。
⑤ 光绪《嘉应州志》,《中国地方志集成·广东府县志辑》第20册,第426页下。
⑥ 宣统《高要县志》,第281页下。
⑦ 《翁源守城解围记》,同治《韶州府志》,《中国地方志集成·广东府县志辑》第8册,第481页下。
⑧ 同治《河源县志》,《中国地方志集成·广东府县志辑》第17册,第356页上。
⑨ 民国《宜章县志》,《广东洪兵起义史料》下册,第1697页。
⑩ 民国《钦县志》,《广东历代方志集成·廉州府部》第8册,广州:岭南美术出版社,2007年,第1095页下—1096页上。

据笔者统计,在《刑案汇览》与《嘉庆朝刑科题本社会史料辑刊》中的91宗涉枪案件中,有15宗是走火引发的,占16%,可见民间在火药存储与管理方面普遍是相当随意的。而在洪兵起义阶段有如此多火药库被击中或自燃的情况,考虑到起义人员的成分,显然是将日常生活中对火药存储安全的随意态度带到了军事行动中。这种坏习惯直接导致起义军火药供给受到严重限制,进而降低了持久作战和攻击坚固堡垒的能力。因此,从火药的角度出发,流寇式作战就成为了洪兵几乎唯一的选择,因为这样不需要长时间攻坚,有利于保存十分短缺的火药,同时也可以通过掠夺补充物资。

4. 其他

以上种种,都是火药在战争中的应用,然而火药并不只能用于战斗,也可如战前一样,用于生活。肇庆砚州乡人陈中孚就是一个很好的例子。砚州乡在战时饱受摧残,以至到了"生机尽绝"的地步。此时,从广西南宁经商归来的陈中孚带着从南宁雇来的工匠,在家乡制造经营爆竹。他并未保留技术,而是将之传授给同乡,使砚州乡的爆竹业声名在外。① 从这个例子可以看到,只要运用得当,军事技术可以向民用转化,并以其带来的利润参与战后重建。

三、与火器相关的技术与人

(一)战争初期的备战状况与乱象

我们可以注意到,在战争初期的准备工作中,城市和乡村的士绅的备战方式与备战重点有所不同。一般而言,城绅会通过捐资来间接完成准备,如前文曾经提到的咸丰三年湖南蓝山县城绅陈太虚及咸丰四年沈亨惠治下的三水县绅士都是通过捐资购买或铸炮,他们自身并没有直接投入火炮制造上,甚至可能对型号也没有很多要求。这种做法发展到极端便是雇人施放火器,咸丰四年顺德防御公所试放五百斤炮即是一例。②

相比之下,乡村士绅在武备和技术上的准备要直接和细致得多。武备上,乡村士绅积极参与制造,如咸丰四年间南海县大沥四堡九十六乡的团防"炮械糗粮皆自办"③,前文出现过的咸丰八年英德县民罗廷桂,更在本村自行铸造出巨炮。而在技术上,道光、咸丰年间的械斗培养了一批掌握战斗技巧的人士,这些人既可能被起义者利用——如咸丰四年目睹番禺县珠村械斗的梁纶枢担心的那样④;也可能如新安县沙井陈姓那样,试图通过投效官军来恢复平时因械斗被官府褫夺的生监头衔⑤。在乡村,可以如咸丰五年龙川县贡生彭雷鸣那样,较为轻易地拉出三十余名娴熟枪法的弟侄⑥,也有像邱元魁般能射中敌人药桶的人⑦,随着

---

① 宣统《高要县志》,第282页上。
② 似园散人:《凤城识小录》,《广东洪兵起义史料》中册,第874页。
③ 同治《南海县志》,《广州大典》第35辑,史部方志类第37册,广州出版社,2012年,第512页下。
④ 民国《番禺县志》,《广东历代方志集成·广州府部》第21册,第300页下。
⑤ 《叶名琛档案:清代两广总督衙门残牍》第5册,第364—366页。
⑥ 《七区红头贼之乱》,《雷乡野乘》,《广东洪兵起义史料》下册,第1499页。
⑦ 光绪《嘉应州志》,426页下。

时间推移也会有像同治四年龙川县的叶知闰一般,学会使用抬枪夹击敌兵于路中①。

然而,这些来自民间的力量在战争初期虽有准备,但也并未完全准备好,如咸丰五年八月湖南汝城牛子陘守备洪兵的土著不守纪律,率先以鸟枪射击,带动兵勇也各自开火。②除此以外,火器相关的准备也有许多不足,再加上作为防守方较为被动,以至于在应对的时候显得慌乱。

首先出现的问题是不少人对火器技术十分陌生。如在咸丰四年春(1854)的顺德,城绅于宝林寺开防御公所时,于花基旷地试放发现的五百斤土炮。在该次试验中,参与者们如临大敌,以银三钱六分的高价花红召人点放,又用尺余长的引线和竹竿缚更香来点火,一旦点着即飞跑而去。③固然当时火炮质量并不甚高,但五百斤并不算太大的火炮,一旦炸膛造成的破坏并不如上千斤的大炮那样严重,而且使用过长的引线容易有中途熄灭的可能,由是可见当地士绅当时既缺乏必要的火器知识,也缺乏必要的使用火器的勇气。不仅如此,当时绅士对自己缺乏勇气也缺乏认识,当时围观该次演放的人竟然以"斗胆"来评价此事,对于火器的陌生程度可见一斑。这显然不是孤例,前面曾经提到的惠州守城中在飞鹅岭一触即溃的乡勇也在此列,不过由于记载过于简略,我们不能断定该部究竟是训练不足还是士气低落,抑或二者兼有。

除去训练和士气,反洪兵起义的士绅还有一个麻烦,那就是各方面围绕火器的配置以及防御的策略展开的扯皮。江门在被洪兵攻陷之前,曾有过一次关于火炮使用问题的争论,内容是留在江门的火炮到底应该继续留在江门守备还是应集中到新会城中。

这批火炮有三千斤、二千斤的重炮各一门,八百斤、五百斤的小炮各三门,原是北街炮台旧置,因炮台失修,存于江门北极殿内。咸丰四年六月二十四日,新会知县以"人心不固"为由,命令江门六庙值事缴炮。很快知县就收到江门方面的回复,称正在讨论修复炮台,请求留炮防堵,同月二十六日,知县表示同意。但到七月初二日,知县再次要求江门缴炮,二日后的七月初四又有陈殿桂等奉知县令前往江门收缴火炮。此次收缴并未达到目的,但具体细节在各人叙述中略有不同,陈殿兰称诸绅到江门后六庙值事不出,而有数十人拥入称炮不能取,绅士恐有变遂还,而谭祖恩则称因六庙值事等索取抬炮工银而终未成行。其后洪兵进入江门,炮全数落入敌手,不再需要争论。④

当时参与新会团练事务的谭祖恩认为,重要武器落入敌手是因为"江门团练多虚"⑤。而在冈州公局中负责文告的陈殿兰则更为激进,先是认为"已有匪人束意其间"做内应,又指江门"俱贸易人,当事习尚夸诈,巧趋避",甚至认定江门"阖埠已办非遁即从之计",不仅毫无斗志还准备通匪。⑥《新会县志续》则用词含糊,只称江门六庙值事"以留防为辞"⑦。但如果

---

① 《书五合径杀贼事》,《雷乡野乘》,《广东洪兵起义史料》下册,第 1500 页。
② 民国《汝城县志》,《中国地方志集成·湖南府县志辑》第 30 册,第 224 页下。
③ 似园散人:《凤城识小录》,《广东洪兵起义史料》中册,第 874 页。
④ 陈殿兰:《冈城枕戈记》,《广东洪兵起义史料》中册,第 904—907 页;谭祖恩:《新会靖变识略》,《广东洪兵起义史料》中册,第 953–954 页;同治《新会县志续》,第 595 页下。
⑤ 谭祖恩:《新会靖变识略》,《广东洪兵起义史料》中册,第 954 页。
⑥ 陈殿兰:《冈城枕戈记》,《广东洪兵起义史料》中册,第 905 页。
⑦ 同治《新会县志续》,第 595 页下。

考虑多个因素,问题就没那么简单了。

首先,新会的冈州团练公局开于咸丰四年六月初一,而首份收缴火炮的命令发出于六月二十四日,假如江门方面也于六月初一开始建设防御体系,应已有大体规划,因此可以在一二日内回复称准备修复炮台,六月二十六日江门堡正王士元报江门团练成可以证明这点。①然而六月二十四日这一命令如果执行,不仅打乱了江门原有的防御体系,更是严重削弱了江门的抵抗力量,受到江门人反对,实在是情理之中。更严重的是,新会知县六月二十四日要求缴炮,二十六日准许留炮,而到七月初二又再要求上缴,短短八日内多次反复,容易引起混乱,江门方面更不可能同意收缴火炮。

其次,收缴火炮命令的制定者与执行者也相当耐人寻味。对此事记叙甚详的陈殿兰多次提到,缴炮的命令是由知县制定的,而且知县早在六月二十四日就知道江门"人无固志"②。但笔者以为他这一说法值得商榷。知县在六月二十六日允许火炮留在江门,并在获知王士元的计划后"大喜",看不出有丝毫的担忧,即使是在亲自去过江门后,也仍然有从江门发火药金给杜阮加强防守和命令江门咸鱼栏召集拖船等加强防御的措施,说不上放弃江门。另外,虽然陈殿兰称七月初二知县派县丞将江门火炮运回新会城,但在七月初四实际前往江门的仍是陈殿桂等绅士。③因此,收缴江门火炮应如《新会县志续》所说,是"局议",与知县本身关系并不密切。④

笔者认为,新会的冈州团练公局是这次缴炮令背后的推手,收缴江门火炮是以陈殿兰为代表的弃守江门计划中的一部分。大约在收缴江门火炮的同时,新会县就江门、厓门两处守备问题展开了讨论。在此次会议上,有人主张守住江门、厓门,理由是江、厓两门是东西要冲,守住两处则新会安全可以保证,主守者甚至提出即使江门不自守,也可以由新会派勇代为守备,但该建议被陈殿兰为代表的人所反对,最终被弃置。⑤

这个建议是非常可行的,江、厓两门是通向江门的水道上的关节,守住那里,即使不能阻止洪兵围攻新会,也可以针对洪兵利用水路输送的特点,减弱甚至切断洪兵的补给。但陈殿兰等反对者认为,两门无城可凭而且人心叵测,新会兵勇不足,若再征募则钱粮又不足,而且分兵容易被洪兵的内应乘虚而入。应该说,双方都是有一定道理的,陈殿兰在反对时举了东莞和佛山被洪兵攻下的故事为例,也是颇有说服力的。可是,陈殿兰的反驳意见,除去没有防御工事一条外,其余的都是直接或间接指向防守江门带来的内应问题,联系其一贯言行,可知其对江门人向来不信任,对江门落入敌手也没有负担。更重要的是,他的支持者们数量多到可以否决掉援救江门的方案,则该事件更可能是新会城与江门墟士绅之间矛盾的表现。其时洪兵的威胁日近,新会和江门双方士绅却仍不愿放下成见进行合作,反而各怀心事互相扯皮,攻克江门者,非洪兵也,实是江门、新会士绅也。

战争初期,不仅士绅的民团状况频出,清政府的正规军事力量从人与火器结合的角度

---

① 陈殿兰:《冈城枕戈记》,《广东洪兵起义史料》中册,第905页。
② 陈殿兰:《冈城枕戈记》,《广东洪兵起义史料》中册,第904页。
③ 陈殿兰:《冈城枕戈记》,《广东洪兵起义史料》中册,第905、907页。
④ 同治《新会县志续》,第595页下。
⑤ 陈殿兰:《冈城枕戈记》,《广东洪兵起义史料》中册,第907—908页。

看,问题也相当大。笔者翻阅出版了的《叶名琛档案》,仅找到两份关于演习赏赐的文件,其中一份是道光二十五年(1845)的,另一份未标明时间,据推测应是咸丰年间的。道光二十五年的演习中,规定鸟枪射靶中三枪者赏一两、中二枪者赏五钱,兵赏五百文,而使用抬枪者加三百一十文。①而咸丰年间那份则规定中三枪的官长赏褂一件,千总等赏五钱,兵等则赏三钱。②两相对照之下,咸丰年间的演习取消了命中两枪这一项,也未就使用抬枪加赏,更重要的是,留存的项目的赏赐单就数值上就有所降低,如果考虑到通货膨胀,赏赐更见微薄。由此可见,在本就不多的演习中,官府仍降低赏赐,并未以重赏出勇夫,官兵的训练水平与训练热情不会高到哪里去。要以这样的官兵去迎战洪兵,胜率不问可知。

当然,这种状况随着实战的进行是可以被改变的,如同年六月的翁源守城战中,同样是五百斤炮,一名兵卒就敢用手扶抱以调整射击方向,虽然这件事也被时人归于神助,但笔者倾向于情况紧急时确有此事,只是没有"举重若轻"而已。③然而,并不是所有绅民都会有进步,如前述四会守城时仍有"取我之炮火而炮之"的现象,而当时已经是咸丰九年,距离声势浩大的广州围城战已经过去了五年了。

(二)有关火器的训练、教育与历练

通过前面的论述,笔者大概梳理了洪兵起义期间人与火器之间的一些现象,在此基础上,我们可以探讨一个比较细小的问题,即被卷入此次战争中的人如何掌握与火器相关的知识。

较为容易被想到的一种方法便是从实践中学习。广泛存在于民间的械斗是在实践中学习火器知识的好平台,而这些学习到知识的人,正如前面提到的番禺县珠村和新安县沙井陈姓一族,将在不久以后的战争中将他们学到的东西投入到更大规模的应用。

然而,论及从实践中学,官民眼中的"匪"显然要更胜一筹,可供他们实践的地方更多。据一份署名"胞姪梁健修"的关于番禺澜石乡遭遇劫匪的调查报告中所说,某年十二月二十九日位于番禺县澜石乡的昌隆当店被二百余名匪徒劫掠,该股匪徒除陆路部分外,乘三艘船分三路登岸,抬有炮械、火筒、火药罐等器具,在交战中,澜石乡有劳阿启被大炮轰去脑盖即时身死,梁阿亮炮伤延至次年正月初二身死,另有多人负伤④。梁健修或即同治元年中举之南海县人,则《叶名琛档案》中所收此事应发生在咸丰年间,或者就在洪兵起义以前⑤。通过这个案件可以看到,"匪徒"掌握的器械比较丰富,尤其是用到了械斗中并不常见的火炮,而且也善于利用船只分进合击,并全身而退,纯粹从技术的角度出发,显然是要比乡村中的械斗更有内容。

除去这种相对不频繁出现的情况,日常生活中也有实践中学习的机会,其中最常见的方法就是捕猎。在学习火器使用方面,捕猎是民间参与度最广的,与战斗技巧也有着密切的相关。仍是根据笔者统计,在《刑案汇览》及《清嘉庆朝刑科题本社会史料辑刊》中,总共91

---

① 《叶名琛档案:清代两广总督衙门残牍》第5册,第14页下—15页上。
② 《叶名琛档案:清代两广总督衙门残牍》第8册,第248页。
③ 李黄保:《翁源县守城解围记》,同治《韶州府志》,第482页下。
④ 《叶名琛档案:清代两广总督衙门残牍》第8册,第234页。
⑤ 光绪《广州府志》,第731页上。

件涉火器案件中有 26 件直接或间接与捕猎相关,占总数的 28.6%,可见火器在民间的一大应用便是捕猎,故而通过捕猎学习火器射击技巧的机会显然非常多。而通过捕猎学得的技巧也与战场关系密切,如咸丰四年的新会县围城战,于七月二十六日开始的知政门、蟹口城战斗中,洪兵方面有以捕鸟为业的人,利用知政门本身"不能蔽身"的缺陷,至少击中十余名兵勇,迫使新会守军于同月三十日使用伏炮轰毙之。①由此可以看到,通过捕猎锻炼出的优秀射手,不仅能够杀伤敌方人员,还能有效牵扯敌方的资源分配,打击敌方士气。虽然这与现代意义上的狙击作战仍有一定距离,但显然也可以将之视为现代狙击战的一种雏形,而这实在有赖于日常生活的无心插柳。

另外,被解散的兵勇的流向也值得注意。鸦片战争时曾进入林则徐幕府的梁廷楠在咸丰四年冬至日为黄慎之守戍纪功的文章中提到,鸦片战争的当事者曾募集广州近县无赖子弟数万为勇,教以操演炮械之法,这些人在战后被遣散沦为盗匪,并汇合进洪兵中。②梁氏是鸦片战争和洪兵起义的亲历者,尤其是曾经入幕做宾,他的此种叙述自然是有可信度的,只是一则可惜没有找到相关的人物供词直接证实,二则洪兵起义距鸦片战争也有十余年,有多少旧兵勇还活着都是个问题,这些旧兵勇是否还有这么大影响也不好说。不过,外国人的观察倒是为我们提供了一个旁证。美国人斯卡恩在 1854 年 7 月的一天亲眼目睹了一次官军与洪兵的交战,据他说,洪兵主力部署在一个小山岗上,左边的密林后有一队洪兵,而在他们前面有一批散兵以盾牌作掩护推进,重点是众多的清军以同样的方式进行抵御。③洪兵与官军采用同样的战术,恐怕与那些流入洪兵的旧兵勇不无关系,然而这种战术显然较为落后,在《在华十二年》后面的章节中被斯卡恩一再嘲笑。

还有一种学习渠道需要关注,那就是家族教育。前文曾提到的龙川县贡生彭雷鸣的三十余名娴熟枪法的弟侄,显然在暗示我们,彭氏族人有在家族内部进行较大规模火器知识培训的可能性。但该记载过于简略,使我们无从判断彭氏子弟是否受过有系统的培训。

而曾参加洪兵,并参与围攻省城的何博份(亦作何博奋)在家族教育这个话题下是一个更有价值的考察对象。在下给沙湾何姓绅耆人等的谕令中,官方指责沙湾何姓包庇逆匪何博份,并扣下何姓的何壮猷、何湛以逼迫何姓拿解何博份。关于该事件前文已有讨论,在此不再赘述,需要留意的是在文书中,官方先是指责了沙湾何姓"恃霸逞凶",随后话锋一转,认为"以致出有逆首何博份",是将家族平日的行为与某个个体相联系,也就是认为家族教育是培养出何博份的主因。④笔者以为,家族教育对一个人的影响毋庸置疑,何博份是否会因教育而倾向洪兵,不属于本文讨论的范围,但是考虑到在谕令中提到的被扣押的何壮猷曾率乡勇随官军剿办广西的匪股,后回乡组织团练对抗洪兵,⑤那么沙湾何姓中可能有那么一些人,除了选择不同外,都受到了一定的关于火器与军事的家族教育。而该事件不了了之以后的何博份,也可能通过自己的言传身教,将相关知识传授给族众。

---

① 陈殿兰:《冈城枕戈记》,:《广东洪兵起义史料》中册,第 920 页;谭祖恩:《新会靖变识略》,《广东洪兵起义史料》中册,第 967 页。
② 梁廷楠:《慎之黄守戍歼贼纪功月日记》,《广东洪兵起义史料》中册,第 846 页。
③ [美]斯卡恩:《在华十二年》,《广东洪兵起义史料》下册,第 1846 页。
④ 《叶名琛档案:清代两广总督衙门残牍》第 7 册,第 114 页上下。
⑤ 同治《番禺县志》,《中国地方志集成·广东府县志辑》第 6 册,第 573 页下。

需要指出的是,家族教育延续的时间会比较长,而且可能有实战经验作支撑。如番禺县人黎安澜,其人十四岁即善鸟枪,后入行伍获得升迁,在咸丰四年三十岁率领官军进攻佛岭市洪兵时阵亡,可作为一个典型范例。据记载,他在临死前曾对同在阵中的弟弟黎安淮说,"吾祖剿川楚教匪十余年,未尝退避,我乌可苟免辱先人。汝速归侍祖母与父"①,可见先人对他的影响之深。其祖父黎大经曾参与剿灭苗匪、川楚陕白莲教起义以及海盗张保仔,可谓是一员经验丰富的战将。②黎安澜又能在进入行伍以前的十四岁掌握鸟枪射击的技巧,应该就与此有关。然而黎大经卒于嘉庆十三年(1808),距离咸丰四年三十岁的黎安澜出生至少有十六年,则祖孙未曾相见,无法直接教育,黎安澜和其弟黎安淮的知识来自他提到的"祖母与父"。但黎大经传下只有一子黎松龄,而松龄业儒,明显没有积累战争经验的可能,那么"祖母与父"的知识,只能是得自黎大经。于是来自实战的火器知识在黎家当中,伴随着祖上的功业,成为了家族记忆中的一部分,而流传至少两代。

最后,笔者以为,正是这种有多种火器知识传播途径的环境,使得学到火器知识的人大为增加,为专业的鸟枪手的不断出现提供了条件。这些专业的鸟枪手活跃在很多地方,既可以被雇佣于保境安民,也容易被如潮州的枫洋各匪等的造反者所雇佣。③同时,一些学得本事的专业或半专业人才,会依靠包括亲戚关系在内的途径,在各方势力之间频繁流转,如曾在洪兵处管造火药的萧茂、萧芳,就通过亲戚黎某的关系,进入了番禺县马务乡的安良局,而在番禺知县指名要求逮捕他们以后,他们又带人斩碎团练大旗,脱离公局。④又如前述进攻广宁县的洪兵头领郑大口金,降清后改名郑绍忠,成为广东安勇的领袖。⑤

(三)战争是技术的试验场

火器知识除了枪炮的使用方法外,还有包括制造与爆破应用在内的多种内容。在这些方面,有许多人提出过自己的方案,而洪兵起义为这些或实用或荒诞的计划提供了一个检验的机会,经过实践的检验,有用的方法会被流传,而无用的方法会被抛弃。

由于清代军器生产常常发给民人承包⑥,因此实际上在官方的准许之下,民人很早就开始深度涉足火器技术领域。广东在这方面显然走在前列,例如十三行行商潘仕成,就曾经奉命制造战船。⑦该种战船仿自英国样式,船上武备也全部交由潘仕成负责。⑧虽然潘仕成是行商,可以说有官方身份,但在要求其造船的上谕中特别强调了"断不许令官吏涉手",可见主要操持者应当是民间人士。实际上潘仕成和他的团队走得更远,在制造船用枪炮以外,他还雇用了美国人壬雷斯来配制火药和制造水雷。⑨虽然这些技术在官方层面似乎没了下文,但参照前面提到的鸦片战争时招募的兵勇流向洪兵的例子,我们也不能排除它们流入民间

---

① 同治《番禺县志》,第 574 页上下。
② 同治《番禺县志》,第 562 页下至 563 页上。
③ 陈坤:《潮乘备采录》,《广东洪兵起义史料》中册,第 1078 页。
④ 无撰文人:《番禺县马务乡起事情形》,咸丰五年(1855),《广东洪兵起义史料》上册,第 233 页。
⑤ 赵尔巽等:《清史稿》,北京:中华书局,1973 年,第 12678 页。
⑥ 邱捷:《近代中国民间武器》,北京:社会科学文献出版社,2012 年,第 9 页。
⑦ 《叶名琛档案:清代两广总督衙门残牍》第 1 册,第 457 页下—458 页上。
⑧ 《叶名琛档案:清代两广总督衙门残牍》第 1 册,第 454 页上下。
⑨ 《叶名琛档案:清代两广总督衙门残牍》第 1 册,第 471 页上—472 页下。

的可能性。

洪兵起义期间,如笔者前面提到的,各方都在制造或尝试制造武器,然而除去制造武器本身,其制造技术的流动也是相当值得关注的。前面提到过的咸丰四年出现在高要的洪兵试图铸造火炮时,时人记载特别强调了用到了来自佛山的工匠,而佛山在铸造火炮方面有相当的规模和技术积累,可见这些技术对于义军来说必然不是无源之水,甚至可以推测,前面提到的潘仕成所引进的技术,可能会通过这种方式流入洪兵当中。①而与之类似,肇庆人陈中孚也是通过招募南宁来的工匠开展他最初的爆竹生意。②由此可见,制造技术的最直接流动方式是通过熟练工匠进行的,或是利用他们来制造,或是从他们处偷师。在这方面咸丰七年出现在信丰的翟火姑部洪兵似乎也是如此,他们也铸造火炮,但如果光凭熟练工匠的话,似乎无法解释他们是如何想到和制造出专用于攻城的吕公车的。③

笔者以为,洪兵在攻城技术和攻城器械的制造与应用方面,必然有部分知识分子和士绅参与其中。笔者于《叶名琛档案》中发现了一份前面提到过的署名为"玉芝堂"的献给围攻广州城的洪兵统领甘先的策略,在该策中,"玉芝堂"主张挖掘地道到城东门下,然后"着人在地下用火炮攻穿东门城里当道之地",为使洪兵便于理解,作者还强调挖掘地道的手法"与取煤法子一般"④。"玉芝堂"是何许人我们并不知晓,但从行文和该化名来看,应是一个文化素养较好的人,可能就是参与洪兵起义的某名士绅,这也可以说明,知识分子或士绅会将他们学到的攻城知识通过各种渠道传播,也就会传播到起义的洪兵当中。值得一提的是,这种爆破攻城法经过了实战检验,为洪兵多次使用,不过由于各种原因有成功也有失败。

实际上在战争时期,除去以上有用的技术,也会有相当多荒诞的技术被提出甚至被应用,其效果也可想而知。例如前文提到的新会洪兵"草船借箭",或许就是受《三国演义》影响而制定的策略,然而并无效用。⑤而在第二次鸦片战争时期,曾经参与进剿洪兵的番禺沙茭局邬菁华、李玉培等向叶名琛上呈"火攻节略",提到要水勇头顶火药二三斤,顺流而下到海珠、大王滘劫炮台,利用头顶的火药在炮台炮门处燃烧放出烟雾为掩护。⑥虽然绅士们知道要毁坏对方的武器,也知道要利用烟雾进行掩护,但要水勇头顶火药顺流而下,火药难免不湿水受潮,仅此一点就可看出该方案的荒诞之处。同时也说明,即使经历过战争,人们也可能在制定新的作战方案的时候一厢情愿。

结　语

从火器的角度看,洪兵起义既不是起点,也不是终点,倒更像是一个横截面,通过围绕这次起义的社会动员,截出了日常生活的一个面相,敌对双方的军事资源来自民间,过后战

---

① 宣统《高要县志》,405页上。
② 宣统《高要县志》,282页上。
③ 吴秉衡:《信丰守城记事略》,《广东洪兵起义史料》中册,第1128页。
④ 《叶名琛档案:清代两广总督衙门残牍》第7册,第124页上至125页下。
⑤ 谭祖恩:《新会靖变识略》,《广东洪兵起义史料》中册,第972页。
⑥ 《叶名琛档案:清代两广总督衙门残牍》第8册,第388页上下。

争中积累的军事资源又回流民间,从近处而言,洪兵起义推动了随后的广东土客大械斗,而向前追溯,我们甚至可以看到数十年前川楚陕白莲教起义的影子。

若将洪兵起义比作烈火燎原,那么火器就是接引火星的枯草,火不因之而起,却借以扩大其势。由是,我们再去审视"官逼民反"这一传统话题时可以发现,民众正是用他们最熟悉的日常生活手段,试图实现自己无法在和平状态下实现的政治诉求,无论红白皆是如此。

孔飞力认为,南方农村由于它的持续的军事化状态,成了培育军事领导和军事技术的场所,在 19 世纪中叶的内战中为正统和异端两方面的部队都提供了新成员。①该结论为研究土客械斗的刘平所引,用以解释客家人民情犷悍之原因。②虽然如前所述,洪兵起义过后有不少军事资源流入了民间,但从前面的论证可以看出,兵士的射术可能来自捕猎经验,攻城技术可能来自采矿技术,购置武器和运输的渠道来自走私、渔船和洋盗,与其说是持续的军事化状态提供了资源,不如说是日常生活中的生产经验起了作用。

军事技术与军事人才并不直接产生于对抗之中,而是日常生活的习惯受对抗的检验,人们在现实中认识到哪些日常技巧可以被运用,哪些书本记载可以被再现,以及哪些过去的经验可以再次使用。而所谓的客家人"民情犷悍",不可否认是激烈对抗的现实刺激之下的结果,但在其中,军事方面的因素占的比例显然要小得多,因为使用暴力的技巧一直在日常生活之中,只是看何时需要运用而已。

另外,似乎也应该注意水对起义的意义。马汉有言,海洋之所以重要,是因其可以成为"高速公路",无论旅行还是运输,总比陆路便宜、方便。③此规律显然也适用于内河,而且从洪兵起义的经验看,水路是洪兵军需上重要的倚赖,甚至是重炮运输的唯一有效途径。于是我们可以看见,起义初期,掌握水路的洪兵势不可挡,而一旦水路优势落入官军之手,则洪兵平日所积累的资源将消磨殆尽,衰败不可避免。

这些日常生活中的暴力元素向军事资源转化的效率也是需要注意的,制造技术的转化会相对容易,而战术的转化就不一样了。也许有人会将斯卡恩对洪兵战斗素质的嘲笑当作所谓军事落后的一种证据,然而即使是在二战中,美军也通常仅有 15% 至 25% 的士兵开枪,击中目标的则更少。兰德尔·柯林斯指出这是因为大部分人在战斗情境中因为紧张和恐惧不同程度地丧失了行动能力④,由此可见,日常经验虽然是军事行动的基础,但要真正向军事行动转化,其效率并不如我们想象得那么高,因为军事行动的紧迫性显然会将原来存在的一些问题加以放大。

不过柯林斯也同时指出,指挥官的有效命令会使得士兵的开火率上升。由此看来,军官,尤其是直接面对兵士的中下级军官相当重要,在双方水平相当的情况下,军官素质的高低影响着战局的走向。而在培养中下级军事人才方面,宗族和家族教育显然是当时环境下较为有效的手段,甚至可能比正规军更有效。更重要的是,地方军事组织还可以接收来自军队和反叛者的人才。从这个角度出发,虽然笔者认同一些研究指出的因办团练而使乡村进

---

① [美]孔飞力著,谢亮生等译:《中华帝国晚期的叛乱及其敌人》,北京:中国社会科学出版社,1990 年,第 80—81 页。
② 刘平:《被遗忘的战争——咸丰同治年间广东土客大械斗研究》,第 38 页。
③ [美]马汉著,宋毅译:《海权论》,武汉:华中科技大学出版社,2016 年,第 27 页。
④ [美]兰德尔·柯林斯著,刘冉译:《暴力:一种微观社会学理论》,北京大学出版社,2016 年,第 46—47 页。

入军事化时代,并有绅权扩张随之而来①,族权在此过程中重建②,但国家在这件事上更多的是承认现状,无法从人才上断绝士绅权力的暴力保障,因此国家与地方之间围绕团练的冲突与调适最终走向权势转移与国家威权衰微③,也就不足为奇了。

作者简介:林旭鸣,南开大学历史学院博士研究生。

---

① 许枫叶:《清末地方军事化中的国家与社会——以"团练"言说为中心的考察》,《西南民族大学学报(人文社会科学版)》2017年3期,第235页。
② 王继平:《晚清湖南乡村社会组织与社会动员》,《近代中国》第28辑,上海社会科学院出版社,2018年,第259页。
③ 何文平:《清末地方军事化中的国家与社会——以广东团练为例》,《学术研究》2009年第9期,第114页。

【宗族问题】

北齐政权下虏姓士族的命运沉浮

王春红　卢向前

【摘　要】 虏姓士族在北齐政权下的命运,从昙刚《山东士大夫类例》对其阙而不载、宋世良献书的主张、宋孝王《关东风俗传》的评价、文宣帝下令"滥戮诸元"等,可以很清晰地看到,其不仅不被民间姓氏书认可、收录,而且北齐统治者对之采取了防范、排斥,直至严厉打击的措施。在这样的生存环境中,北齐一系虏姓士族的发展受到了非常明显的影响,以致其在虏姓士族整个群体之后的发展史上也没能占据一定的席位和产生重要的作用。

【关键词】 北齐;虏姓士族;昙刚;宋世良;宋孝王

一、引　言

本文之"虏姓士族"是"代北虏姓士族"的简称,系指原出代北地区,后随孝文帝南迁洛阳,在北魏太和十九年(495)定姓族[①]时,被皇权力量人为确定为士族的那部分鲜卑贵族。这些人在北魏末年,受到了自河阴之变开始的一系列政变、动乱、起义等的沉重打击。但其残存势力和乘魏末动荡崛起于六镇的势力,共同组成了此后虏姓士族的主体,之后直至唐初,一直是政治舞台上的主角。后随着关陇集团的解体,和整个士族群体的中央化,虏姓士族也如其他汉姓士族一样成为皇权掌控下的一帮臣吏。最终于唐末,彻底退出了历史舞台。

在虏姓士族自北魏太和至唐末的413年[②]的存在过程中,影响其命运沉浮的一个持续而明显的因素是皇权力量的左右。[③]在北齐政权统治下,虏姓士族的命运如何?现所见及史料中,尚未发现北齐皇权通过官定姓族对之产生影响的记载。但从昙刚《山东士大夫类例》、宋世良献书、宋孝王《关东风俗传》等记载中,可以很清晰地看到。对于此,学界前贤略有涉

---

① 关于北魏孝文帝太和定姓族问题,笔者有拙文单独论及。详见卢向前、王春红:《光极堂大选与品令》,《浙江大学学报》(人文社会科学版)2010年第4期,第88—95页。
② 从北魏太和十九年(495)孝文帝下诏定姓族始,到907年唐朝灭亡止。
③ 参见王春红:《皇权的日益扩张——北魏及唐几次官定姓族之共性》一文,刊《信阳师范学院学报》(哲学社会科学版)2009年第6期,第143—147页。文章指出从北魏孝文帝到唐玄宗多次通过官修姓族以达到按皇权意愿调整、重建政治秩序,重新排列统治阶层的序列等级,以达到适应统治形势,巩固统治的目的。

及,如关于《山东士大夫类例》的编撰时间、目的、影响、为何署为僧昙刚以隐其名氏[①],宋孝王《关东风俗传》中侯景的氏族及响应侯景叛乱的河南侯氏[②]等问题。前贤的研究为本文提供了宝贵的启示和借鉴,但因为研究视角的不同,他们并非专就房姓士族展开讨论,所以本文以这些文献记载为基础对北齐政权下房姓士族的命运沉浮进行专题性探讨,有很大的研究空间和探索意义。

二、从《昙刚类例》看房姓士族

如上所言,在现有史料中,还没有发现关于北齐皇权官定姓族的相关记载,或者说北齐皇权就没有进行过官定姓族。但在民间,确曾有过编撰姓氏书的行为,就是昙刚的《山东士大夫类例》,又称《昙刚类例》。考察它的内容,能见北齐房姓士族地位之一斑。

《昙刚类例》早已散佚,今仅有些许内容可见。《大唐新语》卷九"著述"条,记载了昙刚修纂《类例》之事:

> 代(按:即世)有释昙刚制《山东士大夫类列》三卷。其假冒者悉不录,署云"相州僧昙刚撰"。左散骑常侍柳冲,亦明氏族,中宗朝为相州刺史,询问旧老,咸云自隋朝以来,不闻有僧昙刚。盖惧见害于时,而匿其名氏耳。[③]

关于《昙刚类例》,首先分析其编撰背景、目的。对此,《大唐新语》并没有明确交代,但联系魏晋南北朝的时代特色,可以做出基本的推测。魏晋南北朝是中国历史发展长河中的一个大的分裂动荡时期,也是中古门阀士族发展过程中一个彰显特色的时期。因客观上归属于不同政权,曹魏、两晋、南朝宋齐梁陈、北朝的北魏、东西魏及北齐、北周,所以门阀士族的发展也呈现出不同的特色。但有一个共同规律,就是变乱动荡的世态,必定会造成门阀士族队伍人员的新旧更替。北齐政权统治下的士族群体,也是如此,既包括传统意义上的旧门阀之家,也包括在动荡中乘机崛起的新贵。同时,作为魏晋隋唐中古门阀制度发展过程中的一个时段,北齐必然也是推崇门阀制度,向往士族身份的。所以,传统旧门阀会极力维护自己的士族身份,而新贵们则要千方百计地挤入门阀队伍,也就是《昙刚类例》所谓的"假冒者"。为了维护北齐政权下的门阀秩序,昙刚要单独编纂一部姓氏书。

继续分析《昙刚类例》的编撰时间、收录范围、性质。到唐中宗朝,熟谙姓族的柳冲借任相州刺史之机,在当地询问"旧老",昙刚为何人? 得到的回答是,"咸云自隋朝以来,不闻有

---

① 胡如雷:《门阀士族兴衰的根本原因及士族在隋唐的地位和作用》,载氏著《隋唐五代社会经济史论稿》,北京:中国社会科学出版社,1996年,第306页。田延柱:《隋唐士族》,西安:三秦出版社,1990年,第153页。郭锋:《〈山东士大夫类例〉与北朝郡姓评定若干问题考察》,载氏著《唐史与敦煌文献论稿》,北京:中国社会科学出版社,2002年,第130—169页。郑欣:《魏晋南北朝史探索》,济南:山东大学出版社,1989年,第44页。

② 李万生:《侯景的氏族及相关问题》,《北京大学学报》(哲学社会科学版)2000年第5期,第149—151页。陈爽:《世家大族与北朝政治》,北京:中国社会科学出版社,1998年,第163—164页。

③ (唐)刘肃:《大唐新语》卷九《著述》,引自《唐宋史料笔记丛刊》,北京:中华书局,1984年,第134页。

僧昙刚"。说明成书时间在隋之前,也就是北齐时期。①名之为《山东士大夫类例》,说明收录对象仅限于北齐境内的门阀士族。撰者署云"相州僧昙刚",则说明是一次民间自主的私人撰述行为。

至于撰者为什么署云"相州僧昙刚"及其真实身份,目前有两种推测。一种是刘肃在《大唐新语》中的直接推测,即"惧见害于时,而匿其名氏"。其他唐宋文献和今天的学者中也有沿用这一说法者。②本文认为,如果昙刚是"惧见害于时,而匿其名氏",为什么不直接署名"昙刚"或"僧昙刚",这样不是更简单,更便于隐匿身份。另外一种是本文的间接推测,即编撰者的真实身份和名字有可能就是相州僧人昙刚。邓文宽在《敦煌文书位字七十九号〈唐贞观八年五月十日高士廉等条举氏族奏抄〉辨证》中指出:

> 历史记载表明,自汉以来,世间为他人撰写墓志、传记、称颂功德以及写其他一些纪念性文字时,常须述及里贯,如果出自士族,更要标明郡望。至唐,此风未消。……中原如此,河西也不例外;俗间乐于此道,僧界好尚颇同。……寺院里既无婚媾问题……需要这类有关氏族的文书,就只能有两种解释:一是写邈真赞或传记时,需要辨别某人是何处士族,这由寺院的实际需要所决定;二是因习尚看重士族、郡望,故用以对僧徒进行谱学知识的教育。……谱学知识乃是当时一般仕子和僧众必备的常识。这两种可能虽系推测,但或许较为切当。舍此,很难再作其他解释。③

据邓氏之推测,北齐时有一名昙刚的相州僧人编撰一部姓氏书,似乎是有可能的。

为了验证北朝隋唐时期,僧人是否如邓氏所言普遍具备谱学知识、参与士族墓志碑记等的撰写问题,本文对出土的北朝隋唐墓志碑刻④进行了统计。发现在目前出土的相关墓志碑刻中,大部分没有出现撰述者的信息。在可知撰述者的墓志碑刻中,由僧人撰述的数量非常少,仅有15例,其中还包括3例撰述的僧人与志主之间为亲戚或同为僧侣关系。具体情况如下:

首先,是撰述的僧人与志主之间为亲戚或同为僧侣关系的3例。

杨作龙等编《洛阳新出土墓志释录》记载:

> 唐故太原王府君(干)天水赵夫人墓志铭,季弟沙门道振述。唐长庆元年(821)七

---

① 郭峰认为是一部成书于齐隋之际的私撰谱牒类著作。郭峰:《〈山东士大夫类例〉与北朝郡姓评定若干问题考察》,载氏著《唐史与敦煌文献论稿》,第130页。

② (唐)刘𫗧:《隋唐嘉话》,引自《唐宋史料笔记丛刊》,北京:中华书局,1979年,第44页。(宋)王谠撰,周勋初校证:《唐语林校证》,引自《唐宋史料笔记丛刊》,北京:中华书局,1987年,第175页。胡如雷:《门阀士族兴衰的根本原因及士族在隋唐的地位和作用》,载氏著《隋唐五代社会经济史论稿》,第306页。

③ 邓文宽:《敦煌文书位字七十九号〈唐贞观八年五月十日高士廉等条举氏族奏抄〉辨证》,《中国史研究》1986年第1期,第84—85页。

④ 包括朱亮:《洛阳出土北魏墓志选编》,北京:科学出版社,2001年。许宝驯:《北魏墓志百种》,上海书画出版社,1987年。赵超:《汉魏南北朝墓志汇编》,天津古籍出版社,1992年。罗新、叶炜:《新出魏晋南北朝墓志疏证》(修订本),北京:中华书局,2016年。毛远明:《汉魏六朝碑刻校注》,北京:线装书局,2008年。王其祎、周晓薇:《隋代墓志铭汇考》,北京:线装书局,2007年。周绍良、赵超:《唐代墓志汇编》,上海古籍出版社,1992年。周绍良、赵超:《唐代墓志汇编续集》,上海古籍出版社,2001年。吴钢:《全唐文补遗(千唐志斋新藏专辑)》,西安:三秦出版社,2006年。

月九日卒,宝历二年(826)十一月十五日合葬。①

《唐代墓志汇编》所收出现撰述者的墓志975例,其中署名为僧人的10例,这10例中包括1例署名"门人供奉谈论大德沙门锐璨"撰述的《大唐荷恩寺故大德法津禅师塔铭》。②《全唐文补遗》(千唐志斋新藏专辑)所收出现撰述者的墓志233例,其中署名为僧人的仅4例,这4例中包括1例是署名"僧清江"撰写的《唐故安国寺清源律师墓志》。③《唐代墓志汇编》975:10,《全唐文补遗》(千唐志斋新藏专辑)233:4的比例,充分说明僧侣不仅没有普遍参与士族墓志碑记的撰写,而且是很少参与。

其次,是僧侣为士族撰写的共有12例,列表如下。

表1 僧侣撰写士族墓志碑记一览表

所撰墓志的名字	撰墓志时的署名	墓志引用出处
唐故太原王府君墓志	嵩岳沙门温雅	《唐代墓志汇编》贞元〇九八,第1907页。
唐故左卫率府兵曹参军李府君墓志	魏国寺沙门灵沼	同上贞元一〇七,第1914页。
唐云麾将军河南府押衙张府君夫人上党樊氏墓志	大圣善氏沙门至咸	同上永贞〇〇三,第1942页。
唐故边氏夫人墓记	大圣善寺沙门文皎	同上元和〇五四,第1987页。
广平郡宋氏夫人墓志	大圣善寺沙门齐诸	同上元和一四七,第2053页。
唐故文林郎试左金吾卫兵曹参军武骑尉何公墓志	扬州龙兴寺沙门惟一	同上大和〇〇二,第2096页。
唐故越州卫前总管杜府君墓志	山阴沙门东乂	同上大和〇一八,第2109页。
唐故朝议郎行内侍省官闹局丞员外置同正员上柱国同府君墓志	内供奉三教讲论引架赐紫大德沙门清澜	同上大和〇六二,第2297页。
唐故乐阴郡先妣夫人董氏墓志	沙门道	同上乾宁〇〇二,第2530页。
袁氏孝女(梵仙)墓志	沙门湛然	《全唐文补遗》(千唐志斋新藏专辑),第205页。
唐故朝议郎行河南府河阳县尉李君(璠)墓志	东京大福先寺沙门湛然	同上,第243页。
故李府君(弘)墓志	福先寺沙门至辩	同上,第325页。

通过上述统计、分析可以看出,在北朝隋唐时期,僧人并没有积极地参与到当时社会墓志碑刻等的撰述中去,所以如邓文宽的推测,僧人为了撰写墓志碑刻等需要熟知士族的郡望等谱学知识,是不成立的,也就难以进一步据此推断昙刚的真实身份和姓名。

简言之,就目前所见史料,难以判断《昙刚类例》撰者为何署名"相州僧昙刚"及其真实身份,暂不做定论。不过,本文在上述两种推测的基础上,有一个进一步的思考,即无论撰者

---

① 杨作龙等编:《洛阳新出土墓志释录》,北京图书馆出版社,2004年,第358页。
② 周绍良、赵超:《唐代墓志汇编》元和〇一二,第1956页。
③ 吴钢:《全唐文补遗》(千唐志斋新藏专辑),第258页。

的真实身份和姓名是否是僧昙刚,在前面加一个郡望"相州",与士族门阀标榜郡望的习惯是一样的,说明当时社会门阀观念浓厚,编撰者对于门阀制度的维护和对于士族郡望的推崇。

至于《昙刚类例》的编撰原则,"假冒者悉不录",一方面说明了北齐社会承袭北魏传统,仍然是门阀社会,存在浓厚的士族门第观念,而且士庶之别确实会影响到个人、家族的现实利益,不然就没必要去假冒士族身份。另一方面说明,昙刚正是想通过修撰《类例》,以达到划清士庶界限、明辨士庶之目的。所以,才会有凡是"假冒者"一律剔除的编撰原则。这与柳芳"氏族论"的"北齐因仍"、非'四姓'不在选"的精神实质是一样的①,都是继北魏孝文帝之后对汉姓士族门第等级的尊崇和维护士族门阀利益决心的表现。

关于《昙刚类例》的内容,在《新唐书》卷一九九《柳冲传》附柳芳"氏族论"中有些许记载:

> 江左定氏族,凡郡上姓第一,则为右姓;太和以郡四姓为右姓;齐浮屠昙刚《类例》凡甲门为右姓;周建德氏族以四海通望为右姓;隋开皇氏族以上品、茂姓则为右姓;唐《贞观氏族志》凡第一等则为右姓;路氏著《姓略》,以盛门为右姓;柳冲《姓族系录》凡四海望族则为右姓。不通历代之说,不可与言谱也。今流俗独以崔、卢、李、郑为四姓,加太原王氏号五姓,盖不经也。②

柳芳作为"通历代之说"的谱牒学家,所列不同朝代编撰姓氏书之"右姓",虽入选标准不一,但其精神实质一致,能够被称之为"右姓"的,都是各个朝代门阀士族中的最高等级。唐长孺指出:

> 柳芳所云"右姓"指的是高级士族,大致是全国性的高门,而非所有士族。南北朝州郡籍上著录为士族的非常之多,其中不乏伪滥假冒之辈……他们在法律上被承认为士族,却并不能获得社会的承认,也不能完全反映到姓氏书中,事实上现实中法律所承认为士族的总比姓氏书中所记载的多得多。③

唐氏对柳芳"右姓"的分析,与本文观点基本一致。其同时指出一个问题,就是士族分两类,一类是国家法律认可,被载入籍的士族,一类是社会世俗认可的士族。二者的矛盾之处在于判定士族的国家法律标准和社会世俗标准不一致,且互不认可。不难想见,出身代北的房姓士族,自出现伊始就是北魏孝文帝皇权作用下的结果,是典型的法律认可的士族,所以是不会入昙刚之法眼,作为所谓的"假冒者"是不会被收入《类例》的。

柳芳"氏族论"记载北齐昙刚列入"右姓"的具体标准是"凡甲门"。关于"甲门",检索史籍,仅见"(南)宋邓名世撰,而其子椿年次之"之《古今姓氏书辩证》卷五"崔氏"条之记载:

---

① 关于北齐之"非'四姓'不在选"问题,笔者会另行撰文阐述。
② (宋)欧阳修、宋祁:《新唐书》卷一九九《柳冲传》,北京:中华书局,1975年,第5678页。
③ 唐长孺:《魏晋南北朝隋唐史三论》,北京:中华书局,2011年,第370页。

又魏旧定清河崔为第一甲门。释昙刚《类例》曰：崔怀兄弟并青州崔肇次卢、郑之后，崔㥄及青州崔亮次之，崔隆宗为后。旧定博陵崔为次甲门，昙刚《类例》曰：先崔昂，次崔季舒及齐州崔光。李公悑《类例》，则首崔楷，后季舒。又旧甲乙门者，崔楷、长瑜为先，子枢、季舒次之。旧博陵崔在乙门者，昙刚以崔暹入第五件（按："件"字疑"门"字传写之误），李公掩则首崔敬宽、次崔暹。①

从这条记载可以明白，为什么柳芳"氏族论"中记载的《昙刚类例》是"凡甲门为右姓"，原来在旧定的门阀等级中，"甲门"下面，还进一步细分为"第一甲门"、"次甲门"等不同的等级，而现在，都被《昙刚类例》纳入"右姓"。其中的"魏旧定"者及含有"旧"字者，当为北魏"太和郡四姓"②。李公掩（悑）之《类例》，不见正史载录，而李公掩其人，《资治通鉴》卷一九二《唐纪八》，唐太宗贞观元年（627）条载：

冬，十月，乙酉，遣员外散骑侍郎李公掩持节慰谕之。（考异曰：《魏文贞公故事》作"李公淹"，又有前蒲州刺史韦叔谐偕行。今从《实录》。）③

又李公淹见于《隋书》卷六七《虞世基传》等，是时为窦建德下属。此李姓者，当为一人，要之，为隋唐间人。置之不论。

还有一条史料，可作为房姓士族不会被昙刚收入《类例》的佐证。《职官分纪》卷四十"司马"条对"天下甲门"的解释为：

袁谊为苏州刺史，司马张沛者即侍中文瓘之子。谊谒之曰："司马何事？"沛曰："此得一长史，是陇西李亶，天下甲门也。"谊曰："司马何言之失？门户须历代人贤，名节风教为衣冠顾瞩，始可称举。"④

袁谊作为自南朝刘宋以来的老牌门阀士族之家——陈郡袁氏的裔孙，其判断甲门的标准自是代表了传统的社会世俗标准，也就是需要几代人才、名等实力的持续累积。所以，出身代北，历经战乱，以武略军功见长的房姓士族，自是算不得士族的，也就不会被收入《昙刚类例》之中。

又《旧唐书》卷七二《虞世南传》记载：

虞世南字伯施，越州余姚人，隋内史侍郎世基弟也。祖检，梁始兴王谘议，父荔，陈太子中庶子，俱有重名。⑤

---

① （宋）邓名世撰，王力平点校：《古今姓氏书辩证》，南昌：江西人民出版社，2006年，第78—79页。
② 关于北魏孝文帝太和郡四姓问题，笔者会有另文阐述。
③ （宋）司马光：《资治通鉴》卷一九二《唐纪八》，北京：中华书局，1956年，第6039页。
④ （宋）孙逢吉：《职官分纪》卷四十《司马》，北京：中华书局，1988年，第756页。
⑤ （后晋）刘昫：《旧唐书》卷七二《虞世南传》，北京：中华书局，1975年，第2565页。

虞世南后由南入北,曾与李守素论天下氏族:

> (李守素)尝与虞世南共谈人物,言江左、山东,世南犹相酬对;及言北地诸侯,次第如流,显其世业,皆有援证,世南但抚掌而笑,不复能答。①

从虞世南的家世出身和其对江左、山东士族的了解程度而言,在论及北人氏族时却浑然不晓,说明昙刚《类例》,他不会看不到,看到而说不上房姓士族的状况,更可见本文的推论是站得住脚的,而房姓士族在北齐之地位可想而知。

此外,再探讨一下《昙刚类例》在当时社会中的地位和影响。因为柳芳"氏族论"是将历代姓氏书放在一起进行研究,能够被其选取的都是非常有影响力的姓氏书。《昙刚类例》作为北齐唯一入选的姓氏书,其在当时的地位和影响可想而知。北齐如此有影响的姓氏书,不收入房姓士族,那房姓士族在北齐的地位一目了然。假若联系下面的宋世良献书等记载,则更可见北齐政权下房姓士族之命运了。

三、从"宋世良献书"看房姓士族

北齐统治者对于房姓士族的态度、政策,在宋世良的献书中有相关记载。《通典》卷三《食货三》之"乡党·北齐"条:

> 时宋世良献书,以为"魏氏十姓八氏三十六姓,皆非齐代腹心,请令散配郡国无士族之处,给地与人。一则令其就彼仕宦,全其门户,二则分其气势,使无异图"。文宣(高洋)不纳。数年之后,乃滥戮诸元。与其酷暴诛夷,未若防其萌渐,分隶诸郡。②

宋世良其人,据《北齐书》卷四六本传记载:"字元友,广平人"③,可知其出身汉姓士族之名门广平宋氏。宋世良献书的动机当与北齐境内之地方大族势力和侯景之乱有关。《通典》载宋孝王撰《关东风俗传》曰:

> 昔六国之亡,豪族处处而有,秦氏失驭,竞起为乱。及汉高徙诸大姓齐、田、楚、景之辈以实关中,盖所以强本弱末(按:分封同姓为王)之计也。文宣之代,政令严猛,羊、毕诸豪,颇被徙逐。至若瀛、冀诸刘,清河张、宋,并州王氏,濮阳侯族,诸如此辈,一宗近将万室,烟火连接,比屋而居。献武(高欢)初在冀郡,大族猬起应之。侯景之反,河南侯氏几为大患,有同刘元海、石勒之众也。凡种类不同,心意亦异,若遇间隙,先为乱阶。④

---

① (后晋)刘昫:《旧唐书》卷七二《李守素传》,第2584页。
② (唐)杜佑:《通典》卷三《食货三》,北京:中华书局,1988年,第62—63页。
③ (唐)李百药:《北齐书》卷四六《宋世良传》,北京:中华书局,1972年,第639页。
④ (唐)杜佑:《通典》卷三《食货三》,第62页。

这则材料向我们显示了如下信息：一是关东地区地方大族势力强大，在高欢羽翼尚未丰满之时，他们可以群起响应，成为高欢的支持、依靠对象。北齐建立后，随形势变化，他们成为高氏政权欲巩固统治，所必须防范的对象。二是北齐还有比这些地方大族更危险、更易于为患的侯景之类，即所谓异族出身者。

山东地区本就是汉姓士族旧门盘踞之地，他们在当地拥有强大的势力和影响，如上引"瀛、冀诸刘"之刘叔宗、刘海宾。据《北齐书》卷二一《高乾传刘叔宗附传》记载：

> 叔宗字元纂，乐陵平昌人。和谨，颇有学业，举秀才。稍迁沧州治中。永安中，加镇远将军、谏议大夫。兄海宾，少轻侠，然为州里所爱。（高）昂之起义也，海宾率乡闾袭沧州以应昂，昂以海宾权行沧州事。前范阳太守刁整心附尔朱，遣弟子安寿袭杀海宾。叔宗仍归于昂。中兴初（北魏节闵帝年号，531），高祖除前将军、廷尉少卿。①

还有刘孟和，《北齐书》卷二一《高乾传刘孟和附传》记载：

> 自昂初以豪侠立名，为之羽翼者，呼延族、刘贵珍、刘长狄、东方老、刘士荣、成五、韩愿生、刘桃棒；随其建义者，李希光、刘叔宗、刘孟和。并仕宦显达。
>
> 孟和名协，浮阳饶安人也。孟和少好弓马，率性豪侠。幽州刺史刘灵助之起兵也，孟和亦聚众附昂兄弟，昂遥应之。及灵助败，昂乃据冀州，孟和为其致力。会高祖起义冀州，以孟和为都督。②

又清河张氏之张僧皓，据《魏书》卷七六《张烈传弟僧皓附传》记载：

> 好营产业，孜孜不已，藏镪巨万，他资亦称是。③

这些拥有一定武装实力和经济基础的山东地方大族势力，在天下局势动荡之机，为了自己的利益需求常常成为不稳定因素。如魏末之时，其中一些即聚众叛乱。在528年，"八月，太山太守羊侃据郡引萧衍将军王（僧）辩攻兖州"④。又531年，"清河崔祖螭聚青州七郡之众十余万人围东阳"⑤，张僧皓与同。⑥当孝庄帝被害时，山东豪族又纷起反尔朱荣，"瀛、冀诸刘"的刘孟和、刘叔宗等均参与其间。

这些山东大族虽大多拥有一定的武装基础，但并不统一，战乱时可以拥众自保，但真正遇到高欢这样有野心者，还是有所顾虑的。《北齐书》卷二一《高乾传》记载：

---

① （唐）李百药：《北齐书》卷二一《高乾传刘叔宗附传》，第299页。
② （唐）李百药：《北齐书》卷二一《高乾传刘孟和附传》，第299页。
③ （北齐）魏收：《魏书》卷七六《张烈传弟僧皓附传》，北京：中华书局，1974年，第1687页。
④ （北齐）魏收：《魏书》卷十《孝庄纪》，第260页。此当为《关东风俗传》所谓"羊、毕诸豪，颇被徙逐"之一原因。
⑤ （北齐）魏收：《魏书》卷一一《前废帝广陵王传》，第274页。
⑥ 如同此等汉姓士族与南朝之关系，本文虽并未进一步涉及，但实在是非常值得注意的。

> 高祖(高欢)出山东,扬声来讨,众情莫不惶惧。①

最后,双方在各自的利益需求与考虑下,达成一致,即所谓"献武帝在冀郡,大族犄起应之"。

到北齐文宣帝高洋时,面对地方大族林立的情况,虽然由于"政令严猛",诸如"羊、毕诸豪"已被"徙逐",但还有"瀛、冀诸刘,清河张、宋,并州王氏,濮阳侯族"之辈,"一宗近将万室,烟火连接,比屋而居",势力非常强大者在。他们自魏末以来,时而聚众应和南齐,时而反尔朱氏,时而又响应高氏。以此来看,他们的武装动向是随形势变动而时时调整的,是以自身的利益为转移的。在北齐欲进行统一统治的局势下,不能不考虑他们的利益需求与潜在威胁。

在宋孝王看来,更为危险的侯景之类,叛乱的根底在于"种类不同"而"心意亦异",一旦遇到"间隙",就"先为乱阶"。于是,我们就有必要看看侯景为何许人了。

侯景,据《梁书》卷五六本传记载:

> 侯景字万景,朔方人,或云雁门人。少而不羁,见惮乡里。及长,骁勇有臂力,善骑射。以选为北镇戍兵,稍立功效……(后)以功擢为定州刺史、大行台,封濮阳郡公。景自是威名遂著。
>
> 顷之,齐神武帝为魏相,又入洛诛尔朱氏,景复以众降之,仍为神武所用。景性残忍酷虐,驭军严整;然破掠所得财宝,皆班赐将士,故咸为之用,所向多捷。总揽兵权,与神武相亚。魏以为司徒、南道行台,拥众十万,专制河南。及神武疾笃,谓子澄曰:"侯景狡猾多计,反覆难知,我死后,必不为汝用。"乃为书召景。景知之,虑及于祸,太清(南朝梁武帝年号)元年(547),乃遣其行台郎中丁和来上表请降曰:"……黄河以南,臣之所职,易同反掌,附化不难。群臣颙仰,听臣而唱。"……及齐神武卒,其子澄嗣,是为文襄帝。高祖(萧衍)乃下诏封景河南王、大将军、使持节、董督河南南北诸军事。②

关于侯景的民族出身,姚薇元已有研究,认为"梁叛将侯景,本羯族人"③。按姚氏的研究,史籍中的侯伏侯氏和胡引氏,是分别以部落名和部酋之名为氏的,二者同出一源,后皆改为侯氏。④其支系的发展既有以良家子徙北镇的,如侯渊,也有随迁洛阳的,如侯刚。⑤本处的侯景,即是出自北镇的武宗,"少而不羁,见惮乡里。及长,骁勇有臂力,善骑射",屡立军功并因之升迁、扬名的历史记载,说明其身上正体现了代北地域传统的尚武风气。

侯景因军功逐渐得势,被封濮阳郡公。后竟"总揽兵权,与神武相亚","专制河南"。至此,可以看出在魏末大乱,势分东西之际,高欢、侯景是同时崛起的两股新兴力量,且实力匹

---

① (唐)李百药:《北齐书》卷二一《高乾传》,第290页。
② (唐)姚思廉:《梁书》卷五六《侯景传》,北京:中华书局,1973年,第833—835页。
③ 姚薇元:《北朝胡姓考》,北京:中华书局,2007年,第89页。
④ 李万生认为胡引氏当为侯骨氏之误。参见李万生:《侯景的氏族及相关问题》,《北京大学学报》(哲学社会科学版)2000年第5期,第150页。
⑤ 参见姚薇元:《北朝胡姓考》,第89页。

敌。侯景又善于拉拢人心,在河南站稳了根基。从实力和影响看,侯景足以成为当时高欢专权道路上的劲敌。从高欢临终对侯景的担心,更说明了侯景势力的强大。而侯景本人在众多势力的拥戴下,也是有意与高欢一争高下的。不然,侯景不会在给南梁武帝的请降表中,明确表述要控制河南的意愿。最后,萧衍封其为河南王。

侯景在河南确实拥有很大的势力和极高的影响,即上引《通典》卷三《食货三》之"乡党·北齐"条所载:"侯景之反,河南侯氏几为大患……"①此句颇值注意,除表明侯景在河南的势力外,其中"河南侯氏"②一语之"河南",似即指孝文帝定姓族之后虏姓士族郡望之河南。或者,为汉之侯族在侯景势力影响下而认同于侯景之侯姓者。

查《魏书》、《北齐书》、《北史》之侯氏立传者,《魏书》有侯刚、侯渊二人,《北齐书》侯氏无立传者,《北史》有侯深、侯植、侯刚三人。其中侯刚,《魏书》与《北史》记载重复。《魏书》之侯渊即《北史》之侯深,《北史》避唐讳改。③下面分别看一下对他们的记载。

侯刚,据《魏书》记载:

> 侯刚,字乾之,河南洛阳人,其先代人也。本出寒微,少以善于鼎俎,进任出入。久之,拜中散,累迁冗从仆射、尝食典御。世宗以其质直,赐名刚焉。……刚宠任既隆,江阳王继、尚书长孙稚皆以女妻其子。司空、任城王澄以其起由膳宰,颇窃侮之,云"此近为我举食"。……(刚因事)削封三百户,解尝食典御。刚于是颇为失意。刚自太和进食,遂为典御,历两都、三帝、二太后,将三十年,至此始解。……出为散骑常侍、冀州刺史、将军、仪同三司。刚行在道,诏曰:"刚因缘时会,恩隆日久,擢于凡品,越升显爵。"……
>
> 刚长子详……刚以上谷先有侯氏,于是始家焉。正光中,又请以详为燕州刺史,将军如故,欲为家世之基。④

《北史》卷九二《侯刚传》所记与《魏书》同,都显示侯刚之郡望为河南洛阳。但《侯刚墓志》中对其郡望的记载则不同:

> 公讳刚,字乾之,上谷居庸人也。其先大司徒霸……道被东汉。⑤

毛远明校注:

> 据《魏书》本传,侯刚"河南洛阳人,其先代人也。本出寒微,少以善于鼎俎进任出入"。"世宗以其质直,赐名刚焉"。可知应是鲜卑种姓。⑥

---

① (唐)杜佑:《通典》卷三《食货三》,第62页。
② 李万生、陈爽均认为"濮阳侯族"与侯景为同族,而且就是侯景之反时几为大患的"河南侯氏"。见李万生:《侯景的氏族及相关问题》,《北京大学学报》(哲学社会科学版)2000年第5期,第151页。陈爽:《世家大族与北朝政治》,第163页。
③ (唐)李延寿:《北史》卷四九"校勘记"(三),北京:中华书局1974年,第1812页。
④ (北齐)魏收:《魏书》卷九三《侯刚传》,第2004—2006页。
⑤ 毛远明:《汉魏六朝碑刻校注》第六册,第37页。
⑥ 毛远明:《汉魏六朝碑刻校注》第六册,第38页。

关于侯刚的郡望，毛氏之见解与本文一致，即侯刚正是虏姓士族中之代人南迁洛阳者。

在《魏书》、《北史》中，侯刚均被列入《恩幸列传》，其"本出寒微"，没有家世背景，是凭借"善于鼎俎，进饪出入"，后官至尝食典御，且持续任此职近三十年。对于这个官职侯刚十分珍惜、看重，以至在被免后，感到非常"失意"。任城王澄对其"起由膳宰"的"窃侮"，及皇帝诏书中"刚因缘时会，恩隆日久，擢于凡品，越升显爵"的记载，无不说明侯刚出身之寒微。侯刚自己也意识到了这一点，为了抬高自己的门第出身，所以他要攀附名门，"刚以上谷先有侯氏，于是始家焉。正光中，又请以详为燕州刺史，将军如故，欲为家世之基"的记载，正说明这一点，所以墓志中记载其郡望为"上谷居庸"，并将先祖追溯到"道被东汉"的大司徒霸，都是在当时门阀社会下人为抬高自己门第的攀附之举。

《魏书》卷二五《长孙道生传》记载：

> 世宗时，侯刚子渊，稚之女婿。刚为元叉所厚，故稚骤得转进。出为抚军大将军，领扬州刺史，假镇南大将军，都督淮南诸军事。①

此为虏姓士族之相互联姻，及由之带来的政治利益。

又侯渊，据《魏书》卷八十本传记载，为"神武尖山人也"②，是以良家子徙镇北镇的。

所以，侯刚一族最初为代北人，后随孝文帝南迁洛阳，即改称河南洛阳人。后又因北魏边镇的设立，以良家子徙镇边镇，称为神武尖山人，即怀朔镇人③了。

至于侯植，据《北史》本传记载：

> 侯植字仁干，其先上谷人也。高祖恕，为北地太守，子孙因家于北地之三水。④

可见，侯植不为河南侯氏。

所以，为河南侯氏者，似只有侯景、侯刚一族。而《通典》所言，"侯景之乱，河南侯氏几为大患"之河南侯氏，即指他们。

本文以为，河南侯氏会响应侯景叛乱，同为胡族出身，在某种程度上是他们响应的动因，但更主要的因素当是他们共同的利益诉求。而不是宋孝王所谓的"有同刘元海、石勒之众"，叛乱是因为"种类不同"，所以"心意亦异，若遇间隙，先为乱阶"的。

简言之，本文以为侯景之叛的主要原因是与高欢的利益冲突，而不是所谓的种族不同。

不过，宋世良是同意宋孝王的观点的，在其看来北齐巩固统治的首要隐患就是所谓出身异族的"魏氏十姓八氏三十六姓"，他们正是北魏孝文帝定姓族时确立的代北虏姓士族，是孝文帝之后政权统治的基础、柱石，现在北齐取魏而代之，自然他们就成为了北齐最大的敌人，成为了心腹之患，所以应该立即采取措施进行防范。宋世良建议采取的具体措施是应

---

① （北齐）魏收：《魏书》卷二五《长孙道生传》，第647页。
② （北齐）魏收：《魏书》卷八十《侯渊传》，第1786页。
③ 参见姚薇元：《北朝胡姓考》，第89页。
④ （唐）李延寿：《北史》卷六六《侯植传》，第2326页。

该将他们"散配郡国无士族之处,给地与人",目的一是"令其就彼仕宦,全其门户",二是"分其气势,使无异图"。

房姓士族的特征之一是中央化、不地住①,现在将其"散配到郡国无士族之处",不仅使原本集中在一起的势力得到了有效分散,而且还能很好地防范他们与散配之地的士族势力相互勾结为乱,以达到"分其气势,使无异图"的目的。至于"给地与人",则一方面印证了房姓士族在经济上的特征,即在地方没有汉姓士族那样的土地和宗族基础。另一方面也反映了北齐政府对房姓士族在采取防范措施的同时,进行的适当安抚,使之能够还有仕宦可言,还能够保全门户。

但是宋世良的建议未被文宣帝采纳,结果数年之后,出现了滥戮诸元的情况,事见《北齐书》卷二八的有关记载:

> 文宣帝剃(元)韶须髯,加以粉黛,衣妇人服以自随,曰:"我以彭城为嫔御。"讥元氏微弱,比之妇女。
>
> (天保)十年(北齐文宣帝年号,559),太史奏云:"今年当除旧布新。"文宣谓韶曰:"汉光武何故中兴?"韶曰:"为诛诸刘不尽。"于是乃诛诸元以压之。遂以五月诛元世哲、景武等二十五家,余十九家并禁止之。韶幽于京畿地牢,绝食,啖衣袖而死。及七月,大诛元氏,自昭成已下并无遗焉。或父祖为王,或身常贵显,或兄弟强壮,皆斩东市。其婴儿投于空中,承之以稍。前后死者凡七百二十一人,悉投尸漳水,剖鱼多得爪甲,都下为之久不食鱼。②

史料中虽然仅记载了北魏皇室元氏子孙被文宣帝肆意诛杀的悲惨情状,但可凭此想见,元氏尚且如此,那些被宋世良称为"皆非齐代腹心"的"魏氏十姓八氏三十六姓"的结局又能怎样呢?正如《通典》中记载的"与其酷暴诛夷,未若防其萌渐,分隶诸郡",在文宣帝的大肆杀戮中房姓士族经历了发展过程中的又一次沉重打击。

在这样的灭绝式政策打击下,房姓士族整体受挫,存世之人无多,其在北齐政权下的命运也就不言自明了。

当然,在这次杀戮中,也并非没有幸存者。据《北齐书》卷四一《元景安传》记载:

> 天保时,诸元帝室亲近者多被诛戮。疏宗如景安之徒议欲请姓高氏,景皓云:"岂得弃本宗,逐他姓,大丈夫宁可玉碎,不能瓦全。"景安遂以此言白显祖(北齐文宣帝高洋),乃收景皓诛之,家属徙彭城。由是景安独赐姓高氏,自外听从本姓。
>
> 永弟种,子豫字景豫,美姿仪,有器干。永安(北魏孝庄帝年号,528—530)中,羽林监。元景入洛,以守河内功,赐爵永安君。后为濮阳郡守。魏彭城王韶引为开府谘议参军,韶出镇定州,启为定州司马。及景安告景皓慢言,引豫言相应和。豫占云:"尔时以衣袖掩景皓口,云:'兄莫妄言'。"及问景皓,与豫所列符同,获免。自外同闻语者数人,皆

---

① 笔者另文阐述代北房姓士族的中央化、不地住及下面提及的没有土地、宗族基础等特征。
② (唐)李百药:《北齐书》卷二八《元韶传》,第388—389页。

流配远方。豫卒于徐州刺史。①

又《北齐书》卷四八《元蛮传》记载：

> 元蛮，魏太师江阳王继子，肃宗元皇后之父也。历光禄卿。天保十年(北齐文宣帝年号，559)，大诛元氏，肃宗为蛮苦请，因是追原之，赐姓步六孤氏。寻病卒。②

元氏之幸存者多为疏宗，且要么为曲意逢迎之辈，要么另有他因，结果一被赐姓高氏，一被赐姓步六孤氏。从中不难看出北齐对所谓非腹心者——北魏房姓士族进行防范、打击的决心和力度。

四、结　语

房姓士族在北齐政权下的命运，从《昙刚类例》、宋世良献书、宋孝王《关东风俗传》、文宣帝下令"滥戮诸元"等记载中，可以很清晰地看到，其不仅不被当时民间编撰的姓氏书所认可、收录，而且还要受到北齐统治者的防范、排斥、打击。在这样的生存环境中，北齐房姓士族的命运不难想象。房姓士族终北齐一世不能有更好的发展，不能形成如西魏、北周一系的势力和影响，以致在之后房姓士族的发展史上也没能占据一定的席位和产生重要的作用，也就不足为怪了。

作者简介：王春红，浙江工贸职业技术学院区域文化研究中心副教授；卢向前，浙江大学人文学院历史学系教授。

---

① (唐)李百药：《北齐书》卷四一《元景安传》，第544页。
② (唐)李百药：《北齐书》卷四八《元蛮传》，第668页。

明初士人的修谱睦族热潮再探
——基于黄灵庚新编《宋濂全集》的讨论*

曾龙生

【摘　要】明初洪武年间出现了一股修谱睦族热潮,使得修谱而非建祠成为当时敬宗睦族活动中最为主流的形式。这股修谱睦族热潮由"有位之士"和"无位之士"共同掀起和推动。这些士人修谱睦族的主要目的,并不是延续"名门家系"或使其官僚身份世袭化,而是"化族"之俗,进而"化乡"之俗,以至于"化天下"之俗。在这一"化俗"的设想中,修谱睦族成为一种最为重要、最为根本的"士行",成为分辨"士"之良善、"有志"或"无志"、"知本"或"不知本"的重要标准;同时也是士人维持"士"阶层身份认同,变成"善士"、"有志之士"或"知本之士"的重要凭借。

【关键词】明初;士人;修谱睦族;化俗;《宋濂全集》

有关明初洪武年间大量出现的敬宗睦族活动,日本学者井上彻《中国的宗族与国家礼制》一书已作了较为详细的研究。该书认为明初(本文仅指洪武年间,下同)主持敬宗睦族活动的人群,基本上都是身居官位或曾身居官位的"士大夫"。他们主持敬宗睦族的活动,主要是为了延续"名门家系",并使其官僚身份世袭化。这与宋儒以"宗法主义"来敬宗睦族的目的完全相同,体现了宋儒"宗法主义"的复兴。①井上彻的这一观点,颇值得商榷。这主要表现在三个方面:一是明初主持敬宗睦族活动的人群,并非都是身居官位或曾身居官位的士人(即井上彻所谓的"士大夫"②),其中有很多其实是"业儒"但未出仕的士人。这两类"士人",如果按照开国文臣之首宋濂(1310—1381)及其弟子方孝孺(1357—1402)的说法,可以分别称为"有位之士"和"无位之士"。对"无位之士"来说,他们主持敬宗睦族活动的目的,显然不是使家族成员世袭其并未获得的官僚身份。二是这些主持敬宗睦族活动的士人,其家族并

---

*　基金项目:本文系江西省社会科学"十三五"(2017 年)规划项目"明清时期龙虎山张天师家族演变研究"(17LS06)的阶段性研究成果。

①　[日]井上彻著,钱杭译:《中国的宗族与国家礼制》,上海书店出版社,2008 年,第 22—26、38—84 页。

②　[日]井上彻《中国的宗族与国家礼制》声称采纳森正夫有关"士大夫"的定义,认为"士大夫"不仅指拥有科举官僚体制最上层地位的官僚,或曾经有过官僚经历的人,而且包括处于科举最下层的生员,甚至位于科举官僚体系框架之外的所谓"处士"。但从井上彻该书对"宗法主义"的定义来看,他显然倾向于认为"士大夫"只是指现职、休职或退职的官僚。所以他才会说宋代士大夫复兴"宗法主义"来敬宗睦族,是为了使其官僚身份世袭化。参见[日]井上彻:《中国的宗族与国家礼制·序章》,第 29 页。

不都具有"名门家系"。对那些不具有"名门家系"的士人来说,他们主持敬宗睦族活动的目的,也显然不是延续其并不存在的"名门家系"。三是明初士人如宋濂及其弟子方孝孺的文集,基本上都没有明确说敬宗睦族是为了延续"名门家系"或使官僚身份世袭化,反而都明确说敬宗睦族是为了"美俗/化俗"。①因此,我们有必要对明初大量出现的敬宗睦族活动进行重新探讨。为了使讨论更加集中,本文将在利用黄灵庚新编《宋濂全集》的基础上②,重点探讨明洪武年间出现的修谱睦族热潮。正是这股修谱睦族热潮,使得修谱而非建祠成为当时敬宗睦族活动中最为主流的形式。

一、洪武年间的修谱睦族热潮

从黄灵庚重新编校的《宋濂全集》可以发现,明洪武年间出现了一股修谱睦族的热潮。在利用该文集揭示这一"热潮"之前,我们有必要先简介下文集的作者宋濂。宋濂(1310—1381)出生于元至大三年(1310),浙江金华府金华县潜溪人。他曾先后受业于闻人梦吉、吴莱(1297—1340)、柳贯(1270—1342)、黄溍(1277—1357)等金华府士人,是朱子学北山四先生学派的重要传人。③元至元元年(1335),时年二十六岁的宋濂应金华府浦江县麟溪义门郑氏之邀,执教于郑氏东明书院,任教十余载。元至正九年(1349),被举荐为翰林院编修,以奉养父母为由,辞不应召。次年,举家从金华县潜溪迁居浦江县仁义里青萝山。至正十八年(1358),朱元璋军队攻下浙江金华府(元代行政区划为婺州)等地。翌年,自浦江县还居金华县,不久与浙江处州府士人刘基(1311—1375)、章溢(1314—1369)、叶琛(1314—1362)同被朱元璋礼聘至南京(应天府),奉旨为其长子授经。至正二十五年(1365),归养金华。至正二十七年(1367),复自金华县潜溪迁居浦江县青萝山。洪武二年(1369),与王祎(1322—1373)同被召为《元史》总裁官,进京赴职。此后一直在朝为官(中途贬职过一次地方官),先后充任太子赞善大夫、翰林侍讲学士等职。洪武十年(1377)正月,致仕返乡,居浦江县青萝山。洪武十四年(1381)正月,因孙宋慎(1342—1382)牵连进胡惟庸案,被流放至四川茂州;五月病逝于途中。④

在世期间,宋濂为人撰写了大量的家族谱序。这些谱序基本上都撰写于元末至正年间(1341—1368)和明初洪武年间(1368—1381)。由黄灵庚编辑点校的《宋濂全集》(2014),收录了宋濂一生撰写的大部分谱序。这些谱序既收录自宋濂生前即已结集出版的《潜溪集》、《銮坡集》等著作,也辑录自浙江金华府等地的族谱。正如黄灵庚所作该全集序言所说:他自此前校点宋濂所作《銮坡集》、《潜溪录》后,收遗补阙,迄今数十年,于地方志、浙江金华民间族谱及元明别集之中辑得艺文残简二百余文,计十万余言。又从他处得宋濂所作《萝上诗

---

① 有关宋濂的观点,参见常建华:《宋濂的宗族思想》,《明代宗族研究》,上海人民出版社,2005 年,第 347—359 页。
② (明)宋濂著,黄灵庚编辑点校:《宋濂全集》(全五册),北京:人民文学出版社,2014 年。
③ 有关朱子学北山四先生学派的传承,参见(清)黄宗羲原著,(清)全祖望补修,连金声、梁运华点校:《宋元学案》卷八二《北山四先生学案》,北京:中华书局,1986 年,第 2717—2807 页。
④ 徐永明:《文臣之首——宋濂传》,杭州:浙江人民出版社,2007 年。

集》五卷传抄本,得佚诗三百一十一首。至此增文二百三十一篇,诗三百二十七首。①黄灵庚所增之文,概于题后标明出处(但有些未注明版本情况)。从其出处可知,黄灵庚新增宋濂所作谱序,基本上来自浙江金华府等地族谱。其具体情况如下表:

表1 黄灵庚编校《宋濂全集》中"谱序"和"祠记"篇数统计表②

(一)辑录自宋濂著作			(二)辑录自各地族谱		
出处	谱序	词记	出处	谱序	词记
宋濂《潜溪后集》(元至正年间成书)	1篇		浙江金华府族谱	51篇	1篇
宋濂《芝园前集》(明洪武年间成书)	6篇	2篇	金华县	4篇	
宋濂《芝园续集》(明洪武年间成书)	2篇		浦江县	22篇	
宋濂《銮坡前集》(明洪武年间成书)	4篇	1篇	东阳县	9篇	
宋濂《銮坡后集》(明洪武年间成书)	2篇		义乌县	7篇	1篇
宋濂《翰苑别集》(明洪武年间成书)	6篇	1篇	兰溪县	3篇	
宋濂《翰苑续集》(明洪武年间成书)	1篇	2篇	永康县	6篇	
宋濂《朝京稿》(明洪武年间成书)	4篇	2篇	浙江台州府族谱	1篇	
宋濂《宋学士先生文集》(明天顺五年刊)	4篇		南直隶徽州府族谱	1篇	
合计	30篇	8篇		53篇	1篇

从上表可知,黄灵庚编校《宋濂全集》共收录了83篇"谱序"(包括族谱序、谱图序、谱跋与家族世系碑文等),同时只收录了9篇"祠记"(包括墓祠记、村祠记、庵祠记)。这表明在宋濂的时代,修谱而非建祠才是敬宗睦族活动中最为主流的形式。在83篇"谱序"中,有30篇(约占总数的36.1%)来自出版刊行的宋濂著作,53篇(约占总数的63.9%)来自南方各地的族谱(共54部),尤其是来自宋濂的出生地浙江金华府地区的族谱(共52部)。在这53篇来自族谱的谱序中,同时辑录自金华府义乌县族谱的《重修傅氏宗谱序》(洪武八年)与《杜门傅氏宗谱序》(洪武十三年),内容大同小异,且均明言该谱是傅伯长(明翰林院编修、监察御史)所撰,可知它们属于同一篇谱序,其中一篇谱序传抄自另外一篇谱序③;分别辑录自金华府义乌县、兰溪县族谱的《杨氏宗谱序》(元至正年间)和浦江县族谱的《杨氏宗谱序》(元至正年间),内容也是大同小异,且均明言该谱是宋濂同学杨苄所撰,可知其中一篇序文也是传抄自另外一篇序文。④此外,有5篇谱序作于宋濂过世(洪武十四年)之后,它们分别是辑录自金华府地区族谱的《莲溪虞氏宗谱序》(洪武三十一年)、《色里陈氏谱序》(洪武二十九年)、《珏芝张氏谱序》(洪武二十四年)、《鲍氏宗图序》(洪武十五年)与《华峰施氏宗谱旧序》

---

① (明)宋濂著,黄灵庚编辑点校:《宋濂全集·序言》,第5页。
② 资料来源:(明)宋濂著,黄灵庚编辑点校:《宋濂全集》。
　　说明:1.浙江金华府(元代称婺州):下辖金华、浦江、东阳、义乌、兰溪、永康、武义、汤溪八县。2."谱序":既包括族谱序、族谱记、谱图序,也包括谱跋、家族世系碑文等。3."祠记":包括墓祠记、村祠记、庵祠记。
③ (明)宋濂著,黄灵庚编辑点校:《宋濂全集》卷三五《重修傅氏宗谱序》(洪武八年,录自浙江金华府义乌县《义乌岑门傅氏宗谱》)、《杜门傅氏宗谱序》(洪武十三年,录自金华府义乌县《义乌杜门傅氏宗谱》),第764—766页。
④ (明)宋濂著,黄灵庚编辑点校:《宋濂全集》卷三五《杨氏宗谱序》(元至正年间,录自金华府义乌县《义乌稠岩杨氏宗谱》、兰溪县《兰溪关西杨氏宗谱》)、《杨氏宗谱序》(元至正年间,录自金华府浦江县《浦阳杨氏宗谱》),第766—769页。

(洪武二十年)。①这5篇谱序很可能都是假托宋濂之名而作。

除了上述2篇重复的谱序和5篇作于宋濂死后的谱序外,《宋濂全集》中辑录自族谱的"谱序"共有46篇。它们大部分都提及谱序作者的行迹,尤其是谱序作者与请序者、族谱编撰者的交游等事迹。这些记载与宋濂的行迹颇为吻合。如《宋濂全集》中录自金华府义乌县《义乌凤山金氏宗谱》的《凤山金氏宗谱序》(洪武八年)说道:

> 予往岁馆于浦阳郑君之门,孝川金君彦实,遣厥子茂枝来从予学,尝论其世出宋名卿安节公之裔也。别年余,迨我皇上龙飞淮甸,予既登史馆,茂枝亦以粮运至京师,谒于官邸。因出其所考图谱,以请序于余。②

其中所述修谱之人与谱序作者的交游,颇符合宋濂的情况。元至元元年(1335),宋濂开始授经于浦江县麟溪义门郑氏,教书十余年;至元至正十年(1350),宋濂举家从金华县潜溪迁居浦江县青萝山。明洪武二年(1369),宋濂与王祎同被召为《元史》总裁官,进京入"史馆"任职。③宋濂的这些经历与谱序作者所言完全相符,表明该谱序的确为宋濂所作。与《凤山金氏宗谱序》相似,《宋濂全集》中录自金华府浦江县《浦阳嘉溪郑氏宗谱》的《重修宗谱序》(元末至正年间),也述及谱序作者教授浦江县麟溪义门郑氏私塾、迁居浦江县青萝山等事迹。这些事迹也与宋濂行迹吻合,表明此文的作者的确是宋濂。④与上述两篇相似的谱序众多,在此不赘。⑤从这些谱序所述作者交游行迹推断,这些辑录自族谱、署名为宋濂所作的谱序,基本上都是宋濂本人所作。

当然,这并不是要否认其中个别谱序,有可能是假托、攀附宋濂之名而作。但这并不会影响本文的讨论。因本文只是试图通过统计黄灵庚编校《宋濂全集》所录"谱序",来对元末明初的修谱情况做一探讨。即使其中辑录自族谱的个别序文为假托、攀附宋濂之名而作,也可以反映当时的修谱情况。有鉴于此,我们把《宋濂全集》所录"谱序"统计于下表:

---

① (明)宋濂著,黄灵庚编辑点校:《宋濂全集》卷三三《莲溪虞氏宗谱序》(洪武三十一年,录自金华府东阳县《东阳莲溪虞氏宗谱》),第756页;卷三三《色里陈氏谱序》(洪武二十九年,录自金华府东阳县《磐安陈氏宗谱》),第749—750页;卷三三《珏芝张氏谱序》(洪武二十四年,录自金华府东阳县《磐安珏芝张氏宗谱》),第750—751页;卷三五《鲍氏宗图序》(洪武十五年,录自金华府兰溪县《兰溪石渠鲍氏宗谱》),第772—773页;卷三五《华峰施氏宗谱旧序》(洪武二十年,录自金华府金华县《金华华峰施氏宗谱》),第776—777页。

② (明)宋濂著,黄灵庚编辑点校:《宋濂全集》卷三三《凤山金氏宗谱序》(洪武八年作,录自浙江金华府义乌县《义乌凤山金氏宗谱》),第735页。

③ 徐永明:《宋濂年谱》,杭州:浙江大学,2011年,第34—35、51、116—120页。

④ (明)宋濂著,黄灵庚编辑点校:《宋濂全集》卷三四《重修宗谱序》(元末至正年间,录自浙江金华府浦江县《浦阳嘉溪郑氏宗谱》),第751页。

⑤ 参见(明)宋濂著,黄灵庚编辑点校《宋濂全集》卷三三《陈氏家乘序》(洪武三年,录自浙江金华府浦江县《浦阳松岩陈氏宗谱》),第732—733页;卷三三《梅溪楼氏宗谱序》(洪武十二年,录自浙江金华府义乌县《义乌夏演楼氏宗谱》),第734—735页;卷三五《重修吴氏宗谱原序》(洪武八年,录自浙江金华府东阳县《东阳南岑吴氏宗谱》),第761—762页;卷三五《龙陂张氏家谱序》(洪武十一年,录自浙江金华府义乌县《义乌龙陂张氏宗谱》),第762—763页;卷三五《浦阳盛氏宗谱序》(洪武九年,录自浙江金华府浦江县《浦阳盛氏宗谱》),第763—764页;等等。

表2 黄灵庚编校《宋濂全集》中"谱序"所反映的修谱地域和时间统计表①

修谱地域	元末至正年间	明初洪武年间	元至正或明洪武年间	合计
浙江金华府	7篇[0/1篇]	49篇[5/1篇]	2篇	58篇[5/2篇]
金华县		5篇[1/0篇]	1篇	6篇[1/0篇]
浦江县	4篇[0/1篇]	19篇	1篇	24篇[0/1篇]
东阳县		10篇[3/0篇]		10篇[3/0篇]
义乌县	2篇	7篇[0/1篇]		9篇[0/1篇]
兰溪县		3篇[1/0篇]		3篇[1/0篇]
永康县	1篇	5篇		6篇
浙江处州府	2篇	1篇		3篇
绍兴府		2篇	1篇	3篇
台州府		3篇		3篇
宁波府		1篇		1篇
严州府		2篇		2篇
南直隶应天府		1篇	2篇	3篇
常州府		1篇		1篇
徽州府		1篇		1篇
江西抚州府	1篇	1篇		2篇
广信府		1篇		1篇
建昌府		1篇		1篇
吉安府		1篇		1篇
福建建宁府		1篇		1篇
湖广武昌府		1篇		1篇
广东廉州府		1篇		1篇
合计	10篇(0/1篇)	68篇[5/1篇]	5篇	83篇[5/2篇]

从上表可知,黄灵庚编校《宋濂全集》共辑录了83篇"谱序"。除了5篇辑录自族谱但作于宋濂死后的谱序,以及2篇重复的谱序外,《宋濂全集》还有76篇"谱序"(其中30篇辑录自宋濂著作,46篇辑录自族谱)。在这76篇"谱序"中,有51篇为浙江金华府地区的族谱而作,它们在金华府各县的分布情况如下:金华县5篇、浦江县23篇、东阳县7篇、义乌县8篇、兰溪县2篇、永康县6篇;其余25篇为其他地域的族谱而作,它们在各个地域的分布情况如下:浙江处州府3篇、绍兴府3篇、台州府3篇、宁波府1篇、严州府2篇,南直隶应天府3篇、常州府1篇、徽州府1篇,江西抚州府2篇、广信府1篇、建昌府1篇、吉安府1篇,福建建宁府1篇,湖广武昌府1篇,广东廉州府1篇。

宋濂谱序所序族谱呈现出的地域格局,与他的生活经历密切相关。综观宋濂一生可知,他主要生活于金华府金华县(1310—1335、1365—1367)和浦江县(1336—1358、1367—1369、1378—1380)。所以在宋濂撰写的众多谱序中,大部分的对象都是浙江金华府地区的族谱,

---

① 资料来源:(明)宋濂著,黄灵庚编辑点校:《宋濂全集》。
说明:1."83篇[5/2篇]":在综括号中的两个数字中,前一个数字表示83篇谱序中作于宋濂过世(洪武十四年)之后的谱序篇数;后一个数字表示83篇谱序中重复的谱序篇数。2.除综括号中的几篇谱序外,其余谱序所谓作于"洪武年间",均是指宋濂生前的洪武元年至十四年。

其次是其周边府县的族谱。在金华府地区,浦江县又是宋濂所作谱序对象最多的县。这无疑与其二十六岁便移居浦江县有关。浦江县是其成年后开始作文的主要生活场所。南京是宋濂生活时间仅次于金华县、浦江县的地区,前后近十五年(1359—1365、1369—1376)。在这期间,尤其是明洪武年间,宋濂为来自南方各地的朝廷官员、太学生等撰写过谱序。如《查林曾氏家牒序》是为江西抚州府临川县人、南京国子监助教曾士勗撰写的,《方氏谱序》则是为湖广武昌府江夏县人、通政司参议方甝撰写,《番禺蒙氏谱序》是为广东廉州府番禺县人、南京国子监学生蒙安撰写[①];等等。

在黄灵庚编校《宋濂全集》所辑录的上述76篇"谱序"中,共有62篇撰写于明洪武元年至十四年之间(1368—1381),9篇撰写于元末至正元年至二十八年之间(1341—1368),5篇撰写时间不明。可见,宋濂在明洪武年间撰写谱序的总数,是元末至正年间撰写谱序总数的近7倍;但时间跨度却只是后者的1/2。这表明明初洪武年间出现了一股修谱热潮。此点还可以从元代与明洪武年间修谱总数的比较得知。据常建华先生的统计可知,现存元代(1279—1368)文集共收录族谱序跋233篇,反映元时的族谱编撰总数222种。[②]而黄灵庚编校《宋濂全集》所录明洪武元年至十四年(1368—1381)的族谱序跋62篇,反映族谱编纂总数62种。前者的数据来源于元代所有的文集,时间跨度为九十年;后者的数据来源于宋濂一人的文集,时间跨度为十四年。可见,后者的时间跨度相当于前者的1/6—1/7,但所修族谱总数却相当于前者的1/3—1/4。这再次表明明洪武年间出现了一股修谱热潮。

二、士人在修谱热潮中扮演的角色

在明洪武年间的修谱热潮中,谁在扮演主要的角色?若要解答这个问题,我们需要对《宋濂全集》所录62篇洪武年间"谱序"反映的修谱者身份进行分析和统计。在这些洪武年间"谱序"中,频繁出现"士"的称呼。我们可以根据《俞氏宗谱序》的说法,把他们区分为"有位之士"和"无位之士"。该谱序说道:

> 俗之不美,有志者鲜也。今世之士论法道不古若,则以无位为解;及既得位,卒不能有所为。岂特无位之罪哉?[③]

其中所谓"有位(得位)之士"、"无位之士",关键在于士人是否出仕,是否具有官位。对于《宋濂全集》洪武年间"谱序"(以下简称"《宋濂全集》'谱序'")所述修谱者中的"有位之

---

① (明)宋濂著,黄灵庚编辑点校:《宋濂全集》卷二八《查林曾氏家牒序》(洪武年间,宋濂《翰苑别集》),第595—596页;《宋濂全集》卷二九《方氏谱序》(洪武年间,出自宋濂《朝京稿》),第611—612页;《宋濂全集》卷三一《番禺蒙氏谱序》(洪武年间,出自宋濂《朝京稿》),第670—671页。

② 参见常建华:《从元代谱名看宗族的发展》,《宋以后宗族的形成及地域比较》,北京,人民出版社,2013年,第89—102页。

③ (明)宋濂著,黄灵庚编辑点校:《宋濂全集》卷三〇《俞氏宗谱序》(元至正或明洪武年间,出自宋濂《芝园续集》),第651页。

士",其身份辨识较为简易。他们一般都是在参加科举考试或被官员举荐后获得官位,且这些官位基本上都是文官。假若某修谱之"士"获得官位,《宋濂全集》"谱序"一般都会提及。我们可以根据他们的官位性质(文官还是武官),以及他们此前是否业儒或参加科举考试,判断其是否属于"有位之士"。对于《宋濂全集》"谱序"所述修谱者中的"无位之士",其身份辨识则较为复杂。我们大致可以把它分成以下四类来辨识:

第一类为"处士"。这是《宋濂全集》"谱序"明确提及的一类"士"。它在谱序中一般被用来称呼具有德行学问而隐居弗仕的士人。如《浦阳赵氏家乘序》(洪武十年至十三年)说道:浦江县赵友仙"族叔祖梅石处士先生尝以襄阳耆旧之德,蕴洛下博闻之资,久接席于绅,且留情于论撰"①。《龙陂张氏家谱序》(洪武十一年)也说道:"适张君铢重修宗谱而嘱予序,予素知处士之行谊,而且与之有夙契也,遂不辞而胪其颠末云。"②这两位"处士"均未出仕为官,他们德行较高,甚至学问渊博。

第二类是"善士"、"良士"或"知本之士"等。它们在《宋濂全集》"谱序"中也有明确的表达。如《梅溪楼氏宗谱序》(洪武十二年)称楼恕及其父楼鏊为"良士"。其中原因在于,楼鏊"惧世久统淆,亲远情疏,立祠祀七世祖,岁以春秋之仲月合族人行祀事,又欲修谱而未果"。楼恕继承父志,"谱为卷三类:其首著族属;中著铭碣之文,而附以他文之系于族者;祠祭之仪、先君之训、祭之土田,则为下卷终焉"③。言下之意,楼恕及其父楼鏊进行了建祠或修谱等敬宗睦族的活动,所以可以称为"良士"。与此相似,《湖溪虞氏谱原》(洪武五年)称族谱编修者虞效为"孝贤善士",原因如下:

> 顾为天下人子者,莫先于孝悌。而孝悌莫先于务本,而务本莫先于尊祖敬宗,立谱睦族,以昭其先世之懿示后。④

即谓立谱睦族是"务本"的"孝悌"行为。虞效能够立谱睦族,"孝而且贤",故可称为"孝贤善士"。正因"务本莫先于尊祖敬宗,立谱睦族",所以《金氏族谱序》(洪武二年)才称族谱编修者金定远为"知本之士"。⑤可见,"善士"、"良士"或"知本之士",都是指能建祠修谱、敬宗睦族之"士"。而根据上述谱序可知,这类"士"都没有官职,显然是对业儒无位却能修谱睦族的士人的美称。

第三类是太学生(国子监学生)。太学生与一般业儒无位之士存在较大差别:后者只有

---

① (明)宋濂著,黄灵庚编辑点校:《宋濂全集》卷三〇《浦阳赵氏家乘序》(洪武十年至十三年间,录自浙江金华府浦江县《浦阳赵氏宗谱》),第653页。
② (明)宋濂著,黄灵庚编辑点校:《宋濂全集》卷三五《龙陂张氏家谱序》(洪武十一年,录自浙江金华府义乌县《义乌龙陂张氏宗谱》),第763页。
③ (明)宋濂著,黄灵庚编辑点校:《宋濂全集》卷三三《梅溪楼氏宗谱序》(洪武十二年,录自浙江金华府义乌县《义乌夏演楼氏宗谱》),第734页。
④ (明)宋濂著,黄灵庚编辑点校:《宋濂全集》卷三四《湖溪虞氏谱原》(洪武五年,录自浙江金华府浦江县《浦阳湖溪虞氏宗谱》),第752页。
⑤ (明)宋濂著,黄灵庚编辑点校:《宋濂全集》卷三四《金氏族谱序》(洪武五年,录自南直隶徽州休宁县《安徽休宁金氏宗谱》),第736页。

参加科举考试或被官员举荐后才能出仕,前者则不一定非得如此。他们从国子监毕业后,有可能直接充任县学主簿之类的小官。太学生在《宋濂全集》"谱序"中,也被明确称为"士"。如《题马氏谱图后》(洪武年间)称族谱编修者、太学生马铨为"忠厚之士",《番禺蒙氏谱序》(洪武年间)也称修谱睦族"以厉俗化人"的太学生蒙安为"道德之士"。① 其中"道德之士"、"忠厚之士",也是对修谱睦族的"无位之士"的美称。但鉴于太学生与一般业儒无位之士的差异,我们仍需把他们从第二类"无位之士"中分离出来统计。

第四类是未被《宋濂全集》谱序明确称为"士"的普通业儒之人,他们因科举落榜而无缘官位。我们之所以可以把这些普通业儒之人视为"士",是因为《宋濂全集》中的其他谱序已明确把这类人称为"士"。如《俞氏宗谱序》称宗谱编修者、师从宋濂业儒的俞恂为"士",并期待其成为"化同姓之亲"的"有志之士"。②《题陈生宗谱后》也称跟随宋濂业儒、"自著《谱图记》一篇"的陈晟,为"有识之士"。③ 因此,如果《宋濂全集》中的某些谱序未明确称修谱者为"士",但又交代其师从某人业儒或"通儒业"、参加科举考试、"有学有文"却未获得官位,我们还是可以把他们归入"无位之士"。如《西瓯黄氏家牒记》中的家牒编修者黄仁、《凤山金氏宗谱序》中的宗谱编修者金茂枝,即是如此。他们都是宋濂在浦江县东明书院任教时的学生,但因科举落榜而未出仕为官。这两篇谱序均未明确称他们为"士",但我们仍可视其为"无位之士"。④ 通过以上讨论,我们可以把《宋濂全集》中洪武年间"谱序"所反映的修谱者身份,统计成下表:

表3 黄灵庚编校《宋濂全集》中洪武年间"谱序"所反映的修谱者身份统计表⑤

修谱地域	主持修谱明确者							身份不明确者	主持修谱不明确者	合计
	身份明确者									
	"无位之士"				"有位之士"		其他			
	"处士"	"善士/良士"等	太学生	普通业儒之人	地方官员	中央官员				
浙江金华府	3人	4人	2人	8人	8人	2人		9人	7人	43人
金华县	1人		1人		1人	1人				4人
浦江县	1人	2人		5人	2人			4人	5人	19人
东阳县		1人	1人		2人				3人	7人
义乌县	1人	1人		2人	1人	1人				6人

---

① (明)宋濂著,黄灵庚编辑点校:《宋濂全集》卷三九《题马氏谱图后》(洪武年间,出自宋濂《芝园前集》),第853页;(明)宋濂著,黄灵庚编辑点校:《宋濂全集》卷三一《番禺蒙氏谱序》(洪武年间,出自宋濂《朝京稿》),第670—671页。
② (明)宋濂著,黄灵庚编辑点校:《宋濂全集》卷三〇《俞氏宗谱序》(元至正或明洪武年间,出自宋濂《芝园续集》),第651页。
③ (明)宋濂著,黄灵庚编辑点校:《宋濂全集》卷三八《题陈生宗谱后》(元至正或明洪武年间,出自宋濂《翰苑别集》),第839页。
④ (明)宋濂著,黄灵庚编辑点校:《宋濂全集》卷七《西瓯黄氏家牒记》(洪武年间,出自宋濂《翰苑续集》),第145页;卷三三《凤山金氏宗谱序》(洪武八年,录自浙江金华府义乌县《义乌凤山金氏宗谱》),第735页。
⑤ 资料来源:(明)宋濂著,黄灵庚编辑点校:《宋濂全集》。
说明:1.统计数据已去除《宋濂全集》中辑录自族谱但作于宋濂死后的5篇谱序和2篇重复的谱序。2.一篇谱序中若提及多位修谱主持者,只计算其中一位身份明确者;若存在两位及以上的身份明确者,则以其中身份较高的一位为准。3."善士/良士等"一栏:包括谱序中明确称为"善士"、"良士"、"士君子"或"知本之士"的修谱者。

续表

修谱地域	主持修谱明确者							身份不明确者	主持修谱不明确者	合计
	身份明确者									
	"无位之士"				"有位之士"		其他			
	"处士"	"善士/良士"等	太学生	普通业儒之人	地方官员	中央官员				
兰溪县				1人				1人		2人
永康县		1人		1人				1人	2人	5人
浙江处州府				1人						1人
绍兴府				1人	1人					2人
台州府						1人		1人	1人	3人
宁波府					1人					1人
严州府		1人				1人				2人
南直隶应天府		1人								1人
常州府						1人				1人
徽州府			1人							1人
江西抚州府						1人				1人
广信府							1人			1人
建昌府					1人					1人
吉安府					1人					1人
福建建宁府					1人					1人
湖广武昌府					1人					1人
广东廉州府			1人							1人
合计	3人	7人	3人	9人	11人	10人	1人	10人	8人	62人

从上表可知,在《宋濂全集》辑录的 62 篇洪武年间"谱序"中,有 54 篇提及修谱者,8 篇没有提及。在那 54 篇提及修谱者的"谱序"中,有 44 篇明确交代了修谱者的身份。除了 1 位是正一道张天师外[①],其余 43 位的身份都是"士"。在这 43 位"士"中,有 22 位是"无位之士"(包括 3 位"处士"、7 位"善士/良士等"、3 位太学生和 9 位普通业儒之人),21 位是"有位之士"(包括 11 位地方官员和 10 位中央官员)。可见,在洪武年间的修谱热潮中,"士"扮演了最为重要的角色,他们发动并主导了这次修谱热潮。而且,在这次修谱热潮中,"无位之士"和"有位之士"都扮演了同等重要的角色。对于那些"无位之士"来说,他们修谱睦族的目的,显然不是让家族成员世袭其并未获得的官僚身份。

三、修谱家族是否都具有"名门家系"

明洪武年间掀起和推动修谱热潮的士人,其家族是否都具有"名门家系"?若要解答这

---

① (明)宋濂著,黄灵庚编辑点校:《宋濂全集》卷二八《汉天师世家叙》(洪武九年,出自宋濂《翰苑别集》),第 577—602 页。

个问题，我们需要对《宋濂全集》所录洪武年间"谱序"记载的各大家族谱系进行分析。根据井上彻《中国的宗族与国家礼制》的说法可知，"名门家系"的观念与宋代确立的科举官僚制度密切相关，它指在宋代出过经由科举出仕的"高官"、"贵臣"，其后又一直保有读书人传统的家族谱系。① 至于何谓"高官"、"贵臣"，可以从该书所举宋濂《义乌楼氏家乘序》（洪武十年）记载的金华府义乌县楼氏家族谱系和《栝苍吴氏世系碑铭》（洪武年间）记载的处州府丽水县吴氏家族谱系得知。在井上彻看来，这两个家族都是具有"名门家系"的典型家族。义乌县楼氏家族的谱系被追溯至始迁祖楼爽。楼爽生活于两宋之际，生有二子、四孙、六曾孙、十玄孙。作为十玄孙之一的楼大年，登南宋嘉定十六年（1223）进士，累官至吉州通判（正七品②）。楼大年的侄子楼固也于嘉熙二年（1238）中进士，任严州桐庐县尉（从九品③），"自是蔚为衣冠之望宗矣"。至明洪武十年，楼爽的十世孙楼琏跟随宋濂业儒，"惧其族大而谱逸也，于是撰为家乘二卷，一仿司马迁《年表》之法，画而为图，字名卒葬，咸具疏之。一辑先世墓志、家传、祭文之属，而通判府君（楼大年）遗诗之仅存者亦附著焉"，与宗人谋将出版之际，请宋濂作序。④

与金华府义乌县楼氏家族相似，处州府丽水县吴氏家族的谱系也被追溯至宋代。吴氏家族的始迁祖是吴庠。其父为北宋大理评事（正八品），家住德清。后吴庠在处州做官，遂从德清迁居处州。吴庠生二子、十一孙。孙辈有多人出仕为官。其中吴安国于北宋宣和年间（1119—1125）登进士，累官至太常寺少卿（从五品），后改袁州知州（正六品）；吴企和吴显"俱由舍选出身"，吴企官至定海县知县（从八品），吴显官至国子学正（正九品）。此后代有科举出仕者。如吴庠十世孙吴世昌是乡贡进士，明洪武年间授处州府儒学教授（从九品）。吴世昌的长子公愿，则在洪武年间出任翰林院编修（正七品）。吴世昌等担心吴氏"宗系渐繁，易致于淆乱，失今弗图，无以贻示永久。爰建祠堂三楹间于中冈之南，以奉祀事，复掇世系之可征者，件系成书"，然后命长子公愿请序于宋濂，俾"使镵诸石，以列于祠中"。⑤ 可见，无论是义乌县楼氏家族还是丽水县吴氏家族，都有人在宋代经由科举出仕，元明时期也一直保有读书人的传统。在宋代，义乌县楼氏家族官位最高者为楼大年，担任吉州通判（正七品）；丽水县吴氏家族的官位最高者为吴安国，担任太常寺少卿（从五品）、袁州知州（正六品）。井上彻认为这两个家族都是具有"名门家系"的典型家族。⑥ 这表明井上彻所谓具有"名门家系"的必要条件，是该家族在宋代出过经由科举出仕、官位在州/府级及以上且品级在七品及以上的官员。唯有如此，才可称该家族在宋代出过"高官"，是"名门"之后。如果以此作为衡量标准，我们会发现《宋濂全集》所录洪武年间"谱序"记载的家族，有些并不具有"名门家系"。其具体情况如下表：

---

① ［日］井上彻《中国的宗族与国家礼制》，第39—42页。
② 参见龚延明编著：《宋代官制辞典》，北京：中华书局，1997年，第535页。
③ 参见龚延明编著：《宋代官制辞典》，第555页。按：以下宋代官员的品级，均参考该辞典，不再注明。
④ （明）宋濂著，黄灵庚编辑点校：《宋濂全集》卷二九《义乌楼氏家乘序》（洪武十年，出自宋濂《芝园前集》），第617—618页。
⑤ （明）宋濂著，黄灵庚编辑点校：《宋濂全集》卷四九《栝苍吴氏世系碑铭》（洪武年间，出自宋濂《翰苑续集》），第1110—1113页。
⑥ ［日］井上彻：《中国的宗族与国家礼制》，第40—41页。

表4 黄灵庚编校《宋濂全集》中洪武年间"谱序"所反映的"家系"情况统计表①

修谱地域	"家系"情况明确		"家系"情况不明确	合计
	"名门家系"	非"名门家系"		
浙江金华府	14篇	6篇	23篇	43篇
金华县	2篇		2篇	4篇
浦江县	7篇	2篇	10篇	19篇
东阳县	1篇	2篇	4篇	7篇
义乌县	2篇	2篇	2篇	6篇
兰溪县	1篇		1篇	2篇
永康县	1篇		4篇	5篇
浙江处州府	1篇			1篇
绍兴府	1篇	1篇		2篇
台州府		1篇	2篇	3篇
宁波府			1篇	1篇
严州府			2篇	2篇
南直隶应天府		1篇		1篇
常州府		1篇		1篇
徽州府			1篇	1篇
江西抚州府	1篇			1篇
广信府		1篇		1篇
建昌府	1篇			1篇
吉安府			1篇	1篇
福建建宁府		1篇		1篇
湖广武昌府		1篇		1篇
广东廉州府	1篇			1篇
合计	19篇	13篇	30篇	62篇

从上表可知,在《宋濂全集》辑录的62篇洪武年间"谱序"中,共有32篇"谱序"明确交代了它们所述家族的"家系"(家族谱系)情况,另外30篇"谱序"则未明确交代它们所述家族的"家系"情况(按:指"谱序"没有交代或没有交代清楚家族谱系情况,尤其是没有交代清楚该家族在宋代的谱系情况)。在明确交代"家系"的32篇谱序中,只有19篇"谱序"表明其所述家族具有"名门家系",其余13篇"谱序"则表明其所述家族不具有"名门家系"。这些不具有"名门家系"的家族,主要存在以下三种情况:第一种情况是家族谱系("家系")被修谱者追溯至宋代,但该家族在宋代并没有人出仕为官;即使出仕为官,也不是科举出身(这类"官员"通常是武官)。②第二种情况是家族谱系被修谱者追溯至宋代,且该家族在宋代出过

---

① 资料来源:(明)宋濂著,黄灵庚编辑点校:《宋濂全集》。
② 参见(明)宋濂著,黄灵庚编辑点校:《宋濂全集》卷七《西瓯黄氏家牒记》(洪武年间,出自宋濂《翰苑续集》),第144—146页;卷二三《陶氏家乘序赞》(洪武年间,出自宋濂《銮坡前集》),第454—455页;卷二九《方氏谱序》(洪武年间,出自宋濂《朝京稿》),第611—612页;卷三三《凤山金氏宗谱序》(洪武八年,录自浙江金华府义乌县《义乌凤山金氏宗谱》),第735页;卷四〇《题张如心初修谱叙后》(洪武十二年,出自宋濂《宋学士先生文集》),第910—912页。按:《宋濂全集》卷二九《方氏谱序》所载湖广武昌府江夏县方氏家族的谱系,也可能属于第二种非"名门家系"情况。

科举出身的官员,但他们的官位并不"高",不属于"高官"。①第三种情况是家族谱系被修谱者追溯至唐代甚至更早,但只有唐代及此前的家族成员担任过"高官",宋代并没有出过"高官";即使宋代出过"高官",也不是科举出身。②无论属于哪种情况,这些家族在宋代都没有出过经由科举出仕的"高官",所以都不具有"名门家系"。在这些不具有"名门家系"的家族（13个）中,除了《汉天师世家叙》所述江西广信府贵溪县龙虎山张天师家族族谱的编修者张正常为正一道天师③,《王氏宗谱序》所述浙江金华府东阳县王氏家族族谱的编修者王云、王景文身份不明外④,其余家族族谱的编修者都是士人：既有"处士"、"士/善士"、太学生、普通业儒之人等"无位之士"（共6位）,也有县学教谕、太常寺赞礼郎、翰林院秘书丞、翰林国史院编修、通政司参议等"有位之士"（共5位）。既然这些士人的家族不具有"名门家系",那么他们编修族谱的目的,自然不是延续"名门家系"。

四、修谱睦族对于士人的意义

我们不禁追问,士人为何会在这股修谱热潮中扮演最为重要的角色？《宋濂全集》所录《翁氏宗谱序》（洪武七年）说道："士君子所以尊宗睦族,无而若存,疏而若戚,而其本不紊,非是谱牒之遗也哉！"⑤即谓族谱对于"士君子"尊宗睦族至关重要。而"士君子"修谱睦族,"全其孝道之诚",是其"读书明理"后该有的结果。⑥反过来说,"士君子"读书明理,最为重要的就是培养"孝道"。而衡量"士君子"是否具备"孝道"的重要标准,就是修谱睦族。正如《宋濂全集》中《湖溪虞氏谱原》（洪武五年）所说："孝悌莫先于务本,而务本莫先于尊祖敬宗,立谱睦族。"⑦故《宋濂全集》所录《金氏族谱序》（洪武二年）称族谱编修者金定远为"知本之士"

---

① 参见（明）宋濂著,黄灵庚编辑点校：《宋濂全集》卷一〇《戴亭张氏谱图记》（洪武年间,出自宋濂《銮坡后集》）,第184—185页；卷二二《张氏谱图序》（洪武二年,出自宋濂《銮坡前集》）,第450—452页；卷三〇《柳氏宗谱序》（洪武十一年,出自宋濂《芝园续集》）,第646—647页；卷三五《龙陂张氏家谱序》（洪武十一年,录自浙江金华府义乌县《义乌龙陂张氏宗谱》）,第762—763页。

② 参见（明）宋濂著,黄灵庚编辑点校：《宋濂全集》卷二六《上虞魏氏世谱序》（洪武年间,出自宋濂《翰苑别集》）,第533—534页；卷二八《汉天师世家叙》（洪武九年,出自宋濂《翰苑别集》）,第597—602页；卷三五《王氏宗谱序》（洪武十一年,录自浙江金华府东阳县《磐安南里王氏宗谱》）,第775—776页；卷三九《题马氏谱图后》（洪武年间,出自宋濂《芝园前集》）,第853页。

③ （明）宋濂著,黄灵庚编辑点校：《宋濂全集》卷二八《汉天师世家叙》（洪武九年,出自宋濂《翰苑别集》）,第597—602页。

④ （明）宋濂著,黄灵庚编辑点校《宋濂全集》卷三五《王氏宗谱序》（洪武十一年,录自浙江金华府东阳县《磐安南里王氏宗谱》）,第775—776页。

⑤ （明）宋濂著,黄灵庚编辑点校：《宋濂全集》卷三五《翁氏宗谱序》（洪武七年,录自浙江金华府永康县《永康黄雾翁氏宗谱》）,第773页。

⑥ （明）宋濂著,黄灵庚编辑点校：《宋濂全集》卷三五《乔氏宗谱序》（洪武四年,录自浙江金华府东阳县《东阳乔氏宗谱》）,第771页。

⑦ （明）宋濂著,黄灵庚编辑点校：《宋濂全集》卷三四《湖溪虞氏谱原》（洪武五年,录自浙江金华府浦江县《浦阳湖溪虞氏宗谱》）,第752页。有关此点,还可参见（明）宋濂著,黄灵庚编辑点校《宋濂全集》卷二三《陶氏家乘序赞》（洪武年间,宋濂《銮坡前集》）,第455页。

①。而且，只要能够修谱睦族，无论是不是"士"，都可能会被视为"有士行"而归入"士"的行列。这在《宋濂全集》卷一〇《戴亭张氏谱图记》（洪武年间）有所透露：

> 允达有士行，尤致谨于先世遗文（谱图），装潢成卷而珍袭之，其于崇孝广敬之道，盖有知无不为云。②

文中赞扬了张允达，认为他"有士行"，尤其是能够修谱睦族，尽其孝道。可见，修谱睦族是"有士行"的重要衡量标准。即使不是"士"，也可能因为修谱睦族而具备"士行"，进而跻身"士"的行列。这是《宋濂全集》所录洪武年间谱序中明确交代了身份的修谱者，基本上都被视为"士"，而且可以被视为"士"的根本原因；也是《宋濂全集》所录谱序赞扬那些"无位"却能修谱睦族之"士"，并把他们归类为"善士"、"良士"或"知本之士"的根本原因。

为什么修谱睦族会被提升至最为重要、最为根本的"士行"？这与当时士人的"化俗/美俗"思想有关。"化俗/美俗"思想在宋濂及其弟子王绅、方孝孺的文集中，有最为集中、最为明确的表达。宋濂《俞氏宗谱序》即说道：

> 俗之不美，有志者鲜也。今世之士论法道不古若，则以无位为解；及既得位，卒不能有所为。岂特无位之罪哉？先王经天下之法深远矣，大者，信非无位之所能行；至于族师闾胥之事，独不可推行于州里之间乎？州里之间苟未暇为，独不可行于同姓之亲乎？为士者布海内而无救于俗，由是知今之士多无志也。③

即谓无论士人"有位"还是"无位"，都不是"俗之不美"的借口。"俗"之美否，关键在于士人"有志"还是"无志"。若是"有志"，至少能使"美俗""行于州里之间"；即使不能"行于州里之间"，也能"行于同姓之亲"。那到底如何使"美俗""行于同姓之亲"？宋濂认为其法是让士人敬宗睦族。在敬宗睦族的众多方法中，族谱和祠堂必不可少。其中族谱是"睦族之本"，正如宋濂在《陈氏家乘序》（洪武三年）中所说："尝谓谱者，名家巨族之纲领也。凡冠婚丧祭，别长幼，定尊卑，虽子孙至于万叶，秩然有分以相守，灿然有伦以相接者，皆有赖于谱也。"④故宋濂在《陈氏续修宗谱序》（洪武三年）中说道：

> 君子上事祖祢，以尊其所尊；下治子孙，以亲其所亲；旁治缌麻，以广其仁。又推此心以及于族，谱以明之，法以正之，然后人皆知敦其义而美其俗，所谓各亲其亲、各长其

---

① （明）宋濂著，黄灵庚编辑点校：《宋濂全集》卷三四《金氏族谱序》（洪武五年，录自南直隶徽州休宁县《安徽休宁金氏宗谱》），第736页。
② （明）宋濂著，黄灵庚编辑点校：《宋濂全集》卷一〇《戴亭张氏谱图记》（洪武年间，出自宋濂《銮坡后集》），第185页。
③ （明）宋濂著，黄灵庚编辑点校：《宋濂全集》卷三〇《俞氏宗谱序》（元至正或明洪武年间，出自宋濂《芝园续集》），第651页。有关"美俗"的观点，还可参见（明）宋濂著，黄灵庚编辑点校：《宋濂全集》卷三四《濮阳甄氏宗谱序》（洪武十一年，录自浙江金华府浦江县《浦阳甄氏宗谱》），第755—756页。
④ （明）宋濂著，黄灵庚编辑点校：《宋濂全集》卷三三《陈氏家乘序》（洪武三年，录自浙江金华府浦江县《浦阳松岩陈氏宗谱》），第732—733页。

长而天下平,实宗谱有补于世教也大哉!①

即谓在敬宗睦族的过程中,族谱作用很大。如果士君子能够修谱睦族,并使世人群起效法,然后"人皆知敦其义而美其俗",那么天下就太平了。族谱是"睦族之本",祠堂则是祭祖"会"族,以"化同姓者"的重要教化场所。宋濂《俞氏宗谱序》由此认为,通过修谱和建祠来敬宗睦族,"化同姓之亲",便能"美"州里之俗,最终"美天下之俗"。②但建祠花费较大,修谱更为现实可行,故《宋濂全集》所录"祠记"篇数极少,而"谱序"数量众多。(参见表1)

宋濂在《俞氏宗谱序》中自述曾努力向弟子们宣扬其睦族美俗的思想。正所谓"学于吾者众矣,吾未尝不语以其故"。宋濂的弟子由此继承并实践了这一思想。宋濂所序《俞氏宗谱》,即是其弟子俞恂"谱其同姓之亲以联其族",以使"美俗""行于同姓之亲"的产物。③宋濂于洪武年间所作《西瓯黄氏家牒记》《方氏族谱序》《义乌楼氏家乘序》《梅溪楼氏宗谱序》《凤山金氏宗谱序》《题陈生宗谱后》,也是分别序其弟子黄仁、方孝孺、楼琏、楼恕、金茂枝、陈晟所修的宗谱。④他们试图实践宋濂有关修谱睦族、睦族美俗的思想。⑤在众多的弟子中,王绅和方孝孺较为完整地继承并实践了宋濂的睦族美俗思想。王绅曾屡次向仲兄(宗子)请立家庙、家法,他在《上仲兄请立家庙、家法》(第三书)中自述其原因道:"禀性僻陋,自幼见世俗陵夷,辄慨不自胜。数年以来,士大夫家往往仿之,未尝不为之太息而流涕。虽尝矫俗以自励,奈夫身单力弱,人贱言微,莫能耸动世听。"若能"立家庙,修家法","尊祖敬宗","将见高曾祖考乐享烝蒿诚意于上,子孙云仍乐习威仪礼文于下","旁而乡人睹之,亦必起歆艳之情,而思俪美矣"。王绅屡请仲兄建家庙立家法,不仅是为了尊祖敬宗,而且是为了矫正"乡人"之风俗,使"乡人"观之能够艳羡"思俪美","士大夫家"能够效法改正。⑥如此则可"厚风俗",进而"管摄天下人心"。这与编修宗谱的目的是一致的。正如王绅在《范世族谱序》中所说:

> 世之欲论氏族,别婚姻,厚风俗,扶世教,而族谱所由兴也。呜呼!士之有志于古而欲惇礼义者,舍族谱何求焉?……昔程正公谓:"管摄天下人心,收宗族,厚风俗,使人心

---

① (明)宋濂著,黄灵庚编辑点校:《宋濂全集》卷三三《陈氏续修宗谱序》(洪武三年,录自浙江金华府永康县《永康棠溪义门陈氏宗谱》),第746—747页。
② (明)宋濂著,黄灵庚编辑点校:《宋濂全集》卷三〇《俞氏宗谱序》(元至正或明洪武年间,出自宋濂《芝园续集》),第651页。
③ (明)宋濂著,黄灵庚编辑点校:《宋濂全集》卷三〇《俞氏宗谱序》(元至正或明洪武年间,出自宋濂《芝园续集》),第651页。
④ (明)宋濂著,黄灵庚编辑点校:《宋濂全集》卷七《西瓯黄氏家牒记》(洪武年间,出自宋濂《翰苑续集》),第144—146页;卷二九《方氏族谱序》(洪武十年,出自宋濂《芝园前集》),第607—608页;卷二九《义乌楼氏家乘序》(洪武十年,出自宋濂《芝园前集》),第617—618页;卷三三《梅溪楼氏宗谱序》(洪武十二年,录自浙江金华府义乌县《义乌夏演楼氏宗谱》),第734—735页;卷三三《凤山金氏宗谱序》(洪武八年,录自浙江金华府义乌县《义乌凤山金氏宗谱》),第735页;卷三八《题陈生宗谱后》(元至正或明洪武年间,出自宋濂《翰苑别集》),第839页。
⑤ 有关宋濂宗族思想的讨论,还可参见常建华《宋濂的宗族思想》,《明代宗族研究》,第347—399页。
⑥ (明)王绅:《继志斋集》卷九《上仲兄请立家庙、家法书》(第三书),《景印文渊阁四库全书》第1234册,台北:台湾商务印书馆,1983年,第768页。

不忘本,须明谱系。"其信然矣。①

即谓族谱与祠堂一样,不仅有助于敬宗收族,而且有助于"厚风俗","管摄天下人心"。王绅所欲表达并实践的这一宗族思想,其实就是其师宋濂的宗族思想,同时也是宋濂所继承的宋代儒家士大夫的宗族思想。

与王绅一样,方孝孺(1357—1402)也继承了宋濂的宗族思想,而且表达得更为明确透彻。方孝孺在为宋濂宗族所作的《宋氏世谱序》中说道:

> 士有无位而可以化天下者,睦族是也。天下至大也,睦吾族何由而化之? 人皆欲睦其族,而患不得其道。吾为之先,孰忍弃而不效乎? 有族者皆睦,则天下谁与为不善? 不善者不得肆,至治可几矣。②

文中指出"士有无位而可以化天下者,睦族是也","天下"由"族"组成,固"睦族"可以化"天下"。随后,方孝孺指出睦族之法有三:"为谱以联其族;谒始迁之墓,以系其心;敦亲亲之礼,以养其恩。"最后,方孝孺强调"由一族而推之天下",是其老师宋濂固有之志。③可见,方孝孺是在继承宋濂宗族思想的基础上,提出由"睦族"到"化天下"的构想的。④在这一构想中,士人修谱、祭祖、敦亲等睦族举措是其中最为重要的环节。在其他谱序中,方孝孺也极力推崇这一构想。如方孝孺在《葛氏族谱序》中说道:

> 天下之俗不能自成,由乎一国之俗。国俗之所兴,由乎一乡之俗。乡俗之所起,由乎一族之俗。⑤

文中在"族"与"天下"之间,细分出"乡"与"国"两个层级,并提出由族俗到"乡俗",再由"乡俗"到"国俗",最后由"国俗"到"天下之俗"的层层推进的设想。在《宗仪九首》的《广睦》、《体仁》两首中,方孝孺更在"族"与"乡"之间细分出"无服"、"同姓"两个层级,指出由睦同族推及于睦无服、同姓,由睦同族、同姓推及于睦同乡,由睦同乡推及于"化天下"。⑥而推动这些层级演变的,是士人所行之"道":"君子之道,本于身,行诸家,而推于天下。"⑦换句话说,士君子之"道",是经由"修身"、"齐家"(指家族)、"治国"而达于"天下"的。可见,在宋濂、王绅、方孝孺等士人看来,修谱已不仅具有睦族的意义,而且具有了"化天下"的意义。

---

① (明)王绅:《继志斋集》卷五《范氏族谱序》,第724—725页。
② (明)方孝孺著,徐光大点校:《方孝孺集》卷一三《宋氏世谱序》,杭州:浙江古籍出版社,2013年,第474—475页。
③ (明)方孝孺著,徐光大点校:《方孝孺集》卷一三《宋氏世谱序》,第474—475页。
④ 有关此点,还可参见(明)方孝孺著,徐光大点校:《方孝孺集》卷一三《谢氏族谱序》,第476页。
⑤ (明)方孝孺,徐光大点校:《方孝孺集》卷一三《葛氏族谱序》,第479页。
⑥ (明)方孝孺著,徐光大点校:《方孝孺集》卷一《宗仪九首》,第54—56、64—65页。
⑦ (明)方孝孺著,徐光大点校:《方孝孺集》卷一《宗仪九首》,第49页。

五、结 论

明初洪武年间出现了一股修谱睦族的热潮。这股修谱睦族热潮是由"有位之士"和"无位之士"共同掀起和推动的。这些士人掀起和推动修谱睦族热潮的主要目的,并不是延续"名门家系"或使其官僚身份世袭化,而是"化族"之俗,进而"化乡"之俗,以至于"化天下"之俗。①在这一"化俗/美俗"的设想中,修谱睦族成为一种最为重要、最为根本的"士行",成为分辨"士"之良善、"有志"或"无志"、"知本"或不"知本"的重要标准;同时也是士人维持"士"阶层身份认同,变成"善士"、"有志之士"或"知本之士"的重要凭借。明初士人之所以致力于"化俗/美俗",是因为他们试图继续实现宋儒建立儒家社会秩序的理想,推动儒学思想的制度化、常识化和世俗化(指社会风俗习惯的儒家化),促使儒家伦理渗入民间日常生活。宋儒的理想,是要改造佛道礼仪和民间信仰充斥的社会,建立"一风俗,同道德"的儒家社会秩序。为了实现这一理想,宋儒制定了众多规范社会生活的乡约、家礼,编写了众多社塾乡校教育的蒙书课本,并通过兴办学校和重建家族来传达他们的生活理念,提倡他们理想的社会风俗。不仅如此,宋儒还促使官方制定了一系列针对民众社会生活的法律制度,并下令推广各种理想的关于社会生活的规则和礼仪、风俗习惯,运用权力将儒家经典所表述的观念转化为民众生活中的日常习惯,从而推动儒学思想的制度化、常识化和世俗化。②因此可以说,正是为了延续宋儒的理想和实践,明初士人掀起了旨在改良和美化社会风俗的修谱睦族热潮。这一热潮对于推动儒学思想的世俗化和实现宋儒有关建立儒家社会秩序的理想,具有极为重大的意义。

作者简介: 曾龙生,南昌大学人文学院历史系讲师。

---

① 有关"化俗"的讨论,还可参见常建华:《宋濂的宗族思想》,《明代宗族研究》,第347—350页。
② 参见葛兆光:《中国思想史》第2卷(7世纪至19世纪中国的知识、思想与信仰),上海:复旦大学出版社,2000年,第357—386页;葛兆光:《"唐宋"抑或"宋明"——文化史和思想史研究视域变化的意义》,《历史研究》2004年第1期,第18—32页。

清代东北满洲共同体的构成初探

[韩]金畯永

【摘　要】 满洲共同体产生以来,不断纳入周边民族及族群,入关后,尤其是关内汉人进入八旗,成为满洲共同体的一部分。东北地方是满洲共同体的发源地,历代皇帝非常重视东北地方,入关后清朝皇帝将盛京作为帝国的陪都,东北成为满洲共同体的中心之一。因此,入关以来,清代东北满洲共同体如何构成,是八旗社会整体认识中不可缺少的部分。文章利用东北所藏满族家谱,探索个别满族宗族事例,研究清代东北满洲共同体的构成。

【关键词】 满洲共同体;东北;八旗;招民政策;满族家谱

满洲共同体产生以来,不断纳入周边民族及族群,因而满洲共同体内有多样族群认同。他们的所属佐领决定了共同体内的身份阶层。入关后,尤其是汉人进入八旗,八旗人丁规模迅速膨胀。[1]雍正帝通过八旗户籍改革,严谨划分了八旗内不同出身的旗人,在旗籍中有"正户、正身、另户、开户、养子、另记档案人、户下人"之分。[2]还有在八旗社会的观念中,以入旗时期为准,满洲分为新旧满洲,即入关后,关内满洲共同体的构成可以分为入关前入旗者(旧满洲)和入关后入旗者(新满洲)。东北地方是满洲共同体的发源地,由此历代皇帝非常重视东北地方,入关后清朝将盛京作为帝国的陪都,赋予满洲民族认同的根源之地。比如"大盛京"表示满洲民族认同观念的地理根源。[3]因此,清代东北满洲共同体如何构成,在整个八旗社会研究中是非常重要的部分。学界有关清代东北地方研究,主要讨论辽东招民政策、东北封禁政策、东北旗民关系等方面。张杰、张丹卉的《清代东北边疆的满族(1644—1840)》一书中[4],探讨入关后清朝的东北招民政策和东北少数民族的入旗问题,同时讨论东北满洲共同体中新满洲旗人的主导作用等。王妍的《清代的东北移民与民族融合——以辽宁地区为例》一文[5],探讨入关以来在东北地方基层社会的民族关系变化。刘小萌的《清代东北流民与满汉关系》一文[6],探讨清朝封禁政策之下,关内居民的东北移居情况,从而产生的

---

[1] 安双成:《顺康雍三朝八旗丁额浅析》,《历史档案》1983年第2期,第100—103页。
[2] 傅克东:《八旗户籍制度初探》,《民族研究》1983年第6期,第34页。
[3] Mark C. Elliott, The Limits of Tartary: Manchuria in Imperial and National Geographies, *The Journal of Asian Studies*, Vol.59, No.3, 2000.
[4] 张杰、张丹卉:《清代东北边疆的满族(1644—1840)》,沈阳:辽宁民族出版社,2003年。
[5] 王妍:《清代的东北移民与民族融合——以辽宁地区为例》,《黑龙江民族丛刊》2016年第1期。
[6] 刘小萌:《清代东北流民与满汉关系》,《清史研究》2015第4期。

清朝封禁政策的变化以及东北满汉关系的特点。Lee Hun 的《清代乾隆期满洲族的根本之地构成——京师旗人的移居和满洲封禁为中心》一文①,将乾隆朝的封禁政策和京师旗人的东北移居政策联系,从民族根本之地化角度,探讨清朝统治者对东北地方的根源意识。常建华老师的《生活与制度:清中叶东北奉天地区的移民与生活》一文②,主要利用《嘉庆朝刑科题本》等档案资料,归纳清中期出关居民的来源,从自下而上的角度探讨移民的生计和社会关系、居民和移民者的日常生活等。以上前人研究主要是自上而下的角度,研究清朝对东北旗民社会的政策变化,从自下而上的角度,针对旗人的个别事例进行东北满洲共同体研究不多见。由此,在以上前人研究的基础上,本文利用东北所藏满族家谱,探索个别满族宗族事例③,同时查阅清朝的东北旗民移居政策等,从自下而上的角度,研究清代东北满洲共同体的构成。

一、东北土著旗人

努尔哈赤举兵以来,以建州女真为中心重新建立了东北形势。努尔哈赤先统一建州女真,然后征服了周边海西、野人等女真部落,从而以建州女真为中心逐渐统合了女真共同体。不仅如此,该共同体膨胀过程中,纳入周边民族编入八旗,成为初步的多样认同国家。这样的背景之下,到天聪九年(1635),皇太极公布以下谕旨:

  musei gurun i gebu daci manju, hada, ula, yehe, hoifa kai. tere be ulhirakv niyalma juxen sembi. juxen serengge sibei coo mergen i hvncihin kai. tere muse de ai dalji, ereci julesi yaya niyalma muse gurun i da manju sere gebu be hvla, juxen seme hvlaha de weile. ④

  (汉译:我们国家原有满洲、哈达、乌拉、叶赫、辉发等名称,不知这些的人将我们称为诸申,诸申是跟锡伯超墨尔根的同族,他们与我们有什么关系?此后,所有人将我们称为满洲原名,称为诸申有罪。)

可见,天聪九年(1635)以后,皇太极将固伦名称改为"满洲",满语"固伦(gurun)"是国家、部落等意思,即皇太极想要将之前统称为诸申的部族名称改为"满洲"。那么皇太极为何改部族名称?一方面是该新成立的满洲共同体在东北统合过程中产生"诸申(女真)"的意思改变有关。当时女真部族内自由民称为诸申,女真统合过程中产生女真部落所属自由民出

---

① [韩]이훈(Lee, Hun):《清代乾隆期满洲族的根本之地构成——京师旗人的移居和满洲封禁为中心》,《史丛》第72卷,2011年。
② 常建华:《生活与制度:清中叶东北奉天地区的移民与生活》,《生活与制度:中国社会史新探索国际学术研讨会》,南开大学中国社会史研究中心,2018年9月。
③ 本文利用何晓芳主编的《清代满族家谱选辑》(以下简称《选辑》),该《选辑》纳入80个满族家谱。
④ [日]神田信夫、松村润、冈田英弘译注:《旧满洲档天聪九年》,东洋文库,1972年,转引自[韩]이훈(Lee, Hun):《만주인이야기》,首尔:nermerbooks,2018年,第446页注释86号。

身的奴仆,所以诸申逐渐包含了奴仆的意思,由此诸申不适合该多民族新共同体的名称。另一方面是与新共同体的成立有关。满洲共同体产生以来,不仅统合女真部族,而且纳入蒙古、汉人、朝鲜人、锡伯人等周边民族,诸申(女真)只代表其一部分,不能代表多元民族认同的新共同体。新名称的设定意味着认同形成的起点,同时有助于共同体内部凝聚力强化,因此皇太极将"满洲"作为新设立共同体的名称,使用严谨。

下文以入旗时期、入旗者的民族认同为准,分析东北满族共同体的构成。

(一)东北土著旧满洲人

顺治元年(1644),在吴三桂的引导之下,摄政王多尔衮统率八旗进入山海关,占领北京,并且他宣布大清迁都于北京。同年,顺治帝率领八旗大兵抵达北京,此后,清朝将关外旗人陆续派到关内及北京,从而东北满洲共同体面临着大分化。

表1　顺治十六年东北八旗驻防兵额情况①

城名	盛京	兴京	盖平	牛庄	凤凰城	广宁	宁古塔	总计
佐领	16	2	2	2	2	1	8	33
甲兵	748	50	96	32	150	28	430	1534

表1内容可知,到顺治十六年(1659),在东北只有33个佐领,该佐领的兵额只不过1534人。由于清朝的八旗移居政策,旗人不可避免宗族分化,一是关内外分化,二是在关内或者关外内分化。其中留在东北的满洲人,是东北满洲共同体中不可缺少的部分。本文将这些满洲宗族统称为"东北土著旧满洲"②。以下表2是《选辑》中有关"土著旧满洲"事例。

表2　东北土著旧满洲③

序	谱名	原居地	移居地	移居时期	族群
1	《京都吉林宁古塔三姓等处镶黄旗陈满洲关姓宗谱书》	三音讷殷	宁古塔等	顺治年间	女真后裔
2	《马氏宗谱》	盛京	打牲乌拉	顺治年间	女真后裔
3	《唐族谱书》	奉天	凤城		女真后裔
4	《交罗哈拉佟赵全书》	赫图阿拉	盛京等		女真后裔
5	《福陵觉尔察氏谱书》	长白山	盛京		女真后裔

以上"土著旧满洲"的族源主要是原女真部族的后裔。入关时,由于清朝统治者将东北八旗派到关内驻防,所以满洲宗族被分为关内外,比如事例1的《京都吉林宁古塔三姓等处镶黄旗陈满洲关姓宗谱书》④,该家谱的名称已经表示该宗族的分散情况。该族顺治年间迁移到宁古塔驻防以来,随着宗族规模扩大,又分为北京、吉林、三姓、福建等。事例4的《交罗

---

① 资料来源:李林、汤建中编:《北镇满族史》,沈阳:辽沈书社,1990年,第44页。
② 满洲有"新满洲"与"旧满洲"之分,清入关前,将皇太极时期编入八旗的称为新满洲,而将此前努尔哈赤时期被编入八旗的称为旧满洲。入关后,对之前编入八旗的均称旧满洲,此后编入的称为新满洲。本文所称的"旧满洲"都是入关前编入八旗的旗人。
③ 何晓芳主编:《清代满族家谱选辑》,沈阳:辽宁民族出版社,2016年。
④ 何晓芳主编:《清代满族家谱选辑》,第13页。

哈拉佟赵全书》①,该族族长胡里哈(后来改名为达尔嘎瑕)向努尔哈赤归顺,努尔哈赤迁都辽阳时,该族从牙尔虎迁移到赫图阿拉,当时胡里哈的兄瓦克善身体不佳留在原地。之后胡里哈支派的后裔从盛京迁移到北京,瓦克善支派的后裔,长子从牙尔虎移居到赫图阿拉,其他都留在原居住地。事例5的《福陵觉尔察氏谱书》②,该族世居长白山,顺治元年(1644),该族除奉命守福陵的长子和次子之外,其他族人都入关。同时,留在东北的满洲宗族也被派到东北各地,也产生宗族分化,比如事例2的《马氏宗谱》③,该族原属于盛京满洲镶黄旗,顺治元年,从盛京派到乌拉,再派到打牲乌拉采珠镶黄旗内。还有事例3的《唐族谱书》④,该族始祖山敦原居长白山的满洲他她拉氏(他塔喇氏)。国初该族迁移到奉天,到六代孙古巴迁移到凤城,属于正红旗纯祥牛录内。

另外,入关前在东北已经有不少汉人居住,他们也称为辽人。满洲共同体扩展过程中,辽人也投入满洲共同体内,由此本文将入关前编入八旗的辽人也视为土著旧满洲之一。比如《沈氏家谱》⑤,该族原来是辽阳人,崇德年间向清朝投降。入关时该宗族发生了宗族分化,一是入关的支派,二是留在东北的支派。留在东北的支派世袭了镶黄旗汉军黄庄庄头职。入旗时期是决定八旗内身份认同的重要标准,该沈氏家族,虽然是在八旗内地位偏低的庄头旗人,但是由于他们也是入关前投充八旗的旧满洲成员,所以跟入关后投充八旗的庄头相比,他们不仅身份地位高,而且满洲认同更加明显。⑥

(二)东北土著新满洲人

入关后在东北编入八旗的满洲人,本文统称为"土著新满洲人"。以下表3是在《选辑》中,有关"东北土著新满洲"事例。

表3 东北土著新满洲⑦

序	谱名	原居地	移居地	移居时期	族群
1	《乌拉氏族谱——盛京镶蓝旗西昂邦牛录下乌扎拉氏族谱》	黑龙江伊克塞		康熙四年	女真后裔
2	《瓜尔佳氏家世录——伯都讷锡伯人奉派辽阳驻防》		辽阳驻防	顺治八年	锡伯人
3	《吴西勒氏谱书》	巴尔虎	盛京、辽阳、凤城等	康熙二十一年	蒙古人
4	《常氏宗谱》	辽阳	打牲乌拉	顺治年间	汉人

以上表3的内容可知,这些东北土著新满洲人具有不同的族群认同。其中事例1的《乌拉氏族谱——盛京镶蓝旗西昂邦牛录下乌扎拉氏族谱》⑧,该族世居黑龙江伊克塞地方,康

---

① 何晓芳主编:《清代满族家谱选辑》,第344页。
② 何晓芳主编:《清代满族家谱选辑》,第744页。
③ 何晓芳主编:《清代满族家谱选辑》,第159页。
④ 何晓芳主编:《清代满族家谱选辑》,第279页。
⑤ 何晓芳主编:《清代满族家谱选辑》,第1197页。
⑥ 有关庄头旗人的阶层区分及他们的满洲认同比较,可以参考邱源媛:《找寻京郊旗人社会——口述文献双重视角下的城市边缘群体》,北京:北京出版社,2014年。
⑦ 资料来源:何晓芳主编:《清代满族家谱选辑》。
⑧ 同上书,第532页。

熙四年（1665），该族始迁祖束勒必罕率领同族十余人，投降于清朝，并编入盛京满洲镶蓝旗内。该族谱记载内容比较简单，不易断定女真人的后裔或者其他东北少数民族，但是根据《八旗满洲氏族通谱》记载："兀札喇（乌扎拉）为，满洲一姓，其氏族散处于乌喇、萨哈尔察、黑龙江及各地方。"①由此，我们可以推断该族是曾经在黑龙江地方居住的女真人的后裔。事例2的《瓜尔佳氏家世录——伯都讷锡伯人奉派辽阳驻防》②，该族族源是锡伯满洲人，顺治八年（1651），该族属于满洲正白旗并派到辽阳驻防。虽然他们仍然抱有锡伯族群认同，但是他们入旗之后使用满洲姓氏等也拥有满洲认同。即这表示"满洲"共同体的多民族属性。事例3的《吴西勒氏谱书》③，该族是巴尔虎蒙古人，康熙二十一年（1682），以巴尔虎蒙古12000余人编10个牛录，其中3个牛录盛京将军管下，余7个牛录分别派往辽阳、凤城等7城驻防。其中该族始迁祖安达力派到凤凰城驻防，并任职了巴尔虎旗的佐领。该族移居之后在凤凰城附近耕种旗地而维持生活。

事例4的《常氏宗谱》④，该族的始迁祖南安王常朗是明朝开国功臣开平王常遇春的9代孙。明末动荡时期，常朗舍弃爵位并在辽阳隐居。到清初他的后裔常邦国在打牲乌拉进行贸易。顺治年间，奉旨将本地汉人编入旗籍，同满洲人等一体当差，由此该族编入八旗正白旗汉军内。该族的族群是汉人，但是通过该族族谱世系内容可知，从常邦国等五代孙开始多次出现满语名字。这是入旗之后该族吸收满洲文化的结果。以上族谱记载之外，满文档案中，还可以发现东北土著新满洲宗族的入旗情况。

  wesimburengge.
  ningguta i jergi babe tuwakiyara jiyanggiyvn amban gidangga sei ginguleme wesimburengge. jalan halame boxoro nirui da sekiyen be giyapu arafi tuwabume wesimbure jalin,amban meni ba i kubuhe xanggiyan i cooha de genehe ice manju nirui janggin fada i ahvn boxokv udaca i alibuha bade:mini unggu mafa julanta daci gaxan i da bihe,usuri be i niyalma,kidumu hala,mukvn falga,ahvta,deota,juse emu ba i uheri emu tanggv orin sunja haha be gaifi,seke alban jafame,ejen be baime ningguta i bade ibeme jifi tehe manggi,elhe taifin i juwan ilaci aniya fukjin niru banjibure de,mini unggu mafa julanta be gaxan i da ci niru boxobuha.⑤

（汉译：奏。宁古塔将军大臣吉党阿（gidangga）等谨奏。由于世管佐领的根源在族谱上记载之后奏览，臣等根据镶白旗下新满洲牛录的佐领法达（fada）的兄领催 udaca 的禀报："我

---

① 《八旗满洲氏族通谱》卷三十，沈阳：辽沈书社，1989年，第385页。
② 何晓芳主编：《清代满族家谱选辑》，第852页。
③ 同上书，第862页。
④ 同上书，第1301页。
⑤ 档号：03-0171-0224-003，《奏报镶蓝旗满洲旗佐领阿纳泰之家谱折》，宁古塔将军吉党阿，乾隆五年三月七日，中国第一历史档案馆。

们的曾祖 julanta 原任村长,他带领乌苏里地方的人、kidumu 姓氏的族人、诸兄弟和孩子们等共有 125 个男丁,向皇帝进贡貂皮,并请求进入宁古塔居住,到康熙十三年(1674),牛录设立时,将我们的曾祖 julanta 从村长任命为牛录佐领。")

该档案比较详细表示,入关后,新满洲人的入旗过程。该族始迁祖 julanta 带领属下族人及村民,归顺于清朝,然后移居宁古塔地方居住。康熙十三年(1674),清朝把该村人编入一个牛录,同时把他们的原村长任命为牛录佐领,继续管辖原属下村民。不仅如此,该村长的直系后裔世袭了该牛录的佐领职,从而该牛录成为该族的世管佐领。总的来看,以上宗族的事例表明,清朝入关以后,尤其是在东北边疆地方,仍然纳入周边民族编成八旗,从而扩展了东北满洲共同体的规模。

二、从关内派到东北的八旗移民者

(一)东北地方的空洞化

满洲家谱序文中经常出现"从龙入关"和"世居长白山"等有关族源及宗族分化等记录。满洲人通过这些记录要表示满洲认同。"世居长白山"的族源记录,表示该宗族与清皇室之前的地缘关系,但是该记载具有虚构的层面。①满洲共同体中新旧满洲的界定,主要是依据该宗族的入旗时期。由此满洲人通过"从龙入关"等记载,强调自己的身份认同。跟"世居长白山"相比,"从龙入关"的记载基于清初历史事实。如前所述,顺治元年(1644),在清朝迁都过程中,跟随顺治帝多数旗人迁到北京。为了内陆统治安定,清朝统治者不可避免地将旗人大规模移居关内,但是该政策引发了东北边防的空白。

> 奉天府府尹张尚贤疏言:"河东城堡虽多,皆成荒土,独奉天、辽阳、海城三处稍成府县之规,而辽、海两处仍无城池,如盖州、凤凰城、金州,不过数百人,铁岭、抚顺惟有流徙诸人不能耕种,又无生聚只身者逃去大半,略有家口者,仅老死此地,实无益于地方,此河东腹里之大略也。河西城堡更多,人民稀少,独宁远、锦州、广宁人民凑集,仅有佐领一员,不知于地方如何料理,此河西腹里之大略也。合河东河西之腹里观之,荒城废堡,败瓦颓垣,沃野千里。有土无人,全无可恃。"②

可见,入关以后,仅仅过了大约 17 年,离关内相近的辽东和辽西地方的空白非常严重,那么吉林及黑龙江等东北边疆地方的空白应该更加严重。俄罗斯人趁着东北边疆的空白,逐渐南下,到顺治七年(1650),他们已经到黑龙江上流。顺治九年(1652)开始,清朝和俄罗斯之间发生冲突,根据《实录》记载,在顺治年间至少 4 次以上清朝与俄罗斯之间发生冲突。

> 以驻防宁古塔章京海塞、遣捕牲翼长希福等,率兵往黑龙江与罗刹战败绩,海塞伏

---

① 定宜庄、胡鸿保:《从族谱编纂看满族的民族认同》,《民族研究》2001 年第 6 期,第 61 页。
② 《清圣祖实录》卷二,顺治十八年(1661)五月九日,北京:中华书局,1985 年,第 64—65 页。

诛,希福革去翼长、鞭一百,仍令留在宁古塔。①

镇守宁古塔昂邦章京沙尔虎达等疏报:"击败罗刹兵,获其人口甲仗等物,命兵部察叙,以所俘获分赐有功将士。"②

初镇守宁古塔梅勒章京尼噶里等报称:"击败罗刹俘获费牙喀部落庄屯头目塔布他弩等,交付格克勒氏库里哈,令前往附近东海费牙喀部落温屯村,宣布朝廷德意并行招抚,于是温屯村以内九村人民皆愿归顺。"③

镇守宁古塔总管巴海等疏报:"臣等率兵至萨哈连、松噶里两江合处,侦闻罗刹贼众在费牙喀部落西界。随同副都统尼哈里、海塔等领兵前进至使犬地方。伏兵船于两岸,有贼艘奄至,伏发贼即回遁。"④

可见,入关初,由于八旗大规模关内移居,在东北地方发生空洞化现象。为了解决东北空白而产生的东北治安问题,在顺治十年(1653),清廷正式颁布了"辽东招民开垦令",实行了辽东招民政策。清廷为了鼓励关内民人的东北移居,清朝向移民者分给土地并允许荒地开垦。另外,上文已经提到,到康熙年间,边疆地区的少数民族及女真后裔编入八旗,这应该是强化边疆防卫的一种手段。这些清朝的东北边疆政策,难以防止俄罗斯人的侵略及东北空洞化问题,但是到康熙初期在关内发生三藩之乱等原因,清朝仍然不能关内八旗派兵。三藩之乱结束之后,清朝才可以将关内八旗再派到东北,从而要缓解东北空白及治安问题。

(二)新旧满洲旗人的出关

如前所述,满洲家谱记录中有"从龙入关"等旗人大规模关内移居的内容,与此同时,在不少满洲家谱中,可以发现有关宗族关外移居等记载。以下表4是《选辑》中,从关内移居到东北的新旧满洲事例。

表4 从关内派到东北的新旧满洲⑤

序	谱名	原居地	移居地	移居时期	族群
1	《瓜尔佳氏宗谱书》	北京	凤城驻防	康熙二十六年	旧满洲
2	《瓜尔佳氏宗谱书——岁次甲子年制》	北京	熊岳城驻防		旧满洲
3	《关氏家族世系谱》	北京	岫岩驻防	康熙二十六年	旧满洲
4	《关氏宗族支派谱》	北京	金州城	康熙二十六年	旧满洲
5	《赫舍哩氏宗谱书》	北京	凤凰城驻防	康熙二十六年	旧满洲
6	《赵氏宗谱》	北京	复州城	康熙二十六年	旧满洲
7	《赵府宗谱——凤城》	顺天府	复州城	康熙二十六年	旧满洲
8	《那氏族谱》	关内	凤凰城驻防	康熙二十六年	旧满洲
9	《那姓家谱》	北京	盛京		旧满洲
10	《汪氏宗族谱书——籍地岫岩县哨子河》	北京	岫岩驻防	康熙二十六年	旧满洲

---

① 《清世祖实录》卷六八,顺治九年(1652)九月十七日,北京:中华书局,1985年,第537页。
② 《清世祖实录》卷一一九,顺治十五年(1658)七月十五日,第923页。
③ 《清世祖实录》卷一二四,顺治十六年(1659)三月十日,第959页。
④ 《清世祖实录》卷一三八,顺治十七年(1660)七月二十四日,第1068页。
⑤ 资料来源:何晓芳主编:《清代满族家谱选辑》。

续表

序	谱名	原居地	移居地	移居时期	族群
11	《完颜氏谱书——汪氏谱书》	顺天府三河县	凤凰驻防	康熙二十六年	旧满洲
12	《镶黄旗佛满洲哲金佐领下王氏谱书》	关内	岫岩驻防		旧满洲
13	《牛庄萨克达氏族谱——萨克达(里)氏》	北京	牛庄	顺治年间	旧满洲
14	《白氏源流族谱》	关内	岫岩驻防	康熙二十六年	旧满洲
15	《索绰罗氏谱书》	北京	盛京	康熙三年	旧满洲
16	《萨嘛喇氏族谱》	关内	凤凰驻防	康熙二十六年	旧满洲
17	《姜尔佳氏族谱》	关内	盛京	康熙二十六年	汉人
18	《洪氏谱书》	北京	岫岩驻防	康熙二十六年	汉人
19	《卡克他氏谱书》	关内	凤凰城驻防	康熙二十六年	蒙古人
20	《陈氏谱书》	关内	凤凰城驻防	康熙二十六年	蒙古人
21	《文佳氏谱书》	北京	凤凰城驻防		朝鲜人
22	《锦州料理庄粮事务衙门陈庄头家谱》	关内	大凌河	康熙二十六年	旧满洲
23	《吉林成氏家谱——正黄旗汉军吉林成氏家谱》	河南	乌拉	康熙二十六年	汉人
24	《杨氏谱书——辽宁》	北京	奉天	康熙二十六年	汉人
25	《赵氏族谱》	山东登州府	盛京		汉人
26	《宁古塔地方正黄旗朱姓全谱》	北京	宁古塔	康熙元年	汉人

可见，在《选辑》的 80 个满族家谱中以上 26 个家谱，是从关内移居到东北的新旧满洲宗族事例，大约占了 32.5%，比其他事例占率最高。这表示平定三藩之乱以后，不少关内八旗派到东北驻防。由于从关内派到东北的旗人经历了宗族分化，在满族家谱中多次出现跟"从龙入关"一样，康熙中期，尤其是康熙二十六年（1687）"从关内派到东北驻防"等记载。比如事例 1 的《瓜尔佳氏宗谱书》[①]，该族始祖苏克苏浒河贝勒向努尔哈赤归顺，此后该族跟皇室结成姻亲关系。入关后，康熙二十六年（1687），八代孙翁窝图从北京派到凤凰城，成为凤凰城支派的始迁祖。根据以上 26 个事例，从关内派到东北的八旗构成，主要是入关前投入八旗的"旧满洲人"，其中事例 17、18 是入关前编入满洲旗的汉人，事例 19、20 是入关前编入蒙古旗的蒙古人。此外，还也包括入关后投充的"新满洲人"。一是关内投充汉人，比如从事例 23 到 26 的家谱。事例 23 的成氏家族原居山西太原，明代该族迁移到河南。清朝入关时，该族移居于京师并编入汉军八旗。康熙二十四年（1685），该族受命派到乌拉地方。[②]事例 24 的杨氏家族原居山东，发生三藩之乱时，清朝在山东招集民兵，当时该族树立军功，由此入旗并移居于京师。康熙二十六年（1687），该族派到奉天担任了管理军马等任务。[③]事例 25 的赵氏家族原居云南，然后移居到山东登州府莱阳县，发生三藩之乱时，该族国宁等树立军功，其中国宁派到辽东并编入盛京镶白旗内。[④]事例 26 的朱氏家族，该族始迁祖朱议翁是朱

---

① 何晓芳主编：《清代满族家谱选辑》，第 52—53 页。
② 何晓芳主编：《清代满族家谱选辑》，第 1052 页。
③ 何晓芳主编：《清代满族家谱选辑》，第 1208 页。
④ 何晓芳主编：《清代满族家谱选辑》，第 1267 页。

元璋的第十六个儿子宁献王朱权的十代孙。清朝入关时朱议㸅在江西举兵,到顺治十五年(1658),朱议㸅在南昌投降。康熙元年(1662),该族编入京师汉军正黄旗关胜宝佐领下。同年该族派遣于宁古塔地方,并编入宁古塔正黄旗三福佐领下。① 二是越境投充八旗的朝鲜人。比如事例21的《文佳氏谱书》②,该族到顺治年间,始迁祖文瑞越境入清,并编入满洲镶白旗,然后他派到凤凰城,授职朝鲜通官。从此该族分为关内外,即文瑞的长子嘒什密、次子宝什密跟随父亲移居东北,第三波什密留在北京。此外,波什密支派族人世代担任通官职。

综上所述,平定三藩之乱以后,为了东北土地开发及边疆治安,将关内旗人派到东北驻防。这些旗人跟关内旗人一样,也拥有不同民族认同,他们移居之后,一方面是在驻防担任边防防卫、军马培养等任务,另一方面是跟移居东北后入旗的汉人一样,也从事旗地耕种及荒地开垦等农业活动。

三、东北移民后入旗者

(一)清朝的辽东招民政策

如前所述,三藩之乱结束之后,清廷大规模实行八旗移居政策,从而关内八旗再派到东北驻防。清廷实行八旗东北移居政策之前,早在顺治年六年开始实行辽东招民政策。

> 谕曰:关外辽人有先年入关在各省居住者,离坟墓别乡井历年已久,殊可悯念著出示晓谕。凡系辽人各写籍贯姓名,赴户部投递听候察收。有愿入满洲旗内者,即入旗内,欲依亲戚居处者听归,亲戚内有通晓文理堪任民牧者,准送礼部考选,有素善骑射堪为将领者,准送兵部试用。有人材壮健愿人入行伍者给与粮饷,照满洲一例恩养。其有愿还故乡者听,若安土重迁,不愿来京报名者亦从其便。③

顺治六年(1649),为鼓励关内民人的移居,清廷给他们提供入旗及授职的机会,但是在关内民人的居住情况不同,由此民人对该政策表达不同态度。

> boigon i jurgan i aliha amban ceke sei gingguleme wesimburengge……meni jurgan hese be gingguleme dahafi, tuwaci liyoodung ni ba na sain usin huweki ofi, hafan irgen be acara be tuwame tebunerengge giyan be kimcime gisureci ememu ba ehe muke noho bai irgen yooni geneki serengge bici fu jeo hiyan i ba untuhun ombi. ba na sain i bai irgen ini babe narame generakv oci inu manga.④

---

① 何晓芳主编:《清代满族家谱选辑》,沈阳:辽宁民族出版社,第1309页。
② 何晓芳主编:《清代满族家谱选辑》,沈阳:辽宁民族出版社,第912页。
③ 《清世祖实录》卷四二,顺治六年(1649)正月二十日,第338页。
④ 档号:02-02-006-000399-0042,《题为辽东地肥沃请派官民耕种事》,户部尚书车克,顺治十年九月初三日,中国第一历史档案馆。

(汉译：户部尚书车克等谨奏："奉上谕，我们看得辽东地田土肥饶，核议安设官民等事，有些在土地瘠薄缺水地方的民人，如果都想要去，该府州县变成荒废，居住在地势好的民人，想念故土不愿离开，也困难。")

清廷为了推广关内居民的辽东移居，召集满汉大臣讨论了一些优待政策，并正式公布《辽东招民开垦条例》。

> 随于九月初九日满汉九卿官员会议得：……若招民一百名者文授知县，武授守备，百名以下六十名以上者文授州同、州判，武授千总；五十名以下者文授县丞、主簿，武授百总。若数外多招者，每一百名加一级，将所招人民详开姓名人数册报户部，准出山海关，领赴辽东知府、知县处，文割去印信实收赴吏、兵二部，即选与应得官职。如愿在辽东居住者，不管辽东民事听其居住，其辽东地方广阔田地，最多招去官民任意耕种，俱照开荒之例给与牛种。待人民集多，田地广种之时，再议酌量征粮。仍立学官府设教授一员、训导一员，每县设教谕一员，考取生员另为一省考选举人，凡各处童生、生员愿赴辽东久籍应试者，从本管地方官起文赴送至辽东。①

可见，清朝按照招民人数赋予该地方的文武官职，同时允准了在辽东应试。清廷为了管理不入旗的辽东移民，从顺治十年（1653）以辽阳府（顺治十四年五月裁辽阳府，于盛京设奉天府）设立为始到康熙五年（1666），在辽东地方设立两府（奉天、锦州），两州（辽阳、宁远），七县（海城、承德、盖平、开原、铁岭、广宁县、锦县），而且这些新设立的州县居民大多数是根据辽东招民政策移居于东北的民人。②辽东招民政策实行以来辽东民人人口变化，通过《盛京通志》的户口统计记载可以窥看。到顺治十八年（1661），在奉天府属下七个州县内新增加的人丁共有5557丁。即当时跟随"辽东招民开垦令"大约2万民人移居于东北。③到康熙三年（1664），奉天府属下七个州县内新增加的人丁有4773丁，即该地方共有10330丁，大约4万余民人居于此地。到康熙七年（1668），清廷实行奉天府和锦州府属下九个州县④的统合户口调查，根据调查结果该地方共有16643丁，其中康熙三年以后新增人丁有4207丁。⑤总的来看，从顺治十八年到康熙七年（1661—1668）户口调查表明，每次大约增加了四千余丁。康熙六年（1667），清廷废止了"辽东招民开垦例"⑥，此后该地州县的新增人丁大幅

---

① 档号：02-01-02-1829-003，《为招民赴辽东开垦事》，吏部尚书朱马喇，顺治十年九月十七日，中国第一历史档案馆；《乾隆盛京通志》卷三五《户口一》，《中国地方志集成·省志辑·辽宁①》，南京：凤凰出版社，2009年，第633页（乾隆四十九年本）：顺治十年以辽阳为府，设辽阳、海城二县，其锦州、宁远、广宁、沙后四城尚属佐领所辖，是年定例辽东招民开垦，至百名者文授知县、武授守备，六十名以上，文授州同、州判、武授千总，五十名以上，文授县丞、主簿，武授百总。招民数多者每百名加一级，所招民每名给月粮一斗，每地一晌给种六升，每百名给牛二十只。
② 《盛京通志》卷十七，《户口》，京都大学图书馆所藏（康熙二十三年刻本），第1页："州县新设户无旧籍丁，鲜原额俱系招民。"
③ 包括家眷每1丁算4人，以下为同。
④ 辽阳州、海城县、锦县、铁岭、开原、宁远州、广宁县、承德县、盖平县。
⑤ 《盛京通志》卷十七《户口》，第3页。
⑥ 《清圣祖实录》卷二三，康熙六年（1667）七月五日，第314页。

减少,比如康熙十二年(1673),清廷实行户口调查,结果为该地方共有25723丁,其中新增人丁只有1844丁。康熙十五年(1676)的调查来看,共有26713丁,其中新增人丁只有703丁。康熙二十年(1681)的户口调查结果表明,共有28724丁,其中新增人丁只有1047丁。①

以上户口调查表明,清廷颁布"辽东招民开垦令",鼓励关内汉人的东北移居,从顺治十年到康熙二十年(1653—1681),该地方共有2万8千724丁,大约11万余民人移居于东北。其中康熙六年(1667)废止"辽东招民开垦令"以后,康熙十二年(1673)户口调查结果开始,该地人口增加速度非常缓慢,由此会认为东北招民政策的失败。但是居民的东北移居人口不止于此。上文中已经提到,顺治六年(1649)顺治帝在上谕文中表示,从关内移居东北的移民中"有愿入满洲旗内者,即入旗内"。即有些民人移居东北之后投充八旗,担任庄头或者耕种土地等,该具体事例将在下节探讨。根据《盛京通志》的记载,入关后到康熙二十三年(1684),在辽东地方设立的官庄大约126个。②此外,在东北还有庞大的旗地。到康熙二十二年(1683),山海关外除了奉天所属地方和皇庄之外,旗地共有44万2997日。③按照规定每丁应分给五日,那么该地方大约需要9万余丁。如前所述,到康熙二十年(1681),该地登记的民人只有28724丁,而且到康熙二十六年(1687)前后,清廷开始将关内八旗派到关外,到康熙二十二年(1683),在东北留下旗人不多,因此,仅用东北留下的旗人及移居东北的民人,难以耕种这么庞大的旗地及庄园。即当时不少民人移居东北之后投充八旗,逐渐成为满洲共同体的成员。

(二)汉人入旗与东北开垦

以下表5是《选辑》中,从关内移居到东北,并编入八旗的"新满洲"事例。

表5 移居东北后投充八旗的"新满洲"事例④

序	谱名	原居地	移居地	移居时期	旗属
1	《卢氏家谱》	山东济南	凤凰城	顺治八年	汉军镶黄旗
2	《裕亲王府世袭庄头刘氏宗谱》	山东	辽东		裕亲王府
3	《杨氏谱书——吉林》	山东登州府莱阳县	吉林永吉	康熙二十一年	汉军镶黄旗
4	《金府宗族谱书》	山东登州府昌邑县	吉林东关	雍正二年	汉军正白旗
5	《金府宗谱》	关内	盛京	康熙年间	内务府汉军镶黄旗
6	《苗氏谱书》	山东登州府黄县	奉天	顺治年间	内务府汉军镶黄旗
7	《贾氏谱书》	山东登州府莱阳县	奉天	顺治十年	汉军镶红旗

上文中已经提到,顺治六年(1649)顺治帝在上谕文中表示,从关内移居东北的移民中"有愿入满洲旗内者,即入旗内"。通过以上满族家谱的族源记载,我们可以窥看该政策的具体实行情况。比如事例1的《卢氏家谱》⑤,该族原居云南,然后迁移到山东济南,到顺治八年(1651),该族移居辽东后投充八旗,而编入汉军镶黄旗内。该族在凤凰城从事土地开垦。

---

① 《盛京通志》卷十七《户口》,第7页。
② 《盛京通志》卷十八《田赋志》,第12—15页。
③ 《盛京通志》卷十八《田赋志》,第16页。
④ 资料来源:何晓芳主编:《清代满族家谱选辑》。
⑤ 同上书,第933页。

还有事例7的《贾氏谱书》①,该族原居山东登州府莱阳县。该族在族谱上表明"由于顺治十年(1653),朝廷发布辽东开垦令,所以族人移居辽东"。该族移居时长支留在山东、次支和三支移居东北,然后他们投充于顺承郡王府阿立本牛录,从事辽东开垦。到康熙初年,该族再移居于奉天,并编入汉军镶红旗。以上东北移居并投入八旗的"新满洲",他们主要分得旗地或者开垦土地维持生活。以上表5的七个事例来看,他们都编入汉军旗下(包括内务府汉军旗),因此,多数移民者投充八旗后,在八旗社会中的地位并不高。另外,他们的原居地都是山东,并且登州府出身者最多。这表明当时移居东北的汉人中山东出身占有不少比重。那么为何多数山东人移居东北,需要了解当时民间情况。

  (顺治)七年秋,莱阳、文登大雨水涨禾稼尽淹饥饿,八年春莱阳饥,十年六月蓬莱雨四十余日大水……②
  刑科给事中赵进美奏言:"山东洪水肆虐,民不堪命,查蠲恤旧例,必经勘明灾伤分数部行之。"③
  工科左给事中魏裔介奏言:"连岁水灾频仍,直隶、河北、山东饥民逃亡甚众,请敕督抚严饬有司,凡流民所至不行收恤者题参斥革,若能设法抚绥,即分别多寡,准以优等保荐。并乞大沛鸿恩发银数万两,遣满汉贤能官员沿途接济务,使流民得所,庶德泽布而闾井宁矣。得旨,饥荒流徙,民不聊生,朕深切悯念,其赈济安插,劝惩鼓舞事宜俱属急务,著所司速议以闻。"④

可见,顺治七年(1650)以来,在山东多次发生了洪水等灾害,因而该地居民的生计日益恶化,产生饥民、流民等。为了救济山东,清廷实行停止征收并施放救米等救恤政策。与此同时,顺治八年(1651)山东登州府为始,清廷将山东流民派遣于辽东地方。⑤此外,地理的邻近性也是重要原因。辽阳府知府张尚贤奏言:"辽东旧民寄居登州海岛者甚众,臣示谕招来,随有广鹿长山等岛民丁家口七百余名,俱回金州卫原籍,但金州地荒人稀,倘准其任意开垦,则生聚渐多,亦可立县治,而诸岛皆闻风踵至矣,下所司议。"⑥可见,明末清初,原居辽东的民人(也称为辽人)避开在辽东发生的明清之前的战乱,离开东北移居于山东登州府等沿海地方。清朝入关之后,东北变成为荒地,因此,清朝发布"辽东招民开垦令",将辽人邀请还乡,并鼓励荒地开垦。由此辽人回到原籍,其中一部分投充八旗,逐渐成为满洲共同体的成员。

---

① 资料来源:何晓芳主编:《清代满族家谱选辑》,第1298页。
② 光绪《增修登州府志》卷23《水旱丰饥》,《中国地方志集成·山东府县志辑48》,南京:凤凰出版社,2008年,第226页。
③ 《清世祖实录》卷五九,顺治八年(1651)八月六日,第464页。
④ 《清世祖实录》卷八一,顺治十一年(1654)二月十二日,636页。
⑤ 杨永旭:《以满族家谱为例探讨满族重要组成部分——汉军旗人》,《吉林省教育学院学报》2009年第12期,第38页。
⑥ 《清世祖实录》卷九三,顺治十二年(1655)九月六日,第732页。

四、小　结

　　宗族在族谱上记述宗族起源，是表示民族认同的方法。满洲家谱有多样族源记载，这可以看出满洲多民族共同体的特征。以上族谱事例可知，东北地方的满洲共同体也是以多民族群体而构成的。一是入关前留在东北的旧满洲人和后来在东北投充八旗的新满洲人，二是从关内派到东北的新旧满洲人，三是跟随"辽东招民开垦令"移居东北后投充八旗的民人。这三类人群，虽然各有不同的族群认同，但是在东北长期同居逐渐成为东北满洲多民族共同体的成员。东北满洲共同体的生活方式跟关内八旗不同，他们主要从事旗地耕种以及荒地开垦。他们在耕种旗地及开垦东北土地过程中接受东北移居汉人（也包括移居后投充八旗的民人）的农业技术。由于东北八旗驻防一般不单独设立满城等，所以东北驻防旗人更容易跟当地汉人交流，从而自然产生了满汉交流。因此，满洲族谱的世系记载中多次发现满汉通婚的内容。为了禁止满汉通婚，清朝规定如果旗人通婚，不提供各种兵饷及红白助金等，但是该政策不能阻挡满汉通婚，汉人借用旗人名义等方式，避开清朝的禁令，进行满汉通婚。①总而言之，清朝长期实行东北封禁政策等影响，我们会认为东北是满洲共同体的发源地，汉人不在其列。但是我们不可否认，虽然满洲共同体的起点在于建州女真，但是该共同体的组成及发展过程中纳入了周边民族，因而满洲共同体具有多元族群认同。以上事实表示，东北满洲共同体也不例外，而且其形成及发展过程中不可避免与汉人以及其他少数民族融合。

作者简介：金畯永，南开大学历史学院博士研究生。

---

① 《满族社会历史调查》，《中国少数民族社会历史调查资料丛刊》（修订版），北京：民族出版社，2009年，第17—28页。

关于隋唐并州妒女崇拜现象的探讨*

王力平

【摘　要】隋唐时期流传于并州一带的妒女崇拜，是地方民俗中较为特殊的个案。妒女崇拜原本与名为"妒女"的泉、祠有关，并以传说中介子推之妹介山氏为祀主。妒女泉位于唐并州广阳县东北的井陉关附近。这一带的自然条件和剽悍民风，成为孕育妒神的重要土壤。妒神的存在也间接促进了汉魏以来当地寒食节俗的温和变革。妒女崇拜在唐代较为兴盛，宋、元、明、清则兴替不常，但始终活跃于并州民间。但由于妒神形象所包含的思想与主流价值相捍格，故其影响始终限于地方。

【关键词】隋唐；并州；寒食；妒女泉

并州乃古地名，隋唐沿置，治所在太原，辖区包括今山西省中东部的太原、阳泉、寿阳等市县，东部毗邻河北省井陉山区。在古代该地区的日常生活中，寒食无疑是最重要的节日，而对其产生和发展的过程，自古及今，学者的研究成果十分丰厚，甚至域外学者也有深入的探讨。①众所周知，一般认为寒食节来源于春秋时代晋国大臣介之推的事迹，而所谓其妹"介山氏"，史传中并没有确实的来源和记载，只是一个虚构的神话中的人物。"介山氏"又被称作"妒女神"，在当地被立祠祭祀，长期活跃在并州社会生活之中，尤其在隋唐时期，成为今山西、河北等地颇有影响的神祇。近年来，在地方民间信仰的研究主题中，与寒食节相关的妒女祠及妒女崇拜开始受到一些学者的注意。比如雷闻《唐代地方祠祀的分层与运作——

---

* 　基金项目：本文系教育部人文社会科学重点研究基地重大项目"隋唐五代日常生活"（项目号：12 JJD770016）的阶段性成果。

① 　有关寒食节俗的由来和演变，自隋唐以后就众说纷纭，成为学者争论的热点问题，概括起来，大体有三说：一是出自《左传》、《史记》中介之推的事迹及其最终为晋文公焚死于介山说；二是出自《周礼·秋官》司烜氏仲春"以木铎循火禁于国中"，以及《周礼·夏官》中"司爟掌行火之政令，四时变国火以救时疾"的西周旧制，这种崇拜天上大火并认为与人间之火存在某种联系的认识和做法，是殷以前"火历时代"的遗风（参阅庞朴《寒食考》，《民俗研究》1990第4期，第32—37页）。三是星宿说，认为晋属火星（古代星宿说中的恒星"心宿二"）位置，名"大火"，每当此星出现，则需要出新火或曰"改火"，此说应也衍生于《周礼》。日本学者也对寒食节来源做了深入的探讨，如守屋美都雄《寒食考》（载《东洋史论丛》《和田博士还历记年》），认为山西之地属参星分野，而参星与火星命理不相容，因此，视参星为守护神的山西民众，比其他地方的人更为敬畏火星在世上的相应体现——火，从而广泛推广了寒食习俗；中村乔《寒食の起源とその伝播——中国の年中行事に関する覚え書き》（见立命馆大学人文学会编《立命馆文学》，1979年9月，第689—712页），梳理了古代文献对寒食风俗起源与所谓"龙忌之禁"的记载和讨论，认为"改火"之俗与寒食的起源并非全无关系，提出了农历三月出现的"心星"与禁火关系的新观点。总之，国内外学者发表过许多关于寒食的研究成果，但因本文的主题和重点在于探讨并州风土与"介之推之妹"妒女介山氏出现的原因，并非主要探讨寒食节，故不在此做详细评论。

以生祠与城隍庙为中心》①,将唐代地方祠祀分为三个层次:一为国家礼典明文规定且全国诸州、县通祀者,二为得到地方官府的承认和支持甚至直接创建者,三为没有官方批准的民间的祭祀行为,而并州妒女祠属于第二种即官方性质的祠祀。王永平《论唐代的水神崇拜》②,则将妒女神视为地方水神。严耀中《〈魏书·地形志〉与〈水经注〉中的北方所祀诸神》③,在对《魏书·地形志》和《水经注》中北魏诸神及祭祀名目进行统计和分析时,曾简略提及石艾县有"妒女祠"。总之,上述学者注意到并州地方的妒女崇拜现象并对其性质进行了探索,无疑是有学术意义的。但以本人观察,现有成果多忽略结合并州地方特殊的自然条件和生活环境、特别是普通民众的日常生活来认识妒女出现的自然和社会原因,此外,也没有涉及妒女传说在何时、何地出现的问题。故笔者不揣谫陋,试以风土与神祇为题,对并州的自然条件和社会生活环境何以会成为妒神产生的土壤略作探讨,庶几有裨益于并州古代日常生活与民间信仰问题的研究。

一、关于妒女泉、祠地理位置的考证

有关妒神崇拜的由来,史籍记载多语焉不详或有舛误。很多学者认为南梁任昉《述异记》卷上"并州妒女泉,妇人不得艳妆,彩服至其地,必兴云雨,一名是介推妹"的记录,是并州妒女见于文献之始。但据四库馆臣考证,该书为伪书,作伪年代约在中唐前后,故不足信。④其实,妒女神最早见于文献,应是《太平御览》所引隋代地理学家郎蔚之所撰《隋图经》中的一段文字,该书《河北诸水·泽发水》条云:

> 《隋图经》曰:溗发水,今俗亦名妒女泉,大如车轮,水色青。百姓祀之。妇人不得艳妆,衣新彩临之,必兴雨雹,故云妒女,即介子推妹也。⑤

按:《隋图经》,即《隋图经集记》,一百卷,为隋地理学家朗蔚之所撰⑥,《太平御览》将该书明确收列在所引《经史图书纲目》中;《太平寰宇记》也大量参稽征引该书内容,可见其文献价值受到北宋学者的重视。但是书南宋后应已散佚。据此书,隋时妒女泉本名"溗发水",取自《诗经》"髧发"之"风寒","溗髧沸滥泉"之意⑦,表明山石间有泉水奔涌而出,澎湃凛冽,蔚为喷泉。但至宋以后文献中,"溗发水"已误为"泽发水",如上引《太平御览》中就已作"泽发水",对此清儒张驹贤有详细考证,此不赘述。⑧

---

① 雷闻:《唐代地方祠祀的分层与运作》,《历史研究》2004年第2期,第29—30页。
② 王永平:《论唐代的水神崇拜》,《首都师范大学学报(社会科学版)》,2006年第4期,第15页。
③ 严耀中:《〈魏书地形志〉与〈水经注〉中的北方所祀诸神》,《社会科学战线》2010年第9期,第112页。
④ 详见《四库全书总目》卷一四二《子部·小说家三》《述异记》条,北京:中华书局,1983年,第1214页。
⑤ 《太平御览》卷六十四《地部二十九》,《景印文渊阁四库全书》第893册,台北:台湾商务印书馆,1986年,第657—658页。
⑥ 欧阳修等撰:《新唐书》卷五八《艺文二》,北京:中华书局,1975年,1503页。
⑦ 孔颖达疏:《毛诗正义》卷八《豳风·七月》、卷一五《采菽》,李学勤主编:《十三经注疏》,北京:北京大学出版社,1999年,第491页、第898页。
⑧ 李吉甫:《元和郡县图志》卷一三《河东道二·广阳县》"泽发水"条《考证》。北京:中华书局,1983年,第373页。

对于妒女泉的地理位置,唐人张鷟《朝野佥载》又提供了更多线索:

> 并州石艾、寿阳二界有妒女泉,有神庙,泉水沈洁澈千丈,祭者投钱及羊骨,皎然皆见。俗传妒女者,介之推妹,与兄竞。去泉百里,寒食不许举火,至今犹然。女锦衣红鲜、装束盛服及有人取山丹、百合经过者,必雷风电雹以震之。①

按:石艾本汉上艾县,属太原郡,北魏改石艾县。隋至唐初,曾属受州、辽州,后属并州。玄宗天宝元年(742),改石艾县为广阳县,属并州。寿阳亦县名,在广阳县西。因张鷟是高宗、武则天时人,故称旧县名。上文所说"神庙",应是依泉而建的。至于"俗传"之"妒女",则是春秋时代晋臣介之推妹。介之推事迹见于《左传》,已不甚详,至于其妹,则不见于经传,显系虚构之人物。但无论如何,朗蔚之《隋图经》中已经记载了妒神的存在;而到唐代,妒女已经是并州一带可与介之推相提并论的神话形象了。

那么,因妒女得名的妒女泉的确切位置又在哪里呢?唐代宗大历十一年(776),李谔为河东节度使辖下的承天军所立妒神碑撰写《妒神颂并序》,文中提到了妒女泉的地理位置:东北至土门之口,西南踞盘石之山,方圆百里,别成一境。……井陉西南,太原东北。②

按:据本人了解,《妒神碑》实物现存山西省博物馆,碑阳拓片已收入北京图书馆金石组编《北京图书馆藏中国历代石刻拓本汇编》,该碑拓高158厘米,宽92厘米,额高49厘米,宽34厘米;阴高104厘米,宽77厘米。碑身为行书楷,碑额为隶书。③详见下图:

图1 《妒神碑》

---

① 张鷟:《朝野佥载》卷六,《唐五代笔记小说大观》(上册),上海古籍出版社,2003年,第76页。
② 李谔:《妒神颂并序》,《全唐文》第五册,卷四〇八,北京:中华书局,1983年,第4176—4177页。又见胡聘之编《山右石刻丛编》卷七,太原:山西人民出版社,1988年,第二册第42—45页。该碑今存山西省博物馆。
③ 见北京图书馆金石组编:《北京图书馆藏中国历代石刻拓本汇编》第27册《隋唐五代十国》,郑州:中州古籍出版社,1989年。

但前引《朝野佥载》和李谔的碑文都只说妒女泉在"并州石艾、寿阳二界","井陉西南,太原东北","东北有土门之口,西南踞盘石之山,方圆百里"的范围内;土门即井陉故关;盘石之山即盘石故关。但仍比较笼统,不够具体、明确。唐地理学家李吉甫的《元和郡县图志》,在吸收《隋图经》有关记录的基础上,准确记载了妒女泉、祠的地理位置,即在"(广阳)县东北九十里,泽(洋)发水源"处。①据以上材料,同时参考谭其骧《中国历史地图集》,可得妒女泉、祠以及承天军位置图如下②:

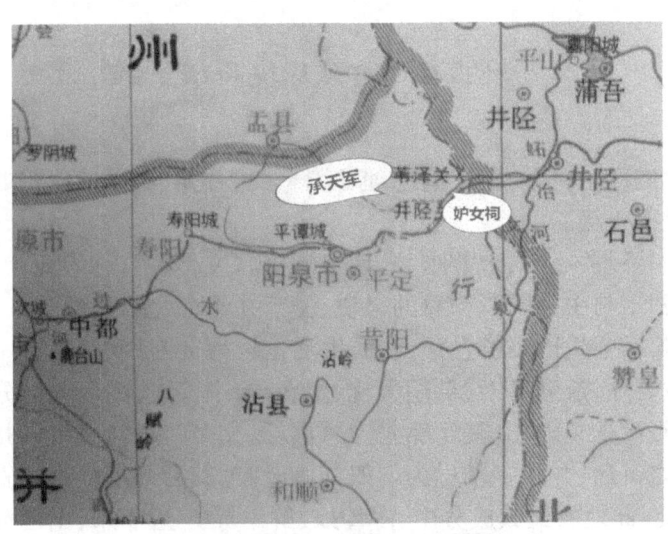

图2 妒女泉、祠及承天军位置图

那么,妒女泉又是一种什么样的泉流呢?首先,据郦道元《水经注》记载:桃水出上艾县③,东北流经靖阳亭南(故关城),又北流至井陉关,在广阳县东北九十里、上述唐承天军所在地附近,下注泽(洋)发水。其次,据距唐代虽远但于并州"山川形势率得其要领"的《山西通志》记载:在并州境内的井陉关附近,有发源于广阳县的绵蔓河、冶河等有数条河流纵横交集,其中,桃水与妒女泉关系最为直接④,因水流"平地突起,下赴绝涧,悬流千尺,散缕似珠"⑤,形成了高达千尺的悬泉,下泄为瀑布,其景象甚为壮观,如前所引李谔《妒神颂并序》所说:泉水在妒女祠下,"蓄为碧潭,飞入大河,喷成瀑布。渊渚萦潏,杂雷霆之声;荡云沃日,类风水之会。"⑥总之,妒女泉与泽(洋)发水同源,而前者是由数条水流汇入泽(洋)发水时所形成

---

① 李吉甫:《元和郡县图志》,第373—374页。
② 该图据谭其骧主编《中国历史地图集》第四册南北朝部分(第52页)、第五册隋唐部分(第46—47页)制作。见谭其骧主编《中国历史地图集》:北京:中国地图出版社,1982年。
③ 王国维:《水经注校》卷一〇《浊漳水·清漳水》,北京:中华书局,1980年,第364页。
④ 参据《山西通志》卷二十五《山川九》,《景印文渊阁四库全书》第542册,第795页。《山西通志》230卷,编纂始于明成化中,嘉靖、万历均有续修。至清康熙年间,督学道刘梅又因旧本重编,凡五易其稿。"凡遗闻故事,比旧加详";"其发凡起例者,为原任庶吉士储大文。大文于地理之学颇能研究,所著存《砚楼集》,订正舆记者为多,故此志山川形势,率得其要领。"(《四库全书总目》,第608页)
⑤ 《山西通志》卷二五《山川九》,第795页。
⑥ 李谔:《妒神颂并序》,《全唐文》,第4176—4177页。

的悬泉。

然而,在《汉书·地理志》和《水经注》等汉魏文献中,并州上艾县境内并无以妒女命名的泉流;而经笔者考证,北齐天保二年(551)魏收所撰《魏书·地形志》,石艾县下有名为"宏女"(弘女)的泉和祠,与妒女泉、祠位置相同,很有可能就是后者的原名。[①]而隋以后,有关妒女泉及祠的记载始多见于文献中,那么,妒女泉及祠以及与之相关的妒女崇拜,是从何时开始出现在并州的呢?

二、妒神出现的自然环境和社会背景

任何地域文化的产生,都与特定的地理环境有关。并州的自然环境和社会生活条件,是妒女崇拜产生的重要土壤。

妒女祠所在的井陉关一带,地兼幽并,地与胡接。《左传》中,称太原为大夏、夏虚,而"太原近戎而寒",风俗"不与中国同"。[②]总的来说,位于并州东北的井陉山区一带,自然环境与气候条件较为恶劣,社会生产不够发达,物质生活也较为贫困。汉代以来一直是北方游牧民族与中原政权争战之地。汉襄帝时,羌胡大扰,定襄、云中等地,民众流徙分散。东汉末年,并州遭受战乱,社会经济受到破坏,其北部尤为严重。魏文帝时虽然复置并州,但井陉以北,悉弃之胡。西晋永嘉之乱后,并州一带尽为匈奴刘渊所有。其后刘曜徙都长安,自平阳以东,又归石勒后赵。[③]因此,此地的民族成分中,多匈奴、鲜卑等。[④]近年来,山西境内虞弘墓等粟特人墓葬的出土,证明了隋唐时期粟特人在并州相对集中的特点。

西晋永嘉之乱前后,刘琨曾为并州刺史,"自涉州疆,目睹困乏,流移四散,十不存二,携老扶弱,不绝于路。及其在者,鬻卖妻子,生相捐弃,死亡委厄,白骨横野,哀呼之声,感伤和气"。当时晋阳是"府寺焚毁,僵尸蔽地。其有存者,饥羸无复人色。荆棘成林,豺狼满道"。当时并土饥荒,全州人口不足两万户,"百姓负楯以耕,属鞬而褥"。[⑤]隋唐时期,并州的大部分地区较为贫穷落后,如妒女祠所在的广阳县玄宗开元年间的人口也只有2600余户[⑥],接近井陉山区地带的人口当更稀少。由于隋唐时期的历史文献对广阳民众生活的记载十分有限,现摘录一些记载较为信实的明、清地方文献中的史料胪列如下:

《明一统志·大同府》称井陉山区:

> 山川险峻,地少平夷,地居太行绝顶。风俗,其民信实纯厚,其俗刚悍朴直,朴实

---

① 有关"宏女泉"的存在及其与妒女泉的关系问题,本人在《唐高宗出幸并州相关史实辨证》一文中有详细考证,详见《唐史论丛》第25辑,西安:三秦出版社,2017年,第71页。
② 孔颖达:《春秋左传正义》(下)卷五四,李学勤主编《十三经注疏》,第1551页。
③ 杜佑:《通典》卷一七九《州郡九·河东太原府·并州》,北京:中华书局,1988年,第4737页。
④ 参阅钮仲勋:《山西大学师范学院学报(哲学社会科学版)》1996年第4期,第21—23页。
⑤ 房玄龄等撰:《晋书》卷六二《刘琨传》,北京:中华书局,1974年,第1680—1681页。
⑥ 李吉甫:《元和郡县图志》,第373页。

少文。①

又《山西通志·风俗》称：

> 山川险绝，其民信实纯厚，其俗刚悍朴直，力耕作而无织纺……地少平沃，商贾不通，民多穴居，以糠薉为盖藏，缙绅之家亦用之。……辽居太行绝顶，四月冰解，八月飞霜，风气大寒，耕者鲜获。俗尚朴业，士宦不乘车马，婚丧不事靡丽。②

按：此处的"辽"，即隋辽州、唐广阳县。③
又《山西通志·艺文》引《平定州土风记》称：

> 平定州（按：即唐广阳县）东距井陉一百里，西抵寿阳，里与井陉相若，盂州北九十里，辽州南一百里，东北至京师一千里。其土瘠，其民劳，其俗朴而质，其风慓悍，尚有陶唐氏之遗风乎？④

以上记录虽然距隋唐已经时代久远，但也恰好说明了直到明清时期，这里的生活条件仍然没有根本性的改变。尤其是在妒女祠所在的山区，"其土瘠，其民劳，其俗朴而质，其风慓悍"。极端的贫困，在当地民众中自然形成极度节俭的生活习惯；加之唐代并州纺织业也较为落后，且大部分集中在晋南，并州东北山区"力耕作而无织纺"，普通民众更难有机会见识华美服饰。⑤而奢靡生活和"锦衣红鲜、装束盛服"的形象，自然会招致当地一般民众的厌恶与排斥，因此，传说中的妒女，每遇"妇人袨服靓妆，必兴雷电"，应该是这种心理认知在神话创作者笔下的折射。此外，由于战事多，人口结构中性别比例失衡，一直男少女多，女性在社会生活中所起的作用愈加重要，形成了女子好强、剽悍的特质。在北朝乐府中，颇多女性健勇的形象。据《北齐书》：在当时的家庭教育和日常生活中，"父母嫁女，则教以妒；姑姊逢迎，必相劝以忌。以制夫为妇德，以能妒为女工。自云不受人欺，畏他笑我"⑥。女子强悍成为社会所推重的价值取向。对此，颜之推有如下议论：

> 邺下风俗，专以妇持门户，争讼曲直，造请逢迎，车乘填街衢，绮罗盈府寺。代子求官，为夫诉屈，此乃恒、代之遗风乎？⑦

---

① 《明一统志》卷二一《大同府》，《景印文渊阁四库全书》第472册，台北：台湾商务印书馆，1986年，第497页。
② 《山西通志》，第509页。
③ 据《元和郡县图志》卷一三《河东道·广阳县》条：此处之"辽"即辽州，隋开皇年间置，至大业时省废，改属并州，唐武德初又置辽州，后为广阳县。第373页。
④ 《山西通志》，第638页。
⑤ 有关唐代并州的纺织业，可参阅严耕望《唐代纺织工业之地理分布》，载严耕望：《严耕望史学论文集》卷中，上海古籍出版社，2009年。
⑥ 李百药：《北齐书》卷二八《元孝友传》，北京：中华书局，1987年，第385页。
⑦ 颜之推著，王利器集解：《颜氏家训集解》卷第一《治家第五》，上海古籍出版社，1980年，第60页。

所谓"恒、代遗风",清儒阎若璩曾作如下解释:"拓跋魏都平成县,县在今大同府治东五里,故址犹存,县属代郡,郡属恒州,所云恒、代之遗风,谓是魏氏之旧俗耳!"①可见邺下女性的强悍,与恒、代特有的生活环境和文化传统是相联系的。隋唐以后,由于杨隋、李唐两朝皇室的母系均有胡族血统,社会风尚也多承北朝遗风,妇女的社会活跃度更为高涨。也可以说,独特的并州风土,孕育了一方独特的地域文化和风俗。

但妒女泉实则为一处有益的水源,据前引李谌《妒神颂并序》:

(妒女泉)经冱寒而气蒸万象,处炎燠而清润一川。灌木扶疏,引柔条而接影;纤苗霍靡,夹高岸而随风。……妒神之泉,澹为黛色。跳波喷浪,如有可则。古往今来,源流不忒。兴云致雨,俾造化力。②

这篇颂文或有夸张成分,但在遍布巉岩的荒山之上,有一泓神泉飞流直下,为干旱少雨的山区提供了珍贵的水利资源,"兴云致雨,俾造化力",当地民众将其神化,视之为风调雨顺的象征,并为之依泉造祠,虔诚祭祀,也是顺理成章之事。因此,从这个角度上来看,有学者将妒神归之为水神也是有合理的。

三、供奉妒神与寒食风俗的温和变革

然而,妒女神又绝非单纯的水神。并州一带之所以会虚构出介之推之妹介山氏的神话,应该还有更深刻的社会原因。介之推事迹始见于《左传》,称其有功于晋,但未得赏遇,"遂隐而死。晋侯求之不获,以绵上为之田,曰:'以志吾过,且旌善人。'"③顾炎武认为《左传》成书去当时未远,应较信实。④《史记·晋世家》的记载已稍异于《左转》。至于"文公后背之,子推怒而去,抱木而燔死",则出自《庄子》的渲染。⑤总之,伴随着介之推故事的广泛传播,汉以后,介之推成为并州、特别是其故乡绵、介一带最受重视的乡神,为当地民众所敬奉。但至东汉顺帝时(126—144),并州刺史周举发现:

太原一郡,旧俗以介子推焚骸,有龙忌之禁。至其亡月,咸言神灵不乐举火,由是士民每冬中辄一月寒食,莫敢烟爨。老小不堪,岁多死者。⑥

所谓"龙忌之禁",《后汉书》注曰:"龙,星,木之位也,春见东方;心为大火,惧火之盛,故

---

① 颜之推著,王利器集解:《颜氏家训集解》卷第一《治家第五》,上海古籍出版社,1980年,第61页。
② 李谌:《妒神颂并序》,第4176,4177页。
③ 《春秋左传注疏》卷一五,僖公二十四年,李学勤主编:《十三经注疏(标点本)》,第417—418页。
④ 详见顾炎武著,黄汝成集释:《日知录集释(外七种)》(下)卷二五《介子推》,上海古籍出版社,2013年,第1411页。
⑤ 王先谦:《庄子集解》卷二《杂篇·盗跖第二十九》,北京:中华书局,1954年,第177页。
⑥ 范晔:《后汉书》卷六一《周举传》,北京:中华书局,1982年,第2024页。

为之禁火。俗传云子推以此日被焚而禁火。"①然而,并州一带气候寒冷,民众出于对介之推的敬畏,恪守寒食传统,"莫敢烟爨"竟长达一个月之久,以至对正常生活秩序和老幼健康造成了危害。显然,严冬中寒食不是一个人性化的习俗,需要改革。周举"乃作吊书,以置子推之庙,言盛冬去火,残损民命,非贤者之意,以宣示愚民,使还温食。于是众惑稍解。风俗颇革"。周举为维护民众健康而提倡"温食",深得民心,也收到了一定的效果,所谓"众惑稍解"。

然而,东汉后,并州的寒食习俗仍旧,如桓谭《新论》所说:"太原郡隆冬不火食五日,虽病不敢触犯,王者宜应改易。"②至三国曹魏时代,民众寒食的时间又有延长,为此,魏武帝曹操曾明令禁止太原一带寒食禁火:

> 闻太原、上党、西河、雁门,冬至后百五日,皆绝火寒食,云为介子推。且北方沍寒之地,老少羸弱,将有不堪之患。令到,人不得寒食。若犯者,家长半岁刑,主吏百日刑,令长夺一月俸。③

这个事件表明,当时太原等地的民众,都遵循着从冬至起整整105天寒食的传统习俗,而如此长时间寒食的后果,无疑严重威胁到了民众、尤其是老弱人口的健康,因此曹操才严令禁止寒食,"若犯者,家长半岁刑,主吏百日刑,令长夺一月俸"④。由此可见,寒食风俗的改革是个长期的问题,有的阶段还会出现愈禁愈厉的情况。值得注意的是,自十六国后赵开始,禁断寒食节之事时有发生,如太和二年(329),禁寒食⑤;建平元年(330),又禁寒食,但由于当年夏季出现了罕见雹灾,"暴风大雨,震电建德殿端门,襄国市西门,杀五人。雹电起西河介山,大如鸡子,平地三尺,洿下丈余,行人禽兽死者万数,历太原、乐平、武乡、赵郡、广平、巨鹿千余里,树木摧折,禾稼荡然"。面对如此严重的自然灾害,石勒认为是自己废除寒食节俗招致了上天的报复,于是深感惶恐,他命令大臣参据旧典,以寻求妥善的处理方案。但大臣们众说纷纭,有人主张介之推为历代所尊,应普遍恢复寒食节俗;但也有人建议仅在介子推的故乡晋南"绵、介之间",局部性的恢复"寒食如初","于天下则不通矣"。⑥石勒最终还是在石赵全境恢复了寒食节俗。

此后统治并州的北魏政权,也曾多次禁止过寒食祭祀活动,如:延兴四年(474)二月辛未,禁断寒食⑦;太和十六年(492)二月辛卯,罢寒食飨。⑧太和二十年(496)正月癸丑,则诏令

---

① 范晔:《后汉书》卷六一《周举传》,北京:中华书局,1982年,第2024页。
② 《太平御览》,《景印文渊阁四库全书》第900册,第537页;卷二七《时序部·冬下》作"五月",应误,不取(第893册,第370页)。
③ 欧阳询:《艺文类聚》卷四《岁时部中·寒食》引魏武帝令,《景印文渊阁四库全书》第887册,台北:台湾商务印书馆,第200页。
④ 同上书,第200页。当然,这段文字从字面上或也可解释为太原等地都在冬至后的第105天当日寒食;但倘若仅一天寒食,是不至于严重影响到人的健康的,曹操也不至于用严酷的法令来禁止。
⑤ 房玄龄等撰:《晋书》卷一〇五《石勒下》,第2749页。
⑥ 同上书,第2750页。
⑦ 魏收:《魏书》卷七上《高祖纪上》,北京:中华书局,1987年,第140页。
⑧ 同上书,第169页。

仅在介之推的故乡"介山之邑听为寒食,自余禁断"①。虽然没有史料明确说明北魏为何禁断寒食,但这一习俗对北方寒冷地区民众生活所产生的不利影响,显然是主要的原因。

总之,自汉以后介之推被奉为乡神、并逐渐形成了寒食习俗以来,在并州当地的日常生活中,实际上已经产生了一个"悖论"现象,即维护这一传统习俗与民众健康和社会治理之间出现了尖锐的矛盾。如何趋利避害,在既保留传统、不冒犯乡神介之推的前提下,又能让温食合理化、寒食节俗人性化,是一个来自现实生活的严肃问题。而生活和生存需要,是移风易俗的根本推动力。当然,生活也赋予民众以智慧,他们不仅创造出了一位与介之推性格迥异的"妹妹"介山氏,还将井陉关上一处奇特的悬泉命名为妒女泉,并将其神化,立祠祭奠。据《妒神颂碑序》,介山氏对其兄介之推和"禁火"都持强烈的否定态度:

> 河东之美者,有妒水之祠焉。其神周代之女、介之推之妹。……妹以兄涉要主,身非令终。遂于冬至之后,日积一薪,烈火焚之,为其易俗。谚云"百日斫柴一日焚",此之谓也。阖境之内,畴敢不恭顺之,则风雨应期,违之则雷雹伤物。兄则运心以求和,我则处室而全真。兄则禁火以示诫,我则焚柴以见志。惟兄及妹,与世殊伦。②

介山氏认为其兄有要挟晋文公之嫌,所以才遭遇了火焚厄运;她因此立志改变寒食旧习,"于冬至之后日积一薪,烈火焚之,为其易俗"③。总之,介山氏被赋予了鲜明的叛逆个性,与介之推形成了强烈对照,她既敢于违反传统大胆举火,又能呼风唤雨,以清泉滋润土地。这里所谓的"妒",首先是爱憎分明,勇于反对错误的事情,而不仅仅是妒忌。在并州,妒女与神泉的结合意义深远,既顺应了当地移风易俗的需要,又满足了普通大众丰衣足食的愿望,有利于生活中寒食节俗的温和变革。

隋以后,并州依旧保留着"三月清明,断火寒食"的习俗④,但已不见有冬季长时间不举火的记载。隋人在寒食节日中,"研杏仁为酪,以黉麦粥,以饧沃之",食物也渐渐多样化。⑤唐朝初年,寒食已成为全国性的节日,在北方地区,一般以冬至后第105天或106天前后为寒食节,之后的一、二日,为清明节。"寒食风俗也向更为文明的方向进化,从盛冬改为阳春,从一月缩至三日或一日,因而更容易实践,也是其存在并得以扩展的原因"⑥。按唐朝有关制度规定,寒食往往与清明连在一起放假,如唐玄宗时期开元二十一年(738)正月敕令对民间流行的寒食节互赠"鹅、鸭、鸡子"的习俗,不予禁止;开元二十四年(732)二月,又敕寒食、清明,四日为假,此后略有变动。⑦唐代有关寒食的令文中似乎不再推崇介之推,虽然仍偶有三

---

① 魏收:《魏书》卷七上《高祖纪上》,北京:中华书局,1987年,第179页。
② 李谔:《妒神颂并序》,第4175页。
③ 同上书,第4176页。
④ 虞世南:《北堂书钞》卷一四三《酒食部·总篇二》"太原人清明寒食"条注,《景印文渊阁四库全书》第889册,台北:台湾商务印书馆,第731—732页。
⑤ 白居易、孔传:《白孔六帖》引杜台卿《玉烛宝典》,《景印文渊阁四库全书》第891册,台北:台湾商务印书馆,第64页。
⑥ 庞朴:《寒食考》,《民俗研究》1990第4期,第34页。
⑦ 《唐会要》卷八二《休假》,北京:中华书局,1990年,第三册,第1518页。

日不举火的敕令,但汉魏时期那种冬至后整月、多日断火的情况已不复存在。改火、扫墓、郊游和休假等活动丰富了这个节日的内容。元代以后,寒食活动在官方不再受到重视,有学者认为甚至在介之推故乡介休一带,也是"此风久革"。①当然,从部分文人游历山西后的记录来看,在并州当地,宋明以后妒女介山氏崇拜还是存在的。

四、驻扎并州的承天军与妒女祭祀活动

也正是从唐代开始,文献中有关并州妒女泉及祠的记载渐多,妒女祠的祭祀活动也十分兴盛。《旧唐书·狄仁杰传》曾记载了高宗、武则天行幸并州欲取道妒女祠一事,但事实上高、武此行是取道洛阳、河阳至太原的,并未经过妒女祠。②但此传言也表明妒神在当地社会生活中的地位十分重要。③安史之乱中,史思明叛军曾与河东节度使李光弼部下激战于苇泽关,"涂炭生灵,焚烧甲第。伊我遗庙,岿然独存"④,妒女祠并未遭到战火破坏。尤其是承天军驻扎在妒女泉附近之后,民间的祭祀活动一度兴盛起来。

"承天军",是唐朝安史之乱后、肃宗至德宗,为加强对安禄山、史思明叛军故地的控制,河东节度使李光弼命河东兵马节度使张奉璋建立的要塞,位置在唐广阳县,而妒女泉就在附近。⑤据贾志刚《唐代河东承天军史实寻踪——以五份碑志资料为中心》一文的考证,承天军中设有营田副使一人,领兵约万人,所谓"铁骑千匹,虎贲万计"。⑥而这个数量,超过了安史之乱前河东节度使境内横野军、大同军的人数⑦,因此军队士兵的粮饷补给自然是一项重要的任务。虽然并州一带早有屯田,石勒时期"平阳大饥,流叛死亡十有五六。石勒遣石越率骑二万,屯于并州,以怀抚叛者"⑧。唐初在并州境内的屯田也有相当规模,唐高祖武德初年,突厥为患,师旅岁兴,军粮供应不济,并州大总管府长史窦静上表,请于太原多置屯田,以省馈运,岁收十万斛。此后秦王李世民又奏请增置并州屯田,高祖从之。⑨而承天军的驻扎地苇泽关一带,不仅是自古以来的战略要冲,还有得天独厚的水利资源,这就是妒女泉及其周围的其他水源,特别是妒女悬泉,具有"兴云致雨,俾造化力"的神功。⑩

---

① 杨志玖:《寒食禁火与介之推》,原载《今晚报·日知录》,1990年4月3日、5日,收入杨志玖:《陋室文存》,北京:中华书局,2002年,第423—429页。

② 有关此问题,笔者有专文考证,详见拙作《唐高宗出幸并州相关史实辨证》,载《唐史论丛》第25辑,第69—74页。

③ 据《山西通志》卷一六四《祠》,开元年间,玄宗出幸太原,还曾在太谷县西北龙泉乡万年顿另建了一座妒女祠,以祭祀介山氏。但此事仅见于此志,未知何据。

④ 李谔:《妒神颂并序》,第4176页。"迭叶",《山右石刻丛刊》作"近叶"。

⑤ 司马光等撰:《资治通鉴》卷二四二穆宗长庆元年十月"裴度自将兵出承天军故关以讨王庭凑"条胡三省注,北京:中华书局,1986年,第7800页。

⑥ 贾志刚:《人文杂志》2009年第6期,第126页。

⑦ 据《元和郡县图志》卷一三《河东道二》:大同军管军9500人,横野军管军7800人。第362页。

⑧ 房玄龄等撰:《晋书》卷一○二《刘聪载记》,第2673页。

⑨ 王钦若等编:《册府元龟》卷五○三《邦计部》,北京:中华书局,1960年,第6035页。

⑩ 李谔:《妒神颂并序》,第4176、4177页。

代宗大历年间,河东节度使薛兼训①,命当时的承天军使党昇,借助妒女泉兴水利,补充军饷,效果显著,"水碾成而永逸,聚米难俦;军井达而常闲,伏波不竭。君依神以邀福,神依君以庇躬。事势相因,理亦条贯"②。为表达对妒神的崇敬,更为防止节度使在干旱少水的山区与民争利、引发民众反感(此种情况在藩镇割据下的唐后期非常普遍),党昇对妒女祠进行了修葺,并立碑于祠旁,当时的祭祀活动十分隆重:

> ……簪裾迭叶于当时,庭宇更新于往日。……巫觋进而神之听之,官僚拜而或俯或仰。既而坎坎伐鼓,五音于是克谐;峨峨侧弁,三军以之相悦。河北数州,山西一道,或衣以锦绣,或奠以珍馐,无昼夜而息焉,岂翰墨之能谕!咸以商者求之以获利,仕者祷之而累迁,蚕者请之而广收,农者祈之而多稔,不然,则奚能遐迩奔凑,奉其如在。③

经过修缮的妒女祠,信众云集。每年的春、秋二祭,已成为并州及周边民间社会之盛大节日,影响所及,至于河北数州、山西一道,士、农、工、商各界民众,昼夜不息,前来祭祀,他们衣锦绣,奠珍馐,将升迁、致富、丰收等诸多愿望寄托于妒神,妒女祠的香火盛极一时。

宋以后,妒女泉及祠所在地已更名为娘子关④,但妒女崇拜和民间祭祀活动仍然在并州地区延续。金天兴年间前后(1252),元好问曾访并州娘子关,同时作《游承天悬泉》诗,记录了隆重的乡社活动,"神祠水之浒,仪卫盛官府"⑤;民众仍"以百五日积薪而焚之"的活动祭祀妒女,场面十分热烈。元好问诗还描述了气势磅礴的妒女泉:"并州之山水所泆,骇浪几轰山石裂。只知晋阳城西天下稀,娘子关头更奇崛。"⑥至元代,仍有文人歌咏妒女祠,如王沂的《妒女祠诗二首》。⑦

五、妒神崇拜的性质与影响

尽管不乏有文人称颂妒女泉祠的风光,但他们对妒女崇拜中的思想价值取向多持批评和否定态度,即便是为妒神写作碑文的李谔,也认为传说中介之推兄妹的行为"与世殊伦";

---

① 《全唐文》卷四〇八李谔《妒神颂并序》作"萨兼训",误。据《旧唐书》卷十一《代宗本纪》、《山右石刻丛刊》改。
② 李谔:《妒神颂并序》,第4176页。
③ 同上。
④ 关于"娘子关"名称出现的具体时间,杨志玖先生《娘子关与娘子军》一文据《续资治通鉴长编》卷一的记载,认为宋太祖建隆元年(960)下令"升镇州娘子关为承天军",娘子关之名大概出现在晚唐。杨先生还澄清了"娘子关"名称与李渊之女平阳公主起兵无关(原载《历史教学》,1983年,第3期。收入杨志玖:《陋室文存》,423—429页)。清代康熙年间朱彝尊到并州娘子关一带访古,他根据"州东有井陉,东北有盘石、苇泽,而斯关以娘子称,殆因神而名之也",判断娘子关名称出现在金、元以后,且因妒神而得名。详见朱彝尊:《平定州唐李谔妒神颂跋》,《儒藏精华编》第273册集部、《曝书亭集》卷四九,北京:北京大学出版社,2008年,第799页。
⑤ 元好问:《游承天悬泉》,《御选金诗》卷八,《景印文渊阁四库全书》第1439册,台北:台湾商务印书馆,第140页。
⑥ 同上。
⑦ 王沂:《伊滨集》卷五《七言古诗·妒女祠》、卷一一《妒女祠诗二首》,《景印文渊阁四库全书》第1208册,台北:台湾商务印书馆,第426页。

他引《浑天记》中"著寒食者,为助阳气,用压火星"之说,暗喻妒女之说纯属凭空想象,只是"其来远矣,安可阙如",而按照《祭法》,"其有废之,莫敢举也;其有举之,莫敢废也",也只能因循旧俗。元好问则指摘李谌《妒神颂》"稽考失莽卤"、"辞旨殊谬"、"诞幻虚荒",所谓"稗官小说出闾巷"①。顾炎武更从传统文化的高度来认识妒女现象:"《易》以《坤》为妇道,而《汉书》有"媪神"之文,于是山川之主必为妇人以象之","是皆湘君夫人之类,而《九歌》之篇、《远游》之赋,且为后世迷惑男女、渎乱神人之祖也。"总之,顾炎武认为是山川之神必以女主的传统观念影响了后世民间风俗和鬼神信仰,于治国安民无益。②

对并州妒神崇拜持强烈质疑和否定态度的,是清儒朱彝尊,他说:

>(妒)神之行事,不见于《春秋》内外传,其妒也,孰传道之?自唐以来,祈焉而祝史陈,庙焉而滕腊祭……且夫妒,恶德也,宜为众所共恶,而神乃以是致颂,此不虞之誉也。异哉,妒神之有颂也!③

总之,朱彝尊等人认为妒女崇拜风俗不仅缺少历史和文献依据,且崇尚"嫉妒"这种"恶德",与传统儒家思想大相扞格,故受到学者的否定是很自然的。

显然,如何认识妒神的性质,对深化妒女崇拜风俗的探讨具有重要意义。妒神是民间神祇,还是属于官方性质的神祇?这是近来学者所关注的问题。《大唐开元礼》规定:"凡国有大祀、中祀、小祀。……司中、司命、风师、雨师、灵星、山林、川泽、五龙祠等,并为小祀。州县社稷、释奠及诸神祀,并同为小祀。"④对于官祀,唐朝礼制在祭享日期和主持者方面都有规定。但本人认为妒女祠的性质仍未脱离民间祠祀。首先,虽然妒女祠所在地"自古及今,非军即县,未尝不撰月撰日,备其享礼。春祈秋赛,庶乎年登",但不足以表明其具有官方属性。而颂文提供了借以判断妒女祠性质的重要信息,如"巫觋进而神之听之",指出了巫觋在祭祀活动中起着主导作用;"官僚拜而或俯或仰",动机是出于"仕者祷之而累迁",都属个人意愿的表达,与祠祀是否具备官府性质无关。其次,李谌碑只记述了大历年间承德军将领为妒女祠立碑时的祭祀场面,而立碑一事的直接起因,是承德军受益于妒女泉的碾硙灌溉之利,军饷充裕,才参与了民间的祭祀活动,此事仅见于大历后期,并非常态。总之,李谌颂文不仅没有表明妒女祠具于官方属性,反倒强调了其由民间巫觋组织的特性。此外,尚未有史料表明隋唐并州的妒女崇拜形成了完整的官府祭祀制度。

在东西方历史上,不同民族都曾创造过具有神秘色彩,象征丰产、胜利的女神。妒女神其实也是这样一种女神,但就其特殊性而言,这一神祇的出现,与并州当地独有的自然环境、历史文化有着深刻的联系。因妒女信仰的精神内涵有悖于儒家主流价值观念,因此流行局限于幽、并之地,没有脱离浓重的地方色彩。

---

① 王沂:《伊滨集》卷五《七言古诗·妒女祠》、卷一一《妒女祠诗二首》,《景印文渊阁四库全书》第1208册,台北:台湾商务印书馆,第426页。
② 顾炎武著,黄汝成集释:《日知录集释(外七种)》(下)卷二五《湘君》,第1405页。
③ 朱彝尊:《平定州唐李谌妒神颂跋》,《曝书亭集》卷四九,第799页。
④ 《大唐开元礼》卷一《序例上》,《景印文渊阁四库全书》第646册,台北:台湾商务印书馆,第39页。

附记：

本文是笔者在 2013 年 11 月南开大学中国社会史研究中心举办的"中国史上的日常生活与地方社会"学术研讨会上提交的论文《唐代并州的妒女祠与妒女崇拜》（同时也在会上作了发言）的修改稿。由于研究重点的暂时转移，本人一直没机会再去探讨与并州地方妒女信仰相关的问题。其间，学界又有若干文章继续讨论相关的主题。近日本人阅读了一部分研究成果，尚未发现有从自然风土与生活条件的角度去探讨妒女泉、祠及其崇拜产生的专门论作。故不揣谫陋，重拾旧箧，修订旧作，以就教于方家。

还需说明的是，笔者在浏览当代水文工作者对今属山西省阳泉市的娘子关一带的水利资源进行勘察、研究的新成果时，有意外、可喜的发现，即娘子关泉在苇泽关一带，应即唐妒女泉所在地，而时至今日，这一带的水资源依然充沛，在当地生产、生活中发挥着重要作用。[①]据有关学者研究：娘子关泉是我国北方地区最大的岩溶泉，泉水汇水面积 $7217km^2$，"出露于桃河与温河汇集地段。由 11 个主要泉组组成，分布自程家至苇泽关约 7km 长的河漫滩及阶地上，出露高程 360~392m"。专家还用现代地理学的概念，对此泉系的成因及特点就行了分析，认为"娘子关泉是在隔水底板 O_1 地层翘起和断层（苇泽关断层）阻水的条件下，受河流侵蚀切割形成的河岸性溢流泉"[②]。这为我们了解被古代民间视作"神泉"的妒女泉形成的地质原因很有帮助，也印证了隋唐以来文人对妒女泉的记载和描述并非都是文学性的描写，一些地理著作的记载还相当信实。而据探访过娘子关的摄影记者记录，娘子关的百尺悬泉依然是这一带的重要景观，关下泉水环绕，气候湿润，村民们大多斫木为轮，利用泉水经营水碾[③]，这又为我们理解当年承天军何以有"水碾成而永逸，聚米难侔；军井达而常闲，伏波不竭"之利，从而举办祭祀妒女的活动。从妒女祠到娘子关，从妒女泉到娘子关泉，虽历经千年沧桑巨变，但并州一方风土所创造的神话与传奇，还留存在今天的生活中，作为地方历史文化的一部分，仍具有重要的研究价值。

作者简介：王力平，南开大学中国社会史研究中心暨历史学院教授。

---

① 王文娟：《阳泉市娘子关水源地保护综述》，《山西水利》2017 年第 7 期。
② 梁永平等：《山西娘子关泉水及污染成因再分析》，《中国岩溶》2017 年第 10 期，第 633—640 页。
③ 冯彝诤：《娘子关·水上人家》，《建筑知识》2006 年第 1 期。

区域社会视域下的宋代"童子举"
——以饶州为例

邹锦良

【摘　要】 童子举起源甚早,唐代正式确立为科举考试的一项内容。入宋后,童子举渐趋兴盛,地处江南的饶州,因国家政策导向推动及其地域经济、文化优势等因素,童子举呈现出鲜明的地域特色。梳理宋代饶州童子举的区域个案,有助于重新审视宋代童子举及其与地方社会互动等相关问题。

【关键词】 宋代;童子举;饶州

童子举是唐代科举考试正式确立的一项内容,亦称"童子科"、"神童举"等。入宋以后,童子举作为一种特殊类型的科举内容备受重视。学界对其已有一些关注。清人徐松《登科记考》中胪列童子科相关情况,是所见较早关注童子举之研究者。今人在论及宋代科举及教育时亦提及童子举,如程民生在论述宋代地方教育时便指出"宋代少儿教育的优异成就表现在屡有神童出现"[①]。此外,近些年来学界出现了几篇专文论述宋代童子举,如祖慧、周佳探讨了宋代童子科研究中尚待澄清的几个问题,即起始时间、年龄标准、合格童子日后发展情况和童子科在宋代社会的影响。[②]应该说,宋代童子科虽非显科,但它在发挥国家文治政策导向、养育人才方面的成效还是较为明显的。宋采义详细梳理宋代童子举的废置情况,认为"宋朝历代统治者通过不断改革,逐步完善了这一制度,尽管它还有许多难以克服和不可克服的弊病,但它们不失为选择人才的好办法,它对促进宋朝教育事业发展所起的作用,也是应当肯定的"[③]。汪圣铎对宋代童子科废置情况、选拔程序、考试内容、录取与奖励办法等作了较为深入的研究。[④]许友根则论及宋代童子科的科目归属、沿革和影响等问题。[⑤]朱红梅论述了童子科在唐宋期间的变化,考察了唐宋时期设立童子科对后世的影响。[⑥]刘钰琳梳理

---

* 基金项目:江西省教育科学规划课题(2016年度)"宋代江西童蒙教育及其当今启示"(项目号:16YB017)的阶段性成果。

① 程民生:《宋代地域文化》,郑州:河南大学出版社,1997年,第187页。
② 祖慧、周佳:《关于宋代童子科的几个问题》,《中国史研究》2005年第4期。
③ 宋采义:《论宋代神童举》,《史学月刊》1989年第6期。
④ 汪圣铎:《宋代的童子举》,《文史哲》2002年第6期。
⑤ 许友根:《宋代童子科考述》,《孝感职业技术学院学报》2002年第1期。
⑥ 朱红梅:《唐宋童子科研究》,陕西师范大学硕士学位论文,2005年。

童子举在古代科举历史上的发展脉络及其在古代历史、文化、科举和教育上的意义、影响等内容。

可以说,学界对唐宋童子举之兴废,选拔内容和童子举对古代科举、教育、文化及今天童蒙教育影响等内容有较为深入的探讨。但对童子举之源起,童子举在宋代的地域发展特色以及其与地方社会的关系问题,学界关注甚少。有基于此,本文在前贤研究基础上,拟以宋代神童之乡——饶州为个案,从区域社会视角探讨上述问题,以期为宋代科举及地方社会研究增添具体一笔。

一、童子举之溯源

此制最早见于唐贞观年间①,"贾嘉隐年七岁,以神童召见……年十一二,贞观年被举"②。"(员半千)客晋州,州举童子,房玄龄异之,对诏高第,已能讲《易》、《老子》"③。然追源溯流,童子举与先秦"竖官"及秦汉"试学童"渊源颇深。《周礼集说》载"竖未冠者之名。《左传》'叔孙穆子幸庚宗之妇人而生牛,以为竖官'则亦童子为之耳"。即是任命孩童为官,清代学者段玉裁亦云:"竖,未者官名。盖未官者才能自立,故名之曰竖,因以为官名,竖之言孺也。"④延及西汉,萧何创立"试学童"制,"汉兴……太史试学童,能讽书九千字以上,乃得为史。又以六体试之,课最者以为尚书、御史、史令、令史"⑤。东汉创设"童子郎"选拔制,所谓"孝廉试经者拜为郎,年幼才俊者,拜童子郎"⑥。其时有"汝南谢廉,河南赵建,年始十二,各能通经,左雄并奏童子郎。"⑦至南朝,萧梁时设置"童子奉车郎",亦是任童子为官之制。

唐代科举盛行,科目设置渐趋规范、完备。在此背景下,童子举正式成为科举考试的"常贡"科目,但时罢时复。有时被认为"童子越众,不在常科,同之岁贡,恐成侥幸之路"⑧,有时则以"童子每当就试,止在念书,背经则虽似精详,对卷则不能读诵。及名成贡院,身返故乡,但克日以取官,更无心而习业。滥窃徭役,虚台官名"⑨,请求罢停童子举。有时又以"明经、童子之科,前代所设,盖期取士,良谓通规。爰自近年,暂从停废,损益之机未见,牢笼之义全亏。将阐斯文,宜依旧贯,庶臻至理,用广旁求"之名恢复童子举。⑩延及后周,童子举仍在推行,北宋初年几位大臣如赵赞、贾黄中、郭忠恕等都有过童子举经历。宋承唐制,童子举

---

① 有关童子举起源问题,金滢坤先生《唐五代的童子科》(《光明日报》,2001 年 1 月 16 日)、《唐五代童子科与儿童教育》(《西北师大学报》2002 年第 4 期);高明士《隋唐贡举制度》(北京:文津出版社,1988 年);马秀勇,王永平《论唐代童子科》(《齐鲁学刊》2001 年第 3 期)等文有过较为深入的探讨。
② 刘悚:《隋唐嘉话》,北京:中华书局,1979 年,第 33 页。
③ 欧阳修,宋祁等撰:《新唐书》卷一二一《员半千传》,北京:中华书局,1975 年,第 4161 页。
④ 段玉裁:《说文解字注》,《景印文渊阁四库全书》第 223 册,台北:台湾商务印书馆,1983—1986 年。
⑤ 王鸣盛撰,黄曙辉点校:《十七史商榷》,上海:上海古籍出版社,2013 年,第 241 页。
⑥ 马端临:《文献通考》卷三五《选举八》,北京:中华书局,1986 年,第 329 页。
⑦ 范晔:《后汉书》卷六一《黄琼传》,北京:中华书局,1995 年,第 2021 页。
⑧ 徐松:《登科记考》,北京:中华书局,1984 年,第 361 页。
⑨ 薛居正:《旧五代史》卷一四八《选举志》,北京:中华书局,1976 年,第 1979—1980 页。
⑩ 薛居正:《旧五代史》卷一四八《选举志》》,第 1980 页。

渐趋兴盛,"应举之路大为开阔,不管是考试还是荐举都成为非常有效的童子仕进途径。同时,录取人数和质量都达到很高的水平,因此,两宋时期童子举所取得的成就最为引人注目"①。史载"凡童子十五岁以下,能通经作诗赋,州升诸朝,而天子亲试之。其命官、免举无常格。真宗景德二年,抚州晏殊、大名府姜盖始以童子召试诗赋,赐殊进士出身,盖同学究出身。寻复召殊试赋、论,帝嘉其敏赡,授秘书正字。"宋代童子举也因之选拔了众多优异人才,"童子以文称者,杨亿、宋绶、晏殊、李淑,后皆为贤宰相、名侍从。"②尽管童子举在两宋亦废置不定,但在科举考试中却有着独特地位,"宋之科目,有进士,有诸科,有武举。常选之外,又有制科,有童子举"③。可见,宋时童子科既不属常科,也不属制科,而是一种特殊类型的科目。教育史家苗春德称:"宋代科举制中,除了贡举、制举、武举三类外,另有一种专为儿童应试设置的科目,称为童子科,又叫童子举。"④

二、"神童之乡":饶州所见宋代童子举之盛

宋代童子举作为科举考试的一个特殊组成部分,虽时有兴废,但应举者一直赓续不断。朱红梅在其硕士论文中统计唐代中童子举者为53人,宋代为288人,其中江东路最多,为36人。江东路又以饶州为冠。⑤关于宋代饶州童子举兴盛情况,宋人叶梦得有"饶州出神童"之论断⑥,今人程民生先生亦有统计:"《宋会要》选举九之二至三十《儿童出身》记载有关对15岁以下童子赐出身,任官,免解,赐物的事例,其中有籍贯可考者61人,江东路所出24人,为全国之最,江东路又以饶州最多,凡19人。"⑦由唐入宋,饶州作为"神童之乡"的辉煌足征宋代童子举之地域发展特色。

饶州,位于今江西境内,隶属宋代江南东路,辖鄱阳、余干、浮梁、乐平、安仁、德兴六县以及铸钱基地永平监。⑧饶州作为江南要地,自唐以来不仅经济繁荣,"地沃土平,饮食丰贱,众士往往凑聚"⑨,而且人才兴盛,所谓"古者江南不能与中土等,宋受天命,然后七闽二浙与江之西东,冠带《诗》《书》,歘然大肆,人才之盛遂甲于天下。江南既为天下甲,而饶人喜事,又甲于江南。"⑩饶州早在唐代即产生了著名的"孝友童子",史载"陈饶奴,饶州人,年十二,亲并亡,婺弱居丧。又岁饥,或教其分弟妹,可全性命。饶奴流涕身丐诉相全养。刺史李复异之,给资,储署其门,曰'孝友童子'。"⑪入宋后,真宗咸平年间黄端应童子试赐出身则开启了

---

① 刘钰琳:《论童子举》,重庆师范大学硕士学位论文,2011年。
② 脱脱等撰:《宋史》卷一五六《选举志》,北京:中华书局,2000年,第3653页。
③ 脱脱等撰:《宋史》卷一五五《选举志》,第3604页。
④ 苗春德:《宋代教育》,郑州:河南大学出版社,1992年,第42页。
⑤ 朱红梅:《唐宋童子科研究》,陕西师范大学硕士学位论文,2005年。
⑥ 叶梦得:《避暑录话》卷二,上海:上海古籍出版社,2012年,第128页。
⑦ 程民生:《宋代地域文化》,第189页。
⑧ 脱脱等撰:《宋史》卷四一《地理志》》,第2189页。
⑨ 洪迈:《容斋随笔》,北京:中国社会科学出版社,2005年,第1页。
⑩ 洪迈:《容斋随笔》,第1533页。
⑪ 欧阳修:《新唐书》卷一九五《孝友传》,北京:中华书局,1975年,第5591页。

宋代饶州童子举的兴盛之路。至神宗元丰七年(1097)饶州神童朱天锡击登闻鼓求试,其才华使神宗"恨四方有遗材"[1]。朱天锡中试之举对饶州地域影响深远。以此为契机,饶州迎来了童子举的辉煌时代。

从中举数量看,宋代饶州应童子举人数一直遥遥领先于各州。南宋高宗立国后"亲试童子",饶州在高宗一朝得神童者达 11 人,因此被誉为"神童之乡"[2]。笔者根据清同治十一年刊本的《饶州府志》统计,饶州应童子举的人数则有 57 人。由此可知,两宋时期饶州童子举人数位列前茅,是名副其实的"神童之乡"。

从中举入仕经历看,宋代饶州应童子举者表现突出。有学人统计,宋代饶州应童子举的23 人中,授官者 4 人,赐童子出身者 3 人,永免文解者 3 人,免文解一次者 13 人[3]。尤值一提的是,南宋饶州首位神童朱虎臣,"七岁,御武殿试,十二矢中九的,讲孙子兵法、诸葛八阵图。"[4]他全面出色的应试表现征服了宋高宗,高宗给予朱虎臣"赐金带武状元,补承信郎"的赏赐。朱虎臣因之成为饶州的荣耀,饶州则在南宋童子举中大放异彩。

此外,宋代饶州童子举还形成家族化特色。首先是出现兄弟同时或相继被举情况,"绍兴十一年五月辛酉,饶州童子江安国九岁,其弟七岁,皆能诵经子书,诏免解一次。"[5]"绍兴十五年十一月癸卯,饶州童子戴松十岁,其弟槐九岁,皆能诵《书》,诏免解一次。"[6]此外,浮梁朱天锡和朱天申,李肖晏和李肖泌,李俊和李辙,鄱阳的戴松和戴滋,德兴万林和万湜等也都是兄弟同中童子举,此种情况在宋代饶州极为常见。其次是同族中有多人同时或相继被举情况。从《饶州府志》记载来看,浮梁朱氏家族仅在北宋政和年间就有十六人中举,南宋绍兴年间朱氏又有四人中举。由此可见,浮梁朱氏在两宋时期是经常中童子举的一个大家族。

饶州在宋代童子举中所呈现出来的中举人数大幅增加,中举者入仕突出以及中举家族化等特色,体现出宋代童子举趋于兴盛,且具有鲜明的区域性。那么这种现象又是如何在一定的时空下产生的呢?

三、国家导向与地域发展:宋代童子举兴盛探因

童子举作为一种较为特殊的人才选拔制度,在宋代科举史上留下重要影响。可以说,童子举入宋后呈良好发展态势,与国家导向推动以及地域社会发展促进关联甚大。

(一)国家导向之推动

众所周知,北宋立国后推行"右文"政策,宋太祖提出"兴文教,抑武事"[7]、"朕欲尽令武

---

[1] 周勋初主编:《宋人轶事汇编》,上海古籍出版社,2015年,第1770页。
[2] 宋采义:《论宋代神童举》,《史学月刊》1989年第6期。
[3] 朱红梅:《唐宋童子科研究》,陕西师范大学硕士学位论文,2005年。
[4] 雷树田:《唐宋诗词新话》,西安:陕西人民出版社,1988年,第129页。
[5] 佚名撰,李之亮点校:《宋史全文》,哈尔滨:黑龙江人民出版社,2005年,第1352页。
[6] 佚名撰,李之亮点校:《宋史全文》,第1413页。
[7] 李焘:《续资治通鉴长编》卷十八"太平兴国二年春正月丙寅",北京:中华书局,1979年,第394页。

臣读书,知为治之道"①以及"宰相须用读书人"②等治国之策,由此形成"与士大夫共治天下"的统治局面。在此导向下,宋代文化取得了前所未有的发展高度,陈寅恪先生称:"华夏民族之文化,历数千载之演进,造极于赵宋之世。"③邓广铭先生则称:"两宋时期内的物质文明和精神文明所达到的高度,在整个中国封建社会历史时期之内,可以说是空前绝后的。"④

在此影响下,宋代教育发展迅速,历经"庆历兴学"、"熙宁、元丰兴学"以及"崇宁兴学"三次官学改革后,学校数量大幅增加,"州郡不置学者鲜矣"⑤。同时,求学人数大增,"负担之夫,微乎其微者也。日求升合之粟以活妻子,尚日进一、二钱,令厥子入学"⑥。此外,"日臻发达的书院教育、自成体系的宗室教育、特殊领域的经筵教育"使两宋教育不仅领先于当时,而且对后世产生了深远影响。⑦教育的发展与科举的兴盛在两宋形成了良性循环的发展关系。宋代教育之所以发展较之以往迅速,与宋代重文的国家导向有很大关系,而直接动因是科举盛行导致社会各阶层对教育需求大增,由此推动教育迅猛发展。教育的发展又使得读书人渐增,读书人群体的增加又极大地推动科举扩张。故宋代"开贡举之门,广搜罗之路……如工商杂类人内有奇才异行,卓然不群者,亦许解送,或举人内有乡里是声教未通之地,许于开封府、河南府寄应"⑧。据张希清先生统计,两宋通过科举共取士约115427人,平均每年取士约361人,年均数是唐代的5倍,约为元代的30倍,明代的4倍,清代的3.4倍。⑨在两宋科举繁荣的背景下,童子举趋于兴盛。"正是宋代科举造成的童蒙教育热情和诸多教学机构、教学理论的丰富,才使得神童现象得以大规模出现,且纷纷表现出丰富多样的才能"⑩。

童子举的兴盛还与宋代童蒙教育的导向关系甚大。宋代思想界十分重视童蒙教育问题,程颐即指出:"人之幼也,知思未有所主,便当以格言至论日陈于前,虽未晓知,且当熏聒,使盈耳充腹,久自安习,若固有之,虽以他言惑之,不能入也。若为之不豫,及乎稍长,私意偏好生于内,众口辩言铄于外,欲其纯完,不可得也。故所急在先入,岂有太早乎?"⑪张载亦言:"长而学固谓之学,其幼时岂可不谓之学?直自在胞胎保母之教,已虽不知谓之学,然人作之而已变以化于其教,则岂可不谓之学?"⑫陆九渊对童蒙教育也有深刻见解,"今教童稚,不过使之习字画、读书;稍长,则教之属文。读书则自《孝经》、《论语》,以及六经、子、史,属文则自诗对"⑬。由此可知,宋代思想界不仅重视童蒙教育,而且他们倡导童蒙教育应及早

---

① 陈邦瞻:《宋史纪事本末》卷七"太祖建隆以来诸政",北京:中华书局,1975年,第37页。
② 李焘:《续资治通鉴长编》卷七"乾德四年五月甲戌",第171页。
③ 陈寅恪:《宋史职官志考证序》,《金明馆丛稿二编》,上海古籍出版社,1988年,第245页。
④ 邓广铭:《关于宋史研究的几个问题》,《社会科学战线》1986年第2期。
⑤ 马端临:《文献通考》卷六三《职官考》,第571页。
⑥ 李焘:《续资治通鉴长编》卷一五〇"庆历四年六月戊午",第3646页。
⑦ 姜锡东、魏彦红:《近十年来宋代官学研究述评》,《河北师范大学学报》2014年第2期。
⑧ 徐松:《宋会要辑稿》选举14之15,北京:中华书局,1957年。
⑨ 张希清:《论宋代科举取士之多与冗官问题》,《北京大学学报》(哲学社会科学版)1987年第5期。
⑩ 张烨:《社会化视角下的宋代童蒙教育》,上海师范大学硕士学位论文,2010年。
⑪ 程颢、程颐著,王孝鱼点校:《二程集》,北京:中华书局,2004年,第543页。
⑫ 张载著,章锡琛点校:《张载集》,北京:中华书局,2012年,第329—330页。
⑬ 陆九渊:《象山先生全集》,北京:商务印书馆,1979年,第295页。

开展以及多元化,这种思想导向对童子举的发展无疑具有重要推动作用。

(二)地域发展之促进

宋代饶州童子举的兴盛还得益于地域社会的发展。宋人庞元英曾亲自参与饶州神童朱天锡的应举试,得悉朱天锡的籍贯后他颇为感慨,"昔晏元献公名贯抚州,近年何正臣名占临江,皆童子举,江南多奇伟,亦山川之秀使然耶?"①晏元献公即著名词人晏殊,抚州临川人,宋景德年间十四岁以神童入试,赐进士出身。②何正臣,字君表,临江新淦(今江西峡江县)人,九岁举童子,赐出身。③庞元英将宋代江南屡出神童之缘由归结为"江南多奇伟"及"山川之秀丽"。事实上,入宋后江南经济文化的迅猛发展方是童子举兴盛的重要推动力,宋代饶州在此方面则有较强优势。

一是宋代饶州的经济发展优势。饶州是一个资源丰富,土肥壤沃的富庶之地。首先体现在地利之便,"东接吴甸,南控荆服,西连五岭两粤。襟江带湖,有蒲茭蜻鱼之利,衣被四方,帆樯上下乘风,一日千里。走鹜者,辐集吴楚间一大都会也"④。入宋后,饶州经济发展迅速,"盖饶之为州,壤土肥而养生之物多,其民家富而户羡,蓄百金者不在富人之列"⑤。据韩国磐所论饶州自唐代就较发达,其人口数当时仅次于首府洪州排第二。⑥

其次,饶州资源富足,多元发展。宋代饶州农业发达,粮食产量多,绍兴年间程迈知饶州,为平抑粮价曾在短时间内使"米暴集,阅数至六十余万斛,价为之损半,民食大足,而羡馀及于徽、信二州"⑦。饶州陶瓷业亦极发达,浮梁县景德镇名闻遐迩,世所共知。蒋祁《陶记略》载镇上有陶窑300座,"村村陶蜒,处处窑火","洁白不疵,粥于他州,皆有饶玉之称。"饶州矿产资源也十分丰富,尤其铜冶业发达,北宋初年最为著名的铜产地为饶、处、建、英、信、汀、漳、南剑八州,以及南安、邵武二军。⑧饶州采金业在当时也占有重要位置,作为传统的沙金产场,北宋政府每年向鄱阳、乐平、浮梁、德兴四县摊派黄金五百四十二两八钱,可见饶州之富庶。饶州还拥有朝廷的铸钱基地,因资源富足和四面辐辏的区位优势,饶州永平监是当时重要的铸钱基地。韩国磐撰文认为,唐代由于产铜多,故在饶州、信州各设有铸钱的钱监。特别是产银量很大。仅饶州乐平县每年所交税银就达七千两,占了唐朝税银总数的二分之一略少些,则江西道该是唐朝时产银的重心所在了。⑨可以说,宋代饶州是一个"滨湖蒲鱼之利,柔桑蚕茧之盛,林麓木植之饶,水草蔬果之衍,鱼鳖禽兽之富"的富足之地。⑩经济富足无疑是童子举兴盛的重要保障。

二是宋代饶州的重文向学优势。经济富足为文化教育发展提供了充实保障,饶州重文

---

① 王云五主编,庞元英撰:《文昌杂录》,《丛书集成初编》,北京:商务印书馆,1936年,第50页。
② 脱脱等撰:《宋史》卷三一一《晏殊传》,第8230页。
③ 脱脱等撰:《宋史》卷三二九,第8509页。
④ 锡德:《饶州府志》卷一,清同治十一年刻本,江西省图书馆藏。
⑤ 洪迈:《容斋随笔》,第2019页。
⑥ 韩国磐:《唐代江西道的经济和人文活动一瞥——读唐史札记》,《江西社会科学》1982年第4期。
⑦ 刘坤一:光绪《江西通志》卷一二六,清光绪七年刻本,江西省图书馆藏。
⑧ 漆侠:《宋代经济史》,上海:上海人民出版社,1987年,第559页。
⑨ 韩国磐:《唐代江西道的经济和人文活动一瞥——读唐史札记》,《江西社会科学》1982年第4期。
⑩ 洪迈:《容斋随笔》,第1533页。

向学之风则是童子举兴盛的直接动力。洪迈论饶州风俗言"当宽平无事之际,而天性好善。为父兄者,以其子与弟不文为咎;为母妻者,以其子与夫不学为辱"①。饶州人汪藻也记录其家族重文向学之盛况,"迨宋兴百年,无不安土乐生,于是豪杰始相与出耕,而各长雄其地。以力田课僮仆,以诗书训子弟,以孝谨保坟墓,以信义服乡间。室庐相望为闻家,子孙取高科,登显仕者,无世无之,而汪氏尤其章章者也"②。可以说,宋代饶州形成了极为浓厚的文风,把督促家人读书向文作为职责,以至饶州帽匠吴翁"日与诸生接,观其济济,心慕焉",于是"教子任钧使读书,钧少而警拔,于经学颖悟有得"③。

在此氛围下,饶州官员十分重视教育。绍熙年间,杨简任乐平县宰,大力振兴教育,自称要使全部邑人都为君子,"知乐平县,兴学训士,诸生闻其言有泣下者"④。有如此良好的环境和基础,饶州人认为培育人才要从孩童开始,故十分重视童蒙教育。退职闲居的李仲永建浮梁界田义学,"自立义学,且建孔庙,塑像严事,工制精华,至用沉香为舌,以春秋致祀,招廷师儒,召聚宗党,凡预受业者三十人,捐良田二百亩以赡其用","每日暇时,躬往讲说《周易》"⑤。德兴张潜"自以所学中废,锐意教子孙,胜衣以上,悉遣就学,买书一监,它文集称是,凡万余卷,分四部,建巨阁,列斋馆于左右,择明师以授之"⑥。受此影响,孩童们产生了积极向学的动力,以致饶州出现"夜听族中群儿诵书,翼日辄能尽诵"的现象。⑦由此可知,宋代饶州,从官到民,从社会到个人,普遍形成了重文向学的价值追求,这种价值追求有力地推动了童子举的发展。

四、宋代童子举与地方社会关系

如前所述,在国家政策导向以及地域社会发展推动下,宋代童子举发展迅速,并渐趋兴盛。童子举既是宋代科举制的一个特殊科目,又是宋代童蒙教育的重要内容,同时与地方社会有着良好的互动关系。

童子举在宋代存在时间长,涉及面广,故学界对此讨论亦多,评价不一。或认为"童子科作为唐宋时期科举科目中的一类,由于它的对象是年少之人,弥补了科举考试其他科目及第者主要是成年人的不足,故而童子科是科举制度中一个比较重要的科目,为国家选拔出一批才华出众的儿童,也促进了儿童教育的蓬勃发展"⑧。或认为"童子举对促进宋朝教育事业发展所起的作用,是应当肯定的"⑨。或认为"失败的教训要多于成功的经验"⑩,或认为是

---

① 洪迈:《容斋随笔》,第1533页。
② 汪藻:《浮溪集》卷十九,四部丛刊本,北京:商务印书馆,1929年,第159页。
③ 洪迈:《夷坚志》,北京:中华书局,1981年,第1562页。
④ 脱脱等撰:《宋史》卷四○七《杨简传》,第12290页。
⑤ 洪迈:《夷坚志》,第1382页。
⑥ 陈柏泉:《江西出土墓志选编》,南昌:江西教育出版社,1991年,第83页。
⑦ 陈柏泉:《江西出土墓志选编》,第79页。
⑧ 朱红梅:《唐宋童子科研究》,陕西师范大学硕士学位论文,2005年。
⑨ 宋采义:《论宋代神童举》,《史学月刊》1989年第6期。
⑩ 汪圣铎:《宋代的童子举》,《文史哲》2002年第6期。

一种"拔苗助长"现象,是历史的悲哀。①或认为"(宋代童子举)只停留在前期号召家长对孩子的培养上,而不注重对其进行实用性引导,这不得不说是宋朝教育的缺憾"②。

(一)童子举与地方文风

童子举固然是科举制和童蒙教育的重要内容,但宋代童子举兴盛得益于地方社会发展,故讨论童子举似应回到地方社会中去审视。本文认为,宋代童子举与地方社会有着诸多的关联互动。如前所述,宋代饶州人才之盛,史载南宋初年"朝士多饶州人",当时流传一段佳话,"时人语曰:'诸公皆不是痴汉',又有监司发荐京官状,以关节欲与饶州人,或规其当先孤寒。监司者愤然曰:'得饶人处且饶人',时传为笑。"③宋代饶州人才辈出得益于地方社会重视童蒙教育的良好风气,童蒙教育的发展则推动了童子举的兴盛。同时,诸多中童子举者的表率效应亦有助于推动饶州向学之文风。神宗元丰七年(1084),饶州神童朱天锡、朱天申兄弟应童子举表现优异,受到神宗首肯,御赐他们童子出身及钱物,并劝其不要荒废学业。他们的壮举也受到时人推崇,朝官庞元英记载云:"元丰甲子四月初五日,礼部试饶州童子朱天锡,年十一,念《周易》《尚书》《毛诗》《周礼》《礼记》《论语》《孟子》凡七经,各五道背全通无一字少误者。是日,礼部侍郎召本曹郎官赴坐,左右围观者达数百人。此童讽诵自若,略无慑惧。后数日,神宗召至睿思殿,赐五经出身。"④史家李焘亦有记载:"天锡年九岁,礼部试诵《七经》皆通。上召入禁中,取诸经试之,随问即诵,叹曰:'此童诵书不遗一字,又无所畏惧,乃天禀也!'延安郡王时在旁,上指天锡而抚王曰:'汝能如彼诵书乎?'面赐钱五万,使买书以归,戒以后无废学。"⑤朱家兄弟应举成功并受神宗褒赐,不仅对他们个体及家族产生影响,而且成为当时饶州众多孩童"争慕"的对象。据载"饶州自元丰末朱天锡以神童得官,俚俗争慕之。小儿不问如何,粗能念书,自五、六岁即以次教之五经,以竹篮坐之木杪,绝其视听。教者预为价,终一经偿钱若干,昼夜苦之。中间此科久废,政和后稍复,于是亦有偶中者。流俗因言饶州出神童。"⑥在这种表率作用影响下,许多父母及家族都积极让幼童参加童子试,如绍兴五年"饶州进士朱嘉积言子召虎十岁,能诵经史兵书,步射命中,乞挑试。诏赐帛二十匹罢归"⑦。从饶州的区域发展可知,地方经济社会的发展极大地推动了童子举的兴盛,童子举的兴盛又推进地方文风的繁盛,浓厚的文风无疑又是人才大量涌现的重要保障。宋代饶州便处于这样一个良性的循环发展之中。

(二)童子举与地方童蒙教育

宋代童子举之兴盛的重要表现便是创造了诸多令人钦慕的神童,史载:"本朝以童子举,如国初贾黄中举。自五代不论,若太宗朝,洛阳郭忠恕通九经,七岁举童子科。淳化二年赐泰州童子谭孺卿出身。雍熙间得杨亿年十一,以童子召对,授秘书正字。咸平间得宋绶。景德间抚州进士晏殊年十四,大名府进士姜盖年十三。祥符间又得李淑,又赵焕以童子召,封

---

① 许友根:《宋代童子科考述》,《孝感职业技术学院学报》2002年第1期。
② 周燕:《宋代贡举中神童举对儿童的培养及入仕影响》,《兰台世界》2014年第24期。
③ 厉鹗等撰,虞万里校点:《南宋杂事诗》,杭州:浙江古籍出版社,1987年,第42页。
④ 王云五主编,庞元英撰:《文昌杂录》,《丛书集成初编》,商务印书馆,1936年,第50页。
⑤ 李焘:《续资治通鉴长编》卷三四五"元丰七年夏四月丁丑",第8273页。
⑥ 叶梦得:《避暑录话》,第128页。
⑦ 佚名撰,李之亮点校:《宋史全文》,第1182页。

令从秘阁读书,时年十二。蔡伯希年四岁,诵诗百余篇,召为秘书正字。神宗朝元丰七年,赐饶州童子朱天锡五经出身,年九岁赐钱五万。又天锡从兄天申,年十二试十经皆通,赐五经出身。绍兴七年赐处州孝童周智出身。乾道淳熙间吕嗣兴王克勤赐童子出身。"①事实上,神童辉煌的背后确也有辛酸的泪水和惨痛的代价。从童蒙教育角度而言,童子举所附带的诸多弊端值得反思。首先,童子举强调速成,录取对象以年幼、聪慧为特点,实有悖于人才培养的客观规律。政和六年(1116)诏"念书童子十岁以下许试。"宣和二年(1120),规定应童子试的年龄上限为十岁。但这些年幼的入第者并没有创造出人们所期望的辉煌,最小的蔡伯希四岁就召试授官,但后来落于平庸。②倪伯骥年幼时于自家书院授书,"师初,骥辄坐树上,及下即背诵。由是,日以为常,其师但自诵二十遍,不二年,骥尽通九经,以童科免解,而家遂陵替。今年二十七,貌寝材劣,竟未省试。"故宋人说:"然以童科显者,百不二、三聪慧,长昏懵者,十常八、九。"③王安石笔下方仲永之悲剧亦为世所共知。缘由何在呢?由常识可知,十岁以下的孩童心智尚未达到应付各种社会事务,尤其是复杂政务的要求。对于这方面问题,宋代统治者已有注意,孝宗时叶适上书称:"今天下之士,虽五尺童子无不自谓知经,传写诵习,坐论圣贤。其高者谈天人,语性命,以为尧舜周孔之道技尽于此,雕琢刻画,侮玩先王之法言,反甚于词赋。"④宁宗时礼部侍郎李伯玉亦认为"人材贵乎善养,不贵速成",要求停罢童子科,"息奔竞,以保幼稚良心。"也正因为童子举功效不显,统治者对其时罢时复。

其次,童子举考试内容和方式单调、呆板,主要以记诵儒家经典为主,实不利于孩童早期智力开发。童子举同其他名目的科举考试一样都是通过对儒家经典的强调来达到精神控制与选拔人才的双重功效。孝宗曾规定:"凡全诵《六经》、《孝经》、《语》、《孟》及能文,如《六经》义三道、《语》《孟》义各一道、或赋一道、诗一首为上等,与推恩;诵书外能通一经,为中等,免文解两次;止能诵《六经》、《语》、《孟》为下等,免文解一次。覆试不合格者,与赐帛。"⑤可以肯定的是,让心智尚不完善的孩童背上超强的意识形态,有悖于孩童心智发育规律。更值得反思的是,当童子举打上急功近利色彩,采取"拔苗助长"方式,如"饶州自元丰末朱天锡以神童得官,俚俗争慕之。小儿不问如何,粗能念书,自五、六岁即以次教之五经,以竹篮坐之木杪,绝其视听。教者预为价,终一经偿钱若干,昼夜苦之。中间此科久废,政和后稍复,于是亦有偶中者。流俗因言饶州出神童。然儿非其质,苦之以至死者盖多于中也。"⑥父母让小孩坐在竹篮里,高悬树上让其专心读书,结果却导致惨死的悲剧,不得不让人反思神童背后的不幸。

作者简介: 邹锦良,南昌大学人文学院江右哲学研究中心、历史学系副教授。

---

① 袁褧著,尚成,秦克点校:《枫窗小牍》卷上,上海古籍出版社,2012年,第13页。
② 徐松:《宋会要辑稿》选举9之25。
③ 俞文豹:《吹剑录全编》,上海:古典文学出版社,1958年,第91页。
④ 黄淮、杨士奇:《历代名臣奏议》,上海古籍出版社,1989年,第760页。
⑤ 脱脱等撰:《宋史》卷一五六《选举志》,第3630页。
⑥ 叶梦得:《避暑录话》,第128页。

明中后期赣南城乡基层治理的空间差异*

吴启琳

【摘　要】明中后期南赣巡抚对赣南的基层保卫措施，最引人瞩目的便是自王阳明始所实施的"十家牌法"、"乡村保甲之法"以及"南赣乡约"。王阳明在城市创制十家牌法、乡村采取保甲法以及在新近平定盗乱之区实行的南赣乡约，在重建赣南地方社会秩序，维护社会稳定方面，取得了一定的效果，一定程度上实现了"弭盗安民"的期指，故而多为继任者沿用。但是，以上各法出台的时间不一，实施细则亦各有所表，具有较强的针对性，在实施过程中，呈现出了明显的时空差异；随着时间的推移，三法在一定程度上实现了行政管理层面的整合，最终促成了赣南基层政治秩序与基层行政组织格局的形成。

【关键词】社会治理；空间差异；赣南客家地区；社会变迁；明中后期

明中后期南赣巡抚对赣南的基层保卫措施，最引人瞩目的便是自王阳明始所实施的"十家牌法"、"乡村保甲之法"以及"南赣乡约"。关于这些治理策略的实施规则、实际社会效应等相关问题，唐立宗、饶伟新、黄志繁等人已经作过较为详细的论述。①根据这些研究，无论是十家牌法也好，乡村保甲法和南赣乡约也罢，都是适应当时地域社会环境而推出的相对趋于理想的制度安排，某种程度上起到了相当的地方自我防卫与教化的作用，但同时也由于地方官司的敷衍了事以及人口流动的频繁、地方家族势力和官府的冲突与合作等因素的存在，这些控制策略又不免遭到破坏或者流于形式。很明显，前人研究的立足点多在于王守仁以降的南赣巡抚对待十家牌法、乡村保甲法、南赣乡约规条安排的看法及其实施的社会效果的时好时坏来做评判的，它的最终归结点很自然地指向了这些政治策略的存在意义及其效能问题。如果这一说法成立的话，那么我们终不能避免接下来的一个追问：尽管这些政治措施存在这样或那样的局限性，为何保甲与乡约的政治策略和原则还是流传了下来，甚至受到后人的吹捧，并且一直沿袭至整个清朝乃至民国时期？

---

*　基金项目：本文系：江西省高校人文社会科学基金项目"明清赣南基层组织与民众生计研究"（项目号：LS1504）、2015年度国家社科基金项目（项目号：15CSZ049）的阶段性研究成果；2015年度江西科技师范大学青年拔尖人才项目"明清赣南客家地域社会研究"（项目号：2015QNBJRC009）阶段性研究成果。

①　唐立宗：《在"盗区"与"政区"之间：明代闽粤赣湘交界的秩序变动与地方行政的演化》，台北：台湾大学出版委员会，2002年，第385—394页、第468—486页；饶伟新：《生态、族群与阶级——赣南土地革命的历史背景分析》，厦门大学博士学位论文，2002年，第57—61页；黄志繁：《"贼""民"之间：12—18世纪赣南地域社会》，北京：生活·读书·新知三联书店，2006年，第135—158页。

明清时期，特殊的地理环境与社会环境导致赣南内部各区呈现迥异的历史演变脉络，直接影响着该区地方政治秩序与基层行政组织的构成与演变。因此，必须将以上所述"各法"放置于明清赣南这一具体时空场景中去加以考察，了解各法产生的社会背景，明确各法的实施细则、适用范围以及实践过程与各自的演变情况，方能对以上所提问题给以清晰的解答。

一、"十家牌法"与"保甲法"的推行

明初期里甲体制作为基层社会的基本行政单元主要担负着朝廷的钱粮催征职能，随着明中后期以来赣南盗贼活动的加剧和里甲编户的大量流失，严重冲击着作为基层行政单元的里甲体制。为了适应捕盗和重建基层行政秩序，必然催生一种将主要任务转移至维护社会治安的新的基层行政组织，于是，十家牌法与保甲法，以及与之相配合的南赣乡约等，也就有了替代里甲制而成为基层行政组织的可能性。

作为在地方行政管理层面的国家权力的表达和以基层防卫和行政管理为主要职能的十家牌法各法，其实施还必须具备相应的政治条件：首先是官方政治权力可以到达，其次是实施区域在一定时间范围内必须是相对安定，战乱以及国家权力不能到达的区域无从实施以上各法。明清时期赣南地域社会变迁纷繁复杂，既有闽粤湘边区乃至全国等外部社会因素的干扰，亦有内部因区域差异导致的各区历史发展脉络的各自展开；既有以河谷盆地为依托开发较早的王化之地，也有凭高山大川为靠、联络数省边区、欠开发且盗贼充斥的"盗区"，还有城市与山乡生活方式的巨大差异，凡此种种，均导致以上所述各法在赣南地区的实施没有、也不可能同步。另外，以上各法出台的时间不一，实施细则亦各有所表，具有较强的针对性，在实施过程中，呈现出了明显的时空差异；不过，随着时间的推移，三法在一定程度上实现了行政管理层面的整合，最终促成了赣南基层政治秩序与基层行政组织格局的形成。毫无疑问，南赣巡抚的军事征剿与新县治的添设以及其他对于地方秩序的重建均推动了这一整合的进展。

王阳明于正德十一年(1516年)十月到任南赣巡抚，第二年便出台了著名的十家牌法以弭盗安民，以便配合相应的军事征剿。因鉴于之前几位南赣巡抚的无所作为及文森的"迁延误事"①，朝廷对其寄予重望，王阳明虽然到任时间不长，对南赣地区盗乱却十分上心。除了积极组织安排军事征剿以外，还亲自走访军民之家，寻情问道。十家牌法的提出，就是其对赣南地区进行走访调查后综合统筹安排的结果，他指出：

照得本院巡抚地方，盗贼充斥；因念御外之策，必以治内为先。顾莅事未久，尚昧土

---

① 据当时的兵部尚书王琼所言："照得先因南赣等处，四省接境地方，无官节制，以此设巡抚都御史一员，专一禁防盗贼，安缉居民，今未及一年，凡升调都御史陈恪公、勉仁、文森、王守仁共四员，内文森迁延误事，见奉敕切责，乃敢托疾避难，奏回养病。"(参见[明]王琼：《为地方有事急缺巡抚官员事》，《晋溪本兵敷奏》卷十《南赣类》，《续修四库全书》第476册，上海：上海古籍出版社，2002年，第67页。)不到一年连换三人，要谈治理盗乱，确实很难想象，故引起了朝廷的愤怒。相关评论还可参见(明)王守仁：《谢恩疏》，《王阳明全集》卷九《别录一》，上海：上海古籍出版社，1997年，第298页。

俗；永惟抚缉之宜，憣然未有所措。访得所属军民之家，多有规图小利，寄住来历不明之人，同为狡伪欺窃之事；甚者私通举贼，而与之传递消息；窝藏奸宄，而为之盘据夤缘。盗贼不靖，职此其由。①

原来，赣南地区盗贼充斥且不易被歼除，不仅仅是贼寇本身的势力过于强大，而是民众之中一些人常与之往来勾结所造成。针对这些情况，王阳明着手制定了十家牌法，并在发布此法之时，一并告谕父老子弟悉知，诚如《王阳明全集》卷16《别录八》之《十家牌法告谕各府父老子弟》所载：

> 本院奉命巡抚是方，惟欲剪除盗贼，安养小民。所限才力短浅，智虑不及；虽挟爱民之心，未有爱民之政；父老子弟，凡可以匡我之不逮，苟有益于民者，皆有以告我，我当商度其可，以次举行。今为此牌，似亦烦劳。尔众中间固多诗书礼义之家，吾亦岂忍以狡诈待尔良民。便欲防奸革弊，以保安尔良善，则又不得不然，父老子弟，其体此意。自今各家务要父慈子孝，兄爱弟敬，夫和妇随，长惠幼顺，小心以奉官法，勤谨以办国课，恭俭以守家业，谦和以处乡里，心要平恕，毋得轻意忿争，事要含忍，毋得辄兴词讼，见善互相劝勉，有恶互相惩戒，务兴礼让之风，以成敦厚之俗。吾愧德政未敷，而徒以言教，父老子弟，其勉体吾意，毋忽！
> 轮牌人每日仍将告谕省谕各家一番。
> 　十家牌式
> 　某县某坊
> 　某人某籍
> 　某人某籍
> 　某人某籍
> 　某人某籍
> 　某人某籍
> 　某人某籍
> 　某人某籍
> 　某人某籍
> 　某人某籍
> 　某人某籍
> 　右甲尾某人
> 　右甲头某人
> 此牌就仰同牌十家轮日收掌，每日酉牌时分，持牌到各家，照粉牌查审：某家今夜少某人，往某处，干某事，某日当回；某家今夜多某人，是某姓名，从某处来，干某事；务要审问的确，乃通报各家知会。若事有可疑，即行报官。如或隐蔽，事发，十家同罪。各家牌式：

---

① （明）王守仁：《案行各分巡道督编十家牌》，《王阳明全集》卷十六《别录八》，第531页。

某县某坊民户某人。

某坊都里长某下，甲首军户则云，某所总旗小旗某下。匠户则云，某里甲下，某色匠。客户则云，原籍某处，某里甲下，某色人，见作何生理，当某处差役，有寄庄田在本县某都，原买某人田，亲征保住人某某。若官户则云，某衙门，某官下，舍人，舍余。

若客户不报写庄田在牌者，日后来告有庄田，皆不准。不报写原籍里甲，即系来历不明；即须查究。

男子几丁

某（某项官，见任，致仕，在京听选，或在家）　　某（某处生员，吏典）

某（治何生业，成丁，未成丁，或往何处经营）　　某（见当某差役）

某（有何技能，或患残疾）　　　　　　　　　　　某

某　　　　　　　　　　　　　　　　　　　　　某

见在家几丁　若人丁多者，牌许增阔，量添行格填写。

一妇女几口

一门面屋几间（系自己屋，或典买某人屋）

一寄歇客人（某人系某处人，到此作何生理，一名名开写浮票写帖，客去则揭票；无则云无。）①

从十家牌法的规文来看，它不仅是一套完整的居民轮流巡查、宣谕制度，而且还是一套较为全面的掌握人户基本户籍及家庭状况的户籍登记措施；然这些都还不是十家牌法最为关心的地方，它所注重的是盗贼联防并通过严厉的惩罚措施来威慑和遏制盗贼的所谓"良法"。也正因此，有人便称其具有"弭盗"和"教化"双层功能的基层组织，因而给予高度评价，诚如明人陈龙正对十家牌法就评论道：

南赣盗贼，多起于奸细，先生获其大首一人，逐知要领此牌乃穷奸细之良法也。或曰：是法也，齐之刑乎？齐之以礼乎？曰：皆具。曰：不已繁乎？曰：后世繁文缛貌，无益民生者多矣。习而行之，不以為繁，顾于坊民教民之道，耳目所不经见间，则以为烦民而多事。夫所谓多事者，不过有三：劳民筋骨也，费民财力也，妨民工课也。然保甲行而一家之劳，九家逸矣。一日之劳，九日逸矣。则不劳孰如之，平居出膏火酒食之费，临事无破家荡产之虞，不费孰如之？每日以其余晷为木铎，无终岁男不得耕，女不得织之患。不妨工孰如之。不维其役，而顾目前，不筹其总，而为碎算，则浅见者过也。②

陈龙正所言"刑"与"礼"，一个当指制度规范，一个当指教化；他认为十家牌法相当简约，行之将取得相当好的效果。亦如王阳明自己所述，其对十家牌法的期望相当之高：

---

① （明）王守仁：《十家牌法告谕各府父老子弟》，《王阳明全集》卷十六《别录八》，第528—531页。
② （明）陈龙正录：《阳明先生保甲法》，《丛书集成新编》第32册，社会科学类，台北：新文丰出版公司印行，1986年，第40页。

> 凡十家牌式,其法甚约,其治甚广。有司果能着实举行,不但盗贼可息,词讼可简,因是而修之,补其偏而救其弊,则赋役可均;因是而修之,连其伍而制其什,则外侮可御;因是而修之,警其薄而劝其厚,则风俗可淳;因是而修之,导以德而训以学,则礼乐可兴。凡有司之有高才远识者,亦不必更立法制,其于民情土俗,或有未备;但循此而润色修举之,则一邑之治真可以不劳而致。①

为了能够更好地补充和宣传推广十家牌法,王阳明从正德十二年(1517年)至嘉靖七年(1528年)间在南赣巡抚辖区一共又颁发了11道有关十家牌法的告示与牌谕。其中,对其实施细则进行补充的就有3道。兹据紧要处节录其文如下:

1. 正德十二年(1517年)《案行各分巡道督编十家牌》:

> 行令各家门首,以凭官府查考。仍编十家为一牌,开列各户姓名,背写本院告谕,日轮一家,沿门按牌审察动静;但有面目生疏之人,踪迹可疑之事,即行报官究理。或有隐匿,十家连罪,如此庶居民不敢纵恶,而奸伪无所潜形。为此,仰钞案回道,即行各属府县,着落各掌印官,照依颁去牌式,沿街逐巷,挨次编排,务在一月之内了事。该道亦要严加督察,期于着实施行,毋使虚应故事。仍令各将编置过人户姓名造册缴院,以凭查考;非但因事以别勤惰,且将旌罚以示劝惩。②

2. 正德十五年(1520年)正月《申谕十家牌法》:

> 凡置十家牌,须先将各家门面小牌挨审的实,如人丁若干,必查某丁为某官吏,或生员,或当某差役,习某技艺,作某生理,或过某房出赘,或有某残疾,及户籍田粮等项,俱要逐一查审的实。十家编排既定,照式造册一本留县,以备查考;及遇勾摄及差调等项,按册处分,更无躲闪脱漏,一县之事,如视诸掌。每十家各令挨报甲内平日习为偷窃,及喇唬教唆等项不良之人;同甲不致隐漏,重甘结状,官府为立舍旧图新簿,记其姓名;姑勿追论旧恶,令自今改行迁善;果能改化者,为除其名;境内或有盗窃,即令此辈自相挨缉;若系甲内漏报,仍并治同甲之罪。又每日各家照依牌式,轮流沿门晓谕觉察;如此即奸伪无所容,而盗贼亦可息矣。十家之内,但有争讼等事,同甲即时劝解和释,如有不听劝解,恃强凌弱,及诬告他人者,同甲相率禀官,官府当时量加责治省发,不必收监淹滞;凡遇问理词状,但涉诬告者,仍要查究同甲不行劝禀之罪。又每日各家照牌互相劝谕,务令讲信修睦,息讼罢争,日渐开导,如此则小民益知争斗之非,而词讼亦可备矣。③

---

① (明)王守仁:《申谕十家牌法》,《王阳明全集》卷十七《别录九》,第609页。
② (明)王守仁:《案行各分巡道督编十家牌》,《王阳明全集》卷十六《别录八》,第531页。
③ (明)王守仁:《申谕十家牌法》,《王阳明全集》卷十七《别录九》,第608—609页。

3. 正德十五年(1520年)十月《申行十家牌法》：

> 仰各该县官，务于坊里乡都之内，推选年高有德、众所信服之人，或三四十人，或一二十人，厚其礼貌，特示优崇，使之分投巡访劝谕，深山穷谷必至，教其不能，督其不率，面命耳提，多方化导。或素习顽梗之区，亦可间行乡约，进见之时，咨询民瘼，以通下情，其于邑政，必有裨补。若巡访劝谕，著有成效者，县官备礼亲造其庐，重加奖励。如此，庶几教化兴行，风俗可美。①

以上三处引文均是对十家牌法实施细则的详解或者补充，各条亦都有所表。先看第一条《案行各分巡道督编十家牌》在十家牌法告谕的基础上点明了十家牌法的实施对象是在城居民，在十家牌上印写南赣巡抚关于推行十家牌法的告谕以及要求掌印官在一个月之内沿街逐巷编排完成并由分巡道加以督查。陈龙正结合十家牌法告谕与此谕进行比较后认为："前牌告谕父老，安民意多，此牌专督分巡，御盗意多，其实无二，法无二意也，所与言之人异耳"②，可谓一语中的。

再看第二道告谕《申谕十家牌法》所突出强调的信息比较繁杂，但突出的主要有三点：一是十家详查户籍民户信息，编排既定，需要造册一本留县，以备勾摄差调；二是官府立舍旧图新簿一本，登记作恶改善情况；三是十家牌与里甲重合，十家亦是十甲，同甲劝解息讼。此一告谕是因很多官员不认真执行十家牌法，"类多视为具文"而进行的重申与强调以及对实施十家牌法美好前景的展望。

关于正德十五年(1520年)十月《申行十家牌法》，根据陈龙正的识记："此系平藩后兼抚江西时申饬，因十家牌法是为治第一要义，自县令至督抚皆同"③，由此可知，此谕所针对的对象已不仅仅是南赣巡抚辖区，其还涉及其他江西广大地区。它所突出强调的内容在于：在坊里乡都之内选出德高望重之人，前往各地宣传并解释十家牌法；在那些十分偏远而风气一直相当糟糕的地方，可以间行乡约；而宣传工作做得好的，将予以重奖。经过这样的补充，使得以十家牌法基本成为一个完整的基层行政组织体系，其所具备的行政职能也十分明显地凸显了出来。

除此而外，王阳明于正德十五年(1520年)正月发布的另一条《申谕十家牌法、增立保长》的告谕应当引起我们的特别注意，据载：

> 先该本院通行抚属，编置十家牌式，为照各甲不立牌头者，所以防协制侵扰之弊；然在乡村，遇有盗贼之警，不可以无统纪，合立保长督领，庶众志齐一。为此仰抄案回司，即行各道守巡兵备等官，备行所属各府州县，于各乡村推选才行为众信服者一人为保长，专一防御盗贼。平时各甲词讼，悉照牌谕，不许保长干与，因而武断乡曲；但遇盗警，即仰保长统率各甲设谋截捕。其城郭坊巷乡村，各于要地置鼓一面，若乡村相去稍

---

① (明)王守仁：《申行十家牌法》，《王阳明全集》卷三一《续编六》，第1153页。
② (明)陈龙正录：《阳明先生保甲法》，《丛书集成新编》第32册，第41页。
③ 同上书。

远者,仍起高楼,置鼓其上,遇警即登楼击鼓;一巷击鼓,各巷应之,一村击鼓,各村应之,但闻鼓声,各甲各执器械齐出应援,俱听保长调度,或设伏把隘,或并力夹击;但有后期不出者,保长共同各甲举告官司,重加罚治。若乡村各家皆置鼓一面,一家有警击鼓,各家应之,尤为快便。此则各随财力为之,不在牌例之内,俱仰督令各县即行推选增置,仍告谕远近,使各知悉。各府仍要不时稽察,务臻实效,毋得虚文搪塞,查访得出,定行究治不贷。①

此谕不但明确了十家牌法轮流进行告谕的宣读、十家牌的查审,而不设置专门的领导,以"防协制侵扰之弊"的意图,还对乡村的行政组织——保长的设立及其日常事务也做了细致的安排。或许正是因为此谕将十家牌法与保甲放在一起讨论,再加上明清时人经常将二者混称的缘故,学界一般认为十家牌法即是保甲法。②然而,笔者对此稍有不同看法,并且以为:十家牌法与保甲法是同时并存的两个不同事物,在理解上引告谕时,似应在其标题将申谕十家牌法与增立保长之间用一顿号隔开,以示区分。

从前面所引告谕内容看来,十家牌法与乡村增立保长的保甲法在组织形式上明显不同;而且,如果仔细阅读南赣巡抚为推行十家牌法而颁发的所有告谕及《王阳明年谱》等文献,可以发现十家牌法与明中后期保甲法的实施也存在明显时空差异。

那么,这些告谕当中都有哪些地理空间信息呢?十家牌法与设置保长之间有什么联系,它们的关系又有怎样的变化?翻开《王阳明全集》,我们便可一目了然:

在前引第一道告谕正德十二年(1517年)《十家牌法告谕父老子弟》的"各家牌式"中,书有"某县某坊民户某",这便是一处。我们知道,明代基本的基层行政单位就是里甲,其"长官"称之为里、甲长,但在城乡不同聚落往往又有不同称呼,在城曰坊,近城曰厢,乡都曰里。此处以某县某坊民户,自然所指就是城市里甲民户。《年谱一·十有二年丁丑》(正德十二年)载:"乃于城中立十家牌法",直接明了,起初就是在城市施行的。③再看(正德十二年)《案行各分巡道督编十家牌》一谕,其中开头便说"因念御外之策,必先治内为先",与"在城居民,每家各置一牌"相对应,一外、一内,对应城里、城外(即乡村),又"各掌印官照依去牌式沿街逐巷挨次编排",此说街、巷,同样说的是城内街、巷;正德十五年(1520年)正月《申谕十家牌、增立保长》称:"然在乡村……合立保长督领,庶众志齐一,各府州县于各乡村推选才行为众信服者一人为保长",说明乡村保甲开始设立;"其城郭坊巷乡村,各于要地置鼓一",只是说置鼓,与城市十家牌法无关,也与保长的统辖无关。

又看正德十五年正月《申谕十家牌法》所记:"凡立十家牌,专为止息盗贼。若使每甲自纠甲内之人,不得容留盗贼,右甲如此,左甲复如此,城郭、乡村无不如此,以至此县如此,彼县复如此,远近州县无不如此,则盗贼何自而生"④,此处在提及十家牌法时,将乡村也纳入

---

① (明)王守仁:《申谕十家牌、增立保长》,《王阳明全集》卷17《别录九》,第610页。
② 饶伟新、黄志繁等均持这一观点,参见饶伟新:《生态、族群与阶级——赣南土地革命的历史背景分析》,第57页;黄志繁:《"贼""民"之间:12—18世纪赣南地域社会》,第145页注释4。
③ (明)王守仁:《王阳明全集》卷三三《年谱一》,第1238—1239页。
④ (明)王守仁:《申行十家牌法》,《王阳明全集》卷三一《续编六》,第1152页。

进来，让人产生该法也在乡村施行的感觉。然根据闻钧天《中国保甲制度》引证明史的材料来看，在此段之前还有"又以为盗贼之起，良由有司不能抚缉，民间又无防御之法，遂令居城郭者十家为甲，在乡村者，村自为保，平时讲信修睦，寇至务相救援。檄令各县严行"的文字[①]，当时人们多将十甲牌法与乡村保甲法混称，或曰保甲法，或曰十家牌法，由闻氏所引的这段材料看来，在《申谕十家牌法》这道谕令当中，所提及的"城郭乡村无不如此"当是指分别实施最初的"十家牌法"和乡村的"保甲法"；而从该谕令中"务于坊里乡都之内，推选年高有德众服所信者……使之分投劝谕，深山穷谷必至……教其不能，督其不率，面命耳提，多方化导"去看的话，似乎又有将十家牌法扩展至乡村之势头。

嘉靖七年(1528年)四月十六日《行廉州府清查十家牌法》有载："各该官员……虽有委官遍历城市乡村查编，亦止取具地方开报"，表明广东廉州府乡村至少也有了编制十家牌法的要求；"不论军民，在城在乡，逐一挨查"，明确规定乡村也要一并举行。

由此笔者认为，南赣地区大山林立，山岭与山岭之间形成相对较为低平的河谷平原与小盆地，山村聚落与城市聚落亦依托此两种地貌而建立起来，明代由于各区历史的积淀，这两种聚落形式之间存在着巨大的差异，深刻地影响并制约着南赣巡抚在该区进行基层行政管理的展开；十家牌法最初于正德十二年(1517年)在赣南府县的城市中实施，十家牌法具有十家连保的特质，但是没有证据表明赣南设置了类似保长之类的基层行政领袖，正德十五年(1520年)正月，十家牌法开始有向乡村山乡穷谷扩展的趋势；几乎与此同时，乡村保甲法开始正式设立，其规制一村设立一保长，保长只得专一防御盗贼，遇警领甲民防卫，无权过问词讼。从这个意义上说，正、嘉时期的十家牌法不是保甲法，而乡村设置保长后的保甲法，也不是明清时期通常意义的保甲法，然不管怎样，此二者实施于不同的时间和地域空间，一定程度构成了明中后期赣南基层行政组织的大致结构。

至嘉靖七年(1528年)四月王阳明在广东廉州举办十家牌法不力的情况下申行十家牌法，特别强调无论城市乡村，均须一体挨查，一定程度上反映了南赣巡抚辖区将十家牌法推广到了乡村，其与之前乡村设置保长一起，一同构成了明中后期的"保甲法"，故后人多将十家牌法、保甲混称为赣南的"保甲法"。应当指出，在乡村保长建立之前数年之中，乡村基层行政保持原有的里甲体制，只是其强度可能已经相当弱化，但并不能说南赣巡抚就放弃了乡村基层行政组织的重建，伴随着十家牌法的实施，南赣巡抚还在明代中后期的特定乡村地区推广"南赣乡约"这一具有行政辅助意义的特殊基层组织。

二、南赣乡约的推行及其适应范围

王阳明任南赣巡抚，在军事征剿上取得了很大的胜利，然而在这个过程中，赣南山区的贼寇及其活动情况令其深深感到："破山中贼易，破心中贼难。"[②]在这样的背景之下，王阳明对南赣地区大规模的动乱进行了深刻反思，他体悟到，只有从思想道德意识上对民众和贼

---

① （民国）闻钧天：《中国保甲法》，上海：商务印书馆，1935年，第199页。
② （明）王守仁：《王阳明全集》卷四《文录一》，第168页。

寇进行化导,才能从根本上解决问题,为了帮助"新民"破"心中贼",他开始在所辖地区推行乡约,诚如《王阳明全集》卷33《年谱一》所记:

> 先生自大征后,以为民虽格面,未知格心,乃举乡约告谕父老子弟,使相警戒。辞有曰:顷者顽卒倡乱,震惊远迩。父老子弟,甚忧苦骚动。……然亦岂独冥顽者之罪?有司抚养之有缺,训迪之无方,均有责焉。……然创今图后,父老所以教约其子弟者,自此不可以不预。故今特为保甲之法,以相警戒。聊属父老,其率子弟慎行之。务和尔邻里,齐尔姻族,德义相劝,过失相规,敦礼让之风,成淳厚之俗。①

以上引文所指"乡约",这就是著名的《南赣乡约》,也称《阳明先生乡约法》。关于南赣乡约,前人也有过较多关注,但这些研究多从思想史角度展开讨论,近也有不少从地方基层组织与制度视角来探讨其实践及其社会效果。②对于明代中后期王阳明在赣南实施的南赣乡约而言,有两点一直没有给予很好地关注或者说有待深入探讨:首先是由"先生自大征后,以为民虽格面,未知格心"判断,南赣乡约为应对南赣地区的盗乱而设,其在注重教化的同时对于乡约机构的设置没有给予应有的重视,而这恰恰指向其作为基层行政组织地位的一个重要方面;其次,乡约是与十家牌法配套而行的,十家牌法并不与乡约实施范围重合,乡约由其特定的适应空间区域,从而与十家牌法、乡村保甲法一道,共同构成明中后期乃至清初赣南基层行政组织的空间布局。

根据 Kandice Hauf 的研究,十家牌法在城市里运作相对较好,但王阳明没有完全控制乡村,在这样的背景之下,所以才建立乡约来劝谕乡民。③此处所说乡村,当视为那些平定不久甚至待平定的山乡之区。那么,乡约是怎样、从哪些方面对新附乡民进行劝谕的呢?根据《王阳明全集》卷17《别录九》之《南赣乡约》所载:

> 民俗之善恶,岂不由于积习使然哉!往者新民盖常弃其宗族,畔其乡里,四出而为暴,岂独其性之异,其人之罪哉?亦由我有司治之无道,教之无方。尔父老子弟所以训诲戒饬于家庭者不早,薰陶渐染于里闾者无素,诱掖奖劝之不行,连属叶和之无具,又或愤怨相激,狡伪相残,故遂使之靡然日流于恶,则我有司与尔父老子弟皆宜分受其责。

---

① (明)王守仁:《王阳明全集》卷三三《年谱一》,第1255—1256页。南赣乡约与十家牌法相比较而言,两者均有弭盗和教化的功能,但十家牌法偏重于弭盗,乡约偏重于教化,在南赣盗贼纷乱的时代,王阳明更看重其十家牌法,在相应的告谕中也多次申说施行,以上所谓"保甲法"即其实施的十家牌法,王本人经常也将保甲法与十家牌法混称,此处在推行乡约之时亦将十家牌法提出来,一定程度也体现其对十家牌法的重视。

② 参见曹国庆:《王阳明与南赣乡约》,《明史论丛》(第3辑),南京:江苏古籍出版社,1993年;马楚坚:《阳明先生重建社区治安理想与实施》,《地域社会与传统中国》,西安:西北大学出版社,1995年;吴宣德:《江右王学与明中后期江西教育发展》,南昌:江西教育出版社,1996年,第335—338页;朱鸿林:《从沙堤乡约谈明代乡约的研究问题》,《中国社会历史评论》第二卷,天津:天津古籍出版社,2000年;唐立宗:《在"盗区""政区"之间——明代闽粤赣湘交界的秩序变动与地方行政演化》,第468—487页;黄志繁:《乡约与保甲:以明代赣南为中心的分析》,《中国社会经济史研究》2002年第2期;董建辉:《明清乡约:理论演进与实践发展》,厦门:厦门大学出版社,2008年,第180—197页;Kandice Hauf. The Community Covenant in Sixteen Century Ji'an Prefecture, Jiangxi, Late Impericl China, Volume17, Number2(1996.12), pp.150.等等。

③ 参见 Kandice Hauf. The Community Covenant in Sixteen Century Ji'an Prefecture, Jiangxi 一文。

呜呼！往者不可及，来者犹可追。故今特为乡约，以协和尔民，自今凡尔同约之民，皆宜孝尔父母，敬尔兄长，教训尔子孙，和顺尔乡里，死丧相助，患难相恤，善相劝勉，恶相告戒，息讼罢争，讲信修睦，务为良善之民，共成仁厚之俗。呜呼！人虽至愚，责人则明；虽有聪明，责己则昏。尔等父老子弟毋念新民之旧恶而不与其善，彼一念而善，即善人矣；毋自恃为良民而不修其身，尔一念而恶，即恶人矣；人之善恶，由于一念之间，尔等慎思吾言，毋忽！

一、同约中推年高有德为众所敬服者一人为约长，二人为约副，又推公直果断者四人为约正，通达明察者四人为约史，精健廉干者四人为知约，礼仪习熟者二人为约赞。置文簿三扇：其一扇备写同约姓名，及日逐出入所为，知约司之；其二扇一书彰善，一书纠过，约长司之。

一、会期以月之望，若有疾病事故不及赴者，许先期遣人告知约；无故不赴者，以过恶书，仍罚银一两公用。

一、立约所于道里均平之处，择寺观宽大者为之。一彰善者，其辞显而决；纠过者，其辞隐而婉；亦忠厚之道也。如有人不弟，毋直曰不弟，但云闻某于事兄敬长之礼，颇有未尽；某未敢以为信，姑案之以俟；凡纠过恶皆例此。若有难改之恶，且勿纠，使无所容，或激而遂肆其恶矣。约长副等，须先期阴与之言，使当自首，众共诱掖奖劝之，以兴其善念，姑使书之，使其可改；若不能改，然后纠而书之；又不能改，然后白之官；又不能改，同约之人执送之官，明正其罪；势不能执，戮力协谋官府请兵灭之。……（以下为乡约仪式的诸多程式，略去。）①

从以上文意看来，与十家牌法相类似，规文开始都是一系列告谕，先将受者教化一番，然后再展开乡约内容的铺陈，接下来便是具体规制的安排。为了能够保证乡约精神的贯彻和落实，必须设置专门的宣讲处所与负责宣讲的约长人等，从这个角度看来，明代南赣乡约作为一种乡村基层行政组织已经建立起了自己的"领袖"，具备了基层行政机构的一般职能。约长、约副之人对约内之人的善恶进行登记，会期之日赴固定约所进行乡约宣讲与纠过彰善，这就对约正、约副提出了较高的要求，故而必须有那些威望较高、行止端庄的地方士绅来充任。如康熙《南康县志》对于充任乡约"领袖"之人即提出了比较高的要求：

> 乡之劝戒也，总以约长、约正之辈，名德弗信，法制周守，故其约不能久焉。间尝思有司者，民之师帅也。致政者，乡之先达也。庠士者，才之俊彦也。统之以师帅，正之以先达，赞之以俊彦，而联之以父老子弟之众。夫然后民志一而公论定，约其可久乎！②

正是在这样条件之下，那些地方贤能士绅也就有了其用武之地。在定南县，有"廖绩，高砂堡人，嘉靖三十六年寇乱。龚令有成、廉绩有才行，佥为约长。绩常谕叛党以身家利害之

---

① （明）王守仁：《南赣乡约》，《王阳明全集》卷十七《别录九》，第599页。
② 康熙《南康县志》卷六《建置志三》，康熙四十九年（1710）刻本，第268—269页。

语,致忌,及乱既成,密状于官"①;又有"钟朗鸣,横江保人,少读书,涉猎诸子百家。……举乡饮弗就,及佥为约正,惟宣谕乡人以和睦,足不履公庭"②,表明明代中后期赣南在里甲体制败坏的情况之下,官府尝试利用这些具有"正统"意识与修养的地方士绅在基层社会重新建立"国家"礼法秩序,乡约恰恰就是给他们提供的这样一个平台。

总之,南赣乡约虽然偏重于教化,但在教化推广过程中其约长与约民一起,已经构成了一定的组织,乡约已经成为乡民日常政治生活的一部分,这一组织变成了赣南乡村社会基层行政的重要组成部分。黄志繁指出,"保甲(指南赣十家牌法——笔者注)最初实行是针对官府周围盗贼耳目众多、'民''盗'不分的情况的,乡约是为了'教化'刚征服的'新民'而设计,其最终目的在于如何使'盗'转变为'民',在南赣建立'国家'的秩序"③。

结合十家牌法和保甲法的实施对象和空间范围来看,我们至少可以将明代正德年间南赣巡抚主导建立的赣南基层行政组织格局进行如下划分(参见图1所示):

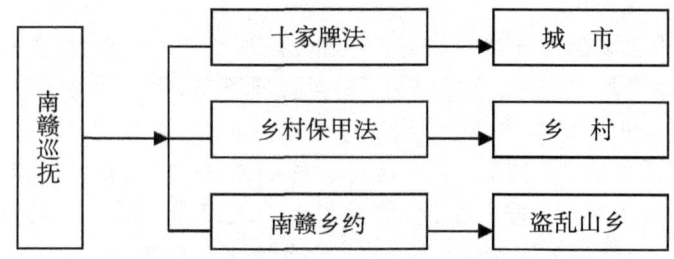

图1 正德十五年(1520年)后南赣巡抚主导的赣南基层治理格局图

正德十五年以后,十家牌法有向乡村推进的趋势。特别地,前引《申行十家牌法》还特别提到,在各地推行十家牌法之时,"深山穷谷必至,教其不能,督其不率,面命耳提,多方化导。或素习顽梗之区,亦可间行乡约",表明十家牌法与乡约可以在不同的区域实现互补。

三、明代中后期赣南政治治理的社会影响

王阳明创制十家牌法、乡村保甲法以及在新近平定盗乱之区实行的南赣乡约,在重建赣南地方社会秩序,维护社会稳定方面,取得了一定的效果,一定程度上实现了"弥盗安民"的期指,故而多为继任者沿用。天启《重修虔台志》卷六《事纪三》云:

> 甲寅三十三年夏四月(谈恺任南赣巡抚时——笔者注),申明乡约。照得本院抚属,四省联络,万山盘踞,粤稽在昔尝为盗区。自阳明王公荡平之后,增设县治,建立社学;十家有牌,一乡有约,污染尽革,政教维新。迩年以来,法久而玩,虽有司治之无方,亦新民顽而弗率,或因忿争构讼,或因田地成仇,或因逋逃勾引,或纵佃仆抢掠,或恃众而武

---

① 乾隆《定南厅志》卷四《人物》,乾隆四十四年(1779)刊本,第459页。
② 顺治《定南县志》卷七《人物》,顺治九年(1652)刻本,第466页。
③ 黄志繁:《"贼""民"之间:12—18世纪赣南地域社会》,第152页。

断乡曲,或恃险而拒捕公差,或恣意游观,随处须索酒食,或驰骋田猎,所过蹂践禾苗,或游手好闲,专事赌博,或惰农自安,不力田亩,甚者迫于饥寒,相率聚为盗贼,余风未殄,积习犹存,将谓官府莫能谁何。不知法度,终难逃避。本院莅任以来,甫及半载,节据各道呈报招由各府月报申文,节经斩获强贼首级五百三十二颗,生擒一百四十名口。名为盗贼,皆我同类。每至批详,辄为饮泣,然亦无能为之开释也。其余以忿争田地、勾引抢掠等项,刺配充军杖决纳赎者,不可胜数。愚而犯法,悉我良民,岂在上抚循之失,宜致新民放肆而无忌,顾既往之莫及,犹将来之可追。拟合申明通行晓谕,为此谕,仰各县隘堡千百长、总甲、里老、新民等知悉。凡有犯该前项罪名,除奉钦依行提及已经问招批允者照旧外,其余照提犯人通行所属衙门往提各该父老日夕将太祖高皇帝《圣谕教训》,仍照十家牌法,相率劝勉。其有遵守法度地方信服者,指名报官,年终量加犒赏;行乡约着,给以米布;入社学者,给以纸笔,以为一方之劝,仍类申本院,另行给赏,其顽弗率教不改前非,亦便指名,送官照依律例问断,决不轻贷。①

王阳明任南赣巡抚期间,对于已经纳入国家政治权力范围的赣南地方政治秩序与基层行政格局的建立有着重要的作用;经过他的不懈努力,至正德十五年(1520年)正月设立乡村保长后,赣南各区基层行政组织得以建立起来,使得南赣日益从"盗区"转变为"政区",嘉靖三十三年(1554年)南赣巡抚谈恺延续了王阳明的道路,继续申谕十家牌法与乡约之制,而且还在进行宣谕的过程中,不但增加了明初太祖朱元璋《圣谕教训》作为教化的教材,还对推行过程中表现较好的人员给以丰厚的物质奖励。

实际上,在谈恺之前,嘉靖十六年(1537年)四月,即在王浚任南赣巡抚时,亦有类似的举措,不过,其根据实际需要将"保甲法"略有变通加以实施更值得我们关注,诚如《重修虔台志》卷5《事纪二》载曰:

> 通将主客人户查报姓名,酌量地里远近,住居散聚,以岭为界,每一村一保一乡一团,不拘人户多寡,会众查勘某户男子几丁,设立一牌,书写于上。各乡村团保推举平昔行止端庄、为人所信服者一人为长,于要害去处或设一隘,或树一亭,各立旗竿为号,用布书写某村某保某乡某团"卫御居民"四字,盗贼窃发,以锣为号,毋分彼此,协力截遏,获有真正贼犯,解送验功给赏。②

除了以上二位南赣巡抚切实推广王阳明创制的"保甲法"和乡约外,南赣巡抚当中还有陈察、李显、朱纨、汪尚宁、吴百朋、张翀、李棠等人③,可见其后任者对于王阳明在南赣地区的政治经营模式的推崇与肯定。而万历元年(1573年)继任南赣巡抚的刘思问,则在上任不久,更将保甲体制与团操乡兵结合起来,他说道:

---

① (明)谢诏等纂:《重修虔台志》卷六《事纪三》,明天启三年(1623)刊本。
② (明)谢诏等纂:《重修虔台志》卷五《事纪二》。
③ 唐立宗:《在"盗区"与"政区"之间——明代闽粤赣湘交界的秩序与地方行政演化》,第469页;亦引见邹春声:《王化和儒化:8—18世纪赣闽粤边区的社会变迁和客家族群文化的形成》,第132页。

窃照南、赣二府,当四省之边方隅,为诸路之要害,外邻闽广,峒寇常视此地之强弱为重轻,内多新附巢民,常以我兵之多寡为向背。故所恃以弹压而慑服之者,非兵威之壮不可也。臣待罪地方,自接管之后,适值惠、潮大征,责任防遏。查得各路之分布颇多,赣营之兵数又寡,欲行添募,钱粮不及。因查各县原报有乡兵文册,但未经团练。恐难御敌。臣谨遵照敕书内事理,将各县乡兵严加选练,随委守、巡二道督同府官并各县掌印官,照依保甲乡兵之册,多方选练。就联各乡附近者,或二三,或四五,择其适中之处,立一操场团练,就以保长为把副,甲长领哨队,俱听该县巡捕官统率,掌印官督行,仍定以操练月日,惟在农隙之际。冬季自十月初一起至十一月终止,春季自正月初十起至二月终止。余月听其自便,农业生理,并不许官司及头目人等指以查点等项妄行拘扰。每操之月,量给赏犒,随时酌处。每季终,各掌印官调集附县教场内练阅一次,仍委守、巡道分投较阅,量行赏罚。一时兵威振耀,两年以来,不但巢峒詟服,即草窃亦有所畏忌焉。①

可见王阳明所创保甲之法,除了在维持地方治安和弥盗方面有着重大的作用,同时在编定保甲乡兵之册,将保甲与团练乡兵相结合亦有相当可行之处。

四、余 论

综上,王阳明在城市创制十家牌法、乡村采取保甲法以及在新近平定盗乱之区实行的南赣乡约,在重建赣南地方社会秩序,维护社会稳定方面,取得了一定的效果,一定程度上实现了"弥盗安民"的期指,故而多为继任者沿用。但是,以上各法出台的时间不一,实施细则亦各有所表,具有较强的针对性,在实施过程中,呈现出了明显的时空差异;随着时间的推移,三法在一定程度上实现了行政管理层面的整合,最终促成了赣南基层政治秩序与基层行政组织格局的形成。

应当指出,终明之世直至清初,赣南地区一直动乱不断,给这些"美意良法"的推行带来许多实际的困难;加上里甲编户人口不断逃离里甲体制趋于为盗,都给推行十家牌法、保甲法与南赣乡约带来许多障碍。但就其立法之意与实际可操作性而言,能够一直顺利延续下去,就说明其法仍然十分值得称道。

特别地,由于"保甲法"与南赣乡约各有侧重,即保甲侧重于弥盗安民,乡约侧重于民众教化,随着大规模战乱的结束,"保甲法"与乡约在赣南亦有一定的重合,以致在赣南的许多明清地方志当中我们可以看到"保甲法"与乡约并举的情况,可见"保甲法"与乡约的互补性不断增强,使得"保甲"与乡约构成了赣南地区的基本基层行政管理模式。

作者简介:吴启琳,江西科技师范大学历史文化学院副教授。

---

① 天启《重修虔台志》卷九《事纪六》。

晚清民国萍乡煤矿产业契约与矿山产权交易*

曾 伟

【摘 要】萍乡煤矿产业契约收藏于萍乡煤矿和湖北省档案馆,涵盖土、机、矿、分四个字号,上千份契约。通过对这批契约的初步分析,展示萍乡煤矿从租山顶井,到产权归并的发展历程。在矿山产权交易过程中,民间俗规制约了产权归属的清晰和产权收益的完整,产业权益的维护也不得不仰赖地方士绅的协助,企业的发展始终受制于地方社会权利关系的束缚。

【关键词】萍乡煤矿;契约;产权;交易方式

导 言

自从20世纪40年代以来,傅衣凌先生就利用在永安黄历乡收集到的数百纸契约文书完成了《福建佃农经济史丛考》一书,并在是书序言中积极提倡契约文书、商业账簿等的民间记录的搜集,推进中国社会经济史研究。① 此后契约文书的收集、整理和研究,逐渐得到学界的重视,尤其是自20世纪80年代以来的三十多年时间里,明清契约文书的收集和整理得到了长足的发展。② 围绕着土地契约③、房产契约④、山林契约⑤、

---

* 基金项目:本文系教育部人文社科研究青年项目"晚清民国萍乡煤矿产业契约的整理与研究"(项目号:16YJC770001)的研究成果。

① 傅衣凌:《福建佃农经济史丛考》,福州:福建协和大学出版,1944年。

② 关于明清契约文书搜集整理和研究的成果,参见吴丽平《明清契约文书的搜集和整理综述》,《青岛大学师范学院学报》2011年第3期;刘洋:《近三十年清代契约文书的刊布与研究综述》,《中国史研究动态》2012年第4期;周小莉:《21世纪以来中国古代契约文书整理述要》,《兰台世界》2017年第12期;吴佩林、李增增:《六十年来的明清契约文书整理与研究》,《地方档案与文献研究(第二辑)》,北京:社会科学文献出版社,2016年。

③ 有关土地契约文书的研究,代表性成果有杨国桢《明清土地契约文书研究》,北京:中国人民大学出版社,2009年;戴建兵:《河北近代土地契约研究》,北京:中国农业出版社,2010年;曹树基、刘诗古:《传统中国地权结构及其演变》,上海:上海交通大学出版社,2014年;谭棣华、赵令扬:《从广州爱育堂契约文书看清代珠江三角洲的土地关系》,《中国社会经济史研究》1987年第4期;冼剑民:《从契约文书看明清广东的土地问题》,《历史档案》2005年第3期等等。

④ 有关房产契约的研究,代表性成果如张小林:《清代北京地区房契研究》,北京:中国社会科学出版社,2000年;邓亦兵:《清代前期京城的房产交易》,《中国社会经济史研究》2013年第3期;彭志才、李博:《时代与家族的双重变奏:江西省博物馆馆藏南昌房产文书解读》,《南方文物》2014年第2期;彭志才、李博:《衣冠簪缨的兴衰之路:以南昌干氏家族房产契约为例》,《黑龙江史志》2014年第1期。

⑤ 有关山林契约的研究,以清水江流域和徽州地区最为典型,代表性成果如[日]岸本美绪:《贵州山林(接下页)

盐业契约①、煤炭契约②、水利契约③等不同类型的契约文书的解读与分析,学界产生了一批具有代表性的研究成果。长期以来明清契约文书研究视角和方法包括两种,其一为专题性的综合研究,以土地买卖契约为例,往往是将同一地区土地买卖契约搜集在一起,从中寻求带有普遍性的线索;其二为典型契约的分析,由于契约文书结构方面雷同性强,选取若干典型的契约文书进行具体而微的深入解读,成为主要的研究方法。④随着区域社会史研究的深入,大量的契约文书得到系统的搜集和整理,忽略文书的整体性,将属于不同系统的同类契约,进行专题性的综合分析,或典型性的微观研究,已不能对区域社会史提出的问题做出令人信服的解释。因此,回归契约文书的文本脉络,进行全面系统的整理与研究尤为必要。而其基本的整理办法,便是对契约文书进行归户整理。⑤萍乡煤矿产业契约,保存于湖北省档案馆和萍乡矿务局档案馆,品相完整,保存完好,是萍乡煤矿成立以来产业契约的汇编,相对具有完整性和系统性,便于全面分析和系统研究。

萍乡煤矿在近代企业史和工运史上具有重要地位。⑥有关萍乡煤矿的研究成果中,郑润培从现代化的角度,探讨萍乡煤矿机械化过程中遇到的问题。⑦李海涛的研究注意到萍矿市场定位转换,对企业自身发展的影响。⑧陈庆发从制度变迁角度,系统分析了晚清民国萍矿的组织结构和运行模式,指摘其利弊得失,展示了近代萍乡煤矿艰难的发展历程。⑨闫文华

(接上页)契约文书与徽州山林契约文书比较研究》,《原生态民族文化学刊》2014年第2期;张微:《日本学者武内房司苗族山林契约文书研究析略》,《贵州师范学院学报》2017年第5期;张应强:《木材之流动:清代清水江下游地区的市场、权力与社会》,北京:生活·读书·新知 三联书店,2006年;康健:《明代徽州木商经营实态:〈万历郑氏合同分单账簿〉研究》,《安徽史学》2015年第5期。

① 有关盐业契约研究,以自贡盐业契约最为著名,代表性成果如吴天颖、冉光荣:《自贡盐业契约档案选辑》,北京:中国社会科学出版社,1985年;彭久松、陈然:《中国契约股份制》,成都:成都科技大学出版社,1994年;彭久松:《自贡盐业契约考释》,《盐业史研究》1990年第1期;吴天颖:《清代四川富荣盐业股份"分等"说辨析》,《中国社会经济史研究》,1992年第4期等。

② 有关煤炭契约的研究,包括邓拓:《从万历到乾隆——关于中国资本主义萌芽时期的一个论证》,《历史研究》1956年第10期;杜翔:《从馆藏契约看清代京西煤窑的资本情况》,《首都博物馆论丛》第30辑,2016年12月;张燕:《门头沟清代煤业合同窑址考》,《首都博物馆论丛》第25辑,2011年等等。

③ 有关水利契约的研究,参见周翔鹤:《清代台湾宜兰水利合股契约研究》,《中国经济史研究》2000年第3期;张俊峰:《清至民国山西水利社会中的公私水权交易——以新发现的水契和水碑为中心》,《近代史研究》2014年第5期。

④ 任吉东:《近代中国契约文书及其研究》,《历史教学(高校版)》,2007年第7期,第107页;陈支平:《努力开拓民间文书研究的新局面》,《史学月刊》2005年第12期,第5页;栾成显:《明清契约文书的研究价值》,《史学月刊》2005年第12期,第9页。

⑤ 代表性的成果有张应强主编《清水江文书(第一、二、三辑)》,桂林:广西师范大学出版社,2007、2009、2011年。曹树基主编《石仓契约(第一、二、三辑)》,杭州:浙江大学出版社,2011年、2012年、2014年。《湖北天门熊氏契约文书》,武汉:湖北人民出版社,2014年。刘伯山主编《徽州文书》,桂林:广西师范大学出版社,2004年。

⑥ 吴自林:《论萍乡煤矿在汉冶萍公司中的地位(1890—1928)》,南昌大学硕士学位论文,2007年。有关安源工人运动的研究现状,参见黄爱国:《安源路矿工人运动史研究综述》,《安源路矿工人运动研究》,南昌:江西人民出版社,2013年,第2—20页。

⑦ 郑润培:《清季萍乡煤矿的开设(1898—1908)》,《东吴历史学报》1997年第3期。

⑧ 李海涛:《清末民初萍乡煤矿的市场角色转换及其历史启示》,《中国经济史研究》2018年第1期。

⑨ 陈庆发:《商办到官办:萍乡煤矿研究》,北京:中国社会科学出版社,2015年。

通过萍煤运输方式的考察,指出不同运输方式的选择,应结合企业实际环境。①李超从社会冲突角度,探讨了萍乡煤矿从官办走向官督商办的内在原因。②美国学者霍尼布鲁克以安源煤矿的开发为背景,考察文氏家族与官方通过既合作又竞争的方式,维护其在地方社会的权益。③既有的成果从煤炭的生产、运输、销售以及市场等角度对萍乡煤矿展开了整体性的研究。就近代矿业企业而言,矿山产权问题不应忽视。通过对萍乡煤矿产业契约的解读和分析,可以揭示近代官办企业产权变革的内在逻辑及其过程。

一、产业契约与交易类型

萍乡煤矿产业契据是其建矿以来,在建设煤井、焦厂、堆栈、码头等基础设施中形成的产权转移凭证,共计1249张。契据包括原契和抄契,分别藏于湖北省档案馆(以下简称省档)和萍乡市矿务局档案馆(以下简称局档)。根据资料记载:"矿路契据各抄三份,移县会印一份,连原契送上海厂矿总局,余二份分存县、局备案。"④说明萍乡矿业产业契据的抄契是有一份存于萍乡县衙备案的。但是,晚清民国以来,萍乡地方社会动乱频繁,县衙档案册籍焚毁殆尽,至1935年编修县志时,已无案卷可查。⑤

留存萍乡县衙的备案抄契已无迹可寻,仅存的抄契只留下萍乡矿务局档案馆契据。至于原契,最后保存于湖北省档案馆,亦是一波三折。根据光绪三十四年(1908)汉冶萍公司的制度规定:"所有汉冶萍三处及各埠所置产业、所订营业及存欠、各项合同、契据,均存总公司。"⑥显然,此时萍矿的原契应存于上海的汉冶萍总公司。直到1947年国民政府资源委员会和经济部共同组织汉冶萍公司资产清理委员会,以孙越琦为主任委员,着手接管汉冶萍公司一切资产、契据、账册、档案。1948年2月16日,在上海市警察局的协助下,盛恩颐向清理委员会作出了移交。同日,在汉冶萍公司总事务所,设立了清理委员会上海临时办事处,开始清理工作。⑦11月,汉冶萍煤铁厂矿公司资产清理委员会发布公告:"所有该公司提供抵押之资产,概由政府接收,拨交资源委员会华中钢铁公司承受运用。"⑧这批契约文书亦应当在其中。新中国成立后,华中钢铁公司将这批档案移交湖北省档案馆,萍矿产业契约原契亦因此得以存世。

萍乡煤矿产业契据,涵盖了省档藏土字(1—122)、机字(1—517)、分字(1—86)三个字号的档案;局档藏土字(1—122)、机字(1—399)、矿字(1—145)三个字号档案。(如表1)

---

① 闫文华:《汉冶萍公司萍矿煤焦运往汉厂的运输方式考察》,《中国矿业大学学报(社会科学版)》2009年第3期。
② 李超:《萍矿、萍民与萍绅:萍乡煤矿创立初期的地方社会冲突》,《江汉大学学报(社会科学版)》2014年第4期。
③ Hornibrook.Jeff, "Local Elites and Mechanized Mining in China: The Case of the Wen Lineage in Pingxiang County, Jiangxi." *Modern China* Vol.27 no.2, 2001. pp.202-228.
④ 孟震:《萍矿过去谈》,《近代史资料(总102号)》,北京:中国社会科学出版社,2002年,第94页。
⑤ 刘洪闢:《昭萍志略》,卷首,《例言》,第13页,台北:成文出版有限公司,第31页。
⑥ 庞钟璘纂:《汉阳萍公司事业纪要》,参见湖北省档案馆编:《汉冶萍公司档案史料选编》,北京:中国社会科学出版社,1992年,第16页。
⑦ 刘明汉:《汉冶萍公司志》,武汉:华中理工大学出版社,1990年,第229页。
⑧ 《汉冶萍煤铁厂矿公司资产清理委员会公告》,刘明汉:《汉冶萍公司志》,第274页。

表1 萍乡煤矿产业契据馆藏分布情况表①

字号	各册编号	萍乡矿务局档案馆档号	湖北省档案馆档号
土字号	土1—27	2—7—115	
	土28—52	2—7—114	
	土53—73	2—7—112	
	土74—104	2—7—110	
	土105—122	2—7—126	
机字号	机1—23	2—7—125	
	机24—43	2—7—117	
	机44—100	2—7—130	
	机101—128	2—7—131	
	机129—171	2—7—121	
	机172—216	2—7—129	
	机217—270	2—7—128	
	机271—288	2—7—124	
	机289—310	2—7—113	
	机311—326	2—7—116	
	机327—365	2—7—123	
	机366—399	2—7—127	
	机400—459	无	LS56—3—466
	机460—517	无	LS56—3—467
矿字号	矿1—51	2—7—111	无
	矿52—91	2—7—109	无
	矿92—127	2—7—122	无
	矿128—145	2—7—119	无
分字号	分1—30	无	LS56—1—1773
	分31—75	无	LS56—1—1774
	分76—86	无	LS56—1—1775

契约按照土、机、矿、分四个字号编制，与盛宣怀规定账目须各分门类有关。光绪二十五年（1899）萍乡煤矿的机构设置中有机矿、土矿、轨路、轮驳四股，财务上各结各账，以期清晰而免分歧。②契约的编号是由矿局编订，遵循了完整性和归户性原则，不同号段的契约代表了一组或一批完整的交易，在档案的总目录中予以注明。③通读萍乡煤矿产业契约，可以发现萍矿建矿以来清晰完整的产权交易过程。现有的契据中，土字号契据是光绪二十四年（1898）起截至光绪二十七年（1901）萍乡煤矿土矿股归并机矿股为止，购置萍境田地、屋宇、批山、顶井一批契据共122号，239张；机字号契据则包括了萍乡煤矿光绪二十四年（1899）

---

① 湖北省档案馆内土字号、机字号契约的档案号，因为笔者查阅后不久，湖北省档正着手整理汉冶萍公司档案，剩余档案号无从查知，故在此留空。
② 陈旭麓等编：《汉冶萍公司（二）》，《张赞宸上盛宣怀禀》，光绪二十五年二月，上海：上海人民出版社，1984年，第108页。
③ 萍乡煤矿产业契约的总目录中，对各编号的契约来源和内容作了简要的说明。土字第一号至二十五号，系二十四年采煤委员卢洪昶移交本局各井契据。参见湖北省档案馆藏：《萍乡煤矿局购地契据户名张数总目录》档案号：LS56—1—1753。

至宣统二年(1910)为止,机械化生产过程中购置萍境田地、屋宇、批山顶井归并各商井厂的契据,共517号,718张;分字号(1—75)是萍乡煤矿光绪二十四年(1898)开办截至光绪三十二年闰四月底(1906)购置湘、鄂等处矿山、栈厂、屋宇、基地等契据,共86号,121张①;矿字号契据的编制,根据1921年记载:

> 萍乡煤矿产业契据簿原抄十九册,以机、土、分三字分编号次,续抄二册,仍以机、土二字分编号次。自第二十二册起,概以矿字编号,不分机土,并以后新收契据,随到随抄,不得延积,以免挂漏。民国十年五月舒群识。②

矿字号契约是机、土、分各字号契约编订完成后,剩余契约的重新编订,尤其是1921年以后的契约均纳入其中,并在每页均骑缝加盖"萍乡等处煤矿总局关防"长方形大印。③矿字号契约中包括了萍乡煤矿从光绪二十六年(1900)至1928年以来购置田产、房屋等产业的契据,共145号,171张。机、土、矿、分四个字号的契约共计870号,1249纸。仅就正契而言,交易时间上溯至光绪二十一年(1895),下溯至1928年,跨度达34年,涵盖了萍乡煤矿建矿、兼并扩张及至脱离汉冶萍公司的各个阶段。通过对萍乡煤矿产业契约的业主形态、产业类型和交易方式等方面进行全面分析,对于理解近代官办企业的产权形态具有重要的价值。

通过对契约产权交易方式的梳理,发现涵盖了卖、顶、批、归并等多个类型,其中卖契有583宗、顶契103宗、批契106宗、归并契40宗、租契8宗,合计840宗,占全部契约的96.5%。其中卖契在所有交易中比重最大,高达67%,是交易总量的2/3。现将各字号,不同交易类型的数据列表如下:

表2 萍矿产业交易方式统计表

产业类型 \ 字号	土字号	机字号	矿字号	分字号
卖	16	380	116	69
顶	57	38	7	0
批	46	45	14	1
归并	0	40	0	0
租	3	0	0	5
兑换	0	5	1	0
合伙	0	1	0	1
其他	0	8	7	10
总计	122	517	145	86

---

① 此处的"号"即萍乡煤矿对产业契约设立的编号,每一编号的契约即代表一桩独立的交易,因此一号契约中既可能是有单张契约,也可能附有上手契的多张契约。所有关于各字号契据的介绍,参见萍乡矿务局藏:《萍乡煤矿产业契约》,档号:2—7—120,总目录。
② 萍乡矿务局藏:《萍乡煤矿产业契约》,档号:2—7—111。舒群,生卒年不详,曾任萍乡煤矿文牍课课长。
③ 萍乡矿务局藏:《萍乡煤矿产业契约》,档号:2—7—109;2—7—111;2—7—119;2—7—122。

根据上表可知,土字号以批、顶契为主体,占其契约总数的84.4%,而机字号、矿字号和分字号契约中,以卖契为大宗,分别占其契约总数的73.5%、80%、80%。说明了萍乡煤矿的产权变革,经历了从租山顶井,向买地建厂、归并井厂演变的趋势。上述统计仅仅就全部契约的整体而言,若将其置于萍矿发展的不同阶段进行解读,便可以管窥萍乡煤矿产权交割的复杂性。

二、从租山顶井到产权归并:萍乡煤矿的产权变革

萍乡煤矿的开发,与汉阳铁厂的成立有直接联系。光绪十六年(1890)湖北铁政局成立,炼铁急需焦煤,为扩大收购量,要求"萍煤若运往汉口,亦即一体收买"①。光绪十九年(1893)张之洞委派湖北试用知县萍乡人欧阳炳荣赴萍组建官煤局。光绪二十一年(1895)萍乡境内"乙未亢旱"的影响,煤炭运输受阻,文廷式奔走呼号,主导了此次救灾,由文氏家族主导和控制的广泰福号很快就取得了萍煤的代理权。②为了扩大煤炭来源,广泰福号积极参与租山顶井的活动中,形成了一批契约。③然而随着官煤局参与租山顶井事务,加快收购煤井的步伐,加剧了双方的竞争,并进而引发产权纠纷。以官煤局承顶林禄英煤井为例:林禄英原本是紫家冲的山主,光绪二十二年(1896)十月初三日,林氏将所管山场出批给蔡福金、宋光生名下开井挖煤,收取了进山花边一百元,并且每年缴纳行租钱十五挂,末子三百担,约定"随山开挖正井、风井、水井、堆坪,起棚烧炭,自便施为,百为无阻"并承诺"凡我所管山前后左右不得另批别人"④。就在立约当日,山主林禄英又与蔡福金、宋光生合伙挖煤,蔡、林、宋各管一股,但约定"井内所出块末粗细煤炭,概归福金秤收"⑤。意味着山主林氏入股山场的开发,并无偿获得三分之一的股权。根据契约规定,山主既已获得进山礼和股份分成,断不能干涉煤井事务,更不可随意处分井内财产。至当年十二月十八日,官煤局通过承顶宋、蔡二人的股份,获得煤井的开采权,并约定"林禄英一股盈亏,与官煤局照派"⑥。根据契约条款,官煤局取得了煤井的开采权和煤焦的收购权。然而,问题在于山主的强势地位,使林禄英又将个人股份出顶,山场的开采权让渡给广泰福号,并约定"任承顶人挖煤生理"⑦。山主林氏的背约,将煤井开采权和煤井产业又转让给广泰福号,结果光绪二十三年(1897)正月,林禄英等人反而到醴滋事。⑧可以说山主的违约,使得官煤局无法取得完整的开采权。虽然官煤

---

① 湖北省档案馆编:《汉冶萍公司档案史料选编》,《张之洞晓谕民间多开煤斤示》,光绪十六年十月初七日,第75页。
② 关于文廷式为广泰福号争取萍煤代理权,参见曾伟:《文廷式与近代萍乡煤炭资源的开发》,《九江学院学报(社会科学版)》2014年第3期,第64—68页。
③ 如萍乡煤矿产业契约的机字第五十号至九十八号,就是光绪二十四年(1898)广泰福商局归并于萍乡煤矿后,留下的井厂炉座契据。
④ 萍乡矿务局档案:2—7—115,土字第11—3号。
⑤ 萍乡矿务局档案:2—7—115,土字第11—2号。
⑥ 萍乡矿务局档案:2—7—115,土字第11号。
⑦ 萍乡矿务局档案:2—7—130,机字第68号。
⑧ 陈旭麓等编:《汉冶萍公司(一)》,《卢洪昶、莫燨、王恂上盛宣怀禀》,光绪二十三年二月十五日,第437页。

局取得与广泰福号竞争的最后胜利,但两败俱伤的结果,也给官矿留下了深刻教训。①

官煤局租山顶井,面临山主背约的风险,委托地方商号,无法确保煤焦持续稳定的供应,机械化开采也就势所必然。②机矿建设的契机,一方面来自于光绪二十四年(1898)汉阳铁厂"不患无铁,而患无煤"的经营困境③,另一方面与德国矿师的勘矿有关。光绪二十二年(1896)德国工程师马克斯来萍勘矿,指出了采用西法进行机械化开采的必要性。④此后赖伦经过勘探也认为"萍矿结脉广厚,目前土法,得数极见锐增,将来辅以机力,增以轨运,无穷利源,可操左券"⑤。至于机矿的选址,赖伦主张设在安源,因为"在萍乡东南矿山中,以安源地势为低,而洋矿在极低处动手可避险"⑥。光绪二十四年(1898)机矿选址安源后,官矿与全境山主订立了一张合约。

> 立允批字据安源合境山主所管山场东至三坽田,南至王坑,西至长岭下,北至坝上冲等处,概愿凭绅董允批与官矿局。当日公同面议:每年实纳行租共计七四花边一百元整,由局如数交绅董缮册,按户分领。若官矿局择定何处开井,议定进山礼洋一百元,山租、炭租、粪草仍照安源旧章,自批之后该处周围一带山场不得另开新井,其山皮、土产仍归各山主,栽种、收摘、启伐,官矿局不得过问。如损坏竹木照章赔偿,有碍屋宇、坟墓之处,开井亦宜斟酌办理,不得相妨。开井近处恐有损坏田业,每收租一石议给业主洋三十元,此系官矿局体恤至意,我等亦不得违议。公事毕后仍将原批交在场绅董,悉听山主各管业,行租应即停止,恐后无凭,立此允批为据。
>
> 安源合境山主:
>
> 张逢春、李荣贵、张成亨、林增兴、林思懋、刘春生、刘福玉、罗柏林、邹鉴卿、李海南、何兰亭、姚端甫、王春园、罗善斋、邱瑞山、张包兴、贾郅臣、张育贤、张茂琪、葛仙寺、方懿初、陈秀华、贾纯宾、周春高、二双七甲会、罗春林、刘思枝、罗文坤、甘初林、宋福苟、罗春园、曾兴朝均押
>
> 在场绅董:
>
> 张吉臣、罗亨元、王翼卿、陈晓卿、张雨溪、方鲤登、贾章焕、王振南、陈秀华、段小岚、王巳生均押
>
> 再批:损坏屋宇由官矿局以旧换新,照式赔偿,安源附近烧煤仍照旧章出售,又据。
>
> 　　　　　　　　　　　　　　　　　　　光绪廿四年闰三月　日公订
>
> 再批:官矿局所批安源合境山场即各山主,或有情因正用必须出售者,应将向官矿

---

① 有关官煤局与广泰福号的关系,参考曾伟:《近代萍乡煤炭资源开发中的官商关系》,《中国社会历史评论》第16卷,天津:天津古籍出版社,2015年。
② 陈庆发博士认为以广泰福号为代表的"公司"+"农户"模式运行不错,不应放弃。就盛宣怀的初衷而言,也寄希望广泰福号能够有所作为,但这一愿望过于理想化,实际的情况更加复杂,广泰福号既无法约束各商户,也无法保证焦煤的按时按质按量的供应,进行机械化开采有其内在的趋势。参见陈庆发:《从商办到官办:萍乡煤矿研究》,第29—36页。
③ 陈旭麓等编:《汉冶萍公司(二)》,《周承德上盛宣怀禀》,光绪二十四年五月初三日,第25页。
④ 陈旭麓等编:《汉冶萍公司(二)》,《马克斯:萍矿采运情形并筹改用西法办理节略》,光绪二十二年十月,第279页。
⑤ 陈旭麓等编:《汉冶萍公司(二)》,《解茂承致盛宣怀函》,光绪二十四年五月初十日,第30页。
⑥ 陈旭麓等编:《汉冶萍公司(二)》,《湘潭张韶甄来电》,光绪二十四年四月十一日,第709页。

局声明,将应得租洋拨交新业主承受,仍须在卖契上载明,"只售山场,不准开矿"字样,倘故朦混,除追还该山主历年所领租洋外,公同酌罚。此批 张国瑞笔①

萍矿通过此约,承租了机矿开采的矿山。从附加条款中"只售山场,不准开矿"的条款来看,官矿试图获得整片山场煤矿开采的垄断权力。盛宣怀认为"全山立据,不可另开土井,已奉谕旨,当可永禁"②。官矿以朝廷谕旨为"令箭",寻求矿产资源排他性的独家垄断。当然契约中"不得另开新井"目标的实现,需要倚靠"绅董"充当交易的中人,他们在地方社会拥有深厚的人脉,维持契约的稳定性,所谓"面子越大,契约的稳定性就越强"③。即使是机矿的买地建厂,也离不开绅董的协调。在所有的绅董中,王振南对萍矿的贡献尤其突出,在萍矿一千余件产业契据中,王振南以中人和见证的身份参与的交易就达到315宗,位居各绅之首。王氏族人甚至认为,萍矿的巨大成就,一半应归功于"(振南)公之力"。④矿局对于地方士绅的协助,也给予了相当的回报,如高价征购丹江王氏王耿公会的房屋⑤,使得丹江王氏家族得以数百金在县城购地修建了王耿公祠。⑥此外,王氏族人也有进入萍矿工作的情形。⑦

在萍乡地区,山场的买卖依照民间俗规通常需要写立顶契,根据清末萍乡县知县顾家相的调查"各处山场,不立卖契而立顶契,此乃萍邑俗规,为案例所不载。若照俗规所书,一顶干休,永无找赎,则颇似绝卖,但每年仍纳山租则又与绝卖不同"⑧。关于顶契的起源,《民事习惯调查报告录》认为"与改朝换代后,无主山地普遍存在有关。先占者将所占之地出顶给后来者种植,得管山皮,山面上一切权利,原始业主不得过问"⑨。此说具有一定道理,但实质的原因很可能是山场大都未升科纳税,无法实现完整的所有权过割,也无法获得政府的产权合法性的认证。⑩民山交易,出顶与绝卖的效力几乎等同,"顶卖"甚至会一起出现。⑪然而,为什么顶契与绝卖终究不同呢?根本原因在于山主的所有权即"山骨",涵盖了矿产资源开采和支配权。

---

① 萍乡矿务局档案:2—7—130,机字第44号。
② 陈旭麓等编:《汉冶萍公司(二)》,《湘潭寄萍乡张令去电》,光绪二十四年四月十七日,第710页。
③ 梁治平:《清代习惯法:社会与国家》,北京:法律出版社,1996年,第161页。
④ 《丹江王氏三修族谱》卷七《振南公传》,1941年槐荫堂木活字本,第42—43页。
⑤ 萍乡矿务局档案:2—7—129,机字第195号。
⑥ 《丹江王氏三修族谱》卷一《耿公祠记》,1941年槐荫堂木活字本,第36—37页。
⑦ 上海图书馆《盛宣怀档案》,宣统元年三月(1909年5月),索取号:035493
⑧ 顾家相:《筹办萍乡铁路公牍》卷三《批旗丁习鑑川等禀》,清光绪三十年(1904)刻本,第20页。
⑨ 前南京国民政府司法行政部:《民事习惯调查报告录》,北京:中国政法大学出版社,2005年,第468页。
⑩ 萍乡矿务局藏:《萍乡煤矿产业契约》,2—7—125,机字第15号契约中,该山场的绝卖交易,是与田产或其他产业合并出售的,因为山场产权交易往往涉及煤井、林木等资源的产业转移。湖北省档案馆藏:《矿产产业契据》,LS56—3—466,机字第400号杜卖山场契约中,收录1914年萍乡县验契的查验证书,从内容看仅仅是契约中业主姓名、产业类型、面积、坐落等信息的照抄。根据学者的研究认为北洋时期的验契,目的在于增加政府财政收入,基本上未对所涉山产进行查勘,甚至未对所验契约中的山产进行登记,其证明山产权利的有效性,受到质疑。参见杜正贞:《晚清民国山林所有权的获得与证明》,《近代史研究》2017年第4期,第86页。
⑪ 萍乡矿务局藏:《萍乡煤矿产业契约》,档号:2—7—117,机字第28号。

山骨仍系原出顶人所有。故凡在山地内葬坟、取矿、或卖坟基,或卖矿物,承顶人不能干涉,承顶人如欲为此,尚须备价向出顶人买得后,方可处分也。①

根据民间俗规,出顶后的山场,山主仍保留矿业资源的部分开采和买卖权,这与机械化开采所要求的完全所有不一致,并在实际开采中发生冲突。如光绪二十五年(1899)山主甘姓强挑谢钰盛井煤炭的诉讼案打到萍乡县。

查萍邑本系礼义之邦,惟因僻处内地,风气未开,乡民每有成见未化、陋习未除,即如煤业一项批山开井,颇费工资,从前销场不旺,成本亦轻,乡民所挑烧煤随便给价,在昔年原属可行。今煤务畅销,成本昂贵,岂能仍执前规?本县虽历经示定烧煤价值,乡民颇已加价,商家容尚吃亏,不过因相沿已久未便多增,故为此调停之计至于借口,山主遂欲贱价强挑,尤属荒谬。既系山主何不自行开挖,既已出批与人,则除所载批规、炭租之外,不能别有需索,譬诸田亩批人耕种,只可收取额租,岂能强割田禾耶?乡民不明大义,狃于故常,棍徒而肇衅遂致多事,是以二十三年,官局王家源益顺井有被强挑煤炭之案。二十六年,安源又有出挥挑之案。在官局虽已从宽了结,但惩前毖后,自应厘定章程冀可垂诸久远。②

强挑煤炭案冲突的本质在于,山场不完整的产权过割,使得山主保留了矿产资源的索取权,在有的契约中,山主要求每日无偿提供"末子三桶"。③这也就不难解释,在传统时代萍乡境内的煤矿资源,被士绅和山主霸占,小商小井多依附于巨绅,仰仗他们的庇护。④由于矿山的交易,普遍采用租批的形式,⑤往往受到山主苛刻的条规限制,如下契所示:

立允批山场开井、取煤字人罗兰亭,缘我所管地名安源灯盏窝山内,今允到安兴宝号承批开挖正井、水井、通风井三口取煤生理。山内不得自起井口及另批别人添井,当日得受进山礼七四花边三十元正,入手收清,未欠分厘。自允之后,任承批人来山起棚、开井,就近开坪、堆炭、烧炭、放壁百为自便,罗人无阻。每年炭租一千桶,粪尿每年分管三个月,炭尽山还,宏发不挖之日拆棚下山,不得止租延占,所有一切事宜承批日详载,今若有凭,立允批字为信。⑥

从上契可以发现,开采煤井不但付出进山礼以获得开采权,还要维持煤井的长期运营,

---

① 前南京国民政府司法行政部:《民事习惯调查报告录》,北京:中国政法大学出版社,2005年,第468页。
② 《申报》,《理明言晰》,1902年3月11日。
③ 萍乡矿务局藏:《萍乡煤矿产业契约》,档号:2—7—130,机字第48号。
④ 罗晓:《萍乡地方煤炭工业志》,南昌:江西人民出版社,1992年,第47页。
⑤ 《江西官报》1906年第22期,《奏牍》,参见江西社会科学院历史研究所编:《江西近代工矿史资料选编》,第435页。
⑥ 萍乡矿务局档案:2—7—131,机字第128—3号。

保证租金的按时交纳。获得煤井开采权的业主,不会轻易放弃来之不易的权利,为此煤井业主通常会采取合伙的方式,从生产、融资乃至销售等方面,维持煤井的持续运营。合伙煤井的出顶,意味着原有合伙关系的解体;合伙煤井内部股份的出顶,意味着经营权的集中。①从这个意义上来说,萍乡煤矿承顶煤井乃和股份,本质上是获取煤矿开采权。萍乡煤矿创办伊始,总办张赞宸就认识到承顶土井的重要性,他认为"官多一土矿,系多一抵制民矿,隐助洋矿之法,将来民矿力竭,势必全归洋矿。此收效于自然,利在远大,不争旦夕损益"②。至于承顶原则就是"各省均觊觎于萍乡,归并土矿十分紧迫,必须一网打尽,先下手为强"③。确定了萍矿产权归并的方向和思路。然而分散的承顶煤井,效率低下,为此萍矿协助地方士绅组建了保合公庄,整合土井,收购煤焦,凡牌号内向列公庄之井厂准给优价收买。④以下契为例:

  立出顶煤井、通风、水巷、蓬厂、用器字人张北庭,缘我己亥年挖地名二坡里亨利煤井,近奉上宪严示勘定机矿界至,我井亦在禁内,先又未炼焦炭发入公庄,但开挖多年,挖既无力,停更受亏,只得央请公庄首事,向煤矿总局历诉下情,承局宪允准。

  查我井开挖日久,前曾共过油煤来往,与向未往来及违章擅开重挖废井者不同,是以出具七四顶价洋二千零五十元正,交我手收用,未欠分厘。自顶之后,任局来蓬取煤施为自便,如我伙等有互混复挖一切镠辖及人上账目等情,均归出顶人理落,不干承顶者之事,一顶干休,永无翻异,今欲有凭立出顶字存据。

  凭公庄中人 彭鸿逵、黄仲渊、李少白、文书田、黎泮贤、李修五 均押
  光绪辛丑二十七年十二月初八日立出顶煤井等业字人 张北庭 押

  命侄 世倍 笔⑤

从上手契来看,张北庭顶下该井只花14元,但转让给官矿却高达2050元,业主与公庄从中必定获利巨大。公庄首事大多为地方士绅或煤井业主,如"李少白"早在嘉庆年间就在小坑办矿,是一家百年老字号。⑥李修五则出自萍乡大族周江边李氏,他在晚清煤炭资源开发中,累富至巨万。⑦从这个意义来看,保合公庄正是士绅与井主的联合组织,通过协助承顶煤井攫取巨大利益。

在机矿建成前,汉阳铁厂所需萍煤均出自土矿。⑧官矿对土井的控制,采取的主要方式就是禁止土井私售,以保持煤焦收购的垄断地位。销售的畅旺有赖于交通的发达,但光绪二十八年(1902)冬,因萍醴铁路还未通车,物流不畅存焦过多,搁本甚巨。在此形势之下,官矿

---

① 曾伟:《清代民营煤矿产权形态分析:萍乡煤矿产业契约研究之一》,《第一届汉冶萍国际学术研讨会论文集》,长春:长春出版社,2016年,第421—440页。
② 陈旭麓等编:《汉冶萍公司(二)》,《湘潭张绍甄来电》,光绪二十四年九月初五日,第735页。
③ 陈旭麓等编:《汉冶萍公司(二)》,《湘潭张绍甄来电》,光绪二十四年二月十八日,第683页。
④ 盛宣怀:《萍矿节略》,不分卷,手抄本,第4页。
⑤ 萍乡矿务局档案:2—7—126,土字第115号。
⑥ 罗晓:《萍乡地方煤炭工业志》,第47页。
⑦ 欧炳琳:《高明公祠堂记》,《周江边李氏三修族谱》卷八《文献录》,民国二十五年(1936)敦本堂刻本,第30页。
⑧ 陈旭麓等编:《汉冶萍公司(二)》,《克立马呈盛宣怀说帖》,光绪二十六年五月二十六日,第194页。

局不得不下令官商各井厂暂行停炼,商厂所存煤焦,听其另行出售。①许多土井在停炼焦炭的情况下,经营十分困难,主动请求归并官矿。张赞宸也极力宣称,土井归并"事关全矿,势不可缓,务乞设法筹济,即拟定局,借杜后患保利权。"②可以说这次大规模归并土井,既是萍矿遵循其发展目标的内在要求,也是外部形势转变带来的契机。

  立归并煤井、棚厂、用器字人李少白、曾秋三、李佑文、蓝大澄、曾在善、蓝锦元、曾在珍、贺宝春等,缘我等承批邹赞溪、杨毓理、王贱苟、黄道宗、陈启顺山场地名龙家冲塘边湾伙开煤井牌名同和福合记,井名大和、永利合记,共井七口,通风水巷全备,连子母井在内住屋二所,炼厂二所,焦炉八座,采煤炼焦,公同商议概行归并萍乡矿务局管业。地墩山租均照老批为凭,当日得受官局七四价洋七千四百元正,分期开票,陆续交兑毫无短折。归并之后任凭官局自便施为,我等不得异言阻止,此系公同归并,并非私自交售,立据之后任凭官局择日接管,所有一切股份债项均由我等自行理落,如有互混不明不干官局之事,恐口无凭,立此为据。③

通常"归并约"适用于亲族间的不动产交易,与一般卖契无异。④通过对上述契约的分析,归并的交易方式,几乎等于土井的完全兼并和收购。只是契约中所载"地墩山租均照老批"可以看出,萍矿在接收土井产业的同时,也继承了原土井业主与山主之间的权利义务关系。产权归并的直接效果,就是煤炭产量的增加。如光绪二十九年(1903)萍煤的产量较上年同比增加一倍多。⑤当然产权归并也有其负面效应,直接导致了企业承担庞大的土地征购费用,增加了运营成本,也是不应忽视的。更为严重的是,产权归并使萍矿成为新的业主与以地方大族为代表的山主集团开始正面接触,地方社会也普遍意识到了矿权危机。光绪二十九年(1903)由文廷式、黎景淑、段鑫等士绅联合发起将上株岭铁矿收归县有运动。⑥这一运动正是地方社会对萍矿产权归并的回应。

三、余 论

通过将萍乡煤矿产业契约的解读,置于萍矿产权变革历程中进行考察,可以发现萍乡煤矿的产权变革经历了从批山租井的零星开采,到归并土井进行规模开采的过程。在这产权交易过程中,萍矿借助地方士绅的力量,以获得产权,并与地方社会发生密切的互动。民间俗规的存在,制约了企业寻求完整产权的努力,但却客观上加深了企业与地方社会的互动关系,一定程度上也促成了地方社会中乡族集团的合作。企业产权深化的过程,既是企业

---

① 盛宣怀:《萍矿节略》,第3页b。
② 陈旭麓等编:《汉冶萍公司(二)》,《萍乡来电》,光绪二十九年四月十八日,第899页。
③ 萍乡矿务局档案:2—7—124,机字第272号。
④ 梁治平:《清代习惯法:社会与国家》,第64页。
⑤ 张国辉:《论汉冶萍公司的创建、发展和历史结局》,《中国经济史研究》1991年第2期,第7页。
⑥ 《上株岭铁矿记》,《昭萍志略》卷四《食货志》,第902页。

前进发展的过程,也是企业与地方社会密切互动的过程,地方政府扮演了重要角色。当然,对于产权的理解,不仅仅是对契约文字的释读,更需要置于区域社会的脉络中进行理解。正如费孝通先生所言"对产权制度的研究,尤其是土地产权,离不开对当地区域社会经济文化的了解。任何仅从法律的观点来研究土地占有的企图,必然导致不能令人满意的结果。"[①]而对于区域史脉络下的契约文书的解读,离不开对包括族谱、契约在内民间文献的搜集、整理和研究,亟待后续的深入研究。

作者简介:曾伟,山西大学中国社会史研究中心讲师。

---

① 费孝通:《江村经济》,北京:商务印书馆,2009年,第154页。

【学术探讨】

唐张忠义墓志考释

刘 昕

【摘 要】张忠义墓志记载了志主张忠义的戎马一生,其中涉及泾原兵变、淮西叛乱等,对于我们了解唐代后期政局特别是唐德宗朝的史实具有重要价值。

【关键词】唐德宗朝;墓志;张忠义

张忠义墓志现藏三门峡市文物考古研究所,该墓志为早年出土,失盖,志为方形,青石质,长 42 厘米,厚 7 厘米,志石中有多处残泐。志文楷书 22 行,满行 32 字。张忠义墓志所载内容涉及诸多史实,对于研究唐德宗朝政局具有重要的史料价值。今将志文标点并试做考释。

一、墓志原文

志首"唐故开"三字虽泐半边,但仍可辨别。现将志文誊录于下:

唐故开府仪同三司陕虢都知兵马使兼同州别驾南阳郡开国公张府君墓志铭并□」乡贡进士侯洌撰并书」
府君讳忠义,字光朝,清河人也。皇右领军胄曹参军彬之孙,皇丹州长松府折冲珪」之子,其先出于轩辕氏之后。公幼而才绍,克慕前修,览诗史百家之要,怀风云□」举之用。弱冠始见东都留守路冀公。冀公奇之,特署麾下,出入从事,于是有声。属建」中岁,翠华出狩,盗据京师,复应常侍尹公之募,改正将,躬辑卒乘,遂收华州及近辅郊」县。乃勋加定难功臣,南阳郡开国公,食三千户。兴元元年,又随潼关镇国军节度骆元光,」补右虞候兼先锋将。于时天邑初复,蒲人尚扰。公以职在巡警,使人知安,自所部达于河中、」同州等郡,悉力致命,终殄余寇,由是以旧职兼同州别驾。时故相李公长源方镇陕服,」以公先陕将也,乃特表请。诏许之,因换左虞候。而淮西叛军肆掠近路,会以既夜,寓营城」侧,众怀武者莫有愍心,公独奋发,整率左右,纵门以出,掩其不虞,鼓噪突入。贼党大溃,」因得乘胜追奔,俘馘千计,获名马弓甲又万数。奏加开府仪同三司,且壮诚志。后使」御史中丞于公稍迁右押衙兼右一将。洎于公改观察,崔公复使兼知作坊及本府游弈」都巡使。三军惮其威声,百姓饮其德泽。间岁陈蔡阙贡,诏发陕虢□卒偕讨之。」

中军之佐,实难其人,公以才选,即日除行营都知兵马使,仍仪同之号。旗鼓双出,铁马前导。奉天罚之旨,副廉使之举。气凌虹蜺,势疾风雨。期战必胜、攻必取也。既而元」恶请命,中道而还,饮至脱剑,然后就第。缵复前职,自新其能。而李广不侯,马援未老。贞元十九年五月十四日遘疾终于陕之私第,享年六十八。本使崔公悼之,若坠手足,」素服受吊,赙以束帛。呜呼。有明德茂功,位不大,寿不富。时耶?命耶?粤廿年二月十五日,」卜吉葬于甘棠东北原,礼也。夫人南阳樊氏,二子三女,长子弘佐,以其文行,保家」主也。加阅坟素,善与人交,累累丧事,慕若不及。颜丁之孝,曾氏之养,尽在矣。非令德」之后,孰能若是!谬见知,敢勒兹石。铭曰:魁极星明,我公以生。天阶尘扰,我公所平。谓公勋德,」实因天特。谓公寿位,何不得遂。赖有令室,保公之家兮安以吉。赖有孝嗣,奉公之口兮」口敢贰。公身殁兮名以扬,古原松柏空苍苍。

二、志文所涉史事考实

"弱冠始见东都留守路冀公,冀公奇之,特署麾下,出入从事,于是有声。"东都留守路冀公乃路嗣恭,路嗣恭字懿范,京兆三原人,两《唐书》有传。大历八年(773)路嗣恭为广州刺史、充岭南节度使,封翼国公,大历十四年(779)为东都留守,建中二年(781)春正月为郑汝陕河阳三城节度、东畿观察等使,同年九月卒。①路嗣恭担任东都留守的时间为大历十四年至建中二年,则张忠义入仕的时间当在大历十四年(公元779)或建中元年(780)。张忠义卒于贞元十九年(803),享年六十八,依其卒年上推,知其生于玄宗开元二十三年(735),则其入仕路嗣恭麾下时已是四十四五岁,而非志文中所言的"弱冠",志文如此记载乃是谀美墓主。

"建中岁,翠华出狩,盗据京师……自所部达于河中、同州等郡,悉力致命,终殄余寇。"翠华原为天子仪仗中的旗帜,此处代指德宗皇帝,《唐故扬州大都督杨公墓志铭》也说"既翠华南巡,又扈从羁鞡"②,与志文所记系为一事,指建中四年(783)泾原兵变,朱泚称帝事。建中三年李希烈叛,四年哥舒曜率军东讨,反被李希烈围于襄城。冬十月丙午,德宗诏姚令言率泾原兵救哥舒曜,丁未,泾原军出京师,至浐水,倒戈谋叛,乱兵推朱泚为帅,德宗幸奉天,天下骚然。兴元元年(784)正月朱泚称帝,"(兴元元年)三月,李晟、骆元光、尚可孤之众,悉于城东累败泚众。……(五月)二十八日,官军入苑,收复京师,逆党大溃"③。同年七月銮驾回京,泾原之变基本平息。朱泚叛乱时,为尽快击溃叛军,唐廷特许臣下募兵平叛,除常侍尹公募兵外,"右龙武将军李观将卫兵千余人从上于奉天,上委之召募,数日,得五千余人……""上之出幸奉天也,陕虢观察使姚明敭以军事委都防御副使张劝,去诣行在。劝募兵得数万人。"④志文所记召募张忠义的常侍尹公,疑为德宗时的内常侍尹元贞。值唐廷存亡之际,特

---

① (后晋)刘昫等撰:《旧唐书》卷十一《代宗纪》、卷十二《德宗纪上》,北京:中华书局,1975年。
② 周绍良、赵超主编:《唐代墓志汇编续集》元和〇〇二,上海:上海古籍出版社,2001年,第799页。
③ (后晋)刘昫等撰:《旧唐书》卷二百下《朱泚传》,第5390页。
④ (宋)司马光编著:《资治通鉴》卷二百二十八、卷二百二十九《唐纪》四十四、四十五,北京:中华书局,1956年,第7361、7371页。

许臣下募兵,本为权宜之计,但似亦成为晚唐藩镇军队之一大来源。

志文提到的骆元光本姓安,其先安息人,少为宦官骆奉先所养,冒姓骆氏,后因功赐姓李氏,改名元谅,两《唐书》有传。李怀让任镇国军节度使时骆元光为副使,俾领州事。元光尝在潼关领军,积十数年,军士皆畏服。泾原兵变后,华州守将董晋弃守,朱泚将何望之据城,元光自潼关将所部拔华州。时朱泚数遣兵来寇,元光辄击却之,贼东不能逾渭南,因功迁华州刺史、兼御史大夫、潼关防御、镇国军节度使。但志文却说张忠义躬收士卒收复华州及近辅郊县,此处记载应以史书为准,推测当时参与收复华州的军队甚多,但最终骆元光部攻下了华州,张忠义也参与了对华州及近辅郊县的作战,他此时应归常侍尹公统辖,不隶于骆元光,志文称其收复华州乃溢美之词。因收复华州之功,张忠义乃勋加定难功臣,南阳郡开国公,食三千户,可见其虽非攻取华州的主力但也立下了大功。关于"定难功臣",李怀光率朔方军解奉天围后,德宗于建中四年十一月二十三日颁布《赐将士名奉天定难功臣诏》曰:"其诸军使应到奉天县将士等,宜并赐名'奉天定难功臣'。"①兴元元年《奉天改兴元元年赦》又云:"诸军诸道赴奉天及进收京城将士等,或百战摧敌,万里勤王,捍固金城,驱除大憨,济危难者其节著,复社稷者其业崇,我图尔功,特加彝典,锡名减赋,永永无穷,宜并赐名奉天定难功臣。"②张忠义虽未在奉天城内守城苦战,但其收华州及近辅郊县,属于进收京城者,故得封为奉天定难功臣。"奉天定难功臣"又常省作"定难功臣",同样的事例尚见于《史然墓志》:"公属朱泚作乱,立志节,遂封为定难功臣。"③《唐故赵氏夫人墓志铭》也说"夫人父讳萱,皇朝定难功臣,官宪试鸿胪大卿"④。

兴元元年五月,骆元光与李晟进收京邑,志文云"兴元元年,又随潼关镇国军节度骆元光",则此时张忠义改隶于骆元光,故随其收复京师。李怀光反于河中时,元光与马燧、浑瑊同讨之。这就是志文提到的"于时天邑初复,蒲人尚扰,公以职在巡警,使人知安,自所部达于河中、同州等郡,悉力致命,终殄余寇。"《李元谅墓志》也说"怀光携贰,蒲津阻绝。相府东讨,俾公副之。"⑤

"时故相李公长源方镇陕服,以公先陕将也,乃特表请,诏许之,因换左虞候。"李公长源乃李泌,长源是他的字,两《唐书》有传。贞元元年(785年)六月,陕虢都兵马使达奚抱晖鸩杀节度使张劝,七月除李泌陕州长史,充陕虢都防御观察使。彼时陕虢形势不靖,李泌之所以表请张忠义来陕,与其素为陕将,可安定军心有关。

"而淮西叛军肆掠近路,会以既夜寓营城侧,众怀武者莫有忿心,公独奋发整率左右从门以出,掩其不虞,鼓噪突入,贼党大溃,因得乘胜追奔,俘馘千计,获名马弓甲又万数,奏加开府仪同三司且壮诚志。"此事未见于两《唐书》,据《资治通鉴》记载陈仙奇举淮西降后朝廷诏发其兵于京西防秋,仙奇遣都知兵马使苏浦将精兵五千人以行。会仙奇为吴少诚所杀,少诚密遣人召门枪兵马使吴法超等使引兵归。法超等引步骑四千自鄜州叛归,浑瑊命将追之,

---

① (唐)陆贽撰,王素点校:《陆贽集》,北京:中华书局,2006年,第124页。
② (宋)宋敏求编:《唐大诏令集》,北京:商务印书馆,1959年,第27页。
③ 毛阳光:《洛阳新出土唐代粟特人墓志考释》,《考古与文物》2009年第5期。
④ 周绍良、赵超主编:《唐代墓志汇编》元和一三九,第2047页。
⑤ 陕西省文物局文物鉴定组、潼关县文管会办公室:《唐李元谅墓志及其相关问题》,《文博》1998年第2期。

反为所败。贞元三年正月丙午,德宗急遣中使敕陕虢观察使李泌发兵防遏,勿令济河。李泌遣押牙唐英岸将兵趣灵宝,比至淮西兵已渡河,李泌乃命灵宝给其食,淮西兵亦不敢剽掠。明日,淮西兵宿于陕州西七里处,泌不给其食,选骁勇兵士四百人分为两队,伏于太原仓隘道,又遣虞候集近村少年各持弓、刀、瓦石蹑贼后。"又遣唐英岸将千五百人夜出南门,陈于涧北。明日四鼓,淮西兵起行入隘,两伏发,贼众惊乱,且战且走,死者四分之一;进遇唐英岸,邀而击之,贼众大败,擒其骡军兵马使张崇献。"①唐英岸率兵追至永宁东,贼皆溃入山谷,吴法超率残众渡长水时,又被李泌都将燕子楚击之,斩吴法超,杀其士卒三分之二。溃败的淮西兵在南逃途中辄被击杀,最后仅余四十七人逃至蔡州,吴少诚悉斩之,至此五千淮西防秋兵死伤殆尽。由志文记载可知彼时张忠义随唐英岸夜出陕州南门击敌,且"独奋发整率左右从门以出",大败叛兵,后又"乘胜追奔,俘馘千计,获名马弓甲又万数",张忠义也因此功被奏加开府仪同三司。

"后使御史中丞于公稍迁右押衙兼右一将。洎于公改观察,崔公复使兼知作坊及本府游弈都巡使。"于公乃于頔,字允元,河南人,两《唐书》有传。贞元十三年四月己卯,为陕州长史、陕虢观察使,贞元十四年九月丙辰,调任襄州刺史、山南东道节度使。②《崔秤墓志铭》云"……释褐参陕州大都督府军事。时则相国于公坐棠而赋政……一见异公之材,引为府推官……俄而于公授钺于汉南,崔公淙由左冯翊实为交代……"③《冯殖墓志》也说"服竟,贞元末,以客来碎,□为廉使故大司农崔公淙一见如旧识,署职维焉。"④上述墓志中的崔公与志文中的崔公为同一人,即崔淙,《旧唐书》载贞元十四年九月"乙卯,以同州刺史崔宗为陕州大都督府长史、陕虢观察水陆转运使"⑤。崔宗即崔淙,郁贤皓先生在《唐刺史考全编》中已辨明。⑥

"间岁陈蔡阙贡,诏发陕虢□卒偕讨之。……既而元恶请命,中道而还,饮至脱剑,然后就第。""陈蔡阙贡"指吴少诚叛乱事。陈蔡二州原为淮南西道节度使属地,后陈州为唐中央控制,贞元年间淮西仅辖申、光、蔡三州,后改曰彰义军⑦,但由于陈、蔡长期隶属淮西,故多以陈蔡指称淮西。贞元十五年,彰义节度使吴少诚以兵反,攻掠临颍,遂进围许州,唐廷诏削夺少诚官爵,分遣十六道兵马进讨,诸军因无统帅,进退不一,十二月败于小溵河。贞元十六年正月唐廷委夏州节度使韩全义为淮蔡招讨处置使,节制诸道兵马,五月官军复败,七月大溃于五楼行营,吴少诚兵逼溵水,韩全义等退保陈州,至此官军累遭挫溃。吴少诚后引兵归蔡州,唐廷借机下诏洗雪,复其官爵,至此淮西战事方告结束。由志文知除十六道兵马外唐廷曾征发陕虢兵讨吴少诚,揆诸史实,此事当在贞元十五年或十六年。陕虢兵出征时"中军之佐,实难其人",张忠义因才选即日除行营都知兵马使,此次出征,张忠义志在"战必胜,攻

---

① (宋)司马光编著:《资治通鉴》卷二百三十二《唐纪》四十八,第7479页。
② (后晋)刘昫等撰:《旧唐书》卷十三《德宗纪下》,第385、388页。
③ 周绍良、赵超主编:《唐代墓志汇编》元和一〇一,第2019页。
④ 周绍良、赵超主编:《唐代墓志汇编》开成〇三六,第2194页。
⑤ (后晋)刘昫等撰:《旧唐书》卷十三《德宗纪下》,第388页。
⑥ 郁贤皓著:《唐刺史考全编》,合肥:安徽大学出版社,2000年,第643页。
⑦ 《旧唐书》卷十三《德宗纪下》载页贞元十四年二月"乙亥,赐光蔡节度曰彰义军"。《资治通鉴》卷二百三十五载德宗贞元十四年"春,二月,乙亥,名申、光、蔡军曰彰义"。

必取",但陕虢兵未达淮西,吴少诚已向朝廷请命,于是兵马只好中道而还。回陕后张忠义复任前职,每日自新其能,以期立功疆场,无奈"李广不侯,马援未老",遘疾而终。

三、张忠义家世、军宦生涯与墓志撰写者

志文记载张忠义祖为右领军胄曹参军张彬,父为丹州长松府折冲张珪,二人均未不见于史书。右领军乃唐十六卫中的右领军卫,其职掌为主守皇城西面与京苑城门,卫有大将军一人,正三品;将军二或一人,从三品;长史一人,从六品上;录事参军一人,正八品上;仓、兵、骑、胄四曹参军各一至二人,正八品下。胄曹参军掌兵械与营缮,与录事参军并号卫佐,时为美职。①

丹州原为隋延安郡义川县,义宁元年于义川置丹阳郡,武德元年改为丹州,天宝元年改为咸宁郡,乾元元年复为丹州,领县五,咸宁县为其一,隋时治白水川,唐景龙二年移置长松川,长松府盖得名于此②,地望在今陕西宜川县西南③。折冲是折冲都尉的省称,折冲都尉乃折冲府主官,"掌领五校之属,以备宿卫,以从师役,总其戎具、资粮、差点、教习之法令"④,唐折冲府分为上、中、下三等,相应的折冲都尉品阶也有正四品上、从四品下、正五品下之分,长松府属于何等无法判断,故张珪的官阶也未能遽断。有学者曾对长松府折冲都尉做过统计,仅有李尚荣等四人⑤,张珪曾任长松府折冲都尉,可补史实之缺。

"由是以旧职兼同州别驾"。同州原为隋冯翊郡,治今陕西大荔县,武德元年改为同州,天宝元年复为冯翊郡,乾元元年复为同州。别驾是唐代地方上佐官,品高俸厚,但没有实权,初唐以来,时置时废,《唐会要》"别驾"条载:"上州从四品,中州五品,下州从五品"⑥。同州乃上辅,同州别驾应为从四品。

"后使御史中丞于公稍迁右押衙兼右一将。洎于公改观察,崔公复使兼知作坊及本府游弈都巡使"。押衙又作押牙,出自使府衙内,乃主帅亲信,唐节度、观察使府内"大抵有都押牙一人、左右都押衙各一人、左右押衙或不冠左右为称之押衙若干人"⑦。右一将又称右一将头,乃十将之下左右厢中的十将头之一,属于低级军官,领兵百人⑧,唐代押衙常兼内外诸职,如《严震经幢》记载有"右都押衙兼先锋将、押衙兼右二将"⑨。游弈都巡使又名游弈使,职在侦察,《资治通鉴》卷二百九载:"于牛头朝那山北,置烽候千八百所,以左玉钤卫将军论弓

---

① 张国刚:《唐代官制》,西安:三秦出版社,1987年,第116—117页。
② (后晋)刘昫等撰:《旧唐书》卷三十八《地理志一》,第1401—1402页。
③ 张沛:《唐折冲府汇考》,西安:三秦出版社,2003年,第100页。
④ (后晋)刘昫等撰:《旧唐书》卷四十四《职官志三》,第1906页。
⑤ 张沛:《唐折冲府汇考》,第384—385页。
⑥ (宋)王溥撰:《唐会要》卷六十九,北京:中华书局,1955年,第1215页。
⑦ 严耕望:《唐代方镇使府僚佐考》,《严耕望史学论文集》,上海:上海古籍出版社,2009年,第446页。
⑧ 齐陈骏、冯培红:《晚唐五代宋初归义军政权中"十将"及下属诸职考》,《敦煌归义军史专题研究三编》,兰州:甘肃文化出版社,2005年,第25页。
⑨ 转引自张国刚:《唐代藩镇军将职级考略》,《学术月刊》1989年第5期。

仁为朔方军前锋游弈使,戍诺真水为逻卫。"胡三省注:"游弈使,领游兵以巡弈者也。"①《通典》卷一百五十二《兵典五》也说:"游奕,于军中选骁果、谙山川泉井者充,常与烽铺土河计会交牌,日夕逻候于亭障之外,捉生问事。其军中虚实举用,勿令游奕人知。其副使子将,并久军行人,取善骑射者兼。"②昭义军节度有军前游弈副使③,与志文提到的游弈都巡使应是同一种官职,只不过称呼不同而已。

"兴元元年,又随潼关镇国军节度骆元光,补右虞候兼先锋将……时故相李公长源方镇陕服,以公先陕将也,乃特表请,诏许之,因换左虞候。"唐代使府不仅置都虞候,且每军、每将皆有虞候,都虞候统虞候,虞候之职除整军刺奸外在行军中亦可统领士兵,如左右虞候各领一军,作为行军中警戒护候的两翼。④张忠义本在潼关镇国军节度骆元光处任右虞候兼先锋将兼同州别驾,后李泌因其为陕州将的缘故,乃特表请其为左虞候,如此则张忠义平调入陕虢都防御观察使府。陕西省曾出土一枚"陕虢防御都虞候朱记"印⑤,因都虞候统辖虞候,可知此印乃张忠义上司所用。

"中军之佐,实难其人,公以才选即日除行营都知兵马使,仍仪同之号。"终唐之世,南北诸镇皆有中军,中军即主帅直辖之部队⑥,又常指称主帅。行营都知兵马使乃行营领兵军将的称呼,彼时都知兵马使实掌兵权,位尊势隆,《资治通鉴》卷二百一十五天宝六年条胡注:"至德以后,都知兵马使率为藩镇储帅"⑦。陕虢兵出征时,以行营都知兵马使为主帅之佐,辅佐主帅统辖众兵。张忠义因才选被拔擢为行营都知兵马使,但张忠义此职乃临时所设,事毕即罢,非为藩镇储帅,故出征归来后张忠义又"缵复前职"。

张忠义的军宦生涯可以概括为:初仕东都留守路嗣恭麾下,出入从事,建中岁应常侍尹公之募改正将,因收华州及近辅郊县之功,勋加定难功臣,南阳郡开国公,食三千户。兴元元年随潼关镇国军节度骆元光,补右虞候兼先锋将,平定李怀光叛乱后以旧职兼同州别驾。李泌镇陕服时以其先陕将,表请换左虞候。阻击淮西防秋叛兵时因功奏加开府仪同三司。于頔镇陕时稍迁右押衙兼右一将,后使崔㥄复使兼知作坊及本府游弈都巡使。吴少诚叛时,陕虢兵奉诏讨之,以才选除行营都知兵马使,仍仪同之号。奈何中道而还,壮志未酬,脱剑就第。张忠义的职事官最高为陕虢都知兵马使兼同州别驾,陕虢都知兵马使乃临时所设,阶品不详,同州别驾为从四品阶;封爵为南阳郡开国公,为正二品,食邑三千户应是虚封,德宗平乱之后虚封的例子还有《史然墓志》:"封建康郡开国公,食邑二千户"⑧;散官为开府仪同三司,从一品,唐代散官分文武二种,张忠义虽为行伍出身,但并未授予武散官,而是得到了文散官的最高阶品开府仪同三司。

张忠义长子张弘佐,未见于史载。

---

① (宋)司马光编著:《资治通鉴》卷二百九《唐纪》二十五,第6621页。
② (唐)杜佑撰:《通典》卷一百五十二《兵典五》,北京:中华书局,1988年,第3901—3902页。
③ 杜立晖、郝良真:《唐许太清及夫人墓志铭考释》,《文物春秋》2006年第1期。
④ 张国刚:《唐代藩镇军将职级考略》,《学术月刊》1989年第5期。
⑤ 陈全方:《陕西省出土的一批古代印章资料介绍》,《文物资料丛刊》第1辑,北京:文物出版社,1977年。
⑥ 严耕望:《唐代方镇使府僚佐考》,《严耕望史学论文集》,第436页。
⑦ (宋)司马光编著:《资治通鉴》卷二百一十五《唐纪》三十一,第6877页。
⑧ 毛阳光:《洛阳新出土唐代粟特人墓志考释》,《考古与文物》2009年第5期。

墓志的撰者侯洌,据《唐诗纪事》记载登元和六年(811)进士第[①]。撰写墓志时侯洌尚未登第,其身份是乡贡进士。关于乡贡进士,《新唐书·选举志上》:"每岁仲冬,州、县、馆、监举其成者送之尚书省;而举选不由馆、学者,谓之乡贡,皆怀牒自列于州、县。"[②]即乡贡非官学生,或就读于私学或自学,乡贡士子们自己向州、县报名,州、县考试合格后,州县给予解状,方取得赴尚书省考试的资格,故称乡贡进士。唐代对进士的称谓不同于后世,进士乃是当时参加省试士子的通称,考中者称"进士及第",未及第者也可称进士,据此可知侯洌至少在贞元二十年时就已取得赴尚书省参加考试的资格,但直到元和六年方进士及第。

张忠义墓志涉及唐德宗朝时的泾原兵变、奉天定难、淮西防秋兵叛及吴少诚反叛等史实,内容丰富,记载翔实,几乎囊括了德宗朝的重要军事事件,特别是对陕虢兵阻击淮西防秋叛兵的记载可补史实之阙,具有很高的史料价值。

附记:感谢胡焕英女士慷允提供拓片,谨致谢忱。

作者简介:刘昕,山东师范大学历史文化学院讲师。

[①] (宋)计有功撰:《唐诗纪事》卷五十,上海:上海古籍出版社,1987年,第763页。
[②] (宋)欧阳修、宋祁撰:《新唐书》卷四十四《选举志上》,北京:中华书局,1975年,第1161页。

万里茶道上的中小晋商家族管窥

——以寿阳胡氏为中心*

徐俊嵩　郝晓丽

【摘　要】文章以新发现的山西省寿阳县西岢村胡氏宗族的碑刻和族谱资料为中心,结合胡氏族人的口述资料,对寿阳胡氏进行探析。研究发现,寿阳胡氏自明代开始经商,至清中叶达到鼎盛,其经营商品以茶叶、药材为主,兼及粮食、盐、布、皮毛的零售。胡氏的主营业务分为两个阶段:清乾隆至光绪年间的茶叶贸易、光绪至公私合营前的药材贸易。清乾隆中叶,胡氏开始经营茶叶贸易;光绪年间,胡氏的茶叶贸易逐渐衰败,药材开始取代茶叶成为其主营业务,直至公私合营。

【关键词】寿阳;胡氏;商业;茶叶;药材

山西商人的研究由来已久,相关论著更是汗牛充栋,其中尤以盐商、典商、茶商和票商最受关注。[①]每当言及山西商人,人们最耳熟能详的莫过于晋中平、祁、太等地的票号商人。可以毫不夸张地说,山西票商俨然已是晋商的一方代表名片。同样,祁县渠氏和乔氏、榆次常氏、介休范氏等晋商大族似乎也因为声名远扬,从而理所当然地成为了晋商家族的代表。纵观当下的晋商家族研究,也确实集中于祁县渠氏和乔氏、榆次常氏、介休范氏这类晋商巨族,至于中小晋商家族的研究则相对薄弱许多。[②]此种局面的造成不外乎两方面原因:一方

---

* 基金项目:本文系山西省高等学校人文社科重点研究基地项目"万里茶路与晋商文化产业研究"(项目号:2015321)阶段性成果。

① 晋商研究的成果不胜枚举,笔者无意一一胪列,详见刘建生等:《晋商研究述评》,《山西大学学报》2004年第5期;王璋:《近十年晋商研究综述》,《中国城市经济》2011年第15期;赵海涛等:《2003—2013年晋商研究综述》,《运城学院学报》2014年第3期。

② 涉及晋商大族的相关研究主要有李华:《清代山西平阳大商人亢百万》,《清史研究通讯》1984年第4期;冀孔瑞:《介休侯百万和蔚字号》,田际康、刘存善主编:《山西商人的生财之道》,北京:中国文史出版社,1986年;松浦章:《山西商人范毓馥家族的谱系和事迹》,中国谱牒研究会编:《谱牒学研究》第2辑,北京:文化艺术出版社,1991年;张正明:《从族谱看山西商人家族》,中国谱牒研究会编:《谱牒学研究》第3辑,北京:书目文献出版社,1992年;刘锦萍:《榆次常家与中俄茶叶之路的兴衰》,《晋阳学刊》2001年第6期;郭娟娟、张喜琴:《清代晋商家族代际流动分析—山西榆次常氏为中心的考察》,《安徽史学》2014年第4期。中小晋商的研究成果主要有高春平:《论明清时期晋中的中小商人》,《晋阳学刊》2005年第2期;师冰洁:《从地方志看明清时期中小晋商的民间慈善活动》,《晋中学院学报》2007年第5期。这两篇文章虽然是对中小晋商的研究,但其立足点主要从地方志出发,并非严格意义上的晋商家族研究。

面,渠氏等晋商巨族更具影响力,可资利用的资料更多;另一方面,中小晋商家族虽数量众多,但典型性有限,且少有留存资料,客观上也增加了研究的难度。

然而,巨商大贾毕竟只是少数,中小商人无疑才是晋商群体中不可或缺的主体,加强对中小晋商的探讨与研究更能如实反映明清晋商主流群体的生存实况和发展脉络。有鉴于此,笔者依据新发现的寿阳县平舒乡西岢村南岭沟胡氏宗族的碑刻、族谱以及胡氏族人的口述资料,尝试探讨清代寿阳胡氏家族的发展脉络,以期对推动中小晋商家族、寿阳晋商的研究有所裨益。不当之处,敬请方家指正。

一

寿阳县位于山西省东部,太行山西麓,今属晋中市。明至清初,寿阳县一直隶属太原府,直到清雍正二年(1724)才改隶平定州。①明万历以前,寿阳县经商之风不兴,生民专心于稼穑。诚如志书所云,"(寿阳)居民务本者众,故耕农之外别无生理"②。万历十九年(1591),寿阳知县蓝尚质招募陕西织户教授寿阳民众纺织之法,此后寿阳民众在耕农之外开始积极从事纺织。③逮至清康熙时,已有一半的居民开始转而从事耕织,并且"公私税用,咸赖其业"④。可见,寿阳的纺织业在这一时期发展迅速,商品化程度有显著提高,已经成为寿阳居民重要的收入来源。由于纺织之风盛行,布因此成为寿阳重要的商品。据光绪《寿阳县志》卷十《风土·物产》记载:为区别于来自直隶、获鹿、栾城等处的东布,寿阳本土之布称为西布;寿阳的布除了农家自用外,"余布鬻于北路"。⑤

得益于"西迄太原,东通井陉,为孔道所必经"⑥的优越地理位置,寿阳县的居民在清中期开始大量外出经商,"贸易于燕南塞北者亦居其半"⑦。寿阳胡氏正是这支塞北行商大军中的重要一员。

寿阳胡氏世居寿阳县平舒乡北部的西岢村,随着族人的不断繁衍,胡氏宗族后来分为两房:长房仍居西岢,二房迁入西岢村西南方向的南岭沟。本文所探讨的主要是迁入南岭沟的胡氏二房。胡氏以经营茶叶、药材贸易著称,与榆次常氏、祁县渠氏等大茶商相比,胡氏无论在资本规模还是商号数量上都无法与其同日而语,属于晋商中典型的中小商人。

茶叶成为重要的商品与北方少数民族的饮食习惯有关。蒙古等北方游牧民族的饮食素以肉、奶等燥热、油腻、不易消化之物为主,而茶叶中所富含的维生素、单宁酸、茶碱、芳香油等物质,既可以促进消化,又可以补充游牧民族所缺少的果蔬营养成分。因此,中原民族作为生活调剂品的茶叶,对北方少数民族而言则是不可或缺的生活必需品。以至于少数民族

---

① 光绪《寿阳县志》卷一《舆地志》,《中国方志丛书·华北地方·第435号》,台北:成文出版社,1976年,第52页。
② 康熙《寿阳县志》卷一《舆地志·风俗》,《清代孤本方志选第1辑第10册》,北京:线装书局,2001年,第45页。
③ 祁寯藻:《蓝公教织歌》,光绪《寿阳县志》卷十二《艺文下》,第932页。
④ 康熙《寿阳县志》卷一《舆地志·风俗》,第45页。
⑤ 光绪《寿阳县志》卷十《风土志·风俗》,第670页。
⑥ 光绪《寿阳县志》卷一《舆地志·形势》,第118页。
⑦ 光绪《寿阳县志》卷十《风土志·风俗》,第670页。

有"宁可三日无食,不可一日无茶"、"无茶则病"之说。

山西商人在明代已经开始从事茶叶贸易,但山西茶商作为一支重要力量而崛起则是在清代。明代的茶叶贸易是官府主导下的茶马互市,主要利用茶叶交换蒙古地区的马匹。茶马互市主要在与蒙古接壤的边境地区进行,政府允许商人运茶进入边境地区贸易,但需要将所运茶叶的40%上交政府,用于购买马匹,剩下60%的茶叶方由商人自由销售。由于茶马互市是明政府主导,且商人要将近一半的茶叶充公,因而极大地挫伤了商人的积极性;加之这一时期俄罗斯人尚无饮茶的习惯,茶叶贸易的对象仅限于蒙古等少数民族,所以茶叶交易量较为有限。

清代是茶叶贸易的繁盛期。早在清康熙十八年(1679),中俄两国就制定了关于俄国从中国长期进口茶叶的协定。但17世纪和18世纪初的中俄贸易中,俄国从中国进口的商品主要是南京土布、大布、丝绸以及大黄等药材,茶叶并非中俄贸易的大宗商品,因为当时俄国国内并未形成饮茶的习惯。①茶叶贸易的真正繁盛是在恰克图贸易时代。清雍正五年(1727),中俄《恰克图条约》签订后,茶叶开始成为中俄贸易中最主要的商品。晋商适时地抓住这一机遇,利用西北广阔的消费市场,结合南方广大的资源产地,南下千里承包茶山、收购茶叶,经过繁琐的加工、包装,最后再经陆路、水路北上万里运抵蒙古、俄罗斯等地,开辟了举世闻名的万里茶路。山西茶商的纵横经营,为沟通全国市场、发展全国经济、促进中俄等国民族友谊发挥了不可磨灭的作用。寿阳胡氏的兴起,主要得益于中俄茶叶贸易的繁荣。

本文所利用的资料,主要包括在青阳县平舒乡南岭沟的胡氏祖坟中发现的清朝嘉庆、道光、同治、光绪四朝所立的十余通墓碑以及《寿阳西崮胡氏宗谱》残谱数页。因风雨侵蚀,有些胡氏碑刻已经字迹漫漶,难以辨识。胡氏宗谱最初由长房和二房各执一部,长房所执谱在抗日战争中被日军焚毁,二房收贮的族谱也是历经水火后仅剩序言一则以及世系数页。②所幸依靠这些文字资料,辅以族中老人之口述资料,我们仍可管窥寿阳胡氏宗族之一二。

二

据同治七年胡存周所修《寿阳西崮胡氏宗谱》记载:胡氏祖籍山西省洪洞县,明代时徙居寿阳县。胡氏宗族原有老谱,但在流离之中遗失。胡氏迁入寿阳后,占籍西崮村南社,被编入北五都第六甲。③胡氏始祖名讳不详,育有二子。长房自胡凤以后皆迁居南咀头,称沟上胡;二房自胡成以后迁居南岭沟,称沟里胡。④胡氏所存碑刻对此也有记载,二者可互为印证。碑刻称:顺治六年(1650),为避兵燹,胡永禄带领族人从西崮村南社徙居西河村。⑤胡永

---

① 苏全有:《论清代中俄茶叶贸易》,《北京商学院学报》1997年第1期。
② 此处据胡家琳先生口述整理,访谈时间为2017年11月26日,胡家琳先生74岁。
③ 清代时,西张所下辖8村,西崮村为其一,距城35里。光绪《寿阳县志》卷1《舆地志》,第70页;《宗虞胡翁墓表》,嘉庆二十三年立,原碑存于寿阳县平舒乡南岭沟。
④ 《寿阳西崮胡氏宗谱》卷首《寿阳县西崮村胡氏宗谱序》,同治七年修,残本。
⑤ 《宗虞胡翁墓表》,嘉庆二十三年立,原碑存于寿阳县平舒乡南岭沟。

禄系胡成之子,正是胡存周在宗谱序言中所述"自成以下迁居南岭沟"①的第一人。由此可见,南岭沟当时应属西河村境内,但距离西峀村较近。为便于下文理解,笔者仅依据胡氏宗谱及碑刻资料,将胡氏主要人物的谱系图整理如下。

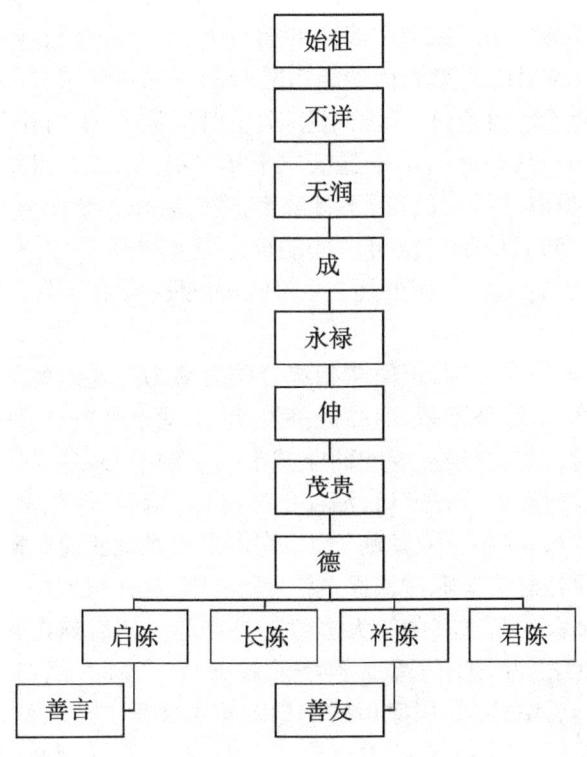

图 1　寿阳西峀胡氏世系图(南岭沟支)②

南岭沟在西峀村西南约 3 里处,地势低洼,崖高沟深,林木茂盛,位置隐蔽。从沟上放眼望去,根本无法看清沟下的情况,胡永禄迁入此处也正是出于将其作为避世佳处的考量。南岭沟内所存碑刻在日军扫荡寿阳县时之所以能够幸免于难,也多少有赖于南岭沟的特殊地理环境。1949 年以后,居住在南岭沟的胡氏族人考虑沟里生活极其不便,纷纷外迁,最终全部搬离南岭沟。时至今日,南岭沟早已是无人居住的杂草丛生之地。

胡氏由洪洞县迁入寿阳县后,数世以务农为生。至明末时,胡氏始有族人开始外出经商,一直延续至晚清民国时期,可谓是晋商世家。胡氏在明代所经营的行业已无从考证,据胡氏族人口述,其先祖主要从事杂货生意,经营盐、粮、布、皮毛等商品的零售。③一直到清代,胡氏仍旧是兼营多种商品的贸易,如茶叶、药材、粮食、盐、布、皮毛等,这从胡氏家族留

---

① 《寿阳西峀胡氏宗谱》卷首《寿阳县西峀村胡氏宗谱序》,同治七年修,残本。
② 按宗谱所载,天润以上一世及始祖名讳不详,谱中以天润为第一世。但严格意义来说,天润应为第三世。本文中胡氏诸人所属世次,未按宗谱所冠世次,仍以始祖为第一世的顺序接续开来。
③ 此处据胡家琳先生口述整理,访谈时间为 2017 年 11 月 26 日,74 岁。

存的药方及各类票据可以得到印证。

其实，胡氏经营最多，获利最大的商品主要是茶叶。有据可靠的胡氏业茶的最早记录是在乾隆年间。清代，胡氏首位从事商业活动的是八世祖胡德。胡德，字润身，生于康熙五十六年（1717），卒于乾隆四十九年（1784）。胡德兄弟三人，长曰缯，次曰盛，季曰德。胡德"善持筹握管算"，胡氏宗族经商者皆出自胡德一脉，经过祖孙三代的孜孜经营，在其晚年时已是"家致素封"。①胡德虽然是清代胡氏家族中经商的第一人，但其经营行业尚不得而知。据宗谱记载，胡氏最早经营茶叶贸易的是第九代的胡启陈和胡祚陈两兄弟，二人都是胡德之子。②按胡君陈的墓碑记载，胡德生四子，长子曰启陈、次子曰长陈、三子曰祚陈、四子曰君陈。③

胡启陈生于乾隆元年（1736），卒于嘉庆二十年（1815），二十四岁时便"效陶顿业"，"业茶北口"，直到五十一岁时才辞归故里，不复经商。④胡启陈二十四岁开始经商，时值盛世繁华的乾隆二十四年（1759），他是有据可靠的胡氏经营茶叶贸易的第一人。如果据此推算，胡氏的茶叶贸易迄今已有二百余年的历史。但当时是否设有字号，因无资料为证，尚不得而知。

胡启陈经营茶叶贸易的时期，正值清朝综合国力最为强盛的乾隆中期。这一时期清朝国力蒸蒸日上，政局稳定，经济繁荣，商品经济发达，中俄茶叶贸易日臻兴旺。而胡启陈经商的张家口是清代前期我国北方最重要的商业城市和金融中心之一，也是清代中俄陆路贸易的重要口岸。⑤作为晋商福地的张家口，清初的王登库、靳良玉、范永斗、王大宇、梁嘉宾、田生阑、翟堂、黄云发等"八家商人"皆发迹于此。许多山西茶商正是乾隆年间在张家口发家致富的，最广为人知的便是榆次车辋村常氏。到乾隆末年，仅在张家口大境门外从事对俄茶叶贸易的商号就有50余家，而这其中绝大多数都是晋商。胡启陈在张家口经营茶叶贸易近30年，获得了丰厚的回报，也奠定了家族经济的基础。51岁时，胡启陈辞归故里，从此绝迹商途，茶叶生意便交给后辈打理。居家后的胡启陈将主要精力放在处理家政和造福桑梓上，含饴弄孙与热心公益是其晚年生活的重要部分。胡启陈一直活到80岁高龄，由于他为人乐善好施、济人以艰，加上子孙为朝廷所做贡献，因而得以覃恩，清朝皇帝钦赐正八品修职郎的荣誉头衔并题赠"熙朝寿考"的牌匾光耀胡氏门楣。⑥

胡氏第二位经营茶叶贸易的族人是胡启陈的三弟胡祚陈。按胡德的长子启陈生于乾隆元年（1736），四子君陈生于乾隆二十年（1755），可以推测其三子祚陈应该生于乾隆三年至十九年之间。据族谱记载，祚陈"业茶。端严朴实，贸易于归化城"⑦。因为禀性端严，为人朴

---

① 《钦赐修职郎润身胡公墓表》，刘泽民主编：《三晋石刻大全·晋中市寿阳县卷》，太原：三晋出版社，2009年，第347页。

② 《寿阳西峁胡氏宗谱》卷首《寿阳县西峁村胡氏宗谱序》，同治七年修，残本。据胡存周所言，胡氏先人命名为一世单名，一世双名。被当作宗谱第一世的胡天润之上应该还有一世，但因为其信息无稽，故仍以胡天润为第一世。也就是说，宗谱中的第一世，实际上是第二世。本文中所有世代，仍以宗谱所载为准。

③ 《主亭胡公墓碑记》，刘泽民主编：《三晋石刻大全·晋中市寿阳县卷》，第543页。

④ 《宗虞胡翁墓表》，嘉庆二十三年立，原碑存于寿阳县平舒乡南岭沟；《寿阳西峁胡氏宗谱》，同治七年修，残本。

⑤ 许檀：《清代前期北方商城张家口的崛起》，《北方论丛》1998年第5期。

⑥ 《宗虞胡翁墓表》，嘉庆二十三年立，原碑存于寿阳县平舒乡南岭沟；《寿阳西峁胡氏族谱》，同治七年修，残本。

⑦ 《寿阳西峁胡氏宗谱》，同治七年修，残本。

直,所以胡祚陈在归化城经商时经常被人非难。①清代文人纪昀称,"山西人多商于外,十余岁辄从人学贸易。俟蓄积有资,始归纳妇。后仍出营利,率二三年一归省,其常例也。或命途蹇剥,或事故萦牵,一二十载不得归。"②胡祚陈的经历与纪昀所述基本相符。他早年北上归化城经商,直到年老力衰时方才回归家乡,数十年如一日,真可谓是"少小离家老大回"。

归化城是中原和漠西、漠北地区商贸的重要转运枢纽。乾隆年间,中俄重开恰克图边市,此后蒙古沿边贸易尽归归化城,归化城成为中俄与蒙古贸易的中心点。据许檀先生研究,经由归化城输出的商品以茶叶、布匹和杂货为大宗,输入则以牲畜、皮毛、粮食为主。③可见,茶叶是归化城最重要的输出商品。作为茶叶之路上的重要中转站,南方各地的茶叶通过茶叶之路源源不断地汇聚至归化城,再从归化城分销蒙古和俄罗斯。归化城的发展在很大程度上得益于茶叶贸易的繁荣。当彼时,运往蒙古和俄罗斯的茶叶都是通过骆驼进行装载运输,归化城的骆驼最多时达到20万峰,可以想象当时的茶叶贸易量之大。

胡启陈与其弟胡祚陈两人分别在张家口和归化城经商,而没有同处一地经商,最主要的目的应该是为了更好地获取商业信息以求得利润最大化。胡祚陈走上茶叶贸易的道路,自然离不开其父兄的提携与培养。在胡祚陈刚开始经商的时候,应该是跟随长兄胡启陈在张家口学习茶叶贸易,待其可独当一面时,才只身前去归化城经营茶叶贸易,开辟胡氏的另一贸易基地。

到了胡氏的第十代,经商的主要是胡启陈的三子胡善言与胡祚陈的三子胡善友这对堂兄弟。族谱对于二人的记载都是"业茶。有闻声,为乡里重"④,可见他们都是子承父业,继续从事茶叶贸易。

胡善友是胡氏宗族百年难遇的的经商奇才。他早年希望读书仕进,无奈家庭经济出现问题,只得"承父业,弃儒为商,贸易化城"⑤。凭借卓越的商业才能,胡善友"方逾不惑之年,家累千金"⑥,迅速振兴了家业。上文胡德的墓表中提到胡氏已经"家致素封",正是在胡善友的锐意经营下得以实现的。胡德得以受到钦赐八品修职郎的荣誉,也是基于胡善友的缘故才得以覃恩。

墓志中称胡善言"秉公贸易,亦淳淳然有喻义之示"⑦,但没有交代其经商地点。不过,既然胡善友是去归化城与其父共同经营茶叶贸易,那么胡善言也应该是在张家口帮助其父经营茶叶贸易。

胡氏在清乾隆中期开始经营茶叶贸易,成为万里茶路上浩浩荡荡的山西茶商中的一员。其经营的重镇是张家口和归化城,组织形态上主要是父子相随、兄弟相从,具有较浓厚的家族经营色彩。胡氏的经营规模和资产俱不详,但胡善友在不惑之年即已家累千金,后来

---

① 《从古胡公墓碑》,咸丰二年立,原碑存于寿阳县平舒乡南岭沟。
② (清)纪昀著;张景怀、刘云甲主编:《阅微草堂笔记》卷二三《滦阳续录五》,上海:上海古籍出版社,2005年,第398页。
③ 许檀:《清代山西归化城的商业》,《文史哲》2009年第4期。
④ 《寿阳西峜胡氏宗谱》,同治七年修,残本。
⑤ 《兰轩胡公墓表》,同治九年立,原碑存于寿阳县平舒乡南岭沟。
⑥ 《兰轩胡公墓表》,同治九年立,原碑存于寿阳县平舒乡南岭沟。
⑦ 《显考墓志》,年代不详,原碑存于寿阳县平舒乡南岭沟。

更是"家致素封",尽管可能未入大贾之流,但中贾已绰绰有余。此外,从经营形式来看,胡氏已是在张家口和归化城有固定店铺的坐贾,并非资本较小的行商。

传统时期士农工商的四民观使得几乎所有的商人家族在经商有成之后,都会考虑家族的转型,读书仕进无疑是他们的首选。山西的许多家族都是由商入仕的,其中尤以灵石王氏、何氏的转型最为成功,得以成功跻身海内知名的科举世家。胡氏宗族在经商积累一定的财富后,也开始注重培养子弟从事科举事业,希望由商入仕。胡德早年曾读书习儒,晚年犹爱读书。因为担心子孙荒废学业,他"每延严师以诲之"①,所以其子孙多受过一定的教育。如胡善言,"自幼乐诗书,钦圣教,慕有道"②。再如胡祚陈的长子胡善宗,"幼业诗书,长则理家事"③;三子胡善友也是"自幼诵读为业",但因为家运不丰,后来只得"承父业,弃儒为商,贸易化城"④。胡善友因为自己不得不弃儒服贾,所以对待子孙的教育显得尤为重视,令"幼孙男俱业儒"⑤。遗憾的是,胡氏子弟尽管也有仕进之心,但未曾在科举事业上有所建树,家族的转型以失败而告终。不过,胡氏子弟都曾受过较好的儒学教育,这对其商业经营也有一定的促进作用。

经济地位的提升必然促进了社会身份地位的提升。胡氏族人中,胡德受到钦赐修职郎的封赏,胡启陈得到钦赐正八品修职郎的荣誉头衔以及"熙朝寿耇"的牌匾,胡祚陈是"皇清恩赐登仕郎",胡善继是"皇清恩赐寿民",胡善友则是"乡饮耆宾"。虽然这些荣誉称号都是虚衔而无实权,但许多都是皇帝封赏的,对提升胡氏的社会地位和影响力都有极其重要的作用。

身份的提升也带来了婚姻圈和社交圈的上行。从胡氏族人的墓碑资料来看,胡德的墓表是平舒祁氏十六世祁朝鸾撰、十七世祁用唐书,胡君陈的墓碑记是平舒祁氏十六世祁朝骏(祁寯藻之族兄)所撰。寿阳平舒祁氏自十四世至十八世,出了5位进士,13位举人(包括5位进士),获得其他各类功名者若干,是寿阳县赫赫有名的望族。⑥祁氏最负盛名的人物莫过于担任过清代体仁阁大学士、军机大臣、三代帝师的祁寯藻。之所以祁氏诸人会为胡氏撰文,主要因为二姓有数世姻亲关系。如胡祚陈,"长女适平舒村祁锦文"⑦;胡君陈之女,"适平舒祁元益"⑧。据《祁氏世谱》记载,"祁元益,平舒祁氏十七世,娶胡氏"⑨,可与胡君陈墓碑记中所载相印证。此外,仅《祁氏世谱》中祁氏男子娶胡氏女的就有十二世成美、十四世自合和自珍、十五世泽库、树拭、十六世朝升等人。⑩祁胡联姻是典型的儒商结合,胡氏宗族娶祁氏女的也不在少数,如胡启陈之孙学孟、学义、曾孙祺祥的妻室中都有祁氏女。

---

① 《钦赐修职郎润身胡公墓表》,刘泽民主编:《三晋石刻大全·晋中市寿阳县卷》,第347页。
② 《显考墓志》,何年立不详,原碑存于寿阳县平舒乡南岭沟。
③ 《胡洞府翁墓表》,咸丰二年立,原碑存于寿阳县平舒乡南岭沟。
④ 《兰轩胡公墓表》,同治九年立,原碑存于寿阳县平舒乡南岭沟。
⑤ 《兰轩胡公墓表》,同治九年立,原碑存于寿阳县平舒乡南岭沟。
⑥ 邓庆平:《山西寿阳祁氏宗族考略》,《廊坊师范学院学报》2006年第1期。
⑦ 《从古胡公墓碑》,咸丰二年立,原碑存于寿阳县平舒乡南岭沟。
⑧ 《主亭胡公墓碑记》,刘泽民主编:《三晋石刻大全·晋中市寿阳县卷》,第543页。
⑨ 《祁寯藻集》第1册《谱传》,太原:三晋出版社,2011年,第111页。
⑩ 《祁寯藻集》第1册《谱传》,第55、98、105、115页。

胡氏在经商有成之后，并没有走上奢侈腐化，而是依旧勤俭持家，绝不铺张浪费。但在地方社会的公益事业和宗族建设中，却又能乐善好施、济人以艰，因而受到地方社会的一致推崇。如胡德勤以自治，俭以持家，"性慷慨，乐善好施。凡族中有贫难举火者，辄散资输粟以济之，卒不计其偿。……凡建庙修桥治涂诸善举，量力捐金，毫无吝色"①。胡启陈，"仗义疏财，每济人艰，尤重本根，一切施舍事竭蹶"②。

胡氏尽管在乾隆时期已经从事茶叶贸易，但似乎直到道光年间才形成自己的品牌。胡氏祖传一方"胡氏荣茶"匾额，系胡氏姻亲的平舒祁寯藻亲题，匾上所书时间为"道光戊申"，可以推断是祁寯藻在1848年为胡氏家族题写。既然此匾是1848年所题，那么胡氏茶叶字号的出现应该不晚于1848年，有可能是此前已有，经祁寯藻题字而名声大噪；也有可能是经祁寯藻题字之后，胡氏开始以此为品牌。总之，祁寯藻的题字极大提高了胡氏荣茶的知名度，也促进了胡氏茶叶生意的发展。

光绪十五年（1889），胡启陈的玄孙胡国藩仿祁寯藻所题"胡氏荣茶"匾额，在寿阳、归化城等地设庄经营茶叶贸易。第二次鸦片战争后，俄商便先后在中国获得了取消子口税、开设砖茶厂的种种特权。晋商的茶叶贸易遭遇越来越多的不利因素，形势已大不如前。胡国藩主持家族贸易时期，也正是胡氏茶叶贸易逐渐走向衰落的时期。胡国藩的早逝，加之胡国藩兄弟之间矛盾重重，以致胡氏迅速衰败。

胡国藩死后，他的三个子女一度衣食无源，生活十分拮据，幸得堂叔胡国恩多方接济才勉强生活。后来，胡国藩的长子胡芝俊迁入榆次，经人介绍后进入药行工作。胡芝俊在药行从小伙计做起，一直做到大掌柜。后来，凭借着非凡的商业头脑，胡芝俊在榆次开设了数家药店，成为榆次药材行业的重要人物。榆次之外，他在老家寿阳也开设了药店。寿阳县宗艾镇最大的药店万春元据说正是胡氏所设，掌柜姓曹。③《寿阳县志》第六卷《财贸志》对寿阳的主要行业进行了整理，其中较大的药店有万春元、公积成、天义春等八家。④胡家至今保存的一剂药帖，其上有"寿阳南岭沟胡氏秘传舒筋散药，包治男女腰腿疼痛，善保妇人生产容易。此药在　寄存"等字样。可见胡氏会将舒筋散寄售于某些药店，因为担心有些药店未经授权而伪造自家灵药，还专门进行了防伪措施。

经营药材的收入，此后成为胡家的主要经济来源。胡氏依靠药材贸易得以实现家族的再度复兴。

1956年，新中国开始实行公私合营，对民族工商业进行社会主义改造。胡家的几处药店在改造中都被收归国有，胡氏再度衰败。⑤

---

① 《钦赐修职郎润身胡公墓表》，刘泽民主编：《三晋石刻大全·晋中市寿阳县卷》，第347页。
② 《宗虞胡翁墓表》，嘉庆二十三年立，原碑存于寿阳县平舒乡南岭沟。
③ 访谈时间2017年11月26日，受访人胡志清，89岁。
④ 《寿阳县志》第六卷《财贸志》，1983年，第128页。
⑤ 此处据胡家琳先生口述整理，其祖父胡国恩与胡国藩系堂兄弟，其父胡芝芬对家族掌故了解颇多。访谈时间2017年11月26日，受访人胡家琳，74岁。

三

寿阳胡氏作为山西茶商的重要一员,是万里茶路的亲历者和见证人。胡氏在明代由洪洞县迁入寿阳县,由一个默默无闻的农业家庭逐渐成长为当地具有一定地位的商贸世家,并与寿阳文风昌盛的平舒祁氏结为数世姻亲。胡氏在经商有成之后,开始注重家族子弟的儒学教育并积极回报桑梓,获得了来自国家和地方的诸多名誉,扩大了宗族在地方社会的影响力。

寿阳胡氏在明代开始投身商界,清代是其商贸活动大发展的时期。胡氏经营的业务主要包括茶叶、药材、粮食、布匹、皮毛等,其中茶叶和药材是其经营的大宗商品。清乾隆二十四年,胡氏开始涉足茶叶贸易,在张家口和归化城设店经营,一直延续至光绪年间。光绪年间,由于晋商茶叶贸易面临的种种不利因素,加之执掌家族贸易的胡国藩早逝,胡氏的茶叶贸易迅速衰败。光绪年间至中华人民共和国成立前,胡氏的经营中心转向药材贸易,在榆次和寿阳等地设立药铺。中华人民共和国成立后,胡氏的药铺经过社会主义改造,最终被收归国有。

寿阳胡氏二百余年的商海浮沉,为我们呈现的不仅是一个家族的兴衰更迭,更是一个国家盛衰变迁的缩影。宗族作为国家的基层组织单位,其发展历程并不是孤立的,国家层面每一次的"冲击"都会在宗族中产生相应的"反应"。胡氏以茶为主营商品,以及由茶至药的适时转换成就其商业的成功,其成功离不开对时势的把握、运用以及路径依赖的摆脱。

作者简介:徐俊嵩,山西财经大学晋商研究院讲师;郝晓丽,山西财经大学财政与公共经济学院教师。

"考古学视角下的秦汉家庭与日常生活"会议综述

刘尊志 谢佳芮

"考古学视角下的秦汉家庭与日常生活"学术研讨会于 2018 年 7 月 7 日至 8 日在天津南开大学召开,本次会议由南开大学历史学院考古学与博物馆学系、南开大学中国社会史研究中心主办。来自中国社会科学院考古研究所、陕西省西安市文物保护考古研究院、中国国家博物馆、河南博物院、秦始皇帝陵博物院、天津博物馆、徐州博物馆、北京大学、南开大学、天津大学、郑州大学、南京师范大学、洛阳师范大学等国内众多科研院所、博物馆、高等院校的 30 多位专家学者出席了本次研讨会,共提交论文 24 篇。

在会议发言中,与会学者从多个角度对考古学视角下秦汉家庭与日常生活研究的学术意义进行了阐述。南开大学中国社会史研究中心主任常建华教授阐释了日常生活史的研究意义,认为生活史的研究可以深化我们对古代社会结构、社会性质等的认识,历史学与考古学的发展需要关注多学科研究,历史研究尤其是社会史研究应与考古资料相互结合。中国社会科学院考古研究所白云翔教授分析了古代社会生活史的研究现状,提出考古学研究需要重视社会生活的研究,在开展社会生活史研究的过程中,考古学存在自身的优势,也有与之相关的内容和方法,指出今后应加强这方面的理论思考和体系化建设,要在前人研究的基础上结合与日俱增的考古材料将社会生活史研究继续推向前进。徐州博物馆李银德研究员从考古学的角度论述了秦汉家庭与日常生活的一些内容,指出与秦汉社会生活相关的考古发现、研究已十分丰富,利用考古材料进行社会史研究的前景广阔,能够补充文献记载的不足,也可以更直观、深入地认识该时期家庭与日常生活。中国社会科学院考古研究所刘瑞研究员认为在改革开放四十周年的契机下提出秦汉家庭与日常生活这一概念,对今后秦汉考古的发展将起到很大的促进作用,改革开放带来了人们生活上巨变以及考古学事业的发展,加深了我们对秦汉家庭与日常生活的理解,使我们能够在之前考古学研究的基础上做更多地扩展,提出更多的角度。

会议学者的发言涉及许多社会史考古学的研究理论与方法,并对一些具体问题进行了深入探讨。北京大学考古文博学院韦正教授对家庭与日常生活的研究范围进行了说明,认为家庭与日常生活的研究不仅包括衣食住行,宗教、艺术等意识形态领域的内容也需要重视,并在发言中依据考古材料探讨了东汉时期丧葬礼俗方面的变化。中国社会科学院考古研究所徐龙国研究员认为社会史考古学研究这一命题的提出,意味着今后进行考古学研究时需要更高的要求,"透物见人"是考古学研究的一项重要原则,要不断挖掘物质层面背后的社会变化和思想精神内容,将社会生活考古研究延续下去并不断深入。秦始皇陵博物院考古工作部张卫星研究员认为关于秦汉社会生活的研究，核心的追求就是探讨社会发展的原因或者动力，其中包括家庭生活、社会生活在内的演变形式与进程。张研究员以东周到秦汉时期为例，分析了物质技术的进步推动社会发展的重要作用，提出应该重视对物质技术层面的研究，并在此基础上加强对古代社会结构的关注和把握，另外要重视社会思想观念的变化。张翔宇研究员以考古发现中的共存物为例，说明在用考古材料来研究社会生活的时候，要注意到考古材料的出土场景，分析考古遗迹、遗物在原始网络中的关系，避免对考古材料进行解读时产生偏差和失误，使研究结论更接近于历史的真实。中国国家博物馆研究员王方从古代物质文化的研究层面讲解了考古学的优势，表示要充分利用好考古类型学这个工具，从细微之处探讨社会生活各个层面，从而不断趋近于历史真相，在这个过程中既需要扎实的考古学基础，也需要与其他学科进行有机的融合，在研究中要全面地占有资料，系统地梳理资料，做好见物与见人之间的衔接。

本次会议，各位专家学者从考古学的角度对秦汉家庭与日常生活进行了详细的专题解读，涉及秦汉家庭与日常生活诸多方面的内容。

衣、食、住、用构成了秦汉家庭与日常生活的基本内容，是与会学者密切关注的主要课题。张卫星《秦代服装初步研究》一文集中梳理了考古材料中体现的秦代服饰内容，并结合文献资料，对秦汉服装问题进行讨论。文章总结了前人对秦人服饰研究现状，主张以客观的形制结构为基础，辅以功能等因素，建立秦代服装的初步体系。文章使用的考古资料主要为秦始皇陵出土各类陶俑所着的雕塑衣服，讨论的对象是除甲胄之外的秦代常服，首先根据客观形态及功能将秦代服装的主要类别界定为四个部位，分为四大类，分别为上衣、下裳，此外上有头衣或者首服（冠、帽、帻、巾等）、下有鞋或者足衣（履、袜等）。其次分析了秦代服装除功能性以外蕴含的社会性内容，认为秦代服制是社会礼仪制度的重要内容，也是社会等级体系的标志，通过对秦代服装各要素的探讨，有助于逐步解决秦代礼仪与社会等级等重大问题。徐蕊《考古视野下的汉代日常生活服饰》在梳理了汉代服饰考古资料的基础上，对考古资料中体现出的服饰内容进行分类，探讨了服饰考古资料与汉代日常生活服饰间的关系，选择了壁画、帛画、画像砖石、俑和器物纹饰以及随葬的服饰实物中能够真实反映汉代现实生活服饰的内容作为研究的主体，利用考古类型学的研究方法，结合文献，归纳出汉代典型的日常生活服饰的样式，主要包括女子发式为挽髻，服装为深衣和袍或上衣下裳；男子首服为挽髻后戴冠、巾帻或巾帻与冠搭配使用，服装为深衣、袍或上衣下裤。文章分析总结了汉代日常生活服饰的特点及演变规律，认为汉代日常生活服饰是汉族服饰的定型与总结，对周边民族服饰的发展起到强大的影响作用；两汉日常生活服饰存在着转变期，西汉与东汉的服饰具有一定的差异，主要体现在男子、女子发式的转变，服装款式的转变、服装风格的转变等方面。总体而言，汉代日常生活服饰继承并创新了先秦与秦代的服饰，最明显的特征是对身体束缚的程度减弱，自由度增强，男子首服帻出现并广泛使用，身份等级的差异逐渐缩小，礼制的影响逐渐减弱，汉代日常生活服饰的发展与社会发展的整体大趋势相一致。王方《汉代舞服的考古学研究》对广泛出现在陶器、铜器、玉器、漆木器、画像砖石、墓室绘画等汉代遗物中的舞者服饰进行梳理，探讨了汉代舞服的主要形制、搭配、款式，分析了汉代舞服的时代与地域特征，对比了汉代舞服与常服的区别。汉代舞服基本上以上衣为主体，采用上衣下裤的搭配，也有少部分上衣下裙、上身赤裸下身着裤，还有一种上下连体的紧身衣,舞服的款式包括交领式长服、交领式中长服、对襟式上衣、披风式上衣、连体衣、裸身裤装。汉代舞服体现出一定的地域差异与时代特征,交领式长服和交领式中长服是汉代舞服的基本形式,且多以裤装搭配;对襟式上衣和下裙、披风式外衣和紧身衣的舞服搭配为云贵高原滇文化舞蹈的舞服;紧身连体衣、裸身裤装的搭配则是特定乐舞百戏的着装形式,属于汉代舞服中的非主流形式,汉代舞服的发展具有种类逐渐增多,同类服饰区域间的款式差异逐渐减小的时代特征,自西汉中晚期起逐渐形成了具有汉代服饰特点和汉代舞蹈特点的服饰体系。与同时期的常服对比,不同阶段的舞服基本都是在当时当地的服饰风格下衍生出来的,在常服款式的基础上稍加改造和修饰形成了特有的装饰效果,与常服的区别不大,尚没有形成专门的演艺服饰。刘尊志《浅析汉代的食品加工及相关问题》以考古资料为基础,结合相关资料,对汉代食品加工及相关问题进行专门研究,文章详尽论述了汉代食品以及加工的相关内容,包括食品的初加工、烹调、副食品加工等加工程序,炊爨等加工工具,食品加工场面以及对食品加工、饮食内容等进行总结的美食方,这些内容反映出汉代食物品种丰富,加工方法多样、程序明确,有许多种类和用途的加工工具,部分食品加工场面较大,出现了记载食品加工的《美食方》这一标志性成果等。汉代的食品加工得到了较大的发展,体现出汉代物质生活内容的不断丰富和日趋全面,反映出汉代社会实业如农业、手工业等的繁荣发展,以及外来物质文化交流带来的影响,食品加工的进步促进了汉代人膳食及营养结构的不断完善,丰富了饮食内容,亦说明汉代对于饮食的需求在不断提升。张建锋《汉都长安的水循环》介绍了汉长安城的发掘情况,并对汉长安城的城市水利设施和水利系统进行详细说明。汉长安城的水利系统包括供蓄水系统与排水系统,由于汉长安城城市由城区与郊区组成,因此城市水利系统包括分布于城市不同区域的各类城市水利设施,城区与郊区均大量分布各项供蓄水、排水、水运、水景观设施,共同构成一个大范围的水利系统。汉长安城及其郊区的城市供蓄水系统包括水源、蓄水设施和输水系统三个方面,排水系统主要包括建筑排水系统、院落排水系统、排水沟系统、道路排水系统、城墙及城壕系统、郊区排水系统等,蓄排水系统相结合以确保城市供水、蓄水与排水、水运、环境等城市水利目标的实现,维护整个城市地区的水循环与水环境,保证了城市水资源的供给与排放、消耗与补给的持续,最终完成了整个地区水循环的正常运转,为城市的发展提供了重要保障。李银德《图像中的汉代生活用玉》对汉代人用玉情况进行研究,古代使用玉器的历史悠久,自新石器时代历夏、商、周,至两汉臻至巅峰,汉人在生活中用玉广泛,壁画、玉器纹饰、俑塑、画像砖石、帛画、织绣图像中有大量体现,根据墓葬中玉器图像分析汉代生活用玉的使用情况,有助于更直观、深入全面地认识汉代玉器的使用状况和具体的组合。图像中反映的汉人生活玉器用途多样,包括装饰璧璜、组佩、服饰缀玉、玉容器等,广泛运用于礼、装饰、生活和丧葬等诸方面,文章丰富了以往对汉代日常用玉的认识,也论述了与汉代服饰及装饰等有关的内容。吕健《汉代封泥研究之泥料与贮泥之器》对古代封泥采用的泥料及其贮存容器进行讨论。文章概述了汉代封泥的发现情况与研究现状,着重对封泥的泥料进行探讨,搜集了文献中关于泥料、泥色的记载,并采用技术手段对考古中发现的封泥样品进行红外光谱分析,发现不同级别官署使用的封泥原料有别,其原始材料都经过一些特定工序的初步加工,结合出土文献关于"财用"的相关记载,似乎表明汉代各地存在着泥料加工与管理的机构。另外文章对贮泥之器即泥筒,进行了考古类型学分析,总结其发展演变规律,分析其在汉代基层吏员日常生活中的使用情况,探讨其背后反映出的汉代官员行政与帝国文书管理等社会内容。韩茗《河南焦作嘉禾屯铜器窖藏年代及相关问题》对窖藏中铜器的年代进行逐件考察,以形制特点为参照检索其他考古资料,确立了窖藏中铜器的年代分布,壶、钫、鋞、提梁壶年代为西汉时期,龙首方形器、勺、镂孔提笼、釜甑、深腹洗为东汉时期器物,唾壶、帐构、樽、带盖三足盘、砚滴、弩机、扁壶、秤砣、秤盘、鐎斗、踞坐熊灯柱、瓶、五凤熏炉、辟邪插座、勺型量、浅腹洗、滤盆时代应为汉末至魏晋,根据器物年代综合得出嘉禾屯窖藏铜器年代在曹魏西晋时期,应与永康二年(302)以来八王之乱事态扩大,宗室相残,至永嘉二年(308)刘渊定都平阳后,永嘉四年(310)刘聪、石勒攻入河内这期间的战乱与避难有关,窖藏主人具有较高的身份等级,该窖藏反映出汉晋时期中原地区贵族生活和日用器具情况。

卫生、安全与防御、娱乐、养殖和手工业等反映了秦汉家庭与日常生活的不同侧面。刘瑞《秦汉的洗浴与洗浴设施》将考古发掘资料与文献资料互证,对秦汉时期的洗浴行为进行了分析。文章整理了考古发现的洗浴设施情况,从时代、分布、规格、等级等方面对秦汉贵族阶层的洗浴行为进行探讨,并根据相关资料,进行了东西方洗浴文化的初步比较。徐龙国在《考古所见汉代人的卫生习惯》一文中通过汉代水井、厕所、带盖器物、拥彗之礼、沐浴之习、薰香之风等几个方面分析汉代人的卫生习惯,认为汉代人的卫生习惯具有一定的进步性,汉代社会的卫生状况有了极大改善,贵族官员还形成了一套讲究卫生的制度及礼仪,但民间由于缺乏相应的设施和条件,因此并未在全社会养成定期洗浴的习惯。董雪迎《汉代家庭安全与防御的考古学观察》分析了汉代家庭安全的主要威胁,分为两个方面,即家庭成员人身受到伤害和家庭财产受到侵犯,具体表现为洪水、地震、野兽袭击、失火、盗窃、人身伤害(如杀人、殴打等)、战乱等各种灾祸,汉代家庭为了抵御危险采用了多种措施和手段,主要是防御建筑设施、防御工具、安保人员及守门犬三类。文章认为家庭安全与防御是两汉时期人们日常生活的重要内容,相关防御措施和手段与当时的土地所有、经济生产、建筑技术等社会内容密切相关,反映着两汉社会的政治、经济、军事等多方面内容。路灵玉《两汉蹴鞠发展状况探讨》认为两汉时期大一统王朝逐步确立,社会秩序相对稳定,民众的娱乐生活水平得到了提高,蹴鞠运动在这一时期迅速推广,成为大众喜闻乐见的娱乐活动,并且演化出了不同用途:蹴鞠成为兵技,作为士兵锻炼身体、排兵布阵的训练之法;东汉时期被引入宴饮娱乐活动,配合乐曲和舞蹈,成为两汉乐舞百戏的重要组成部分;还继承了先秦以来的赌博功用。两汉时期蹴鞠运动的游戏形式的更加多样、游戏规则更加完善,参与人员也更加丰富,为唐宋时期蹴鞠游戏的兴盛奠定了基础。赵海洲等的《枣庄海子汉代聚落的考古发现与研究》对海子汉代聚落遗址的考古发掘情况进行介绍,目前主要的发现有汉代沟4条,房址11座,疑似道路1条,汉代及较晚时期灰坑多座,汉代儿童墓2座,唐代墓葬1座,发掘工作正在进行中,结构明确的房址有3座(F2、F4、F9)。根据现有发掘成果,初步推测海子遗址为一处具有相当规模且有围墙的汉代聚落遗址,聚落内房屋分布较集中,有较成熟的道路布局规划。已发现的房子可能多为猪圈与厕所,人居住的可能性较小,该遗址可能与养殖业有关。海子遗址的发现与发掘对研究汉代聚落的形态和内涵,全面认识汉代基层社会的真实面貌,以及研究汉代聚落的阶段特征和多样形态具有重要意义。李冬静《汉代家禽初探》结合考古材料与文献记载,研究汉代家禽种类、饲养和利用状况,进而探讨家禽在社会生活中的作用以及家禽与人的关系。文章从汉墓出土陶俑看汉代家禽种类,主要包括鸡、鸭、鹅、鸽四种，其中鸡最为常见，与猪、犬等家畜共同构成家庭饲养业的基本内容。汉代家庭饲养场所多种多样，养殖流程已经较为完整，一些家庭还有专门的饲养人员，家禽的基本用途是为人们提供食用禽卵和禽肉，在此基础上，又发展出娱乐、观赏、祭祀等用途，表明此时家禽不仅供给人们的生产需要，还需满足各种衍生的消费性需求，成为汉代家庭与社会不可缺少的部分。柴怡《论秦汉时期的采矿业——以相家巷封泥为主》介绍了相家巷封泥中有关矿业的内容，主要有采金、采银、采铁、采青几类，结合其他地区出现的封泥说明秦汉时期金、银、铜、铁、青等是采矿的主要对象。相家巷出土封泥的内容反映出秦汉时期采矿业的具体情况，首先秦汉时期对采矿业的分类更为具体，另外秦汉政府对采矿也制定了严格的管理制度，政府中央有专门的机构和官员来管理各地的各种矿产资源，进行集中管理和分配。

　　会议中相关学者也对汉代家庭与日常生活中的器物装饰、丧葬礼俗问题进行了讨论。黄娟《从铜镜上的钱纹管窥汉人的财富观念》对考古出土和博物馆收藏铜镜上的钱纹进行考察，梳理了不同种类钱纹的特点及与其组合的纹饰种类等方面的内容，进而对钱纹出现的时间、文化内涵及社会背景等方面的问题做了初步探讨。文章认为钱纹成为装饰纹样并非偶然，其流行反映出汉代商品经济的发展和五铢钱制度的稳定，体现了汉代人求富的思想观念，同时钱币作为文化的一种表现形式，它所代表的财富观念及所衍生的文化意义已经深入或影响到人们的日常生活。韦正《考古材料所见东汉丧葬礼俗的新变化》对考古资料中反映出的东汉丧葬礼俗的新现象，如家庭墓地、墓上祭祀、地面石刻、墓内设奠、告地、镇墓、模型明器等内容进行探讨，说明丧葬礼俗在东汉时期形成的新现象是中国古代社会从氏族本位转变到家庭本位在丧葬方面的体现，与砖室墓的兴起也有直接关系。东汉丧葬新礼俗缺少官僚制特征，是那个时代特征的反映，也对后世产生了深远的历史影响。

　　有关墓葬的考古发现与研究也是本次会议交流的内容之一。李昆仑《豫东永城考古发现与研究》介绍了永城地区近年来的考古发现与收获，为研究地区社会生活提供了新材料。朱津《关于区域性汉墓研究的几点思考——以三河地区为例》对汉代考古研究热点之一的区域汉墓问题进行探讨，结合汉代三河地区所发现的汉墓情况，分析了区域汉墓的研究现状，认为目前的区域汉墓研究大多停留在考古学文化的研究层面，需要进一步提升至对汉代社会的综合考察，应充分重视汉代的行政区划、汉人的各种人文地理分区，了解各种分区的历史背景和基本内涵，在此基础上针对不同的研究目的选择合适的研究区域。文章讨论了汉代行政区划和风俗分区与汉墓分区的关系，表示各种分区的不同在于其划分标准的差异，深层次的原因则是社会背景和制度体系的差异，对于汉人的各种地理分区与汉墓分区的关系，需要辩证地看待。张鸿亮《洛阳东汉墓出土韩君残碑浅析——兼谈汉代墓碑流行的时间与路线》对东汉韩君残碑进行了形制分析，考证了碑文内容与墓主人身份，认为出土韩君残碑的M20与邻近的M19，应属于韩棱家族墓园的组成部分。文章论述了汉代墓碑流行的时间与路线，认为汉代墓碑于西汉晚期在齐鲁地区形成雏形，经过东汉早期的缓慢演变，最终在东汉安帝时期的洛阳地区发展成熟并开始流行。东汉中期以后墓碑广泛流行，并影响到全国各地与当时的政治经济背景密切相关。曹铁娃《楚文化与汉画像艺术关系探析》通过对汉画像艺术的内容、题材的分析，尤其是"熊"形象的分析，探讨楚文化与汉画像艺术关系。文章分析了帛画与画像石在内容、题材、风格上的关联性，以汉画像中"熊"的形象为切入点,说明汉画像在风格、技法、布局关系上与楚汉帛画的艺术渊源,认为汉画像艺术风格与楚文化一脉相承,直接联系较为密切。

在会议的闭幕式上,中国社会科学院考古研究所白云翔教授对此次研讨会进行总结发言,表示此次学术研讨会视角新颖、主题突出,发言与点评十分精彩,与会学者围绕"考古学视角下的秦汉家庭与日常生活"进行了充实、高效的讨论,会议提交的论文涉及秦汉考古的许多热点问题,与会学者以考古材料为基础,从不同角度、思路展示了秦汉家庭与日常生活的方方面面,材料全面、内容丰富、研究深入。

本次会议为期两天,研讨气氛热烈,参会人员以中青年教授、研究员为主,也包括博士、硕士研究生等,是一场以中青年学者为主、较高层次的学术研讨会,这次研讨会深化了秦汉家庭与日常生活的考古学研究,提出了"社会生活的考古学研究"这一命题,将以往的零星研究纳入一个大的研究方向,对拓展考古学界研究视角与研究思路具有重要作用,十分有助于推动中国考古学与社会史的综合研究。

作者简介:刘尊志,南开大学中国社会史研究中心暨历史学院教授;谢佳芮,南开大学历史学院博士研究生。

【书 评】

"中国传统法医学"近代化的复杂图景
——Daniel Asen《Death in Beijing——Murder and Forensic Science in Republican China》评介

杨晓越

一、引 言

西方科学话语中的法医学自近代以来传入中国,与此同时,同它大致相对应的中国传统司法检验之学也开始了近代转型。那这种"中国传统法医学"[①]是如何转变为以科学为基础的近代法医学的呢?我们又如何在更为广泛的意义上理解转型过程中呈现出的样态呢?以往对于此类问题的研究成果多是从制度层面进行的史料梳理,缺乏在具体历史语境下的分析。近十多年来,逐渐有一些研究更加注意制度生成的社会背景、真实运作情况以及其实施效果,比如李光和的《中国司法检验体制的近代化转型——以法医取代仵作为中心的历史考察》、龙伟的《民国司法检验的制度转型及其司法实践》以及郭俊美的《南京国民政府时期司法检验人员的新陈代谢研究(1929—1945)》[②]等论文。他们注意到司法检验制度在近代转型过程中的挫败与困顿,指出了制度"表达"与"实践"中的落差,开始努力揭示中国传统法医学近代转型过程中的复杂性,并且对于阻碍转型的原因有所分析。但是总体而言,这些文章还是较为粗线条式的,基本还是以一些省份为例来勾勒全国的总体状况,缺乏对某一地域的具体考察,而且全国的图景也不甚清晰。此外,他们对于司法实践中新旧检验知识与

[①] 张哲嘉已指出,"法医"对于中国而言是一个舶来词,最初从日本传来,是日本西化后所产生的词汇。现有的一些研究如张哲嘉、陈重方等人的文章在论述中也将中国传统社会中的司法检验之学称作"中国传统法医学",虽然细究起来这种称呼不太妥当,但是为了行文方便,本文亦有时候采用此说。可参阅张哲嘉:《"中国传统法医学"的知识性格与操作脉络》,《"中研院"近代史研究所集刊》2004 年第 44 期,第 1—23 页;陈重方:《清末民初以来检验吏、检验员的境遇》,复旦大学历史学系、复旦大学中外近代化进程研究中心编:《药品、疾病与社会》,上海:上海古籍出版社,2018 年,第 226 页。

[②] 李光和:《中国司法检验体制的近代化转型——以法医取代仵作为中心的历史考察》,《历史档案》2011 年第 2 期,第 117—123 页;龙伟:《民国司法检验的制度转型及其司法实践》,《社会科学研究》2013 年第 4 期,第 173—179 页;郭俊美:《南京国民政府时期司法检验人员的新陈代谢研究(1929—1945)》,华中师范大学硕士学位论文,2017 年。

技术的应用情况的考察力度仍旧不够。由是观之,有关中国传统法医学近代转型的研究还存在较大的进展空间①。

安大年(Daniel Asen)②在其博士论文基础上修改而成的专著《北京里的死亡——民国时期的谋杀与法医学》(*Death in Beijing*——*Murder and Forensic Science in Republican China*③,以下简称"安著",直引书中语句径括注页码)以正处于近代转型中的民国前中期④北京的"法医学"为主要研究对象,有力地弥补了以往这方面研究的不足。安著在2016年由英国剑桥大学出版社出版,是该社"历史上的科学"(Science in History)系列丛书⑤中的一本。此书展示出民国前中期北京的法医学从传统向近代转型过程中的复杂面向,并以之为代表来探讨中国传统法医学向近代法医学的转化问题,最后借由研究中国法医学近代化的历史来重新反思中国近代化过程中的专业知识与科学。安著不仅在呈现历史方面做出了贡献,而且也在更广泛的背景下发掘出中国近代转型时期法医学史的研究意义与价值,为日后的研究提供了启迪性的思考。笔者目力所及,西方历史学界中,班凯乐教授(Carol Benedict)为该书撰写了简短评介⑥,但因限于篇幅,班教授虽然谈到安著的主要结论和贡献,但是未能较为详细地介绍该书,也没有过多论及该书的启示与不足。中国历史学界则尚未见相关评介,而且

---

① 台湾"中研院"也关注这方面的研究,张哲嘉《清代检验典范的转型——人身骨节论辨所反映的清代知识地图》一文是其研究成果之一,但此文是借由分析清代检验官员有关人身骨节的议论,来呈现西学大举冲击前中国知识主流与专门之学的互动关系,重点不在探究从中国传统司法检验知识的近代转变。除此论文之外,笔者尚未见到其他正式出版的研究成果。此消息得自张哲嘉:《清代检验典范的转型——人身骨节论辨所反映的清代知识地图》,收入生命医疗史研究室主编:《中国史新论——医疗史分册》,台北:"中研院"、联经出版事业股份有限公司,2015年,第431页。

② 安大年在哥伦比亚大学取得中国近代史博士学位,现为美国罗格斯大学历史系助理教授。他的研究兴趣包括中华帝国晚期和民国时期法律、科学与医学之间的复杂关系、专业技能与知识的文化和社会政治意涵,以及死亡与身体的历史等等。他较为注意在全球史的脉络当中进行研究。已发表的有关中国法医学的研究成果,例如Daniel Asen, "Vital Spots, Mortal Wounds, and Forensic Practice: Finding Cause of Death in Nineteenth-Century China," *East Asian Science, Technology and Society: An International Journal 3*, vol.4(2009), pp.453–474; "The Only Options?: 'Experience' and 'Theory' in Debates over Forensic Knowledge and Expertise in Early Twentieth-century China," in *Historical Epistemology and the Making of Modern Chinese Medicine*, edited by Howard Chiang. Manchester: Manchester University Press, 2015, pp.139–159; "Old Forensics in Practice: Investigating Suspicious Deaths and Administering Justice in Republican Beijing," in *Chinese law: knowledge, practice and transformation, 1530s to 1950s*, edited by Li Chen and Madeleine Zelin.Leiden/Boston: Brill, 2015, pp.321–341; "Song Ci (1186–1249), 'Father of World Legal Medicine': History, Science, and Forensic Culture in Contemporary China." *East Asian Science, Technology and Society: an International Journal 2*, vol.11(2017), pp.185–207; 等。

③ Daniel Asen, *Death in Beijing*——*Murder and Forensic Science in Republican China*, Cambridge: Cambridge University Press, 2016.

④ 虽然该书副标题所写时段是民国时期,但是作者在书中主要论述的时段是民国前中期,尤其是20世纪二三十年代。就此而言,该书副标题似有些不严谨。

⑤ 该系列丛书关注的内容是十八世纪中期到二十世纪中期处于全球经济、工业和社会转型重要时期的科学史,强调从历史学科的角度,使用复杂的历史模型来理解科学发展和改变的方式。该系列丛书从2016年开始出版,至今共出版了七部专著,具体书目信息可浏览剑桥大学出版社网站 https://www.cambridge.org/core/series/science-in-history/2E810FC41A99ECFBD885419146D24AE0,访问日期2018年5月15日。

⑥ Carol Benedict, "Death in Beijing: Murder and Forensic Science in Republican China by Daniel Asen (review)," *Twentieth-Century China 2*, vol.42(2017), pp.12–14.

该书目前还没有中译本问世。鉴于上述原因,笔者拟对其做一番介绍与评论,并谈谈自己的收获。

二、全书梗概

全书除导言和结语外,共分七章。《导言》主要介绍了全书的研究问题和研究理念。作者开篇通过对1936年2月3日北平东站一起抛尸案所进行的检验情况的描述,将北京检察厅的官员、从属于检察厅实际进行检验工作的检验吏以及林几这样的法医专家等多种角色带入读者的视野,并引出全书的重要问题:中国传统法医学是如何转变为近代法医学的。一方面,作者认为,需要将来自西方的近代法医学传入中国的历史事实定位到当时法医制度、知识体系与实践等内容在全球快速发生重要转变的时期,另一方面,他又强调需在中国北京这座城市的实际环境中来理解近代转型过程中的法医学。

第一章《民国时期北京的非自然死亡与城市生活》主要论述了民国前中期北京死亡观念的变化、对于非自然死亡的社会与官方关注以及官方的调查程序。此一时期的北京,政治、经济、文化等方面的近代化进程改变了这座城市看待死亡的意义,动荡的社会状况在工业印刷资本主义的推动下,使得城市中的死亡消息借助报纸等纸质媒介在市民生活中公开传播。与此同时,北京的警察机关和检察机关对城市中的死亡实施多方面的监察,这是它们对居民进行日常行为规训以维持城市秩序的一种职能要求。根据规定,死者家属必须向警察机关报告死亡消息,然后警察机关会依据程序,将其中包括杀人案在内的可能需要负法律责任的非自然死亡消息告知检察机关,由该机关来负责执行尸体的检验工作。

第二章《北京检察厅处理的案件》主要关注的是北京检察厅对于真正值得怀疑的或是被确认为杀人案中的尸体的管辖权。民国司法机关在很大程度上接受和承袭了清朝高度标准化的司法检验知识,各级司法官员牢牢掌握这些技术性知识来监督实际从事检验工作的检验吏(员)。由司法机关的官方政策和警察的制度化实践作保障,北京检察厅掌握了检验工作的权威,而检验真正值得怀疑的或是被确认为杀人案的尸体则是他们所负责的检验工作的核心类型。

第三章《有争议的法医学和骸骨》选取法医检验中的检骨技术来探讨实际从事检验工作的检验吏的知识如何被司法机关看待和利用,以及检验吏是否拥有权威。因为骸骨检验的技术难度较高,所以需要检骨时,官员会通常选择司法机关中少数技术高明的检验人员,此时他们显示出"专家"的意味,在检验中拥有一定的知识权威。不过,作者认为,"对于'专家'的使用不是在每一例法医检验中都会被应用的最重要的制度目标,而是在对更小的一部分案件中可能遇到的特殊情况所做出的必要反应。"(第108页)作者还注意到,这些检验人员依然会利用来自中华帝国晚期检验文本中记载的检骨知识。同时,他们往往也通过采用援引以往案例的策略,来增强他们关于法医检验程序和检验结论的主张的合法性与正确性,不过,虽然案例是一种被司法机关承认的权威知识类型,也可以为检验吏所用,但是对这一群体而言,它并不是一种独占资源。因此,作者对于检验吏是否拥有权威的看法是:国家对于法医知识的官僚式控制(Bureaucratic Control)和对检验吏的监督,使得他们几乎无法获得在检验工作中的专有权威。此外,作者还指出,依靠官僚沟通的网络,北京检察厅会接收来自外地政府机关的检骨请求,将技能高明的检验吏派往案发地,这增加了此种技术知识(Technical Knowledge)的流动性和空间应用范围,所以检骨案件也显示了"中国的法医实践在很大程度上被整合进国家的官僚结构中,尤其是分级组织的司法基础设施中。"(第109页)

第四章《宣传,专业人士和法医学改革》展现了在民国前中期的北京,具备西医背景的法医学改革者与司法机关等各方以印刷媒体为重要场域,围绕谁应掌握法医学的知识权威而进行的争论。像林几这样的法医学家们利用报纸、学术期刊、教科书以及基于实验室检测的书面报告等诸多宣传形式,一方面向司法机关和社会大众传播法医学知识,以此来宣扬以科学为基础的法医技术的优越性,而非鼓励司法机关自身使用这些知识来加强他们在中国的司法检验工作中的权威,另一方面他们又列举一系列像"刘廉彬案"这种检验吏在检验工作中出现错误的案件,以此质疑检验吏的合法性并否定检验吏遵循的没有满足新的认识论标准的传统法医学知识的价值,从而加强法医学家和其他领域的现代西方科学专家在这个司法实践领域的合法性与权威,强化职业认同,促进法律官员和法医学家等现代西方科学专家之间的跨专业合作,推动以欧洲大陆和日本的法医制度为模型的法医学改革。但是,作者认为,很难说这些宣传在此一时期产生了立竿见影的效果,因为法医专家群体毕竟人数较少,而且报纸主要还是集中报道检验吏进行的检验工作,这无疑是默认了传统法医学知识的有效性,并将检察官和检验吏参与检验工作合法化,在一定程度上抵消了法医学改革者的专业诉求。所以,作者在此章末尾说:"这些报纸上的报道也往往准确描述了在1920和1930年代界定中国法医现场的多样性,反映出司法机关继续在不是基于西方科学医学的法医检验实践中施加权威的事实。"(第131页)

第五章《犯罪现场的专业权力之争》通过对1924年1月15日北京外城发生的"刘妈被杀案"的具体分析,考察了医学和其他科学领域内的外部专家在中国法庭上提供科学证据的早期历史。在"刘妈被杀案"中,判定犯罪嫌疑人沈太太是否有罪的关键取决于对犯罪现场遗留下的血迹与指纹的鉴定。此一案件的每个阶段都动用了包括指纹鉴定者、医学院教员等外部专家来解释和判别这些证据,但是因为存在争议,所以该案经过多次审理,"显示出一幅专家的证据没有绝对和专有权力的画面。"(第148页)虽然外部专家可以提供与自己专业领域相关的科学证据,但是在司法审判中是否使用、何时使用以及怎样使用这些证据的最终决定权却在法律官员手中。对于法官和检察官来说,外部专家提供的科学证据仅仅是他们在司法审判过程中面对的诸多类型的证据中的其中一种,除此之外,他们通常还会引用其他的经验性证据,而且"追求科学真理不是这个过程最重要的目标"。(第156页)法律中也规定了提供科学证据的外部专家的资格以及呈递观点的形式与程序,不符合这些规定会致使这些科学证据失去在法律领域产生效用的条件,所以作者说道:"包含在专家鉴定中的科学知识只有被那些已经在这个独特的制度性和程序性背景中拥有权威的人接受的时候,才能在法律中获得权威。"(第152页)

第六章《解剖及其不满》关注的是解剖技术在民国前中期北京命案调查中的应用情况。虽然1913年11月及其之后陆续修订的法律章程使得解剖在中国具有了合法性,但是作者指出,解剖在案件调查中的实际应用情况是较为有限的。解剖在司法检验工作中应用不广,除了中国传统社会历来反对损毁尸体的文化观念的阻碍,作者认为,传统法医学实践具有相当的有效性也是不容忽视的原因之一。检验吏等检验人员使用传统法医学知识所进行的体表检验与以科学知识为支撑的解剖检验虽然性质截然不同,但是二者往往殊途同归,都基本足以在命案调查中确定死亡原因与死亡方式。这样一来,相对更为繁琐并且包含解决法律问题并不需要的医学细节的解剖就显得有些多余。作者还指出,对于中国早期西医出身的医生而言,解剖的首要目标是解决医学问题而非法律问题,所以"在这样的情况下,解剖不被城市当局视为在死亡调查或是监管城市死亡率中必要的技术,反而是一项需要官方监督的活动,如果不加管理,解剖活动可能会挑战国家对于死者的现行管理或者会因处理尸体的冲突产生社会骚乱。"(第179页)

第七章《南京十年的法医学》主要叙述了法医学家林几在1927—1937年国民党领导的国民政府以南京为首都的执政时期,为建立法医学学科的制度基础在北京所作的努力。林几筹建并担任过国立北平大学医学院法医教研室主任,他通过利用邮政系统来交换、传递物证和检测报告的方式,让北平大学医学院法医教研室为河北、河南、山东、山西等地省市县各级司法机关处理案件提供服务,由此使北京成为中国北方地区法医学检验的中心城市,法医知识在此地集中化。作者指出,法医检验服务可获得性的扩展是一种法医学实现专业化的过程,此过程中也体现出"法医学近代化的空间不平衡性。"(第190页)但是,作者又同时强调,法医学家专业权威的逐步扩大也是司法官员认可的结果,支持这个科学学科的专家同那些为他们的实验室带来检测物证的司法官员作出了专业上和认识论上的妥协。

结语《法医学近代性的历史》是对全书研究内容的总结与深化。作者借用雷祥麟教授形容中国20世纪早期中医史、西医史和现代国家之间的关系时所使用的"共同进化的历史"(Coevolutionary History)以及"双向互动"(Reciprocal Interactions)[①](第221页)来描述此一时期的法医学史,认为它是努力建立法医学学科的法医学改革者同民国司法机关相互竞争与妥协的历史,是在不同形式的司法检验制度和实践中展开互动的历史。作者在书中努力呈现中国法医学近代化的复杂图景,这有别于线性的近代化叙事模式,是由被传统与现代、中国与世界的政治、经济、文化、技术和社会等多方力量所塑造的特殊产物。

三、贡献与价值

在此依个人浅见,从以下几点谈谈安著的学术贡献与价值。

首先,让我们来关注一下作者的书写方式,这一点班凯乐教授在其书评中也稍有提及。[②]该书每一章节的论述几乎都是先以具体的史料为开端,而且大部分章节篇头选择了引用案件的方式。案件自有的故事性意味本就容易引起人们的好奇心,作者不吝笔墨地描述案件,

---

① Sean Hsiang-lin Lei, *Neither donkey nor horse: medicine in the struggle over China's modernity*, London: The University of Chicago Press, 2014, pp.7-10.

② Carol Benedict, "Death in Beijing: Murder and Forensic Science in Republican China by Daniel Asen (review)," *Twentieth-Century China 2*, vol.42(2017), pp.13-14.

无疑增强了文章的可读性。不过，此种书写方式显然也并不只是为了增加读者的趣味。作者基于史料又根据自己的叙述考量来进行详略去取，借助这些案件来呈现当时的历史情景，给人以身临其境之感，更重要的是还能够借此引出章节的研究主题，为后面展开的论述提供自然过渡。比如，第一章开篇引用了北京1928年1月9日一个人在铁轨上被火车轧死的案件，作者通过对案件中警方介入调查的描述，来展开对于北京官方进行的杀人案调查程序的介绍。再如，第三章开篇引用了奉天省发生的一起有争议的案件，死者家属和当地检验吏围绕尸体肋骨上究竟有无可疑的变色情况争执不下，所以在1923年5月下旬北京检察厅接到请求派遣检验吏去实施骸骨检验，作者由此案引出对于作为法医实践领域中一个重要方面的检骨技术的考察。虽然此类表达属于西方史学界常见的书写风格，而且越来越多受其影响或是出于自觉的中国学者也予以采用，但就中国史学界尤其是大陆史学界整体而言，传统的历史著作书写方式还是占大多数的，所以笔者在此又特别点明安著的书写方式。诚然，不同的书写方式之间不能够以优劣分之，但是我们似乎应该在不失却学术著作自身严谨性和规范性的前提下，尝试多元书写的可能，从而优化表达。此外，还值得一提的是，案件的记录材料不计其数，这些被写入书中的案件想必也不是作者的随意之举，而是在众多案件中进行了一番费心的选择与分析的结果。

其次，就研究规模和研究空间而言，作者将写作范围时空定位到民国的北京，尤其是民国前中期的北京，以个案的方式来具体探讨中国法医学从传统向近代的转型问题，为呈现相关历史做出了一定的贡献。城市在中国近代化过程中是具有核心地位的空间，而中国传统法医学的近代转型同这一时期发生的许多其他转型一样，也主要是以城市为背景展开的，近代法医专业知识的发展有赖于以城市为基础的实验室和训练有素的医学专家。作者认为，"城市是理解中国法医学近代转型的重要场所"（第222页）。不过，作者并不是试图"在城市背景下寻找现代制度和实践的顺利和一致的趋同性，而是聚焦作为一种场所的城市在其中混杂的现代力量。"（第223页）另外，该项研究将城市作为研究空间，在一定程度上也进一步完善了北京城市史中关于城市治安和公共秩序管理方面的研究。还值得指出的是，作者选取北京作为研究空间，也是基于其相关史料的丰富程度。该书主要依据的史料以档案、报刊和期刊为主，作者较多利用了北京市档案馆、第一历史档案馆、洛克菲勒档案中心等地存留的档案以及《晨报》《实报》《世界日报》《申报》等报刊和《法医月刊》等期刊上的内容。

再次，在研究理念上，安著既重视全球视野，又强调在地化。这一点虽然前述对于导言的介绍中略有提及，但是在此还是值得单独做些说明。一方面，作者将中国近代法医学以及与之相关的学科专业化、人员职业化、知识科学化等内容放在全球范围内来看待，注意到在西方渐趋成为近代职业的法医和作为科学学科的法医学所拥有的专业认同与具有认识论权威（Epistemological Authority）的专业知识形式对中国近代法医学学科建立产生的作用。作者引用了科学史学家蒂莫西·勒努瓦（Timothy Lenoir）有关科学学科研究的观点，指出"尽管科学实际被应用的社会、文化和历史背景确实存在不同，但是科学学科提供了在不同的全球背景下工作的行动者们能够声称拥有一致的专业认同和各种兼容的认识论假设的环境。"（第17页）另一方面，也是作者更为强调的是，必须在当地背景中来理解近代法医学的实践。他提及大卫·阿诺德（David Arnold）对于19世纪印度殖民地医学史的研究，认为"当现代科学、医学和技术的新形式被引入和建立的时候,中国也不是一个'科学和技术一片空白的状态',在理解这些新的知识实践(Knowledge-Practices)的历史时,这个因素必须被考虑。"(第18页)事实上,对在地化观念的强调在目前有关近代性的研究当中并不鲜见,而且可以说已逐渐被普遍接受①,作者秉承了这一理念,努力讲述中国自身的法医学转型故事。民国前中期,西方近代科学语境下的法医学同延续自中华帝国晚期的旧有法医学之间存在着复杂的互动,虽然前者在不断地发展,且试图夺取后者的权威与合法性,但是此过程是缓慢而不显著的,近代法医学知识在几十年的时间里都没有在司法领域获得广泛的适用性,而中国传统的司法检验知识却在清朝灭亡几十年后,依旧能够在制度与实践上继续得到中央与地方各级政府机构的认可。作者指出,"与检验吏相联系的组织法医知识的独特方式为正在经历近代化阵痛的国家提供了特殊的效用。"(第222页)这种新旧知识混杂,而且旧有司法检验知识的"生命力"还颇为旺盛的情况,是中国法医学近代转型过程中的特殊面貌,也是属于中国自己的近代化的组成部分。

最后,就研究深度而言,作者对于近代法医学在中国曲折而缓慢的发展过程的研究,揭示出中国法医学领域内科学知识应用的特殊性,亦即体现了彼时民国司法领域的政治运作。作为科学的法医学是法学和医学的交叉学科,其基本任务是"为法律工作提供科学的证据和资料"②。所以作者认为,"不能够简单地将聚焦法医学这种专业的历史同司法机关自己对于法医科学占用的历史区分开来"(第221页),于是他着重考察了法医学与国家机关之间的联系,展现政治维度,揭示历史表象之下权力关系的形成和运作。③根据作者的论述,清朝官员运用已经标准化的司法检验技术知识来监督仵作等人的具体工作,掌握这一司法实践领域的权威,而清末的司法改革也没有充分采用被视为最具权威形式的近代法医专业知识,而是在很大程度上保留了这种旧式的、带有政治统治意涵的技术知识。虽然中国传统法医学知识不断受到近代科学话语的诟病,但它在实际的应用中的确存在一定的效用,可以相对便捷地满足司法调查的需求,于是这种官僚控制司法检验知识的模式被民国司法机关所接纳,融入民国北京以及中国其他地方的司法机关的实践中。作者在第二章谈到,假如把检验工作授权给司法领域之外的具有科学知识的专家的话,将会削弱国家对于技术知识的控制,而且会在复杂的司法体系内部引发新的监督和协调的问题。基于此,作者认为,虽然近代法医学拥有强大的新技术能力,但是这种科学专业知识同民国司法机关的特定制度和实践的需求之间存在着紧张和不一致,所以法医学学科的发展并不顺利。不过,在清末以来西方科学知识大量进入中国的背景之下,民国的法律官员还是会根据具体情况,适当采纳法医学家等科学专家的建议,而法医学家也通过采用与法律官员协商的策略,慢慢争取他们在法庭和其他社会领域中获得权威的可能性。

---

① 比如从中国在地社会的医疗问题来探讨"近代性",可参阅梁其姿:《医疗史与中国"现代性"问题》,《面对疾病:传统中国社会的医疗观念与组织》,北京:中国人民大学出版社,2012年,第96—124页。
② 闵银龙主编:《法医学》,北京:法律出版社,2017年,第7页。
③ 李剑鸣:《政治史研究的新取向》,收入《隔岸观景》,北京:社会科学文献出版社,2012年,第64—65页。

四、不足与启示

在评论一部著作之时,虽然应该着意于其体现的价值与意义,但是除此之外,也应反思它可能存在的不足以及得到的启示,以期进一步深化研究。所以笔者在此不揣谫陋,略微谈谈自己的认识。

首先,前述提到该书属于个案研究,而个案研究面临的一个不得不说的难题便是如何关照整体。中国法医学的近代转型是一个较为宏大的问题,作者选择从北京这一具体的城市空间入手进行考察,具有合理性和可操作性,有助于展开研究和得出结论。但是,中国幅员辽阔,即便按照作者的观点着重在城市空间中进行探讨,那也是城市众多。北京这座城市的复杂面貌纵然是整体面貌的组成部分,不过想必也无法断言其完全涵盖了全国其他地方的情况。事实上,单就书中提到的内容来看,就能发现北京和上海两地在近代法医学知识应用于司法实践中的进展速度与规模上存在差异。如此而言,若要谈论对于北京的研究在多大程度上具备普遍性的话,就仍需对全国其他城市的状况进行考察与比较。虽然整体不是部分的简单相加,但是不能否认个案的积累有助于完善对整体的研究,各地都有自己的地域性特征,在呈现历史事实的意义上,这些差异也值得被指出。所以,今后也有必要再行考察像上海这样的中国其他城市的法医学近代转型情况。

其次,作者在书中对于一些历史事实的呈现上似乎有时不够深入细致。比如,作者在第二章只是简单介绍了为北京检察厅工作的检验吏的来源和工作服务情况,也没有详述他们是如何接受培训计划的。再如,作者在结语中说:"本书在一个层面上聚焦正式的专业科学机构如科系、研究所、专业协会的历史,以及这些机构和它们的专家推动的建立、宣传和认证专业的相关活动。"(第218页)但是从书中的内容来看,作者对于这些专业科学机构的历史的叙述还是有些简略,像其中较为重要的北平大学医学院法医教研室的建立过程,作者就没有具体说明。

最后,在该研究内容的基础之上,也还可以继续进行拓展。比如,作者在书中对于北京法医学近代转型的论述到南京十年时期基本告一段落,但事实上这个转型过程截止到那个时期也并没有完成。虽然作者在结语部分提到1940年代初,近代法医学的权威性还没有完全在司法领域内建立,但是在这样的简短论述之外,我们还是应该对北京法医学在民国中晚期,具体来讲是1937年以后的民国时段的转型历史进行专门而细致的考察。1937年七七事变后,北平被日本占领,伪中华民国临时政府在此成立,直到1945年8月21日,北京的日本军队宣布投降。在这八年的时间里,日本的法医学家等科学专家以及统治者对于北京法医学的近代转型有何种影响呢?作者也曾在结语部分稍微提到北平大学医学院法医系的日本教职员工对于命案调查有所帮助[①],这一点是否可以再进一步研究呢?另外,作者

---

① 安大年在一篇论文中提到日军占领期间,北平大学医学院有来自日本机构的教员在科系中任职,有日本专家担任法医学系的系主任。可参阅 Daniel Asen, "'Dermatoglyphics' and Race after the Second World War: The View from East Asia," *Global Transformations in the Life Sciences, 1945–1980*, p.61.

在书中认为直到中华人民共和国时期,清朝旧式的法医学知识才真正退出了历史舞台,所以共和国时期法医学的发展历史也值得来探究。

结　语

简言之,要了解中国法医学的近代转型问题,安著无疑是值得阅读的一部著作。该书揭示了中国法医学从传统向近代的本土化转型过程中的复杂性与多元性,在其中我们看到了医学、法律、政治和文化等方面的动态互动。另外,作者还将中国近代转型时期的法医学史的研究放置到更为广大的范围中,来重新反思中国近代化过程中专业知识与科学的意义。正如已有书评所指出的,该书还提供了许多思考中国法医学近代转型问题的相关视角,比如中国近代城市转型期中不断变动的死亡文化、中国近代职业的兴起[①]等等,由于篇幅的关系,笔者没有一一展开介绍。虽然著作不可能十全十美,但是其中存在的问题以及所促发的思考也为进一步的研究提供了契机与动力。笔者限于自身水平,对安著的解读或有不周之处,还请读者谅解。希望此文能起到抛砖引玉之效,让更多的研究者们关注并推进有关转型期的中国法医学史的研究。对该书感兴趣的读者还可以阅读原著,如此的话,也许在笔者的评介之外,还会有其他属于个人的体会。

作者简介: 杨晓越:南开大学历史学院博士研究生。

[①] Carol Benedict, "Death in Beijing: Murder and Forensic Science in Republican China by Daniel Asen(review)," *Twentieth-Century China 2*, vol.42(2017), p.13.

天高皇帝未必远

——读《皇权不下县？清代县辖政区与基层社会治理》

金 晶 刁培俊

一

"皇权不下县"作为国际学界的一个论题,学人聚讼已久,成果丰富,论证激烈。1949 年以来,最早明确提出"皇权不下县"这一概念的是温铁军。他在论述中国历史上农村制度变迁时曾说道:"由于小农经济剩余太少,自秦置郡县以来,历史上从来就是'皇权不下县'。……"①这一学术概念新颖且意涵丰沛,引领了此后较长一段时间的学术讨论。但究其实,学界涉及中华帝国皇权与基层社会关系的讨论由来已久,已大致形成了以下两种观点。

一种观点将县上和县下分为两个体系,皇权只触及县上地区,在县下地区处于真空状态。这一观点的代表人物主要有马克斯·韦伯、吉尔伯特·罗兹曼、费孝通、黄宗智等。马克斯·韦伯认为由于自身统辖能力的局限,帝国的权利只能延伸到城墙之内,出了城墙以外就会受到氏族势力和村落自治体的抵制;对于帝国而言,"城市"是官员所在的非自治地区,而

※ 谨按:本稿定稿后,拜读到陆悦:《县以下代表皇权的人员——胡恒〈皇权不下县〉读后》,《法律史评论》总第九卷,北京:法律出版社,2017 年,第 324—335 页。前后比对后,我们认为两文各有侧重,譬如:1.在学术史回顾方面,二者都回顾了温铁军、费孝通、秦晖的既有成果,陆文更为详细,篇幅较大,且照顾到张美德、任九光、周作翰、张英洪、贺跃夫等人的研究,但拙稿也有部分学术史陆文没有提及(魏光奇教授的研究)。2.在叙述《皇权不下县?》优点时,两文都充分关照到瞿同祖先生的研究,且拙稿多了魏光奇,陆文涉及郑秦、张研的成果回顾。此外,陆文按地域分类分析佐杂官群体,更为细致。3.两文存有分歧。一是县辖政区这一概念,究竟是胡著的优点抑或缺点,两文认识不同。二是拙稿褒扬胡著取皇权狭义定义这一做法,而陆文质疑之。等等,恕不一一。

① 温铁军:《半个世纪的农村制度变迁》,《战略与管理》1999 年第 6 期。

"村落"则是无官员的自治地区。①吉尔伯特·罗兹曼、黄宗智等也大致持相同观点。②瞿同祖在《清代地方政府》一书强调清代地方政府实际上是以县官为中心的"一人政府",士绅是一种非正式政府设置,二者合作才保持了地方社会的稳定与持续。③费孝通认为中国的乡村社会实际上是一种"长老统治"的社会,政府为了维持皇权,崇尚"无为政治",虽然名义上是"独裁""专制",但在百姓实际生活上,却是松弛的、微弱的、无为的、挂名的。④魏光奇认为清代里甲、乡地和保甲人员均属于职役而不属于乡官,不可能成为地方社会的领袖;所谓自治,即是在县和区、乡实行地方自治,由地方人民选举公共机构的管理人员治理本地公共事务。⑤郑振满承继傅衣凌先生的乡族理论和"自治"说,并在此基础上做了更多研究,尤其是针对"乡族自治"的研究。⑥

一种观点认为皇权无所不在,严密地将基层社会广土众民纳入其掌控之下。这一观点的代表学者主要是萧公权、秦晖等。萧公权在其《中国乡村:论19世纪的帝国控制》一书中,详细考察了19世纪清政府对广大乡村的控制。他认为清王朝作为一个异族王朝,更加迫切对基层社会进行控制。清王朝通过地方政府的组织体系,将政府的行政权力从北京传到帝国的各个角落。⑦秦晖反对所谓的"国权不下县,县下唯宗族"的说法。他主张"国权归大族,宗族不下县,县下唯编户,户失则国危,才是真实的传统"。秦晖认为中国古代以宗族为主要表现形式的小共同体,并没有人们想象中的那么发达,它始终受限于以国家为本位的大共同体中。中国是个崇尚"外儒内法"的国家,所以不可能任由宗族势力发展,而是更积极建立不经任何阻隔就直达于每个国民个人的君主极权统治。因此从秦汉以来,除了几个特殊的历史时期,国家一直维系着对"编户齐民"的控制。⑧刁培俊质疑"皇权不下县"的观点,主张皇权通过"刚性"和"柔性"相结合的"刚柔并济"多元渠道管理基层社会。他以两宋为例,考察了这一时期州县行政"官治"和乡役等体制下"民治"。他指出宋朝村民所谓的"自在生活"是有局限的,始终受制于皇权网络之下。帝国的"刚性"治理模式,表现在"官治"和"民治"之上,其中"以民治民"的"民治"只是"官治"的延伸和变异。王朝的"柔性"治理方法,表现在利

---

① 马克斯·韦伯:《儒教与道教》,南京:江苏人民出版社,2003年,第77页。
② 吉尔伯特·罗兹曼:《中国的现代化》,南京:江苏人民出版社,2014年,第76、78、81页。黄宗智:《华北的小农经济与社会变迁》,北京:中华书局,1986年,第229、237、238、258页。黄宗智:《经验与理论:中国社会、经济与法律的实践历史研究》,北京:中国人民大学出版社,2007年,第137—176页。卞利:《论明中叶至清前期乡里基层组织的变迁——兼评所谓的"第三领域"问题》,《天津师范大学学报》2003年第1期。近期张海英自明清江南市镇视角的讨论,也颇有新意,参阅其《"国权":"下县"与"不下县"之间——析明清政府对江南市镇的管理》,《清华大学学报(哲学社会科学版)》2017年第1期。
③ 瞿同祖著,范忠信等译:《清代地方政府》,北京:法律出版社,2011年,第312—319页。
④ 费孝通:《乡土中国》,北京:北京出版社,2005年,第85—99页。
⑤ 魏光奇:《官治与自治——20世纪上半期的中国县治》,北京:商务印书馆,2004年,第50—53页,第2页。
⑥ 关于傅衣凌先生早在1940—1960年代即已提出的"乡族"概念,以及乡族群体与基层社会秩序构建,郑振满在此基础上的探讨,请参阅其《明清福建家族组织与社会变迁》,北京:中国人民大学出版社2009年。郑振满:《清代闽西客家的乡族自治传统》,《学术月刊》2012年第4期。
⑦ 萧公权著,张皓等译:《中国乡村:论19世纪的帝国控制》,台北:联经出版有限公司,2014年,第4、6、301、596、597页。
⑧ 秦晖:《传统十论——本土社会的制度、文化及其变革》,上海:复旦大学出版社,2003年,第39、97、99页。

用儒家伦理纲常理念来约束村民日常生活。帝国刚性抑或隐性控制举措的隐与显,帝国"刚柔并济""因俗而治"控驭广土众民的渠径,反映了两宋社会控制模式的多元化。①

前述两种观点,至今也尚未达致共识。

二

在这一学术背景下,胡恒新著《皇权不下县?清代县辖政区与基层社会治理》(以下简称《皇权不下县?》,北京师范大学出版社,2015年版)对"皇权不下县"这一论题提出了新的见解和思考。这本书不仅是一部历史地理著作,也是一部区域史、社会史、政治制度史方面的著作。作者的核心观点是清代乡村并不是一个皇权远离、绅权统治的空间,自雍正中期以后,佐杂官渐渐拥有了自己的管辖区域,分割了知县的部分权利,是"乡绅"之外重要的补充机制,皇权通过佐杂官这一群体而得以"下县"。国家权力通过佐杂官"分防"地方制度在乡村予以扩张,但这一扩张本身又是不全面、不完善的。为了论证自己的观点,作者从社会史研究和历史地理学两个视角出发,利用档案资料,精心绘制了大量的表格和地图,且注重官职制度和地方行政区划演变的考证,强调制度运行与实际操作之间的差异性,力求传统政区研究与区域史、社会史的融合。②

《皇权不下县?》一书分为绪论、正文和附录三个部分。绪论部分讲述了作者的研究目的、研究意义以及研究所采用的史料和方法。从第一章到第十章是全书的正文部分。第一章介绍了清代"定额观念"与"分防"制度的联系以及县辖政区的类型。第二章梳理了清代县辖政区的演变历程以及空间分布。作者选取巡检司辖区为切入口,探究其从宋元到清末的演化过程。在空间分布层面上,受治安、人口、区位、市镇等因素的影响,巡检司辖区呈现出东密西疏、南密北疏的特征。第三章至第八章以京畿地区和广东、四川南部县、江南、福建、甘肃、新疆、东三省等典型地区为例,讨论了县辖政区在各地的具体情况。在京畿地区的佐杂官员品级更高,升迁较快,权力更大;在广东地区,作为佐杂官的巡检司参与到了地方行政中,形成了文官系统"司",与武官系统"汛"一起治理地方;在四川南部地区,和全国其他地区一样,部分佐杂官享有一定的司法权力,却受地方宗族势力的制约;在明清江南苏、松二府地区,佐杂官承担的职责仍是警政和司法方面,并无任何经济方面职能,因此江南苏、松二府的县辖政区并不是出于特殊政治目的而设立;在福建、甘肃地区,佐杂官主要承担着钱粮征收的职能,且这种行政职能具有特殊性;在新疆等地区,新县设置时佐杂官辖区往往被提升为县,而旧县裁汰时,佐杂官辖区常常承接了旧县全部或部分的职能。第九章是对书本内容的总结。在这一章中,作者解释了什么是"皇权不下县",并概括了以佐杂官为核心的分防制度的渊源、特点、影响等。第十章是作者对现今的"县下辖市"改革的建议。清代县辖区的三点经验能为现今改革提供借鉴,一是差异化管理;二是发育地方自治;三是多中心发展。现今"县下辖市"改革要注意几个问题:避免官员重置;实行定额制度,排除县政府所在

---

① 刁培俊:《官治、民治规范下村民的"自在生活"——宋朝村民生活世界初探》,《文史哲》2013年第4期。
② 胡恒:《皇权不下县?清代县辖政区与基层社会治理》,北京:北京师范大学出版社,2015年,第26页。

地;单独授权,保持区域特色。附录部分是关于《清史稿·地理志》分防佐杂项的校正。

华林甫教授在《皇权不下县?》一书序言中云:"本书以历史地理学与相关学术领域紧密结合的视阈,聚焦少有人涉足的清代'县辖政区'专题,大海捞针式地爬梳地理志书、档案、实录、政书等史料。对'县辖政区'做出精湛的实证分析,质疑'皇权不下县'更是振聋发聩,从而推出对清代基层社会治理全新的阐释,其论述不仅大大推进了该专题的学术进步,而且推翻了学术界'行政区划'的要素理论,结论更具有强烈的现实借鉴意义。"[①]无疑,华林甫教授的评价是中肯且精辟的。

反复通读《皇权不下县?》后,笔者试从以下几个方面来论述本书的特色。

第一,打破了"国家—社会"二元关系理论,对已有史学观点提出补充和质疑。《皇权不下县?》的核心论点是"清代皇权是下县的,而下县的媒介是佐杂官及其管辖的县辖政区"。与之相对应的"皇权不下县"观点是与"国家—社会"二元关系理论相联系的。"国家—社会"理论来自于西方的政治思想,从宏观层面上来说,主要分为两个派别:一个是洛克为代表的"社会先于、高于国家"派别,一个是"国家先于、高于社会"派别。这两个派别无一不强调国家权力与社会权力的分离。"国家—社会"二元关系理论对中国史学研究影响重大,表现在基层社会管理中就是士绅的作用得到了突出强调,很多学者认为士绅在基层社会中具有不可替代的作用,国家在多数情况下只能借助绅士的帮助才能将权力渗透到基层社会中,士绅是官和民之间的中介。[②]"国家—社会"二元对立的西方政治学视角在这里落实为"国家—宗族"或"皇权—绅权"的二元模式。[③]在《皇权不下县?》中,作者将国家行政治理与基层社会管理联系起来,实际上就打破了"国家—社会"二元对立观点。

由上可知,对于"皇权不下县"这一议题相关的研究成果颇多,而《皇权不下县?》一书可谓站在前贤的基础上,与他们进行了深入的学术对话。相比于已有研究,该书又有哪些创新的方面呢?笔者认为或可归纳出以下几点:

首先,重新定义"皇权"和"行政区划"。以往的研究成果虽然多,但多把"皇权"放在一个狭隘的定义里,只有国家正式委派的职官和行政机构才是皇权的代表。作者反其道而行之,力求扩大"皇权"的定义,只要是皇权衍生产物的人或事都能视为"皇权"的代表。同样"行政区划"也并不意味着要有完善的行政机构和行政职能,作者反驳道:"然而在历史时期,由于行政资源的有限性,国家从来也不曾也很难完全深入到乡村社会,更没有在基层普遍建立起一级行政机构,但这并不代表国家行政能力未深入到乡村。这种渗透也许并不深入,也许并不普遍,但很难否定它的存在。这种渗透并不是通过在县以下建立一级职能完善的行政机构实现的,而是通过各类不完善的区域划分来完成对基层的资源汲取"。[④]扩大"皇权"和"行政区划"的定义,无疑扩大了研究的范围。

[①] 胡恒:《皇权不下县? 清代县辖政区与基层社会治理》,第4页。
[②] 恕不一一列举,请参阅邓京力:《社会理论与社会史——"国家—社会"理论解释框架的范式意义》,《首都师范大学学报》(社会科学版)2003年第1期。牟发松驳议与质疑的锐见,请参阅其:《传统中国的"社会"在哪里》,《史林》2006年第1期。作者修订后收入《汉唐历史变迁中的社会与国家》,上海:上海人民出版社,2011年,第109—149页。
[③] 秦晖:《传统十论——本土社会的制度、文化及其变革》,上海:复旦大学出版社,2003年,第5页。
[④] 胡恒:《皇权不下县? 清代县辖政区与基层社会治理》,第11页。

其次,对研究对象即佐杂官群体的深入探讨。以往也有许多学者研究过佐杂官,这里不做详细说明,只选取其中比较有代表性的两位学者:一位是瞿同祖,他认为这些佐杂官在地方行政中仅占次要地位,是一个卑微的群体。首先除了首领官即"吏目""典吏"实际上在州县均有设置之外,别的僚属官很少设置。其次他们角色卑微,除了承担特定职责外,大多仅有琐碎的职责,有时甚至承担不确定的职责,最后佐杂官不会允许被受理刑事案件以及较重大民事案件。瞿同祖由此得出结论僚属官在地方上闲置,是"闲曹"、"冗官"。①另一位学者是魏光奇,他将佐杂"分防"地方分为四种情况,其中只有第四种情况即正印官独任治理结构,才是近代在州县之下划分行政区域,设置行政官员的先声。除此之外的佐杂官并无任何特殊职能。②对于两者的研究,前者可以说是完全否定了佐杂官在地方政府中的作用,后者肯定了一部分佐杂官的实际权利。对于前者,作者在书中指出了研究缺陷,即拘泥于制度条文的勾勒和梳理,远远不能看出僚属官在地方行政中的实际作用,更不能有效解释这些看似完全无用的职官为何在基层社会长期存在。③对于后者,作者可以说是完善延伸了其研究,主要表现为:研究对象具体化,不仅仅限于佐杂官这一群体,而是聚焦于各个分类的佐杂官;研究区域的扩大化,不仅仅局限于几个地区,而把视野放大到全国的不同区域,且注意用比较的视野看待区域间差异;将社会管理模式的变迁扩大到行政机构驻地的变动及辖区的划定。

最后,将清代基层社会管理问题放到时代大背景问题下探讨。具体表现为将佐杂官"分防"制度与清代"人口危机"联系在一起,清代人口膨胀带来了管理上的压力,由此社会形成了两种应对方法,一个是来自民间,一个是来自官方。在民间层面,表现为乡绅的调节作用。在官方的层面,表现为县际之间和一县之内的区别式管理,其中一县之内就是指佐杂官"分防"制度。④作者将佐杂官"分防"制度与清代"人口危机"联系在一起,可以看出他是站在了一个宏大的历史背景下进行研究的,也反映了作者的研究并不仅仅是要探讨佐杂官问题,还要探讨时代的大问题,有效地将"小历史"与"大历史"结合了起来。

第二,史料来源丰富,尤其注重官方档案的研究。在本书绪论里,作者很清楚地表明本书史料来源有八类,即档案类、实录和政典类、总志类、史志类、职官名录类、方志类、实物类、文集和年谱类。其中我们看到的最具有特色的应该是档案类史料,尤其是宫中档案、录副奏折的运用。这带给了我们很大的启发,因为佐杂官和县辖政区的研究严格意义上属于区域史研究,我们往往会注重地方史料的运用,但是因为佐杂官员以及辖区在地方史料中记载不详细,反而在档案中有相当篇幅的记载。我们做区域史研究的时候,不应过分局限于民间资料和地方志,也要把眼光放到上层,扩大史料来源。

第三,"经世致用"的史学思想,关注现实生活的人文关怀。梁启超在《中国历史研究法》一书中谈到史学意义时候,曾写道:"史者何? 记述人类社会赓续活动之体现,校其总成绩,求得因果关系,以为现代一般人活动之资鉴者也。其专述中国先民之活动,供现代中国国民

---

① 瞿同祖:《清代地方政府》,北京:法律出版社,2011年,第17—25页。
② 魏光奇:《有法与无法——清代的州县制度及其运作》,北京:商务印书馆,2010年,第45—47页。
③ 胡恒:《皇权不下县? 清代县辖政区与基层社会治理》,第308页。
④ 胡恒:《皇权不下县? 清代县辖政区与基层社会治理》,第317—318页。

之资鉴者,则曰中国史。"①一项历史研究成果,不仅有学术史上的意义,也有现实生活的意义。在《皇权不下县?》一书中,作者追溯了县辖政区的来源,分析了清代在地方基层建设方面的经验,指出了县辖政区与民国时期自治县的关系。我们要做好今天的县市改革,就不得不弄清楚历史上县市的演变,这样改革才不至于走弯路。作者在第十章中给出了自己的建议,我们可以从中看到一个历史学者的现实意识和人文关怀。

第四,历史地理学、区域史、政治制度史、社会史的高度融合。在当代史学界,区域史和社会史研究成为了新的热点,相反传统的政治制度史不再成为学者们热衷的研究领域。"自下而上"的看历史似乎比"自上而下"的看历史更受到社会的关注。这样的史学趋势既有利也有弊,一方面扩大了史学的研究领域,丰富了史学的研究资料、研究方法、研究对象,史学变得更加"接地气";另一方面史学也陷入了零碎化、片面化,问题越研究越小,越研究越偏执,往往走入了死胡同。《皇权不下县?》一书的出现或可视为史学研究的清流。作者全书虽然以区域为研究对象,但是又同时把政治制度的研究作为核心,更兼顾了社会管理、基层社会建设等问题。换句话说作者研究了全国典型地区的县辖地区,又考证了清代佐杂官制及其县辖地区制度的演变历程,更讨论了清代佐杂官如何在其各自的县辖区域内深入到基层社会的治理中。就区域史而言,作者的贡献还在于抛弃了已有的行政区域划分传统,而提出了"县辖政区"这一特殊的行政空间概念。这给我们带来了重要的启示,即区域研究不应仅仅局限于已有的空间系统。同时在政治制度方面作者也做的极为出色,不难看到作者细致的爬梳史料,考证了清代佐杂官职的演变,作者指出:"在区域研究大行其道的今天,对典章制度的梳理不是不重要了,反而是更加重要了",这种踏实做学问的态实在令人敬佩。②

当然,金无足赤,无论如何精彩的、学术含量高深的论著,都难免存在疏失。作为一部青年学人完成的史学著作,《皇权不下县?》也有一些我们认为需要"填补"或更多关注的地方,主要体现在以下几点。

第一,对于下县后的皇权,与绅权关系如何论述不清。这一问题作者自己也认识到了。全书的核心观点就是"佐杂官是皇权在地方的体现,皇权通过佐杂官这一权利而得以下县,这是乡绅之外支撑地方运行的另一种补偿机制"。那么,既然国家权利已经渗透到乡村,和已有的乡绅权利之间会不会发生冲突?在哪些方面会发生冲突?又要如何解决冲突?另外,佐杂官及其辖区作为另一种行政区,在权利的运作时会不会与已有的以县官为中心的地方政府之间发生冲突?依该书所说,佐杂官更能直接接触到普通百姓,那么胥吏也是能直接接触到普通民众的,这两者间权利是否会存在重叠的情况?彼此间会不会发生矛盾?如何从乡绅、县官的角度去思考佐杂官及其所辖地区,值得探讨。

第二,在县辖政区所形成新的地域观方面讨论不足。作者认为这些县辖地区实际上形成了一种新的地域观,这种地域观得到了官方民间的双重认可,在官方层面上这种认可表现在国家法典的明文规定,在地方上这种认可表现在方志、风俗志、地舆志、人物志的纂修。这样的讨论自然很有启发性,但是资料稍显不足,不能全方位展示地域观的认可情况。在中央方面,除了国家法典,是否有一些大臣的奏疏中有提及佐杂官及其辖区?在民间方面,百

---

① 梁启超:《中国历史研究法》,上海:上海古籍出版社,1998年,第1页。
② 胡恒:《皇权不下县?清代县辖政区与基层社会治理》,第25页。

姓在日常生活中是否有记载过自己的看法?特别是有文化的乡绅阶层是否记录过自己的看法? 是否认同这种地域观点?

第三,分区域的个案研究很有特色,但也有过于零碎之感。本书从第四章至第八章都是个案分析,第四章讨论广东地区佐杂官及其辖区与基层行政之间的关系,第五章讨论四川南部地区佐杂官及其辖区与司法之间的关系,第六章讨论江南苏松二府佐杂官及其辖区与市镇管理之间的关系,第七章讨论了福建、甘肃二地佐杂官及其辖区与经征钱粮之间的关系,第八章讨论了新疆、东北三省、云贵地区佐杂官及其辖区与新县增设、旧县废置之间的关系。这样的书写方式,突出了每个地区这一制度最有特色的方面,但是是否会让人产生这一地区佐杂官就只有这一职能,而其他职能不突出的感觉?

以上三点是我们阅读该书时的一些疑问,当然也难免"井底之蛙"或"事后诸葛"的春秋责贤,但《皇权不下县?清代县辖政区与基层社会治理》一书的学术价值和学术贡献,勇于探索的精神,认真严谨的学术态度和经世致用的人文关怀,仍留给我们深刻的学术印痕。

三

在文章的最后,跳脱出胡恒《皇权不下县?》一书的评骘,我们想就另外两个层面的问题作出讨论:一是关于中华帝国皇权与基层社会关系的研究有哪些值得提升的空间? 二是中国传统帝制时代究竟是否会存在纯粹意义上的民间"自治",类似于西方那样的"城市自治"?

一、中华帝国皇权与基层社会关系的未来研究空间。《皇权不下县?》一书研究视角新颖,以清代州县佐杂官的分辖及在此基础上形成的县辖政区为切入点,研究了清代尤其是雍正中期以后的基层政区建设情况。受本书篇幅以及本身的研究重点所限,作者对于"皇权不下县"的质疑也只是集中在清朝。以后学人或可借鉴胡恒的研究视角,探讨中国传统社会其他朝代中皇权的"变异形式",进而研究"皇权不下县"是否存在于中国传统社会的各个时期之中。从研究对象来看,皇权与基层社会之间的关系,联系着两个很重要的群体,一个是"国家/皇权与官僚"[1],一个是"民众",尤其是"民众",他们是皇权实施情况的具体感知者。在以后研究中,既要注重"国家",又要关心"民众"。从"国家"视角出发,探讨国家在整个基层社会管理中扮演的角色。这不是从历代传统政府的角度,而是从中华帝国这一角度,看待各个社会管理政策的历史渊源、优缺点、具体实施情况等。同时国家对基层社会管理方法的讨论,不应只局限于行政政策,还应扩大到宗教民间习俗等一些"润物细无声"的管理方式层面。虽然已有众多学者从思想观念和文化的角度出发,探讨国家权力对基层社会的渗透

---

[1] "官民对立"这一学术命题,首先由王亚南先生揭橥,参阅其《中国官僚政治研究》,北京:中国社会科学出版社,1981年;李治安等:《中国古代官僚政治研究》,北京:中华书局,2015年。

情况。①但是相比于政治、经济等视角来说,这方面的研究成果仍嫌显不足。从"民众"视角出发,应当发挥"人"这一主体的作用。无论是地方精英,还是普通百姓,他们在本质上都是最基层的大众。他们在日常的生活中,是怎样看待皇权的?怎样应对国家政策的?在他们心中"国家"又意味着什么呢?从"民众"视角出发无疑能大大扩充研究资料,比如文化精英们的随笔、日记,以及一些民间传奇、小说之类,都可作为研究的基本资料。虽然这些资料梳理起来确实有难度,但是相信经过学者们细致地分析研究,总能从中发现蛛丝马迹,找到当时人对于"皇权统治"最直观的感受。

二、中国传统帝制时代的民间"自治"问题。无论是中华传统帝制时代的"城市自治",还是基层社会的"乡村自治",历来都是研究的热点话题。在"城市自治"层面,马克思·韦伯首先表达了自己的观点。他认为中国的城市是"理性管辖的产物",它们和西方城市不同,缺乏政治上独特力量:领事会、参议会、按照拥有军事独立权的商人行会的方式组织起来的商人和工匠组织。②马克思·韦伯的这种观点实际上是"西方中心论"的体现,受到的质疑和反驳也较多。针对西方汉学界长期以来盛行的"冲击—回应"框架、"传统—近代"框架、"帝国主义"框架③,罗威廉等人试图利用哈贝马斯的"公共概念",对中国"地方自治"做出解释。④这些观点大体可概括为:在清代,随着地方士绅或地方精英力量的壮大,市民社会团体的兴起,各种地方势力已经呈现出独立于国家而维护社会的自主性。⑤虽然马克思·韦伯和罗威廉等人在"城市自治"方面的论述具有合理性,但是仍然是以西方的标准来衡量中国城市,有意或无意地陷入了"西方中心观"的陷阱。⑥黄宗智独辟蹊径,提出"第三领域"概念,即在国家与社会之间存在着一个第三空间,在中华帝国晚期司法体系、县以下行政、公共事务这种第三势力的介入。⑦随后,他又进一步提出"集权的简约治理"概念。⑧傅衣凌先生提出"多

---

① 华生、姜士彬、杜赞奇曾就大众文化与国家关系进行研究,华生分析了"天后崇拜",姜士彬探讨了山西东南的"赛"信仰,杜赞齐研究了"关帝信仰"。王笛指出以上三人的研究代表了三种不同的模式,但是他们都说明了国家从来没有放弃对大众文化施加影响,一旦大众文化显示出某种力量,影响到社会稳定的话,国家就会立即介入。请参阅王笛:《新文化史、微观史和大众文化史——西方有关成果及其对中国史研究的影响》,《近代史研究》2009 年第 1 期,杜赞奇:《文化、权力与国家——1900—1942 年的华北农村》,南京:江苏人民出版社,1996 年,第 130—131 页。萧公权主张国家通过乡约宣讲、敬老、祠祀、乡学等方式,加强对乡村的思想控制。请参阅其《中国乡村:论 19 世纪的帝国控制》,第 217—300 页。刁培俊提出了对基层社会"柔性治理"的概念。请参阅其《官治、民治规范下村民的"自在生活"——宋朝村民生活世界初探》,《文史哲》2013 年第 4 期。
② [德]马克斯·韦伯著,洪天富译:《儒教与道教》,南京:江苏人民出版社,2003 年,第 14、16 页。
③ [美]柯文著,林同奇译:《在中国发现历史》,北京:中华书局,2002 年,第 1、54、106 页。
④ 详情请参阅[美]罗威廉著,鲁西奇译,《汉口:一个中国城市的冲突和社区(1796—1895)》,北京:中国人民大学出版社,2008 年。[日]夫马进著,伍跃译:《中国善堂善会史研究》,北京:商务印书馆,2005 年。[美]魏斐德:《市民社会和公共领域问题的争论——西方人对当代中国政治文化的思考》、[美]罗威廉《晚清帝国的"市民社会"问题》、[美]玛丽·金兰《中国公共领域的观察》,载于黄宗智主编,《中国研究的范式问题讨论》,北京:社会科学文献出版社,2003 年。
⑤ [英]C.亚历山大、邓正来编:《国家与市民社会:一种社会理论的研究路径》,北京:中央编译出版社,1999 年,第 9 页。
⑥ 谯珊:《专制下的自治:清代城市管理中的民间自治——以重庆八省会馆为研究中心》,《史林》2012 年第 1 期。
⑦ 黄宗智:《中国的"公共领域"与"市民社会"?——国家与社会间的"第三领域"》,载于黄宗智主编,《中国研究的范式问题讨论》,北京:社会科学文献出版社,2003 年,第 260—273 页。
⑧ 黄宗智:《集权的简约治理——中国以往官员和纠纷解决为主的半正式基层行政》,《开放时代》2008 年第 2 期。

元结构"理论,乡族和国家都是调节多种生产方式的政治力量,共同承担着维护社会秩序的公共职能。郑振满进一步论述明中叶至清后期,中华帝国政治体制是以乡族自治为特征,即"国家内在于社会"①。魏光奇认为:所谓自治,即是在县和区、乡实行地方自治,由地方人民选举公共机构的管理人员治理本地公共事务。②

那么,中国传统帝制时代究竟是否会存在纯粹意义上的民间"自治",类似于西方那样的"城市自治"? 我们对此持保留态度。从内部因素来说,中国所谓"自治"学术概念下的每一个参与个体,很难都持有大致相同的群体理念、家国情怀和个体责任感。而共有的群体观、国家观和责任感是个体参与自治的必需条件。从外部因素来说,中华帝制时代的皇权,通过政治、经济政策,思想文化习俗等多重手段,将每一寸土地每一方人民都纳入其监控之下。天高皇帝未必远,是每个生活在帝制时代下的个体切实的感受。中国历史上没有民间"自治"的传统,因而中国人多少缺乏"自治"的习惯和经验,在大力建设法制文明的今天,如何培养中国人的公民参与意识、参与能力和参与激情,实在是一个值得思考和更多研讨的问题。

作者简介:金晶,厦门大学人文学院历史系硕士研究生;习培俊,厦门大学人文学院历史系副教授。

---

① 郑振满:《乡族与国家:多元视野中的闽台传统社会》,北京:生活·读书·新知 三联书店,2009 年,第 4、12 页。
② 魏光奇:《官治与自治——20 世纪上半期的中国县治》,北京:商务印书馆,2004 年,第 2 页。

民国城市知识群体的生活场域与阶层建构

——读《生活的逻辑：城市日常世界中的民国知识人（1927—1937）》

范玉亮

20世纪五六十年代以来，西方史学界兴起了社会史与新文化史的趋势。其中，"眼光向下"是新一代研究者的共同诉求。以往那种认为只要把握住少数精英群体的活动便可以理解历史发展进程及规律的理念遭到了强烈挑战，研究者将关注重心转移至普通民众的日常生活世界与社会行动。这一趋势反映在西方的中国学研究及中国本土的史学研究上，以数量庞大的普通民众及社会底层群体为对象的研究成为新的典范。受惠于此，日常生活史研究在1980年代以来蔚然成风，成为社会文化史研究者共同关注的重要领域。

然而，正如连玲玲所言，当研究者的目光日益"向下"的同时，也带来研究视角的不断狭窄与碎片化的新问题。研究者"不厌其烦地详细叙述各种琐碎事物，却不能从中说明其历史意义，历史学家的工作只剩下在旧报纸杂志堆里寻找人们茶余饭后的闲谈、再将之拼凑成小市民的'日常生活史'"①。针对新文化史研究者眼光的"过度"向下，新政治史、社会史的研究者通过重新发掘年鉴学派的史学思想，提出"从地窖到阁楼"的研究视角更迭，呼吁重新加强对精英群体的关注。这一转变使得以往仅仅局限在政治史与思想史领域的知识分子群体开始在社会文化史层面进入研究者视野。据李金铮教授的梳理，已有中国日常生活史的研究绝大多数关注的都是普通民众，有关知识分子群体日常生活的论述并不多见。②作为近代中国精英阶层的重要组成群体，城市知识分子的日常生活是一片颇值得关注的新领域。尽管已有研究者开始关注这一领域，但不少研究所聚焦的大都是如"文人"、"报人"等以职

---

① 连玲玲：《典范抑或危机？"日常生活"在中国近代史研究的应用及其问题》，《新史学》第17卷第4期，2006年12月，第278—279页。
② 据李金铮教授的梳理，相关研究论文有吕文浩：《日军空袭下的西南联大日常生活》，《抗日战争研究》2002年第4期；陈廷湘：《政局动荡时期中国学人的生存样态：从李思纯金陵日记吴宓日记胡适日记中窥见》，《社会科学研究》2008年第4期；胡悦晗：《朋友、同事与家人：家庭生活与社会关系网络的建构——以民国时期上海知识分子为例（1927—1937）》，《开放时代》2012年第11期。参见李金铮：《众生相：民国日常生活史研究》，《安徽史学》2015年第3期，第40页。

业归类的知识分子内部的亚群体,鲜见对城市知识分子群体日常生活做整体考察的专论。[①]从这个意义上,杭州师范大学历史系胡悦晗副教授2018年在社会科学文献出版社出版的《生活的逻辑:城市日常世界中的民国知识人:1927—1937》(下文简称《生活的逻辑》)一书,便是从日常生活的整体层面考察现代城市知识分子群体的尝试之作。该书引入布尔迪厄场域理论作为分析视角,借助报刊、文集、日记、回忆录等大量文献材料,从1927—1937年这一民国"黄金十年"期间城市知识群体日常生活的不同面向管窥中国现代知识群体的阶层建构。在地域方面,以上海为主,兼及同时期的北京。全书共五个章节,首先从民国时期上海、北京两地的城市文化差异谈起,进而对两地知识分子群体的居住空间、职业分层、日常交往与精神生活等不同维度展开论述,结论部分总括现代中国知识分子的日常生活与阶层认同之间的关联。该研究是日常生活史与知识分子研究两个学术脉络的交集。笔者据此对该书展开述评。

一、寻求日常生活史与知识分子研究的交集

改革开放以来,日常生活史研究蔚然成风。《生活的逻辑》一书在导言部分对晚近以来的日常生活史研究有详细的梳理。然而必须看到,当下有关日常生活史的研究已经在研究旨趣、学术规范等方面形成了风格迥异的几个类别。珠三角区域的"华南学派"在刘志伟、科大卫等研究者的倡导下,侧重历史人类学的研究方法,倡导运用人类学的田野调查方法,通过对碑刻、谱牒等传统文献以外材料的发掘,对乡村社会的风俗、民间信仰等生活世界加以理解,借此重构国家与社会之间的关系。该学派近年来开始从乡村拓展至城市,提出"都市人类学"的新概念,试图将研究领域拓展至城市社会。长三角区域的"江南学派"在黄宗智、冯贤亮等研究者的倡导下,侧重从社会经济史层面,探讨近代以来江南区域的小农经济、产业转型、日常消费等问题,其背后的问题意识是同西方学术界关于近代以来资本主义萌芽的问题展开对话。华北区域的"南开学派"在冯尔康、常建华等研究者的倡导下,从中国传统家族体系的组织形态与生活方式入手,对中国传统日常生活的基本形态、物质文化等不同层面进行专题研究,以此作为社会史学科建设的重要内容。而《生活的逻辑》显然在研究方法与行文风格方面有别于上述三个学派。作者在对民国城市知识群体的吃穿住行、交游、休闲等日常生活的不同面向进行全景呈现的同时,引入布尔迪厄最具核心的场域理论作为分析视角,力图用社会科学理论统摄日常生活层面的海量史料,是针对当下日常生活史面临"碎片化"与缺乏理论建构等问题的主动纠偏。贯穿全书的研究主旨是,从日常生活层面探寻民国城市知识群体的阶层建构。这一主旨因预设了阶层建构这一经典社会学的问题脉络发生在日常生活中,从而将日常生活这一无所不包的研究领域与阶层建构的问题意识相勾

[①] 已有的著作有王敏:《上海报人社会生活:1872—1949》,上海辞书出版社,2008年;叶中强:《上海社会与文人生活(1843—1945)》,上海辞书出版社,2010年;刘克敌、苏翔:《民国杭州文人日常生活》,杭州出版社,2011年;张明武:《经济独立与生活变迁:民国时期武汉教师薪俸及其生活状况研究》,武汉:华中科技大学出版社,2012年;刘克敌:《困窘的潇洒:民国文人的日常生活》,桂林:广西师范大学出版社,2013年。

连,是将日常生活史研究理论化的一次尝试。

　　作者的研究对象是民国时期的城市知识群体。由于作者分析的是一个庞杂、含混,甚至难以界定外延的群体,因此作者并未使用通常的"知识分子"一词,代之以"知识群体"的概念界定。必须看到,以往知识分子的研究受文献材料所限,多从思想史理路着手,考察知识分子本人或群体的思想与观念及其对现代中国历史进程的影响,知识分子本人的日常生活甚少提及。李孝悌在《士大夫的逸乐:王士禛在扬州(1660—1665)》一文中指出,"我们似乎忽略了这些人生活中的细枝末节,在形塑士大夫文化中所扮演的重要角色。其结果是我们看到的常常是一个严肃森然或冰冷乏味的上层文化。缺少了城市、园林、山水,缺少了狂乱的宗教想象和诗酒流连,我们对明清士大夫文化的建构,势必丧失了原有的血脉精髓和声音色彩。"①尽管李孝悌指涉的是明清时期的士大夫,然而这句话对于民国时期的知识分子同样适用。借用葛兰西的定义,作为统治阶层中的被统治者,掌握了文字教化权力的知识群体是普通民众的一部分,他们的衣食住行、喜怒哀乐,与普通民众并无不同。然而他们的生活还有独特一面,体现出知识分子对文化、情调、趣味等方面的追求与关怀。尽管在通俗读物与野史中常有文人读书人的奇闻琐事细节,但迄今为止鲜见关于民国时期城市知识群体日常生活的学术专著。作为从传统四民社会向现代工商社会过渡的城市知识群体,他们的衣食住行、休闲娱乐有什么特色?他们如何在觥筹交错中进行人际交往、建立自己的社会关系网络?他们又如何在日常生活中凸显自身群体的独特生活品位?这些问题甚少被研究者所注意和探讨。在这个意义上,《生活的逻辑》一书以民国时期的城市知识群体为对象,以日常生活为研究内容,寻找到日常生活史与知识分子研究两个学术脉络的交集。

二、理论统摄与史料撷取之间的调适

　　史学研究重在阐明历史进程与人物思想等方面的细微性和复杂性,讲求以丰富的史料支撑起文章的核心论点,对各种舶来理论怀有先天的抗拒。有历史学家指出,如果刻意以系统性、条理性的理论来归纳人物思想的话,反而会有失真的弊端。"其言论愈有条理统系,则去古人学说之真相愈远。"②尽管史学研究并不排斥引入相关的理论视角,但理论视角在史学研究中只能作为一种研究工具,而不能陷入以论带史,主题先行的误区。

　　前已述及,该书引入了布尔迪厄场域理论作为分析视角。这一做法在体现出作者寻求创新和突破的同时,也使作者面临理论统摄与史料撷取两张皮如何有机结合的难题。倘或全书贯穿场域理论的研究框架,围绕惯习、文化资本、区隔等布尔迪厄关于场域的经典分析概念展开,必然会使作者面临史料为理论做脚注的诘难。然而,缺乏理论视角的统摄,作者又如何处理浩如烟海的庞杂史料?该书所运用的史料来源主要有四个方面:一是民国知识分子的大量的日记、回忆录及文集;二是上海市政府、北京市政府及南京国民政府编撰的可

---

①　李孝悌:《士大夫的逸乐:王士禛在扬州(1660—1665)》,《"中研院"历史语言研究所集刊》第76本第1分,2005年,第83页。

②　陈寅恪:《冯友兰中国哲学史上册审查报告》,《金明馆丛稿二编》,北京:生活·读书·新知:三联书店,2001年,第280页。

以反映城市生活的调查报告与资料汇编；三是民国时期的记载了读书人日常生活信息的众多报纸、杂志；四是一批刊发知识分子回忆文章的当代杂志。这一资料运用上的丰富性，是由该书的研究对象决定的：作者所要囊括笔端的知识群体不可谓不宽广，有作家与自由撰稿人、新闻与出版业从业者以及大学教师等三大类型，每一类型中又有上层知识分子与下层知识分子的区分。该书在时间上横跨十年、在地域上涵盖整个近代上海（兼及北京），在一本专精的著作中展开广博的叙述，对该书的史料运用提出了极高的要求。

因此，作者在该书的写作伊始，就面临如何将这些纷繁、散乱的史料整合成一个有效的分析框架的难题。为了解决这一问题，作者并未照搬布尔迪厄场域理论的通常分析框架，而是引入阶层建构这一社会分层脉络下的问题意识和分析框架，确立阶层建构与身份认同的研究主题，将所有琐碎、零散的材料归入这一解释框架中。在这一主题下，全书除第一章论述上海与北京的城市文化特点外，其余四个章节分别从"职业、居住与消费"、"日常交往"、"精神生活"、"生活方式"等视角考察上海和北京知识群体的阶层位置、社会关系网络的建构、阶层认同和身份认同，确立起该书的整体框架结构。

尽管全书的框架结构是通过理论爬梳而来，但在具体章节中，作者大体遵循了史料本身的运用逻辑。以最后一章为例，作者考察的是上海知识群体的生活方式。然而生活方式包罗万象，单凭一个章节无法穷尽。作者析出服饰品位与身体观、疾病和疼痛、闲暇游乐以及生活想象这几个侧面，勾勒出一幅上海知识群体生活方式的立体画面。在每个章节的论述中，作者在爬梳、排比史料的基础上展开论证，使史料本身的逻辑得到了尊重。

作者在写作硕士论文时曾引入源于19世纪欧洲的法团主义理论作为视角，研究1945年至1949年间的武汉工会。这一研究一定程度上造成了过于强调工会的组织制度、经费开支而较少关注人物、故事、事件的问题。①尽管该书同样引入社会科学视角处理历史学议题，但在理论视角的运用方面相对克制。作者在绪论中强调，本书主旨是探讨城市知识群体如何在日常生活中"建构其阶层与身份的认同感"。②全书着力于通过白描、对比等叙述方式生动、形象地呈现只是群体的日常生活具体面向，并未在理论层面过多阐释"建构"的生成过程，只是在篇章小节中穿插总结和提升。

三、日常生活与中国现代城市知识群体的阶层分化

在作者看来，近代中国的城市知识群体并非社会分层意义上的阶层实体。之所以称之为一个阶层，是因为他们开始意识到自身构成了一个区别于社会其他成员的独特群体。然而这并不意味着这个阶层内部是铁板一块。实际上，上海知识阶层不仅有派别、阵营上的横向分化，也有阶层内部的纵向分化。这二者之间有相当的关联性。

上海知识阶层内部的纵向分化在《生活的逻辑》里得到了详细探讨。作者在第二、三、

---

① 胡悦晗：《"破"与"立"之间的不断切换》，《生活的逻辑：城市日常世界中的民国知识人（1927—1937）》，北京：社会科学文献出版社，2018年，第405页。
② 胡悦晗：《生活的逻辑：城市日常世界中的民国知识人（1927—1937）》，第16—17页。

四、五几个章节中,在知识分子的阶层位置、日常交往、阶层认同及身份认同方面都论及此问题。在作者看来,上海知识群体的内部分化首先缘于收入差异。在1927年到1937年之间,上海的知识群体主要有作家与自由撰稿人、新闻与出版业从业者和大学教师三种类型。每一种类型都有内部收入的差别,"他们的个人收入则由其在所从事行业内的级别与声望决定,与其从事的职业类型关联较少"①。已经成名的作家、出版业传媒业的主要负责人以及公立大学里的知名教授在知识群体内部的收入处于上等水平。大学里的普通教师、一般的自由撰稿人以及出版业传媒业的中等职员的经济收入则处在中等水平。至于出版业传媒业的基层员工和刚刚来到上海谋生的青年作家,则处在收入的下层位置。收入的不同,导致上海知识群体在居住空间、日常消费等方面的区隔与分化。经济条件优越的知识分子居住于花园洋房,如知名作家林语堂和张恨水、富家子弟邵洵美和刘呐鸥、大学教员及出版业中的高层人员鲁继增和张元济等。但是更多的作家群体由于收入的微薄只能居住在亭子间。②富裕的知识阶层有着非常惬意、悠闲、体面的生活,他们的生活场景由鲜牛奶、洋狗、花砖、雪茄、沙发、宽敞的居所构成;而努力维生的底层知识群体,有的每天只能吃得上一顿像样的饭菜,有的与朋友两人只花两角钱来维持一天的生活。③

物质层面的悬殊导致了知识群体以阅读、写作等内容为主的精神生活上的不同面向。林语堂强调,读书是一件纯粹的心灵活动,是一种清高的雅事乐事。他把写作看成是一种体现人生趣味的闲适之举。然而在收入微薄的底层青年作家那里,阅读和写作则是为了维持生计。沈从文就向友人抱怨,生活让他来不及细细打磨文章,否则他一定可以写出更好的作品来。作者在分析上海知识群体内部的阶层分化时指出,"他们(按:指"中下层边缘知识分子")的经济条件使他们在文化资本的占有上输给了上流精英知识阶层,从而导致他们日后转向普罗大众,倡导走出书斋、学以致用、改变社会的身体力行之道,此即现代中国精英知识分子与边缘知识分子渐行渐远的肇端"④。这句话道出从日常生活的物质层面探析中国现代知识分子思想与观念上的差异的新思路。

在作者看来,尽管"黄金十年"期间上海知识群体内部有着显著的阶层分化,但他们仍然具有知识群体独特的身份认同。首先,这些知识分子从事的工作都与文化观念的生产和传播有关。他们的工作性质决定了在日常生活中需要时时和各种报刊、书籍打交道。持续不断买书、阅读是几乎所有人的生活常态。与普通市民不同的是,知识分子往往嗜书如命,并且将他们的书籍消费行为正当化、合理化,借此与普通民众相区隔,彰显知识分子身份的独特性。

知识分子尽管也有类似普通民众的跳舞、玩回力球等娱乐爱好,但是他们试图在娱乐爱好的品位上与普通民众区分开来。他们去跳舞时,感到有必要"挽救舞女的人格道德",希望舞女提高舞艺,充分认识到"在标准舞的基本姿势和动作上讲,根本是很高尚很文雅的。"⑤

---

① 胡悦晗:《生活的逻辑:城市日常世界中的民国知识人(1927—1937)》,第132页。
② 同上,第100—104页。
③ 同上,第127—129页。
④ 同上,第253—254页。
⑤ 觉禅:《实行舞圈清洁运动,首在提倡标准舞》,国家图书馆文献缩微中心编:《民国珍稀短刊断刊资料汇编》上海卷,第2601页。转引自胡悦晗:《生活的逻辑:城市日常世界中的民国知识人(1927—1937)》,第305页。

回力球在当时的上海是一种具有赌博色彩的娱乐活动。知识分子对此持非常负面的看法，认为回力球是"糜烂性的"娱乐，有意使自己与流行的社会观念区隔开来。

知识分子对生活品位的强调，反映的是从传统社会的"立法者"蜕变为现代社会的"阐释者"的他们既要与一掷千金的工商业精英相区隔，又要与庸庸碌碌的普罗大众相区隔。知识分子对自身阶层的认同感，最形象地体现在他们对自身独特使命的认识上。穆时英认为，知识分子的特殊性在于，他们不但要吸收人类过去的经验和文化，而且还要起到传承作用，并在此之上迈进一步。邵洵美也认为最完美的知识分子应该是"看书而做书的人"，因为他们"一方面接受遗传，一方面又去制造将来，古往的文化能得到发展是他们的努力。"[①]这种论调背后隐藏着一种非常精英化的心态：他们以传承文化的知识精英自命，将自己与其他社会民众分别开来。这种以文化精英自居的心态及由此衍生出来的使命感，使得知识群体构成了一个虽有分化，但却维系身份认同感的社会阶层。

四、阶层如何"建构"——商榷与反思

必须看到，作者在理论方面的克制，限制了作者对"阶层建构"这一主题的分析深度。作者意在考察"现代中国城市知识群体的阶层建构问题"，也就是说，作者要探讨的是城市知识群体是如何建构阶层认同与身份认同的。问题在于，知识群体的阶层认同与身份认同是建构出来的吗？

建构，指的是创建一个本来并不存在的东西；或者，赋予一个虽然本来就已经存在但实际上比较微弱的东西以更加深远的意义。费孝通在探讨"中华民族"这一概念的时候强调，"中华民族作为一个自觉的民族实体，是近百年来中国和西方列强对抗中出现的，但作为一个自在的民族实体则是几千年的历史过程所形成的"[②]。费孝通把中华民族的发展和形成分为"自在"与"自觉"两个阶段，其中，"自觉"的阶段才是一个建构的过程。

回到知识群体的阶层认同和身份认同问题。这两种认同在多大层面上是建构的呢？如果它们本来并不存在于知识群体身上，后来在知识群体的努力下出现了，那么我们可以说阶层认同和身份认同是他们建构出来的。但一个毋庸置疑的事实是，中国的知识群体，自从春秋战国时期以士的身份登上历史舞台开始，一直有着极强的优越感和使命感。他们在刚登上历史舞台的时刻就发展出了"道统"高于"政统"的意识。[③]到了宋代，更是发出士大夫与皇帝共治天下的言论。[④]他们身上高度的阶层认同感与身份认同感是一个"自在"而又"自觉"的存在。传统社会文人士大夫"少数人的责任"实际上即是以精英意识为核心的身份认

---

① 觉禅：《实行舞圈清洁运动，首在提倡标准舞》，国家图书馆文献缩微中心编：《民国珍稀短刊断刊资料汇编》上海卷，第2601页。转引自胡悦晗：《生活的逻辑：城市日常世界中的民国知识人(1927—1937)》，第216—217页。
② 费孝通：《中华民族的多元一体格局》，《北京大学学报(哲学社会科学版)》1989年第4期，第1页。
③ 余英时：《道统与政统之间——中国知识分子的原始型态》，《士与中国文化》，上海：上海人民出版社，1987年，第84—112页。
④ 余英时：《朱熹的历史世界》(上)，北京：生活·读书·新知 三联书店，2004，第210—230页。

同感。这一认同感延续到了现代知识群体那里。① 现代中国知识分子借助于报刊、媒体、学校等媒介,掌握了文化、知识、传媒领域的话语权。尽管他们远离政治核心,但他们向社会发声的能力大为增强,他们也未丧失社会精英的地位。在这种情况下,怎么能够说现代中国城市知识群体的阶层认同和身份认同是建构起来的呢?

不仅整体层面上的"建构"说值得商榷,而且细节方面的"建构"论也需要斟酌。作者在第一章中强调,清末民初时期,"文明上海的都市想象开始被建构起来"②,1930 年代北京的知识群体"通过对基于保守主义立场的'文化'的自我标榜,同象征着声色犬马的上海'文明'相区隔,构建了自身的阶层认同感"③。实际上,对北京和上海的"文化"和"文明"形象用"建构"一词来概括,恐怕不够准确。笔者并不否认两个城市形象有建构的一面;但是,民国时期的北京是无可争议的学术中心,加之北京城的故都底蕴,是实实在在的"文化",而不仅仅只是形象的建构。上海也是一样,自从晚清以降就移植了资本主义物质文明,也并不仅仅是文明形象的建构。笔者要强调的是,作者如能更加明晰地说明,两个城市的形象在多大程度上是建构出来的,恐怕更为合适。在第二章,作者强调,"迅速崛起的买办、新富与中产阶层成为上海城市消费的主力军。他们开始构建出一套以商业文化为底色、中西结合的生活方式。"④笔者以为,"构建"一词不如用"发展"更为妥帖,因为这些人的生活方式的变迁是一个充满大量模仿、借鉴的循序渐进过程。再比如,作者在第四章里引用台湾学者巫仁恕的论断,认为书房对士大夫和文人来说"是用来支持他们身份地位和权力的合法性"⑤。在笔者看来,书房对于文人士大夫来说既有实用功能,亦有审美品位。至于身份地位和权利的合法性,则主要是通过他们的士绅身份和文化资本、学术名望等方面支撑起来的,与书房关系不大。还是在第四章里,作者认为伴随出版业的发达以及识字率在城市民众中的普及,当阅读行为不再为知识分子所独占时,他们"通过对旧书、旧书店及书铺、书摊的歌颂来达到自身群体与其他群体相区隔的目的。"⑥知识分子偏好旧书诚然是一个事实,但他们对旧书的偏好是不是就是为了与其他群体相区隔并以此来建构知识群体的身份认同感呢?恐怕未必。正如 1927 年一位作者所言:"旧书之价值,大都已得前贤之论定,其能存于今者,必有不磨之处。新书之价值,则未经论定者居多……"因此,还是需要从新书与旧书的内容质量上去分析,才能得出更为贴切的答案。

当然,对"建构"的质疑并非全然否定知识群体对阶层认同与身份认同的主观形塑过程。实际上,现代中国的城市知识群体的阶层认同与身份认同始终存在。然而我们应当区分"本身存在"与"刻意建构"这两个不同层次。换言之,如果整本书的主旨是在探讨中国现代城市知识分子如何在日常生活中体现(而非建构)其阶层认同与身份认同,或许更能和史料以及全书的章节安排贴合得更加紧密。

学术研究需要在商榷、质疑中前行。提出这些问题,无损于《生活的逻辑》一书在学术创

---

① 许纪霖:《少数人的责任:近代中国知识分子的士大夫意识》,《近代史研究》2010 年第 3 期。
② 胡悦晗:《生活的逻辑:城市日常世界中的民国知识人(1927—1937)》,第 40 页。
③ 同上,第 47 页。
④ 同上,第 76 页。
⑤ 同上,第 208 页。
⑥ 同上,第 242 页。

新上的努力。该书既是日常生活史领域一本"眼光向上"的尝试之作,也是从社会史理路推进知识分子研究的新成果。在该书"后记"部分,作者回顾了自己一路问学的历程和未尽的困惑。如何通过引入交叉学科的理论视野,推进日常生活史的理论建构,拓展知识分子研究的方法,是一个长期矗立的学术巅峰,有待后来者的攀爬和超越。

作者简介:范玉亮,华东师范大学历史系博士研究生。

殖民主义笼罩下的近代东亚体育
——评《帝国日本与体育》

张 雯

  1943年11月7日下午,即所谓的"大东亚会议"结束后的第二天,日本东京明治神宫外苑竞技场上空,高扬"东亚共荣圈"各国、各地区(汪伪、伪满、泰、菲、缅、印)的国旗;场内,第十四届明治神宫国民炼成大会的海军体操正在进行表演;贵宾席上,日本首相东条英机观看并不时送上掌声,他身边有汪精卫等参会的各傀儡政权人士在座,他们按序与大会总裁高松宫握手言欢。很明显的,这场运动会带有比体育本身更加深刻的目的,战争中的日本欲通过体育锻炼出强健的国民体力,然后再把这些体力用于何处呢。《帝国日本与体育》一书开篇提出这个问题,然后围绕"帝国"即帝国主义这个关键词,用绵密、细致的史料梳理和论证为读者呈现出近代东亚体育之大观。

  在近代日本成为帝国主义国家并走向战争的过程,国内及其殖民地的文、教、体等各领域的整体状态必然随着国家政策而发生变化。顾名思义,"体育"是该书贯穿始终的研究对象,而"帝国主义",既是时代背景,又一语点出该时期体育研究的特殊价值所在,殖民主义体系下的体育,无疑早已超越强身健体或竞技娱乐的基础意义,而具有了战争时期特有的目的和功能。因此该书不仅是近代日本体育史的研究,同时还涉及东亚政治史、战争史等广义内容,即从体育的角度展开战前与战时的日本以及东亚局势。

  该书作者是京都大学文学研究科教授、中国史研究者高岛航。高岛先生的研究领域颇为宽阔,早年曾就上海水龙会、清代赋役全书等有过专论,后对慰安妇、缠足等近代妇女史问题也有过深入发掘,目前是日本学界中国性别史研究的代表人物之一。约十年前,高岛教授开始关注近代东亚体育且笔耕不辍,截至目前已经积累了颇为丰硕的研究成果,如《远东运动会与YMCA》、《"满洲国"的诞生与远东体育界的重组》、《战争·国家·体育——冈部平太的转向》、《战争中的和平祭典——虚幻的东京奥运与远东体育界》等[①],作为东亚体育研究

---

  ① 作者高岛航有关近代东亚体育的相关论述如下:《極東選手権競技大会とYMCA》,夫马进编《中国東アジア外交交流史》第1部第1章,京都大学学术出版会,2007年;《「満洲国」の誕生と極東スポーツ界の再編》,《京都大学文学部研究紀要》47,第131—181页,2008年3月;《戦争·国家·スポーツ—岡部平太の「転向」を通して》,《史林》93,第98—130页,2010年1月;《戦時下の平和の祭典:幻の東京オリンピックと極東スポーツ界》,《京都大学文学部研究紀要》49,第25—72页,2010年3月;《菊と星と五輪:1920年代における日本陸海軍のスポーツ熱》,《京都大学文学部研究紀要》52,(接下页)

的阶段性成果,2012 年 3 月由塙书房出版了《帝国日本与体育》,所以该书有深厚的研究积淀,是一部立足于史料、具有"京都学派"严谨考据学风范的史学专著。

从篇章结构可以看出,该书不仅将近代日本体育作为研究对象,还把日本对殖民地、占领区的体育统治纳入考察视野,其中"帝国主义"与"大东亚共荣"是贯穿各国、各地体育状况的主线。第一部分主要梳理并阐释了远东运动会、日满华交欢体育大会、东亚竞技大会等体育赛事的起源及其发展的脉络,由此过程体现出日本愈加强烈的"东亚盟主"意识,以及其他东亚各国与之对抗的精神。第二、三部分则以影响较大、存续时间较长的明治神宫大会为主线,阐述了该体育赛事在帝国主义和战争局势影响下的嬗变过程,明确了近代日本体育所具有的时代性与政治性。

下面将尝试概括该书主要内容。

近代著名的远东奥林匹克运动会即远东运动会,诞生于 1913 年,早期美国的主导力较强,日本则冷漠以对,这种态度的背后其实有对抗美国的潜意识存在。随着日本国内亚洲主义的抬头,日本先是主张运动会应由亚洲人主持,后来积极争取运动会主办权,自在大阪召开第六届大会开始,美国人的影响力消失,日本作为"东亚盟主"的自我意识逐渐膨胀。然而"伪满洲国"的出现改变了东亚格局,围绕伪满选手参加体育赛事的问题,日本国内甚至出现了"个人的、自由主义的体育"与"民族的、国家的、社会的体育"之对抗,最终中日之间无法达成共识,1934 年远东运动会走向解散。

随着侵华战争的爆发,1938 年日本宣布取消 1940 年的东京奥运会。然而日本主导的东亚体育赛事并未就此终止,体育界开始摸索新的方针。在日军占领区特别是满洲,体育是重要的文化工作也是占领政策的一部分,围绕"伪满洲国"能否作为独立国家参赛始终纠纷不断。1939 年,长春召开日满华交欢大会①,这次运动会隐藏着日本试图重建东亚新秩序的意图,因此该赛事的体育竞技意义薄弱而政治意义浓厚,体育行为常常被精神表现所替代,所谓的竞技也几乎都是政治性表演。

日满华大会结束后,日本就其后续的体育赛事,曾有过兴亚、东洋、东亚等大会的各种建议和计划,经过各方角力,最终 1940 年于东京召开第一届东亚竞技大会,除日本、伪满、汪伪外,另有菲律宾和"蒙古"的加入。战争期间的运动会,围绕选手的国籍、各地区的排名等多有争执,最终日本将"伪满洲国"和"蒙古"视为独立国家,大会成绩日本首位,而"伪满洲国"位于日本之下、"中华"(即汪伪)之上,很明显日本是想在赛场上向诸国传达他们对"伪满洲国"的定位。日本举办此次大会的目的还在于想通过体育的胜利来确立其在东亚的"盟主"地位,并让他国选手亲眼震慑于日本的强大。太平洋战争爆发之前,日本制定了所谓"东亚共荣圈"独自的体育规则,意味着各方面与西方世界的彻底决裂。1942 年长春召开了第二届东亚竞技大会,这次大会赛事组织混乱,中日选手之间严重对立。

从战前的远东运动会到战时的两次东亚竞技大会,30 余年间看似毫无关联的体育赛

(接上页)第 195—286 页,2013 年 3 月;《戦時下の日本陸海軍とスポーツ》,《京都大学文学部研究紀要》53,第 45—139 页,2014 年 3 月;《フィリピンカーニバルから極東オリンピックへ:スポーツ・民主主義・ビジネス》,《京都大学文学部研究紀要》56,2017 年 3 月;《満洲における日中スポーツ交流(1906—1932):すれちがう「親善」》,《京都大学文学部研究紀要》57,第 63—98 页,2018 年 3 月。

① 如大会名称所示,该书中的"华"或"中华"指汪伪政府辖制地区。

事,其实有日本帝国主义不懈地宣扬"东亚共荣"及其对"盟主"地位的执念贯穿始终。随着战争的推进,东亚国际秩序不断变化,日本将愈加强烈的帝国主义、殖民主义意识不断强加到体育当中,一系列的所谓东亚国际赛事已经是被其操纵的政治宣传工具。

描绘出近代东亚体育赛事的系谱之后,作者又将目光转回日本国内,以日本国内较为著名的明治神宫大会为主线,开始重点梳理帝国主义统治下日本的体育状况。

一战之后君主制面临全球性危机,为此军队积极导入体育,所以明治神宫大会最初即被定义为"统合天皇制意识形态下的国民、由政府主导的大会"。1924年,内务省主办的第一届明治神宫竞技大会在明治神宫外苑竞技场召开,此后几乎保持每年一届,1939年第10届大会改名明治神宫国民体育大会,1942年第13届大会又改为明治神宫国民炼成大会,由名称的变更即能看出体育大会主旨的变化,所以该书的主要关注点是1938年第10届至1943年最后一届大会,即战时的大会被帝国主义、民族主义所左右并具有了特殊政治意义。

战前的1936年,陆军部即对国民体魄提出要求,日本政府开始逐渐重视体育这种可以锻炼国民体魄的重要手段。1939年的大会,主旨由拜祭明治天皇改为建设东亚新秩序,昭和天皇亲临现场,且武道项目开始受到重视。1940年第11届大会被称作"真正的大日本帝国的大会、大和民族的大会"、"真正的官民一致的举国大体育盛典",东条英机开始考虑对体育运动会进行政治利用。自1941年第12届大会开始,军部介入体协,文部省、厚生省、日体协、军部联合参与体育事业,武道项目被进一步抬高地位,运动会开始重视实战竞技,多个项目被赋予了军事价值。帝国主义政府对体育的操控愈加彻底,体育竞技场实际已成为国民教化之地。1942年的明治神宫国民炼成大会,参加当年"大东亚文学者大会"的部分学者到场观看,日本国内"体育=练武"的思想意识形态基本形成。

日本侵占的殖民地区(朝、伪满等)自然也无法远离这样的体育统治,无论是远东运动会还是明治神宫大会,自举办之日起即有殖民地选手参加,这意味着各殖民地的体育界也逐渐被日本控制并实施"皇国臣民化"。明治神宫大会的体制范围还随着日军侵略的推进而扩大,但这并非表示日本帝国主义承认日本人以外的民族,而是暗示着其欲将东亚诸民族均"皇民化"的企图。

1942—1943年间,日本体育界发生较大变动,相扑成为主流项目,且适合全民普及的体操也得到重视。至第14届明治神宫国民炼成大会,帝国主义国家日本已经呈现"体育的缺席"状态。[①]随着日军在战场上的节节败退,愈加被忽视的体育已经完全变质,体育赛场上没有了一般的竞技项目而只剩下团体训练与体操。[②] 1942年,东条英机曾在议会上提出"东亚共荣圈"各国、各民族应各得其所,其真正寓意是想表达只有"东亚盟主"——日本才有资

[①] 关于该书的结论之一"体育的缺席",作者想表达的真义是,日本帝国主义时期"physical education是存在的,而sports是缺席的"。

[②] 对于战争期间体操的特殊性,作者有如下解释。大东亚共荣圈内部日本与其他国家的地位对比,也反应在了体育和体操方面。如竞技体育的基础是平等的对抗关系,但胜负却具有很大的偶然性,但体操却截然相反,只需服从指挥者号令默默地活动身体即可,完全没有偶然性和自主性,而且具有很强的团结性,所以日本在东亚各地推行各种体操,所谓大东亚各地青年合同体操即"大东亚共荣圈"构想的缩影,东条英机欲通过体操暗示东亚诸国在帝国日本的指挥下无条件地协助其战争。

格决定各国、各民族在东亚国际秩序中的地位,所以"大东亚共荣圈"无疑是家长制的、阶级制的国际秩序,体育特别是体操即此虚构的秩序的具体表现之一。如开篇所描述的场景,第14届明治神宫大会最终成为东条英机在东亚各国傀儡和仆从政权面前策划的"身体"上的"大东亚共荣圈"。但是从结果来看,东条想要达成的东亚文化统合,对他国来说,不过是进一步增强了对日本的排斥而已。

如作者在后记所指出的,该书虽使用大量史料梳理了20世纪以来日本主导的诸多东亚赛事,但结论却是日本在帝国主义时期,体育被利用、被排斥,即"体育的缺席",这一结论尤其适用于侵华战争和太平洋战争时期。另外一点是"女性的缺席",作者作为性别史研究者自然不会忘记女性体育,明治神宫大会等"国家性"体育赛事中,女性作为"国民之母"被寄望拥有健康身体,因此女性项目得以正当化,而"国际性"赛事中女性则被排斥,关于东亚体育舞台上女性的定位,我们期待作者下一部专论的问世。

如上所述,该书将"体育"和"政治"的无缝结合,作者以东亚体育赛事和日本国内体育这两条主线同时推进,清晰地阐释了近代特殊时期体育的特殊状态,从繁杂、浩瀚的赛事史料中梳理出日本帝国主义对体育不断升级的干涉和利用本质,甚至深入涉及各国复杂的外交关系层面。透过看似严密无隙的体育史论证,读者可以清晰地看到政治在幕后操纵的方向和力量,进而感受到近代日本在"身体"方面对东亚各国的"侵略"。一览该书的参考文献与前期研究可知,虽然迄今为止也有人对日本或其他东亚各国的体育史进行研究,但仅局限于某一国家、某一时期的体育史概况,或是就某类体育赛事的梳理、对体育政策的分析等,尚无如该书一般超越单纯的体育研究,而在东亚大范围内、高层视角下的"体育政治"史专论。加之史学领域中体育研究一直较为冷门,所以该书的出现无疑是具有开拓性和启示性的,既是近代地域体育史研究的新范本,又是新视阈下域外学者、侵华战争研究的新成果。

一般来说,日本的中国史研究者们对侵华战争向来多持回避态度,而高岛先生的此部著作却罕有地直面战争,通过分析日本帝国主义费尽心机提倡的"东亚共荣精神"在体育中的影响和效果,对所谓的"大东亚共荣圈"构想做出了尖锐的批判,明确指出了日本帝国主义的战争责任。

另外需要指出的是,高岛先生的上述成就和结论,是积近十年的研究之力,搜集和征引了大量一手、稀有史料基础上完成的。仅作为史料使用的近代中、日、朝、菲等各种报刊、杂志就多达50余种,从《东京日日新闻》《申报》《东亚日报》等知名报刊即可知搜集整理工作量之巨大,通篇读来,读者必然会被扑面而来的绵密翔实的考证所震撼,这充分体现出作者宏观且细腻的史料把控能力,这也是只有精通日、汉、英等多种语言的史学家才能完成的工作。该书史料之全之广、考证之严谨细致、论证之冷静客观,加之体育这个稀有主题,可以说是近年来少有的、杰出的近代专门史研究成果。

作者简介:张雯,山东大学外国语学院助理研究员。

编 后 语

本卷刊发四组专题论文、一组学术探讨性文章、一组书评,共计21篇文章。

制度与实践一组论文3篇。许哲娜《五德服色符号与改易服色制度的日常实践》以五德服色这一象征符号为切入点,剖析了改易服色制度的具体实践过程以及社会认同机制。师彬彬《西汉丞相封侯考》注重在"运作进程"中动态地考察西汉丞相封侯的政治功能、时代特征、发展规律及其深层原因。张传勇《送死:清儒许楹的生平与丧葬活动》考察了清康熙年间丧葬礼仪专家许楹的生平与志业,呈现了清前期浙西地区社会文化的某些侧面。

物质文化与日常生活一组论文4篇。闫爱民、臧莎莎《汉代画像中的夫妻生活形象》指出,汉代画像石、墓壁画中的夫妇形象,大体上出现在宴饮娱乐、招待宾客、闲居对坐、私室空间和神灵仙界五种场合之中。龚世豪《明代官员乘轿风尚论析》从社会风尚、制度史的视角,考察了明代官员乘轿问题。李坤《清前中期玻璃制品在日常生活中的使用与消费——基于同期文学作品的考察》认为玻璃的例子表明,在生产领域18世纪的中国对欧洲消费品的回应并不成功。林旭鸣《日常与非日常:民间武器视角下的洪兵起义》从民间火器的角度重新审视清咸丰、同治年间主要发生在两广地区的洪兵武装起义。

宗族问题一组3篇论文。王春红、卢向前《北齐政权下房姓士族的命运沉浮》指出,北齐一系房姓士族不仅被北齐统治者防范、排斥直至严厉打击,在之后的发展史上,也没能占据一定的席位和产生重要的作用。金晙永《清代东北满洲共同体的构成初探》利用满族家谱,探讨了清代东北满洲共同体的构成。曾龙生《明初士人的修谱睦族热潮再探——基于黄灵庚新编〈宋濂全集〉的讨论》认为明洪武年间出现的修谱睦族热潮,是当时敬宗睦族活动中最主流的形式。

地域社会一组4篇文章。王力平《关于隋唐并州妒女崇拜现象的探讨》对并州古代日常生活与民间信仰进行了探讨。邹锦良《区域社会视域下的宋代"童子举"——以饶州为例》从区域社会视角探讨了宋代"童子举"问题。吴启琳《明中后期赣南城乡基层治理的空间差异》讨论了明中后期南赣巡抚王阳明实施的基层保卫措施"十家牌法"、"乡村保甲之法"以及"南赣乡约"。曾伟《晚清民国萍乡煤矿产业契约与矿山产权交易》则揭示了近代官办企业产权变革的内在逻辑及其过程。

学术探讨一组文章3篇。刘昕《唐张忠义墓志考释》对于探讨唐德宗朝政局具有重要的参考价值。徐俊嵩、郝晓丽《万里茶道上的中小晋商家族管窥——以寿阳胡氏为中心》依据新发现的寿阳县胡氏宗族的碑刻、族谱以及胡氏族人的口述资料,探讨了清代寿阳胡氏家族的发展脉络。刘尊志、谢佳芮《"考古学视角下的秦汉家庭与日常生活"会议综述》是中国社会史研究中心与南开大学历史学院考古学与博物馆学系合办会议的介绍。

4篇书评都是目前学术界较为关心的研究领域,涉及近代法医学史、皇权对基层社会的治理、民国日常生活史等内容。

英文摘要
Summary of Articles

The Symbols of Five-virtues Color and Everyday Practice of Changing Color Institution

Xu Zhena

(College of Social Development and Public Administration Suzhou
University of Science and Technoloyy)

Abstract: Changing Color Institution was in fact the interpretation and usage of the symbol of color. In the various discourses of interpretation, the doctrine of Five-virtues Recycling was the most influential and far-reaching, on which formed the symbols of Five-virtues Color. The Symbols of Five-virtues converted the abstract connotation included in changing color institution into concrete physical image. These channels included: to give far-fetched interpretation on natural and cultural phenomena that fit for the symbol of virtue-color, and make them the symbol of power-bestowing, and provide color changing with strong evidence, create the vox populi for legitimacy of regime, as well as reinforce the match between color usage behavior and virtue-color, namely to promote the usage of the symbol of Five-virtues Color in political rituals and everyday life of the monarch, endowing the monarch and the regime represented by it with the mystic color of "accepting by the mandate of heaven". These measures promoted the doctrine of "mandate of heaven", Five-virtues Recycling, etc. to form the popular political consciousness, effectively strengthening the identification on the political power of the monarch among the public.

Key words: the Symbols of Five-virtues Color; Color Changing; Institutional Practice; Political Identification

The research of the Prime Ministers Sealed Marquis in the Western Han Dynasty

Shi Binbin

(The Culture Research Institute of Wei and Jin Dynasties, Xuchang University)

Abstract: The prime ministers which sealed marquis in the Western Han Dynasty began in the Gaozu period and concentrated in the middle and late Western Han Dynasty. The emperor of the Western Han Dynasty had the power to adjudicate the prime minister and the feudal lord, which was based on the book-making issued by the emperor. The prime ministers which sealed marquis in the Western Han Dynasty not only reflected the hierarchical correspondence between the prime ministers and the princes, but also became a measure for the imperial power to strengthen the relationship between the monarchs and the princes. The prime ministers of the Western Han Dynasty changed from being feudal for meritorious service to being feudal for Enze, presenting the characteristics of stage, meritorious service, identity and distinct epoch. The prime ministers which sealed marquis in the Western Han Dynasty experienced the process from imperial domination to minister domination, and produced different social functions in each stage. In the early and middle period of the Western Han Dynasty, the prime ministers which sealed marquis had the functions of strengthening the centralization of power, consolidating the foundation of political power, adjusting the order of social classes, promoting the mobility of social classes and maintaining the balance of various political forces. However, in the late Western Han Dynasty, there were some drawbacks in the prime ministers which sealed marquis, such as increasing the financial burden of the state and intensifying the contradictions and struggles within the ruling group. However, as far as the overall development was concerned, the social function of the prime ministers which sealed marquis in the Western Han Dynasty was in the leading position.

Key words: The Western Han; the Prime Minister; Marquis

Study on the Life and Funeral Activity of Xu Ying, A Confucian Scholar in the Qing Dynasty

Zhang Chuanyong

(Center for Chinese Social History Studies & History College, Nankai University)

Abstract: This article primarily studies the life and funeral activity of Xu Ying who was a funeral ritual specialist in the early Qing Dynasty. Xu Ying worked hard at funeral rites and put them into practices which had a certain representation in western Zhejiang region during the early Qing dynasty. We have seen the inheritance and practice of rites, and the political factors of the Ming dynasty's descendants. At the same time, we have seen the profound influence of academics on his funeral activity, reflecting the connection and interaction between thought and society. Through Xu Ying, some aspects of social culture in the western Zhejiang region of the early Qing Dynasty were also presented.

Key words: Early Qing Dynasty; Western Zhejiang Region; Xu Ying; Funeral Rites Books; Funeral

Images of Couples' Life in Portrail Stone and Mural Tomb of Han Dynasty

Yan Aimin Zang Shasha

(Center for Chinese Social History Research & History College, Nankai University)

Abstract: Portrail carvings of the Han Dynasty contain numerous images of couples' lives. The ancient meaning of the wedding was based on the couple's living together, which was fully expressed in the portrail carvings of the Han Dynasty. The couple are both independent individuals and unified whole in the Portrail carving. When they appear in the scenes of banquet, leisure and fairyland, as equal individuals. While they appear in the scene of Hospitality and boudoir as a common whole. The images of couples sitting together gradually increased in portrail carvings from the Eastern Han Dynasty, which is consistent with the trend of the couple's tombs from different caves to the same caves.

Key Words: Portrail Carved Stone; Tomb Murals; Couples' Life Images; Eating Together; Han Dynasty

An Analysis of Officials' Sedan Chair Custom in the Ming Dynasty

Gong Shihao

(School of History of Wuhan University)

Abstract: In the Ming Dynasty, there was a strict hierarchy for the officials to take the sedan chair. However, as time passed, the style of the sedan chair was gradually prevailing. The government of the Ming Dynasty once suppressed the custom of the sedan chair by punishing the violation and emphasizing the prohibition, but with little success, and there was no control over the spread of the custom. The repeated prohibition from the Ming Dynasty was exactly one mapping of violation and prohibition. In the middle and late Ming Dynasty, the arrogation of etiquette caused by the sedan chair has intensified, but the government of the Ming Dynasty had no effective countermeasures. Outside the system, an unconventional award had been given to the flexible handling of the sedan system. After all, no formal system has been formed. In addition, the development of the sedan custom had also brought many negative effects.

Keywords: the Ming Dynasty; Sedan Chair Custom; Sedan system; Officials

The Use and Consumption of Glass Products in China's Daily Life in the Early and Middle of Qing Dynasty: A Study Based on the Literary Works of Qing Dynasty

Li Kun

(Scholl of Humanities and Social Sciences, Beihang University)

Abstract: Use literatures to study glass products in daily life of China in the early and middle of Qing Dynasty. It found that there were five main categories: toys, furnishings, daily use, glass windows and accessories. Glass products appeared in many fields of daily life, such as food, shelter, travel, leisure and decoration. From the perspective of consumer sociology, the motivation of the upper class's consumption of glass products was diversified. It included individual oriented motives, such as consuming glass products' practical value and entertainment value, as well as social oriented motives, such as social image needs, gift needs, fashion needs, and collection needs. The use and consumption of glass products could reflect the social and economic features in the global context. In eighteenth Century, although there were more and more obvious uses of glass products in the social daily life in China, the consumption did not lead production effectively, and the level of glass production always lagged behind the level of glass consumption. European glass products were the key force that met China's market. Britain had successfully developed import substitution industry in response to the influx of Eastern handicraft industrial consumer goods. By comparison, the example of glass products showed that China's response to European consumer goods in the field of production was unsuccessful in eighteenth Century.

Key Words: Literary Works in Qing Dynasty; the Early and Middle of Qing Dynasty; Glass Products; Daily life; Consumption

From Daily to Non-daily: The Hongbing Revolt in the Sight of Folk Weapon

Lin Xuming

(College of History, Nankai University)

Abstract: The Hongbing Revolt was a peasant uprising that firearm was widely used. People very understood the use of firearm before the uprising. Weapon was exchanged frequently between the government army, the insurgents and the masses during the war. Some daily practice was used for help, but some was harm for people. Man could learn the way to use firearm by practice or family education, and examine the theory they learn. The Military resources used in the war was come from daily life, and go back to it.

Key Words: Hongbing Revolt; Folk Weapon; Daily Life; Family Education; Firearm

The Fate Ups and Downs of Luxing Hereditary Scholar Class Under the Regime of Beiqi Dynasty

Wang Chunhong　Lu Xiangqian

（Research Center of Regional Culture, Zhejiang Industry & Trade Vocational College;
Department of History, Zhejiang University）

Abstract: The fate of Luxing hereditary scholar class in Beiqi Dynasty, from the not being recorded in the Shandong Scholar bureaucrat Leili written by Tangang the opinions offered by Song Shiliang the comment in the book on Guandong custom written by Song Xiaowang and Emperor Wenxuan'order to indiscriminate staughter Yuanxing, which was seemed clearly. It was not approved and included by the folk book which ranked hereditary scholar class and the Beiqi Dynasty'ruler took the measures to guard exclude and crack down hard on them. Under so living environment, the development of Luxing hereditary scholar class in Beiqi Dynasty were affected very obviously, so which could not occupy a certain seat and play an important role in the later development history of the whole Luxing Hereditary Scholar Class group.

Key words: Beiqi Dynasty; Luxing Hereditary Scholar Class; Tangang; Song Shiliang; Song Xiaowang

Rediscussing the Boom of Compiling Genealogy by Scholars in the Early Ming Dynasty: A Study Bases on the *Song Lian Corpora* Which Newly Compiled by Huang Linggeng

Zeng Longsheng

（College of Humanity, Nanchang University）

Abstract: There appeared a boom of compiling genealogy in the early Ming Dynasty, which made the work of compiling genealogy rather than building ancestral hall into the mainstream form of respecting the ancestors and making the clan harmonious. The boom of Compiling Genealogy was brought and pushed forward both by the scholar without official position and the scholar with official position. The mainly purpose of compiling genealogy and making the clan harmonious by those scholars was civilizing the clan customs, even civilizing the local and the world customs, rather than continuing the distinguished lineage genealogy. In the design of civilizing customs, the work of compiling genealogy tree and making the clan harmonious became the most important and fundamental behavior of scholars and the most important criterion of measuring the scholar good or bad, ambitious or unambitious, knowing fundamental or unknowing fundamental. In the meantime, it was also the important resort of the scholar maintained their stratum's identity and became good scholar, ambitious scholar or knowing fundamental scholar.

Keywords: the Early Ming Dynasty; Scholars; Compiling Genealogy for Making the Clan Harmonious; Civilizing Customs; Song Lian Corpora.

Study on the Composition of the Northeast "Manchu" Community in Qing Dynasty

KIM Junyoung (Republic of Korea)
(College of History, NanKai University)

Abstract: Since the emergence of the "manchu" community, it has been constantly incorporated into the surrounding nationalities. After entering Shanhai Pass, especially when the Han people in inside Shanghaiguan Pass entered the Eight Banners, Northeast China is the birthplace of manchu community, so generations of emperors attached great importance to northeast China. After entering Shanhai Pass, the Qing Dynasty took Shengjing as the imperial alternate capital, and the northeast region is still "manchu" which is one of the center of the community. Therefore, how to form the northeast "manchu" community is a very important part in the process of the overall understanding of "manchu" community. From the bottom up point of view, this paper makes use of the genealogical data of manchurian in northeast China to explore individual Manchu Clan Cases, and study the composition of the northeast "manchu" community in Qing Dynasty.

Key words: Manchu Community; The Northeast; The Eight Banners; Recruit People Policy; Manchu Genealogy

A Probe into the Phenomenon of The Worship of the "Jealous Lady" in Bingzhou During the Sui and Tang Dynasties

Wang Liping
(Center for Chinese Social History Studies & History College, Nankai University)

Abstract: The worship of the "Jealous Lady" has been spread around Bingzhou in Sui and Tang Dynasties, which was a special case in local folklore. The worship of the "Jealous Lady" was originally related to the worships of the spring and ancestral temple being called "Jealous Lady", and worshipped Jie Shanshi as the main god offering sacrifice, which was the sister of the legendary Jie Zitui. In Tang Dynasty, the spring of the "Jealous Lady" was located near the Jingxing Pass in the northeast of Guangyang County, Bingzhou. The natural conditions and a fierce folkway in this area had became an important soil for breeding a jealous god. The existence of a jealousy god also has been indirectly promoted the moderate reform in the local Cold Food Festival custom since the Han and Wei Dynasties. The worship of the "Jealous Lady" had flourished in the Tang Dynasty, but has been vicissitude in the Song, Yuan, Ming and Qing Dynasties. However, it was always popular among the people in Bingzhou. Nonetheless, because the ideas being contained by the image of a jealousy god were inconsistent with the mainstream values, the influence of which was always limited to the local areas.

Key words: Sui and Tang Dynasties; Bingzhou; the Cold Food Festival; the "Jealous Lady"

Study on the Imperial Examination of Childhood during the Song Dynasty from the Perspective of Rao Zhou

Zou Jinliang

(Research Centre of Jiangyou Philosophy, Department of History, Nanchang University)

Abstract: The imperial examination of childhood originated in Tang Dynasty. Since Song Dynasty, the imperial examination of childhood being prosperous gradually. The imperial examination of childhood of Rao zhou which located in the South is distinctive, owing to the national policy, Rao zhou's thriving economy and culture. Study on the imperial examination of childhood during the Song Dynasty of Rao zhou, will help to review the imperial examination of childhood during the Song Dynasty, and the interaction between the imperial examination of childhood and local society.

Keywords: the Song Dynasty; the Imperial Examination of Childhood; Raozhou

Spatial Difference of Urban and Rural Grass-roots Governance in Southern Jiangxi in Middle and Late Ming Dynasty

Wu Qilin

(College of History and Culture, Jiangxi Science and Technology Normal University)

Abstract: In the middle and late Ming dynasty, the most notable protection measures for the grassroots in southern jiangxi by the governor of southern jiangxi were the "Shi Jia Pai Fa", "Rural Bao-jia" and "Southern Jiangxi Contract" implemented by Wang Yangming. Wang Yangming created in the city, adopted bao-jia in the countryside, and implemented the Southern Jiangxi Contract in the newly pacified areas, which achieved certain effects in rebuilding the local social order in southern Jiangxi and maintaining social stability. However, the time of promulgation of the above laws is different, and the detailed rules of implementation are also shown in their respective tables, which have strong pertinence. In the process of implementation, there are obvious spatial and temporal differences. With the passage of time, the three laws realized the integration of administrative management level to some extent, and finally contributed to the formation of grass-roots political order and grass-roots administrative organization pattern in southern Jiangxi.

Key words: Social Governance; Spatial Difference; Hakka Region in Southern Jiangxi; Social Change; Middle and Late Ming Dynasty

Pingxiang Coal Mine Industrial Contract and Mine Equity Transaction during the Late Qing Dynasty and The Republic of China

Zeng Wei

(Center for Chinese Social History Studies, Shanxi University)

Abstract: Thousands of Pingxiang Coal Mine industrial contracts are collected in Pingxiang and Hubei Provincial archives, with archive types named tu, ji, kuang and fen. Through an initial analysis of these contracts, the author tries to showcase different types of renting in Pingxiang coal mine, from separately renting mount and well to equity incorporation. During the process of coal mine equity transaction, social customs played a negative role in making equity ownership clear and equity income complete. As a result, when it came to maintain equity rights, local gentries' powers had to be relied on, which made companies' development constrained by local social rights.

Key words: Pingxiang Coal Mine; Contract; Equity Rights; Types of Transaction

Textual Research of Memorial Inscription of Zhang Zhongyi Tomb in Tang Dynasty

Liu Xin

(College of History and Culture, Shandong Normal University)

Abstract: The epitaph of Zhang Zhongyi of the Tang Dynasty discovered in Sanmenxia, Henan is greatly helpful to historiographic study. The epitaph recorded the life and official rank of Zhang Zhongyi, especially about Tang Dezong period, which offers the important historical material to us.

Key Words: Tang Dezong Period; Epitaph; Zhang Zhongyi

Glimpse of Small and Medium-sized Jin Merchant Family on the Tea Road
——According to Hu Family in Shouyang

Xu Junsong, Hao Xiaoli

(Jin Merchant Research Institute; School of Public and Economics,
Shanxi University of Finance and Economics)

Abstract: Based on the inscriptions and genealogical data of the Hu family in xike village, Shouyang county of Shanxi Province, supplemented by oral information, the paper tried to analyze the Hu family. The study found that the Hu started their business in the late Ming Dynasty and reached their peak in the middle of Qing Dynasty. Its products were mainly tea, medicines, and food, salt, cloth goods' retail. Hu's main business was divided into two phases, namely, tea trade from Qianlong and Guangxu years in Qing Dynasty, medicines trade from Guangxu to the pre-public.

Key words: Shouyang; Hu Family; Business; Tea; Medicines